# 번암집

한국고전번역원 한국문집번역총서

# 번암집 7

樊巖集

채제공 지음
蔡濟恭

서정문 양기정 옮김

## 일러두기

1. 이 책의 번역 대본은 한국고전번역원에서 간행한 한국문집총간 235~236집 소재 《번암집(樊巖集)》으로 하였다. 번역 대본의 원문 텍스트와 원문 이미지는 한국고전종합DB(http://db.itkc.or.kr)에서 확인할 수 있다.
2. 역주는 내용이 간단하면 간주(間註)로, 길면 각주(脚註)로 처리하였다.
3. 한자는 필요한 경우 이해를 돕기 위하여 넣었으며, 운문(韻文)은 원문을 병기하였다.
4. 문장 부호는 '한글 맞춤법'에 규정된 용법을 따랐으며, 그 밖에 새로 만들거나 용법을 달리하여 사용한 부호는 다음과 같다.

   「 」: ' ' 안의 재인용을 나타낼 때 사용한다.

   『 』: 「 」 안의 재인용을 나타낼 때 사용한다.

   《 》: 책명 및 각주의 전거(典據)를 나타낼 때 사용한다.

   〈 〉: 편명, 작품명, 논문 제목을 나타낼 때 사용한다.

   …… : 번역문에서 원문의 '云云'을 처리할 때, 각주에서 긴 인용문을 처리할 때, 각주의 표제어가 네 어절 이상일 경우 생략되는 말을 처리할 때 사용한다.

   - - : 본문에서 소자(小字) 원문 주(註)의 처음과 끝에 사용한다.

**차례**



## 번암집 제22권

**소**3 疏三

## 번암집 제23권

**소차4** 疏箚四

## 번암집 제24권

## 번암집 제25권

### 소차6 疏箚六

## 번암집 제26권

**소차7** 疏箚七

## 번암집 제27권

번암집

제22권

소3
疏三

## 홍문관 제학을 사직하는 상소[1] 무술년(1778, 정조2)

辭弘文提學疏 戊戌

삼가 아룁니다. 신이 일전에 빈대(賓對)에서 삼가 은혜로운 가르침을 받들었습니다. 신의 구구한 사정과 형편에 대해서는 감히 말씀드리지 못하고 다만 실록청으로 달려갔습니다. 그런데 문득 삼가 교지를 받들어 보매 신을 홍문관 제학으로 삼는 것이니 신은 한편 놀랍고 한편 두려워 어떻게 해야 할지 알지 못하였습니다.

아, 이 직임은 바로 이전에 신을 함정에 빠트린 자리입니다. 필부인 신이 죄를 얻은 것은 바로 이 직임 때문이고, 사람들이 도리에 맞지 않은 말을 한 것도 바로 이 직임 때문입니다. 신이 이 자리를 처음 더럽힌 때로부터 지금 십오륙 년 사이에 거듭해서 이 자리에 제수된 것이 또한 여러 번입니다. 그러나 마음이 놀랍고 두려운 것이 화살에 깃털이 떨어져 나간 새가 다시 활시위 소리를 듣고, 낚시에 비늘이 상한 물고기가 다시 낚싯바늘을 만난 것에 비할 바가 아니니, 그 정상이 또한 슬프다 할 것입니다. 매번 선대왕(先大王)께서는 굽어살피고 불쌍히 여겨 주어 아침에 교지를 내렸다가도 저녁이면 벼슬을 거두어 더 이상은 억지로 신에게 문원(文苑)의 일을 맡기지 않으셨습니다.

**1** 홍문관……상소 : 1778년 2월 24일에 올린 것이다. 당시 형조 판서로 재직 중에 있었는데 2월 20일 홍문관 제학에 제수된 것이다. 정조는 이 상소에 대하여 "인의(引義)한 것이 너무 지나치다. 더구나 지금은 당장 호(號)를 의논하여 정해야 하니, 경은 사직하지 말고 즉시 속히 공무를 수행하라."라고 비답하였다. 《日省錄 正祖 2年 2月 24日》

신이 목숨을 보전하여 삼가 지금 우리 전하를 섬기게 된 것은 모두 선대왕께서 굽어살펴 온전히 해 주신 은혜 덕분입니다.

이제 그 몇 년이 지난 후에 제수하는 명령이 다시 새롭게 내리어 성은이 더욱 융숭해졌으니 어찌 감격하여 갈고닦지 않겠으며, 벼슬에 달려 나가는 것을 공경하는 것으로 여기지 않겠습니까. 그러나 처지가 불안하고 심중이 답답한 것은 이전이나 지금이나 차이가 없습니다. 더구나 조정의 신하로서 자급이 보국(輔國)에 오른 경우에는 더 이상 제학에 의망하지 않으니 정사(政事)의 규례가 곧 그러하며, 신이 선배로부터 들은 것이 이와 같습니다. 정리(政吏)[2]가 정사하는 자리에서 규례에 의거한 것이 이와 같은데, 정사를 하는 신하들이 반드시 신을 의망하려는 것은 무엇에 근거한 것인지 모르겠습니다. 앞으로는 철벽 같은 한계를 넘어서는 안 되는 것이고 뒤로는 정사의 규례를 허물어뜨려서는 안 되는 것입니다. 이로 보나 저로 보나 신이 이 직책을 함부로 차지하는 것은 마땅하지 않으니 그 이치가 분명합니다. 이에 아픈 마음으로 호소하여 우러러 숭엄하신 전하를 번거롭게 합니다. 삼가 바라건대 자애로운 성상께서는 조속히 신의 홍문관 제학의 직임을 체차하여 신의 작은 소원을 온전히 하고 나라의 관작을 무겁게 하소서. 그리하신다면 천만다행이겠습니다.

**2** 정리(政吏) : 이조에서 인사 행정을 보는 아전이다.

# 예조 판서를 사직하는 상소[3] 기해년(1779, 정조3)

辭禮曹判書疏 己亥

삼가 아룁니다. 신은 본래 노둔한 사람으로 위로 성명(聖明)을 그르쳐서 두 조정의 은혜로운 대우가 전고에 없을 정도였습니다. 구경(九卿)의 숭반(崇班)을 거의 다 지냈으니, 깊은 연못 앞에 선 듯 얇은 얼음을 밟는 듯 위태롭다는 말로도 하루 종일 두려워하는 신의 심정을 비유하기에 턱없이 부족합니다.

지난번 한성부 판윤으로 재직하던 때[4] 요사스러운 무녀(巫女)들을 모두 찾아서 쫓아내지 못한 것 때문에 대간(臺諫)의 견책이 날카롭게 나왔습니다. 아, 무녀가 오부(五部) 안에 살면서 사람들을 상대할 수 없다는 것은 《속전(續典)》에 분명하게 실려 있으니, 선왕께서 법을 세운 뜻이 넓고도 자세합니다. 법부의 신하로서 평소에도 진실로 오직 근실하게 법을 봉행해야 합니다. 더욱이 재작년 이래로 무녀들을 벌주고 모두 없애서 쉽게 번져 나가지 못하게 하였으니 실로 이는 왕법에 용납하지 않기 때문입니다.

그러나 우리 성상의 도량이 천지가 만물을 포용하는 것처럼 넓어 이들을 오부에서 쫓아내는 선에서 그치고 말았으니, 신하의 마음에

**3** 예조……상소 : 1779년 3월 18일에 올린 것이다. 정조는 이 상소에 대해서 사직하지 말라는 의례적인 비답을 내렸다. 《日省錄 正祖 3年 3月 18日》

**4** 지난번……때 : 번암은 1777년 6월 12일 한성부 판윤에 제수되었고, 7월 26일 견책으로 체직된 홍낙성(洪樂性)을 대신하여 예조 판서를 겸직하였다. 이어 8월 11일에는 창경궁 수궁 대장(昌慶宮守宮大將)이 되었다.

통탄과 분노가 어찌 하루인들 떠난 적이 있겠습니까. 신은 낭관(郎官)을 독려하고 아전과 하례 들을 단속하여 무녀들이 있다는 소문이 들리는 대로 잡아들이고, 잡아들일 때마다 엄히 곤장을 쳐서 서울에서 편히 있을 수 없도록 하였으니, 이렇게 한 것이 반년 사이에 이루 다 셀 수 없었습니다. 그러나 몰아내면 다시 돌아오는 것이 마치 굶주린 파리 떼와 같아서 사찰(伺察)하는 때에 진실로 잡아들이기에도 겨를이 없다고 말할 정도였습니다. 그러나 마침내 적발한 수가 많았으니 그 이유를 따져 보면 모두 신처럼 어리석은 사람이 자리만 차지하고 있어서 위엄으로도 단속으로도 그치게 하지 못하여 이런 결과가 된 것입니다.

임금의 정사로 논하자면 극형을 받아 마땅하지만 성상의 도량이 하늘처럼 넓으시어 벌이 의례적인 파직에 그쳤습니다. 은혜를 입고 위엄을 받들매 이 한 몸 둘 곳이 없습니다. 교외에서 문을 닫고 벼슬길에 대한 마음을 끊었는데 두 달도 되지 못하여 은혜롭게 서용하는 명령이 특별히 내려왔습니다. 종백(宗伯)에 제수하고 사국(史局)에 임명하는 교지가 며칠 사이에 거듭 내리니 천정(天庭)에 머리 조아려 감사하는 것이 진실로 예법에 맞습니다만, 스스로 허물을 생각하니 조정의 반열에 나설 면목이 없습니다.

아아, 금궤(金櫃)에 넣을 실록을 찬수하라는 명을 받으매 비록 재주가 없는 것을 부끄럽게 여기지만 한 가닥 사그라지지 않은 마음으로 구구하게 은혜를 바치는 것이 오직 이 일에 달려 있으니 실록을 찬수하는 일은 신이 감히 사양하지 못합니다. 그러나 나머지 직명은 결코 죄를 지은 천신이 염치를 무릅쓰고 차지할 만한 자리가 아니니 이에 감히 다급한 목소리로 천지 부모 같은 성상께 우러러 호소합니다. 삼가 바라건대 자애로운 성상께서는 부디 불쌍히 굽어살펴 신의 직임을 조속히 체차하고 이어 이조에 명하여 신의 이름을 정사(政事)의 망단자(望單子)에 절대 검의(檢擬)하지 말도록 하여 신이 조금이나마 돌아가 쉴 수 있도록 하여 주시기를 천만번 피눈물로 기원합니다. 신은 숨을 멈추고 간절히 바라는 마음을 이기지 못합니다.

## 강화 유수를 사직하는 상소[5]

辭江華留守疏

삼가 아룁니다. 신이 사국(史局)의 일을 내던지고 전하의 곁을 떠난 지가 지금 거의 반년이 되었습니다. 신이 비록 불초하지만 임금에 대한 충성과 사랑은 본성에 뿌리박혀 있으니 어찌 차마 선대왕의 사실을 기록하는 일에 혹여라도 편하기를 도모했겠으며, 또 어찌 우리 성상께서 처음 정치하는 즈음에 영원히 떠나려는 생각을 품었겠습니까. 진실로 작금의 형세가 스스로 받아들이기 어려우며 질병 때문에 억지로 하기 어렵기 때문입니다. 지난번 경기 감사의 장계에서 운운한 바는 비록 신을 압박하는 것은 아니었지만, 또한 신의 마음에 불안한 것이 있습니다. 따라서 신이 작금의 형세를 끌어들여 이유를 댄 것이 실로 그만둘 수 있는데도 그만두지 않은 것이 아니며, 신의 질병에 대해서는 온 조정의 신료들이 모두 아는 것입니다.

신은 봄여름 이래로 왼쪽 어깨가 마비되어 전혀 쓰지 못합니다. 침을 맞고 뜸을 떠도 끝내 효험을 보지 못하였으니 아침저녁으로 아파서 다른 것은 말할 것도 없고, 일어나 세수하고 옷 입는 것조차 옆 사람의 손을 빌립니다. 이는 아마도 신이 재주도 없이 승진하는 데 눈이 멀어

5 강화……상소 : 1779년(정조3) 10월 4일에 올린 것이다. 이에 앞서 9월 27일 정조는 번암을 강화 유수에 제수하고 당일로 교대하라고 명하였지만, 여러 번 재촉하였음에도 불구하고 번암은 나와서 숙배하지 않았으며, 10월 3일이 되어서야 조정에 나와서 사직하는 상소를 올렸고 그에 따라 추고를 받았다. 정조에게 상소가 올라간 것은 다음 날인 10월 4일이다.

시기하는 귀신들이 곁에 모여 신을 늙고 병들어 버린 물건으로 만들어서 다시는 조정의 진신(搢紳) 사이에 끼이지 못하게 한 것입니다. 성상을 그리워하는 심정과 두려워하는 마음에 비록 감히 사직을 청하는 글월을 갑자기 올리지는 못하지만 성 밖의 집에 틀어박혀 노루와 사슴을 이웃으로 삼고 있었습니다.

삼가 스스로 오늘 이후로는, 이름은 조정의 벼슬 단자를 사양하고 몸은 들판의 무지렁이 같은 백성이 되어 벼슬을 내놓고 돌아가겠다는 청을 드릴 일이 없어, 벼슬에서 물러나 스스로 시골로 돌아갈 것이라고 생각하였습니다. 그런데 천만뜻밖에 강도(江都)에 머물며 지키라는 명이 문득 신에게 내렸습니다. 신은 황송하고 감격하였지만 실로 무엇 때문에 이런 명이 내렸는지 모르겠습니다.

아아, 성조(聖朝)에서 옛 신하를 저버리지 않는 은혜로 이처럼 잊지 않고 돌보아 주시니 조금이나마 은혜를 갚으려는 신의 일편단심에 어찌 힘을 다하여 보답하고자 하지 않겠습니까. 다만 생각건대 신이 전후로 태만했던 것은 형편 때문이고 질병 때문이었습니다. 실록을 편찬하는 일로 패초하였는데도 나가지 못했으며 신칙하는 하교가 내렸는데도 받들지 못하였으니, 임금의 명령은 두려워해야 한다는 것과 신하의 분수는 마땅히 돌아보아야 한다는 것을 살피지 않은 듯이 하였습니다. 그런데 이제 곧바로 하루아침에 관대를 차리고 지방의 백성을 다스리는 임무에 나선다면 이는 실록이 중한 줄은 알지 못하고 한갓 이록(利祿)이 귀한 줄만을 아는 것입니다. 신이 염치를 무릅쓰고 부임해서는 안 된다는 것은 두말할 나위가 없이 분명합니다.

얕은 재주와 적은 능력 때문에 혁신을 펴는 정사를 대신 맡게 해서는 안 되는 것처럼 하는 것은 으레 하는 사양에 가까워 신은 누누이 말씀드리고 싶지 않았습니다. 곧 교귀(交龜)하는 일이 시급하여 성상의 신칙하는 하교가 여러 번 내렸습니다. 처음부터 구전(口傳)으로 하비(下批)하고 또 당일로 하직 인사를 하게 하시니 신의 심정은 근심스럽고 답답하였으며 실로 조심스럽게 처신하고자 하여도 할 수가 없었습니다. 이에 감히 다급한 소리로 우러러 호소합니다. 삼가 바라건대 자애로운 성상께서는 특별히 불쌍히 여겨 신에게 새로 제수한 직명을 조속히 체차하여 신의 분수를 편안하게 하고 조그만 정성이나마 온전하게 해 주소서. 그리해 주시면 천만다행이겠습니다.

답하기를,

"상소를 살펴보고 잘 알았다. 경이 사양하는 이유가 근거할 만하다. 높은 자리에 있는 사람이 이런 문제에 대해 머뭇거리겠는가. 또한 그 마음을 알 만하니 본직의 체직을 허락한다."

하였다.

## 조시위가 연석에서 아뢴 것으로 말미암아 호조 판서를 사직하는 상소[6] 경자년(1780, 정조4)

因趙時偉筵奏辭戶曹判書疏 庚子

삼가 아룁니다. 신이 우러러 믿는 바는 우리 임금의 마음입니다. 신이 마음으로 우리 임금을 믿는 까닭에 가슴에 품은 것이 있으면 반드시 말씀드렸습니다. 때로 임금을 거스르는 말도 있었지만, 신의 마음을 믿으셨다고 여겼기에 일을 만나면 곧바로 나아갔으며, 머뭇거리는 짓을 수치스럽게 생각하였습니다. 모든 일을 이렇게 하였으니 무슨 일이든 죄가 아니겠습니까. 사간원의 장관이 준엄하게 아뢴 것이 당연합니다.

아아, 신이 남들로부터 탄핵을 받은 것이 무릇 몇 번이었습니까. 조정이 신을 용납하려 하지 않은 지가 오래되었습니다. 지금 이 사람의 말은 신의 입장에서는 비록 놀랍고 통탄스러워 죽고 싶더라도 사리로 보자면 또한 족히 괴이할 것이 없습니다. 신이 어찌 차마 조목조목 해명하여 조정의 체모를 손상하겠습니까. 다만 관서(關西)의 목(木)에 관한 일로 죄를 범했다는 구절은 신을 이에 연루시키려고 말한 것입니다. 다만, 신은 이 일에 대해 실로 위로는 하늘에 부끄럽지 않고 아래로는 사람에게 부끄러움이 없습니다.

하물며 지난겨울에 올린 상소는 애초에 신의 문제를 지적하기 위하

6 조시위(趙時偉)가……상소 : 1780년 8월 27일에 올린 것이다. 《승정원일기》와 《일성록》에는 모두 "상소를 살펴보고 잘 알았다. 탁지의 일이 시급하니 경은 사적인 사정을 말할 때가 아니다. 경은 사직하지 말고 즉시 공무를 수행하도록 하라."라는 비답이 있다.

여 올린 것이 아니니 밖으로부터 오는 중복된 말에 어찌 더욱 변백을 하겠습니까. 그 나머지 논박한 것은 신에게 이런 일이 있다면 마땅히 형률에 따라 복주하여 국법과 기강을 밝혀야 하고, 신에게 이런 일이 없다면 애석하게도 간장(諫長)이 신하로서의 죽을죄를 남에게 가벼이 덮어씌운 것입니다. 신은 떠나야 하는데도 성상의 은혜에 머뭇거리며 떠나지 않아 죄가 층층이 쌓였고 이름이 더럽혀졌습니다. 일마다 부끄럽고 아프니 누구를 원망하고 누구를 탓하겠습니까. 관직의 거취에 대해서는 지금 논할 만한 것이 없으며, 행행(行幸)이 며칠 남지 않아 정리사(整理使)로서의 일이 시급합니다. 느긋하게 말할 겨를이 없어 고개 들어 울부짖으며 아뢰니다. 삼가 바라건대 자애로운 성상께서는 신이 맡은 호조의 직임을 조속히 체차하여 나랏일이 막히고 걸리지 않게 하고 이어 신이 물러나 산골짝에서 죽을 수 있도록 허락하여 천지와 같이 생성해 주는 은혜를 완성하소서. 이렇게 해 주신다면 천만다행이겠습니다.

신이 충정(衷情)을 이기지 못하여 상소를 작성하고 나서 새벽이 오기를 기다리고 있었는데, 삼가 밤에 전교가 내려왔습니다. 그 전교에서 완전하고도 지극하게 깨우쳐 주고 융숭하고 도탑게 대우해 주시어 심지어는 내일 아침에 와서 대명하라고까지 하셨습니다. 죄를 지은 천한 신이 어떻게 이런 대우를 받겠습니까. 감격의 눈물이 피가 되어 흐르니 어디서 죽어야 할지 모르겠습니다. 다만 생각건대 신이 비록 불초하지만 또한 이미 구경(九卿)의 반열에 끼어 있습니다. 하얀 종이에 탄핵을 하는 검은 글씨는 엄정하기만 한데 험난한 길에 놀란 가슴은 아직도 진정되지 않습니다. 그러나 은혜로운 하교를 빙자하여 관대를 띠고 조정에 나간다면 이 세상에 어떻게 이런 도리가 있겠습니까. 왕명을 거역한 죄는 더욱 만번 죽어 마땅합니다. 신은 이루 다할 수 없는 눈물로 간절히 기원합니다.

## 실록의 교정을 사양하는 상소[7]

辭實錄校正疏

삼가 아룁니다. 신은 천성이 흐리멍덩하여 일 처리가 거칠고 소홀합니다. 벼슬한 것을 가지고 논한다면 처리한 일 가운데 죄를 짓지 않은 것이 없습니다. 시험 삼아 지금 직접 관문(關文)을 보낸 일을 가지고 말하더라도 애초에 법을 어기는 죄를 지었고, 끝내는 또 거짓으로 보고한 잘못으로 귀결되고 말았습니다. 육경(六卿)의 지위로 말하자면 직접 범법을 했으니 진실로 이는 속죄받기 어려운 죄입니다. 특히 거짓으로 보고한 것은 임금을 속이려고 한 것입니다. 신하로서 오로지 자신의 잘못을 덮고 감추어 위로 군부를 속였으니 그 죄가 비록 먼 곳으로 귀양 보내거나 도끼로 목을 쳐도 오히려 가볍다 할 것입니다.

여러 날 황공하고 두려워 땅을 뚫고 들어갈 수 없는 것을 원망하였지만 성상의 도량은 하늘처럼 넓어서 죄로 벌하지 않고 시행하지 말라고 하교하셨습니다. 성은으로 신을 도탑게 덮어 주시는 것이 비록 날이 갈수록 더욱 간곡하지만 신의 마음은 너무도 부끄러워 죽고만 싶어 아마도 천지 사이에 똑바로 서지 못할 듯합니다. 당초에 성상께서 하교하여 서울에 있는 각 관사에서 직접 관문을 보낸 일이 있는지를 물으셨는데, 신이 호조에서 재직하며 계사(計士)와 여러 색리(色吏)를 신칙하여 문서와 장부를 자세하게 살펴서 직접 관문을 보낸 경우가 있는지

**7** 실록의……상소 : 1780년(정조4) 9월 15일에 올린 것이다. 번암은 이해 6월 1일에 호조 판서가 되었다가 8월 29일에 체직되었다.

를 찾아보도록 하였습니다.

다음 날 계사가 없다고 하였으며, 여러 색리 또한 없다고 하였습니다. 신이 비국에 보고할 때 또한 없다고 한 것은, 오직 계사와 색리의 말을 듣고 그대로 믿고는 처음에 이른바 자세히 살핀다는 것에 오히려 자세히 살피지 못함이 있다는 것을 생각도 못 했기 때문입니다. 광주(廣州)에서 직접 관문을 보낸 일이 드러나서 물어보았는데, 그때는 신이 호조에서 재직하던 때입니다. 수결(手決)에 대해 물어보니 정말로 신의 수결이었습니다. 신이 까마득히 잊어버려 기억하지 못하니, 대개 처음에 부서(簿書)가 쌓여 있는 가운데 수결을 하였는데 그 종이의 끝에 '광주'라는 두 글자를 살피지 못하고 기영(畿營)으로 발송하는 것으로 생각했던 것입니다. 그 때문에 염두에 두지 않았으니, 이는 신이 흐리멍덩하며 거칠고 소홀한 것입니다.

진실로 스스로를 책망하기에도 겨를이 없으나 만약 하속(下屬)들이 없다고 했다면 이는 신을 속인 것입니다. 신이 이를 가지고 힐문하니 "광주는 바로 2품의 아문(衙門)으로서 직접 관문을 보낸 것이 어제오늘의 일이 아니니, 이는 직접 관문을 보낸 것으로 논해서는 안 됩니다."라고 하였습니다. 대개 하속들이 유수(留守)의 아문이 직접 관문을 보내는 것이 괜찮은 줄만 알고 유수가 혁파되고 부윤이 있으면 직접 관문을 보내서는 안 되는 줄은 몰랐던 것입니다. 신은 처음에는 직접 관문을 보내면서도 그것이 직접 관문을 보내는 일인 줄을 모르고 있었으며, 마지막에는 또 아무 생각 없이 다만 하속의 말에 의거하여 없다고 보고하였으니 하속을 어떻게 책망하겠습니까. 첫째도 신의 죄이고 둘째도 신의 죄입니다.

그 사실 관계를 논하자면 비록 위와 같다고 하겠지만, 그 일을 맡아서 하였으니 임금을 속이려 하였다는 것을 면하기 어렵습니다. 임금을 속인 자가 정상적인 처벌을 받지 않는다면 어떻게 신하들을 면려할 것이며 국법과 기강을 밝히겠습니까. 더구나 삼가 들으니 간신(諫臣)의 상소에서, 금오 당상(金吾堂上)들이 홍주익(洪柱翼)[8]에 대한 문목(問目)을 작성할 때 구체적인 사실을 확실하게 지적한 것이 없었던 것은 옥사를 느슨하게 하려는 의도인 듯하다며 심지어 책임을 물어 파직하기를 청하기까지 하였다고 합니다. 신은 그 당시 금부 당상의 우두머리로서, 역적 토죄(討罪)의 엄정함은 스스로 남보다 뒤지지 않았다고 생각했습니다. 그런데 옆에서 지켜보던 사람이 논계하여 갑자기 뜻밖의 의혹을 제기하니, 반성해야 마땅할 뿐 어찌 다른 말을 할 수 있겠습니까.

생각건대 신은 이름은 욕되게 되고 몸은 망쳐지게 되었습니다. 처지가 위태로워 조정의 반열에 대한 생각을 끊었으며 스스로 이 세상과 단절하였는데, 행행하는 길목에서 어가를 세우고 인견하고 은혜로운 말씀을 누누이 내리시니 이는 실로 천고에 없던 일입니다. 이후에도 신칙하는 하교가 두 번 세 번이나 내리고 하늘 같은 성상의 소명(召命)이 교외의 덤불 속에 있는 신의 집으로 계속 이어졌습니다. 신은 남의 등에 업혀서 도성 문으로 들어와 거듭하여 사국(史局)에 나왔는데 가

8 홍주익(洪柱翼) : 1726~1789. 본관은 남양(南陽), 자는 몽서(夢瑞), 호는 수백재(守白齋)이다. 권상하(權尙夏)의 문인인 윤봉구(尹鳳九)의 제자이다. 1780년 7월 3일 정언으로서 장문의 상소를 하여 신임옥사, 기사환국, 갑술환국 등을 거론하며 소론과 남인을 공격하였다. 이로 인하여 8월 10일 의금부의 심문을 받았고, 부수찬 윤행수(尹行修), 지평 강침(姜忱)의 탄핵을 받아 그해 절도에 위리안치(圍籬安置)되었다가 정의현(旌義縣)으로 이배되었다.

슴이 벅차올라 눈물이 침석(枕席)에 흐릅니다. 열흘 사이에 과오가 층층이 나타나니 혹은 스스로 만든 것이고, 혹은 공의에서 나온 것입니다. 이는 신의 운명이 기구한 탓인 듯하니 누구를 원망하겠습니까. 이에 감히 눈물로 천지 부모와 같은 성상의 앞에 호소하니, 삼가 바라건대 임금을 속이고 옥사를 느슨하게 처리한 신의 죄를 다스려 조정의 기강을 엄하게 하소서. 그리하신다면 천만다행이겠습니다.

답하기를,

"상소를 살펴보고 잘 알았다. 하나는 의도를 하지 않은 것이고, 하나는 실정(實情)이 없는 것이다. 경은 사직하지 말고 유의하여 편찬하도록 하라."

하였다.

## 실록 편찬이 끝난 후에 하사받은 말을 사양하는 상소
實錄告訖辭錫馬疏

삼가 아룁니다. 선대왕의 실록이 완성되니 그 위대하고 영광된 훈업은 백대에 밝게 빛날 것입니다. "아아, 온 백성 큰 은택 입어 선왕을 잊지 못하네."라고 한 노랫말이 이에 더욱 간절합니다. 수십 년을 곁에서 직접 모신 신이 명을 받아 실록을 편찬하며 기사를 하나하나 들추어 보니 마치 성스러운 얼굴을 뵙는 듯하고 옥 같은 목소리가 들리는 듯하여, 저 아득한 운향(雲鄕)[9]에 계신 것 같지 않았습니다. 금궤(金櫃)에 가득한 실록이 갑자기 숭엄한 곳인 사관(史館)에 깊이 안치되니 너무도 허전한 마음과 따르지 못하는 고통은 마치 선왕께서 승하하신 그때로 돌아간 듯합니다.

생각건대 신은 선대왕의 덕업을 세상에 드날리고 싶은 마음이 간절하지만 재주는 그 덕업을 표현하기에 부족합니다. 50년간의 지극한 행실과 드높은 덕망은 신의 짧은 필력으로 그 만의 하나도 비슷하게 그려 내지 못하였습니다. 그나마 실록의 공역을 거칠게라도 완성한 것은 실로 우리 전하께서 끝없이 샘솟는 효성으로 밤낮없이 감독하고 신칙하신 데 힘입은 것이지, 진실로 신이 무슨 힘을 보탰으며 무슨 노고가 있겠습니까. 그런데도 선왕을 따라 죽어 은혜를 갚지 못하고 갑자기 이렇게 말을 내리는 은전을 외람되이 차지하게 되었습니다.

**9** 운향(雲鄕) : 신선이 사는 하늘 나라인 백운향(白雲鄕)으로, 《장자》 〈천지(天地)〉에 "저 흰 구름을 타고 제향에 이른다.〔乘彼白雲, 至於帝鄕.〕" 한 데서 유래하였다.

하늘을 우러러보아도 부끄럽고 땅을 굽어보아도 부끄러워 식은땀이 그치지 않습니다. 신하가 공을 세우기를 기다릴 때는 해진 바지도 오히려 아끼는 법입니다. 하물며 임금께서 기르시는 말은 상 중에서도 높은 상인데 아무런 공로도 없는 미천한 신에게 분수에 가당하지 않게 내리시니, 어찌 감히 사양하고 피할 방법을 생각하지 않고 편안하게 받겠습니까. 마침 승정원의 계문(啓聞)을 만나고 금오의 논책을 받아 몸은 비록 등대(登對)하였지만 마음은 실로 벌을 기다렸습니다. 감히 갑자기 글을 들이지 못하고 이제 비로소 짧은 상소로 호소합니다. 삼가 바라건대 자애로운 성상께서는 조속히 은혜로운 하교를 거두라 명하여 포상을 엄정하게 하고 신의 분수를 편안하게 해 주소서. 그리해 주시면 천만다행이겠습니다.

# 김문순[10]이 무함하여 참소한 것을 변백하고 이어 판금오와 주사 당상을 사직하는 상소[11]

辨金文淳誣讒仍辭判金吾籌司堂上疏

삼가 아룁니다. 구덩이에 묻힐 날이 머지않으니 액운이 서로 뒤를 잇습니다. 최근에 남으로부터 물어뜯긴 것이 무릇 몇 번이었습니까. 글을 올려 속마음을 드러내 보이는 것이 거의 월과(月課)가 되었습니다. 신의 말은 곤궁해지고 뜻은 고갈되어 전혀 새롭지 않을 뿐만 아니라 성상께서 이렇게 대응하시는 것 또한 신에게 또 다른 사죄(死罪)를 더해 주는 것이 아니겠습니까. 그런데 이번에 김문순의 상소는 또 어쩌면 그렇게도 무자비하고도 혹독하단 말입니까.

돌이켜 생각해 보니 조정에서 뿌리도 없고 줄기도 없어서 말이나 소를 부르듯 아무렇게나 해도 안 될 것이 없기로는 신만 한 사람이 없습니다. 만약 내쳐서 보내려고 한다면 어찌 한 푼의 힘이라도 필요하겠습니까. 지금 그 내용을 보면 나쁜 말은 모두 가져와서 신을 얽어매는 데 조금이라도 느슨할까만을 두려워하였습니다. 무릇 이 세상의 소장(疏章) 중에서 대간(大姦)과 거악(巨惡)을 제대로 형용한 문자라

**10** 김문순(金文淳) : 1744~1811. 본관은 안동(安東), 자는 재인(在人)이다. 고조부가 노론 사대신 중의 한 사람인 김창집(金昌集)이다. 노론인 그는 남인인 번암의 죄를 논하고 유배시킬 것을 주장하다가 오히려 파직당하는 등 정치적 곤경을 겪었다.

**11** 김문순이……상소 : 1781년(정조5) 7월 25일에 올린 것이다. 이에 앞서 7월 20일 대사헌 김문순은 상소를 올려 번암이 평안 감사로 있을 때 탐오하고 정조 즉위년에 발생한 병신옥사에 연루되었다고 논핵하였다. 《日省錄 正祖 5年 7月 21日》

면 조사해다가 종류별로 모아서 모조리 신의 한 몸에 집중시키니, 무엇 때문에 이렇게까지 한단 말입니까.

신은 놀라고 떨려서 죽으려 해도 죽을 수가 없었으니 또한 신을 탄핵하는 헌신(憲臣)을 위하여 애석해하지 않을 수가 없습니다. 그의 상소 가운데, 선대왕으로부터 대우는 가장 많이 받았으면서 은혜를 한 푼도 갚지 않았다고 신을 책망한 것은 진실로 아주 정확하게 지적한 격언(格言)이니, 신이 진실로 죽을죄를 지었다는 것은 남의 말이 필요하지 않습니다. 그러나 이것을 서관(西關)의 일에 갖다 붙인다면 또한 서로 이해하지 못했다고 할 만합니다.

신이 서관에 있을 때 선대왕께서 민채(民債) 때문에 내리신 열 줄의 윤음을 감히 어기지 못하여 밤낮으로 편안히 지내지 못하고 손발이 닳도록 힘껏 마련해서 1전(錢)도 조정에 청하지 않고, 환곡을 갚지 못하고 죽은 사람들의 빚 13만 냥을 가까스로 갚은 뒤 모든 백성이 보는 곳에서 그 문서를 불태웠습니다. 이는 신이 백성을 위해서 그런 것이 아니고 실로 선대왕께서 백성을 지성으로 사랑하고 긍휼히 여기신 유시(諭示)를 받들어 편 것일 뿐이며, 일을 마친 뒤에는 간곡한 심정을 진달하고 이어 즉시 병부(兵符)를 반납하였습니다. 그런데 지금 8년이 지난 뒤 아무 까닭도 없이 '탐도(貪饕)'라는 두 글자로 사람을 더럽히고 멸시하는 밑천으로 삼으려고 하니, 신이야 언급할 가치조차 없지만 유독 한 세상의 공의(公議)는 생각하지 않는 것입니까.

전하께서 신을 불쌍하게 여겨 진실로 더러운 이름에서 신을 건져 주려고 하신다면, 시험 삼아 공정한 마음과 공정한 눈을 가진 조정의 신하를 관서로 보내어 염찰하게 하시기 바랍니다. 그리하여 비록 한 백성이라도 신을 탐오로 지목하여 끝없이 욕심을 부렸다고 한다면 신은 삼가 마땅한 벌을 받을 것이니 죽음도 달게 여기겠습니다. 오히려 전하께서 청정(聽政)하던 처음에 신에게 "관서에 가서 수만 냥의 민채를 갚을 수 있도록 하였으니 그가 탐오하지 않은 것은 알 만하다."라고 유시하신 것을 기억하고 있습니다. 전하께서 하신 이 말씀 한마디는 화곤(華袞)보다도 영광스러우며[12] 천고의 신사(信史)에 전해질 만하니 신은 이것을 부둥켜안고 무덤에 들어가도 여한이 없을 것입니다. 더 이상 무슨 말로 비유하겠습니까.

병신년(1776) 봄의 일에 이르러서는 신이 또한 기억하건대, 전하께서 신에게 유시하기를 "요망한 환관(宦官)이 일찍이 세손으로 있던 내 앞에서 신하들을 은근히 칭찬하거나 깎아내렸는데, 경에 대해서는 '아무개는 동에도 붙지 않고 서에도 붙지 않아 중간에 서서 일을 피하니 이는 써서는 안 될 신하입니다.'라고 했다. 내가 직접 들은 것이 이와 같은데, 지금 요망한 환관이 경을 칭찬했다고 하니, 나를 속일 수가 있겠는가." 하셨습니다. 아아, 그 요망한 환관은 우리 전하가 지극히 신묘하고 지극히 명철하다는 것을 알지 못하고 사람들이 보지 않는 곳에서 신을 공격하면서 원한을 푸는 교묘한 계책이라고 스스로 생각했겠지만, 조마경(照魔鏡) 같은 성상의 식견으로 그 정상이 모두 밝혀졌습니다. 그가 비록 이것으로 재앙을 심으려 하였지만 하늘이 밝게 내려다보고 계신데 어찌하겠습니까.

**12** 화곤(華袞)보다도 영광스러우며 : 글자 한 자를 가지고 칭찬하여 영예롭게 해 주는 춘추필법(春秋筆法)을 말한다. 화곤은 왕공과 귀족의 복장으로, 지극한 영예를 뜻한다. 진(晉)나라 범녕(范寧)의 〈춘추곡량전서(春秋穀梁傳序)〉에 "한 글자의 포상이 화곤을 받는 것보다도 영광스러웠고, 한 마디의 폄하가 시장에서 맞는 회초리보다도 치욕스러웠다."라는 말이 나온다.

“권간(權奸)에게 빌붙었다.”라는 구절로 말하자면, 이것은 홍국영(洪國榮)을 가리켜 말한 것입니까? 그러나 신이 중권(中權 병조 판서)을 맡고 있을 때에 단 한 번도 홍국영과 정사(政事)를 의논한 적이 없었습니다. 그래서 마침내 홍국영의 의심과 노여움을 받아서 홍국영이 은밀히 자기의 지친(至親)인 사관(史官)을 사주하여 신에게 비난과 욕설을 가하고 신을 공격하여 제거하기까지 한 것은 온 세상이 모두 아는 사실입니다. 빌붙은 것이 진실로 이와 같단 말입니까. 당시 조정의 신하 중에 누가 붙고 누가 안 붙었는지는 모두 성명께서 밝게 알고 계신 바이니 신이 어찌 반드시 여러 말을 하겠습니까.

오태현(吳泰賢)이 분주히 아뢰면서 힘을 다한 것[13]은 딱하기도 하고 우습기도 합니다. 그리고 이현영(李顯永)이 후미가 되어 올린 상소[14]는 전하께서 세초(洗草)하라고 명하셨기 때문에 신은 그 소본(疏本)을 보지 못했으나, 전교 중에 누누이 하신 말씀으로 미루어 보건대 그들이 수컷이 부르면 암컷이 화답하듯 서로 호응하여 기필코 신을 죽이려고

**13** 오태현(吳泰賢)이……것 : 오태현은 지평으로서 1781년 7월 21일과 25일에 번암을 논핵하였다가 체직되었다.

**14** 이현영(李顯永)이……상소 : 이현영은 당시 사간이었다. 후미가 되어 올렸다는 것은 마치 성을 공격하듯 선두와 본대가 공격한 후에 맨 끝에 공격하여 올린 상소라는 말이다. 이현영이 1781년 7월 21일에 역적을 징토(懲討)하는 상소를 하였다가 파직되었는데 이 상소에서 번암을 논핵한 것으로 보인다. 그의 파직을 명하는 정조의 하교를 보면, “헌장(憲長)을 두둔하는 것처럼 하면서 오로지 공격을 일삼았으며, 한두 구절은 추잡한 말로 비난한 것이 더욱 참혹하고 표독스러워 장차 무한한 갈등을 일으키게 될 것”이라고 하면서, 아무 잘못이 없이 중신을 공격하였다고 하였다. 이어 “요사이 조정에 파랑이 조금 가라앉았는데 다시 공연히 일을 만들려고 드니, 큰 근심”이라고 질책하였으며, 원소(原疏)를 세초하라고 하였다. 《日省錄 正祖 5年 7月 21日》

한 정상을 엿볼 수가 있습니다. 모르겠습니다만 신을 죽이지 않으면 자신들에게 무슨 손상이 있으며, 신을 죽이면 자신들에게 무슨 이익이 있다는 것입니까? 성명께서 위에 계시고 귀신이 곁에 있으니 신은 근심하지 않습니다.

다만 생각해 보면 남보다 나은 점이 하나도 없는 신이 양조(兩朝)의 가을 하늘과 같은 덕을 받아 숭반(崇班)에 몸을 붙여 혹이 되었으며, 마침내 아무 일 없는 조정에 천층만층의 파랑을 일으켜 위태롭고 두려운 분위기를 만들고 성상을 번민하게 하였으니, 신의 죄는 죽음으로도 이루 다 갚을 수 없습니다. 다행히 천지와 같은 어진 성상께서 일월처럼 명철하여 선한 사람의 행실을 해치는 참소를 엄히 미워하고 억강부약(抑强扶弱)의 정사를 펴는 데 깊이 진념하시어 특지가 연이어 내렸습니다. 전후로 천백 마디의 말씀이 칼날 끝에 서 있는 신을 걱정하시는 말 아닌 것이 없으며 그물에 걸린 신을 빼내어 주시는 것이었습니다. 신을 낳은 것이 부모라면 신을 다시 살린 것은 우리 임금입니다. 비록 신의 자자손손이 대대로 결초보은을 하더라도 산 같은 은혜와 바다 같은 덕택을 어떻게 다 갚겠습니까.

돌아보니 신의 운수는 점점 기구해져서 두려움이 병이 되었습니다. 살아서 요순(堯舜) 같은 성상을 만났는데 이제 영결(永訣)을 하게 되었으니 이것이 이미 통한스러운 일입니다. 게다가 찬집(纂輯)하는 일은 선대왕의 지극한 행실과 드높은 덕업을 천양하는 일입니다. 팔도에 밝게 보여 주고 천년토록 영원히 드러내는 것을 어찌 신이 일심으로 지극히 소원하지 않겠습니까. 그러나 엎어지고 넘어져 떠돌게 된 몸으로 끝내 힘을 바칠 수 없게 되었으니, 죽어도 눈을 감지 못할 통한이 천년토록 이어질 것입니다. 교외로 물러나 놀란 혼을 진정시키고 장차 부모의 묘소 아래로 아주 돌아갈 작정입니다. 그곳에서 서울까지는 200리가 채 안 되니 대궐의 소식을 때때로 받들어 듣게 될 것입니다. 간혹 왕실에 종사(螽斯)의 경사가 있으면 나아가 진하(陳賀)하고, 급변이 있으면 나아가 죽음으로 보답하겠습니다. 천 갈래의 피눈물이 흘러내려 여기에서 말을 그칩니다. 삼가 바라건대 자애로운 성상께서는 조속히 신의 금오(金吾), 주사(籌司), 평시서(平市署)의 모든 겸직을 체차하고 이어 선산의 아래에서 생을 마치도록 허락하시어 시종일관 만물을 생성해 주는 은택이 이루어지기를 천만 기원합니다. 신은 이루 다할 수 없는 두려움에 몸 둘 바를 모르며 두 손 모아 간절한 마음으로 기원합니다.-비망기 및 힘써 나오라는 비망기는 권수 상(卷首上) 제1판(板)에 보인다.-[15]

답하기를,

"구태여 남들의 말을 깊이 혐의할 필요가 있겠는가. 이 일에 대해서 내가 이미 환히 알고 있으니, 경은 사직하지 말고 즉시 공무를 수행하라."

하였다.

**15** 비망기……보인다 : 비망기는 권수 상에 수록된 〈대사헌 김문순이 상소하여 무고한 일로 인하여 특별히 내린, 처분하는 비망기〔因都憲金文淳疏誣特降處分備忘記〕〉이고, 나오라는 비망기는 〈김문순을 견책하여 삭직하고 나서 출사하기를 권면하는 비망기〔金文淳譴削後勉出備忘記〕〉이다.

## 예조 판서를 사직하고 이어 치사를 청하는 상소[16]

辭禮曹判書仍乞休致疏

금령 전교(禁令傳敎)[17]는 권수 상 제1판에 보인다.

삼가 아룁니다. 신이 은혜롭게 내리신 제수의 명을 어겨서 마치 군신간의 분수와 의리를 알지 못하는 듯 해골 같은 몸이 남의 등에 업혀서 비로소 부모의 산소에 기댈 수 있게 되었습니다. 선영(先塋)에 돌아와 죽겠다는 오랜 계획은 비록 이루어졌으나 갑자기 성상을 이별하는 눈물은 미처 마르지 않았습니다. 아아, 입신양명하여 부모를 세상에 드러내는 것은 자식으로서 지극한 소원이지만 지금 신은 세상에 나와 길을 잃고 헤매다가 몸은 부서지고 이름은 더럽혀졌으니 산소 옆에서 엎드려 벌벌 기며 원통한 마음으로 울부짖었습니다.

집에서는 불효한 아들이 되고 나라에서는 불충한 신하가 되었으니 하늘을 우러르고 땅을 굽어보매 살아서 또 무엇 하겠습니까. 그런데 천만뜻밖에 삼가 승정원에서 성첩(成貼)한 유지(有旨)[18]를 보니 열 줄의 윤음에서 간곡하게 반복하여 《보감(寶鑑)》의 사체가 얼마나 중요한지에 대하여 깨우치고 신의 심정을 모두 환하게 알고 있다고 타이르시

16 예조……상소 : 1781년(정조5) 8월 9일에 올린 것이다.

17 금령 전교(禁令傳敎) : 병신년(1776)에 발생한 옥사에서 공초에 이름이 나온 사람들을 탄핵하는 상소는 봉입하지 말라고 승정원에 내린 전교를 말한다.

18 승정원에서 성첩(成貼)한 유지(有旨) : 1781년 8월 2일 교정 당상(校正堂上) 채제공에게 당일로 올라와 공무를 행하게 하라고 명령하면서 내린 것이다.

니, 머리를 조아리고 받들어 읽으매 글자마다 천 줄기의 눈물이 흐릅니다. 그중에서 "남이 나의 마음을 알아주면 비록 그 사람이 나보다 낮은 사람이라도 오히려 감동하는 법이다."라고 하신 하교는 가장 옳은 말씀이니, 모르겠습니다만 예로부터 신하 중에서 군부에게 이런 지우를 받은 이가 몇이나 있었습니까.

아아, 신이 임금을 섬긴 것이 이 마음이며, 세상에 대처한 것 또한 이 마음이었습니다. 신은 신의 마음을 믿어 살아서나 죽어서나 후회가 없습니다. 그러나 세상에서 신을 물어뜯는 이는 신을 의심하고 성을 내며 신을 물어뜯고 씹어서 척후(斥候)와 후대(後隊)가 되어 공격을 일삼아서 거의 대응할 겨를이 없으니, 이는 다름이 아니라 마음을 알지 못하기 때문입니다. 신이 애초에 이 마음을 열어서 지금의 사람들에게 내보여 주지 못하였으니 오직 천년 후를 기다릴 뿐입니다. 신의 마음도 진실로 또한 슬픕니다. 지금 전하께서 특별히 "자신의 마음을 알아준다.〔知己心〕"라는 세 글자로 신을 총애하고 신을 위로하셨습니다. 옛사람이 선비는 자신을 알아주는 이를 위하여 죽는다고 하였는데, 하물며 신자로서 만민의 제왕이신 성인(聖人)께서 알아주셨으니 더 이상 무슨 말이 필요하겠습니까. 아침에 이런 하교를 받았다면 저녁에 죽더라도 괜찮을 것입니다.

그러나 삼가 스스로 슬퍼하는 것은 위로는 자신을 알아주는 임금이 있으나 아래로는 이 한 몸 용납할 곳이 없다는 점입니다. 머리 세어 늙어 죽을 때까지 엎어지고 넘어지며 떠돌 것이니 찬집(纂輯)하는 일로 보자면 주남(周南)에 체류하는 한을 품은 것[19]이고, 신의 신세로

**19** 주남(周南)에……것 : 주남은 낙양(洛陽)을 가리키는데, 한 무제(漢武帝) 초기에

보자면 완적(阮籍)처럼 길이 막혀 통곡하는 것[20]입니다. 그런데 꿈에도 생각하지 못한 종백(宗伯)에 특별히 제수하는 은총과 강제(講製)를 고시하라는 명령이 하루에 한꺼번에 내렸습니다. 조정으로 돌아오기를 재촉하는 하교는 멀리 내각(內閣)에서 내리고 말을 지급하라는 교지는 기영(畿營)에 날아드니, 이는 모두 특달(特達)의 권우(眷遇)[21]이고 세상에 없는 은총입니다. 돌아보건대 이 더럽고 천한 신이 나오고 안 나오고 있고 없고가 조정의 일에 무슨 큰 관계가 있다고 이렇게까지 성상께서 마음에 넣어 두고 버리지 못하십니까. 아아, 신이 비록 불초하나 또한 풍병(風病)이 들어 제정신을 잃는 데는 이르지 않았으니 성은에 어찌 감격할 줄 모르겠으며, 엄명에 어찌 두려워할 줄 모르겠습니까. 오직 이 영원히 떠나야 하는 이유를 지난번 상소에서 모두 갖추어 말씀드렸으며, 스스로 선을 긋는 의리를 이미 부모의 산소 앞에서 맹서하였으니, 이는 다만 성명(性命)을 온전히 보전하려는 계책일 뿐만 아니라 실로 조정을 위하여 허다하게 마음을 쓰는 일을 덜어 드리려는 것입니다.

태사공(太史公) 사마담(司馬談)이 낙양에 체류하여 한나라 황실의 봉선(封禪) 의식에 참여하지 못하자 화를 이기지 못하고 죽은 사실에 빗대어, 번암 자신이 지방에 있어 찬집하는 일에 참여하지 못하는 것이 마음에 한이 된다는 의미이다. 《史記 太史公自序》

**20** 완적(阮籍)처럼……것 : 완적이 경솔하게 혼자 수레를 타고 대로로 가지 않고 샛길로 가다가 수레가 더 나아갈 수 없자 통곡하고 돌아온 일이 있는데, 이는 본래 수레가 갈 길이 없어서 슬퍼한 것이라고 하였다. 《晉書 阮籍列傳》 여기서는 자신이 곤경에 처하여 벗어나지 못한 것을 비유한다.

**21** 특달(特達)의 권우(眷遇) : 《예기》 〈빙의(聘義)〉에 "규장특달(珪璋特達)"이라 하여, 규장을 가진 이는 다른 폐백(幣帛)이 없어도 곧바로 천자를 뵐 수 있다고 하였다. 여기에서는 세상에 없는 큰 대우라는 뜻이다.

생각해 보니 신에게는 지극히 간절한 소망이 늘 가슴에 맺혀 있습니다. 신이 전하께서 처음 정치하시는 때를 만나 전하의 망극한 은혜를 입었으니 떠나겠다는 한마디 말을 갑자기 전하께 차마 하지 못하였습니다. 그러나 이제는 절박한 신의 심정을 부득이 한번 눈물로 호소하지 않을 수 없습니다.

견마 같은 신의 나이가 이제 예순둘입니다. 예경(禮經)에 정해진 치사(致仕)하는 나이까지 비록 일곱 살이 모자란다고 하지만, 삼가 성인이 예법을 정한 의미를 생각해 보면 마흔에 벼슬하는 것을 허락하고 일흔에 곧 치사하게 하였으니, 따라서 그 조정에서 임금을 섬기는 시기는 불과 30년으로 한정하였을 뿐입니다. 신이 스물넷에 요행히 과거에 급제하여 양조(兩朝)의 우로와 같은 덕화(德化) 아래서 헤엄치고 육부(六部)와 웅진(雄鎭)을 날아다니며, 오늘까지 시위소찬(尸位素餐)한 것이 꼭 39년이 되었습니다. 따라서 예경에서 정한 마땅히 치사해야 하는 나이와 비교할 때 단지 9년이 지난 것만 보일 뿐 미치지 못한 것은 보이지 않습니다.

더욱이 험난한 길은 끝까지 가기 어렵고 근심과 두려움은 정신을 상하게 하니, 몸은 비록 움직인다고 하지만 정신은 앞에서 잊어버리고 뒤에서 잃어버리며 왼편이 혼미하고 오른편이 착각하니 다만 하나의 썩어 쓸모없는 물건일 뿐입니다. 다만 선조의 옛 신하라 은혜로이 벼슬을 내리시어 차마 중도에서 버리지 못한 것일 뿐입니다. 그러니 전하께서 숭반으로 묶어 두시려 한들 국가의 일에 조금도 도움이 되지 않고 조정의 안정에 해만 끼칠 것이니 어찌하겠습니까. 송나라 신하 구양수(歐陽脩)가 "인생은 마땅히 만년의 절조를 보아야 한다. 나는 남에게 몰려서 떠나고 싶지는 않다."라고 말하며 나이 육십이 넘자 연이어 상소하여 허락을 얻고야 말았습니다. 지금에서 보자면 당시는 송나라 전성기로서 조정은 청명하고 예양(禮讓)은 높았습니다. 어찌 몰아서 쫓아내는 옳지 않은 풍습이 있었겠습니까만 구양수가 그것을 염려하여 마침내 만년의 절조를 온전히 보전하였으니 세도가 어려운 것은 예부터 그러했습니다. 전현(前賢)의 높은 풍모야 너무 멀어 미칠 수가 없지만 지금 신은 몰아서 쫓아내기에도 부족하여 모욕까지 더한 다음에야 비로소 구구한 신의 바람을 말씀드렸으니, 만약 구양수가 안다면 지하에서 손바닥을 치면서 그럴 줄 알았다고 하지 않겠습니까. 때를 놓친 것이야 어쩔 수 없으니 지금 돌이킬 수 없지만 사람이 소원을 하면 하늘이 필시 따르지 않을 리가 없습니다.

삼가 바라건대 자애로운 성상께서는 애처롭고 불쌍히 여겨 신에게 봉조하(奉朝賀)의 직함을 허락하여 주소서. 그리하신다면 신은 오늘 당장 길에 올라 대궐로 나아가 성상께 머리를 조아려 사은하고, 물러나 선영을 지키며 남은 생을 마칠 것입니다. 하늘을 우러러 피눈물로 축원하는 것은 오직 이에 있을 뿐입니다. 급박한 형편과 맺힌 마음으로 제대로 말을 갖추지 못하니 죽을죄를 짓습니다. 신은 이루 다할 수 없는 눈물로 간곡히 기원합니다.

답하기를,

"상소를 보고 잘 알았다. 경을 버리고 싶지 않기 때문에 부지런히 여러 차례 하교하였으니, 경은 사직하지 말고 속히 올라와 공무를 수행하라."

하였다.

## 신칙하는 하교가 내린 후 다시 치사를 청하는 상소[22]

飭敎後更請休退疏

전교와 비망기는 권수 상 제2판과 3판에 보인다.

삼가 아룁니다. 신이 거친 산에 숨죽여 물러나 있으니 모든 생각은 식어 버렸는데 오직 임금 그리는 한 생각만은 없애 버리려 해도 그럴 수가 없습니다. 아침이면 〈수조(水調)〉[23]를 읊조리고 밤이면 북두(北斗)에 의지하며 취한 듯 바보가 된 듯 하루하루를 아무 생각 없이 보내고 있습니다.

지난달 14일에 삼가 내린 전교를 보니 동간(東間)[24]의 죄수를 심문할 시간이 촉박하여 신을 재촉하여 올라오라 하셨으며, 심지어 이 일이 역적의 징토에 관계가 있으니 시각을 지체해서는 안 된다고까지 하교하셨습니다.

신은 바로 죄인입니다. 비록 조정의 일에 참여하여 듣는 것은 불가하

**22** 신칙하는……상소 : 1781년(정조5) 9월 5일에 올린 것이다.

**23** 수조(水調) : 곡조의 이름이다. 송나라 신종(神宗) 때에 소식(蘇軾)이 귀양 가 있으면서 〈수조사〉를 지었는데, 그 가사에 "다만 임금이 계신 궁궐 높은 곳이 추위를 이기지 못할까 염려되네.〔只恐瓊樓玉宇, 高處不勝寒.〕" 하였다. 이 노래가 전파되자, 신종이 듣고는 "소식이 끝까지 임금을 사랑하는구나." 하면서, 죄를 감하여 귀양지를 옮겨 주었다고 한다. 《宋史 蘇軾列傳》

**24** 동간(東間) : 의금부의 동쪽 죄수 칸을 말한다. 의금부에는 동·서·남 세 개의 죄수 칸이 있는데, 이 중 남간옥(南間獄)에는 기결수, 특히 사형수를 가두었고, 서간옥(西間獄)에는 죄가 가벼운 자를 가두었다.

지만 역적을 토벌하는 의리가 항상 눈앞에 어른거렸는데, 이 징토 두 글자를 집어냄에 성상의 신칙하는 하교가 엄정하고 준절합니다. 이에 신은 감히 가만히 있을 수가 없어, 서울의 조금 가까운 곳으로 나아가 다시 아프고 고통스러운 사정을 호소해야겠다고 생각하였습니다. 그래서 억지로 지팡이를 짚고 분주히 길을 나서 3일 걸려 양주(楊州)의 선영 곁에 엎어지니 그제야 예부와 금오의 벼슬이 모두 해면되었다는 것을 들었습니다. 성은이 두터울수록 신의 죄가 더욱 드러납니다.

아아, 신이 논박을 받은 이후로 은혜로운 하교는 은근하여 날로 내렸습니다. 자상한 아비가 사리 모르는 자식을 가르치듯 위로하고, 검은 옷을 벗겨 내고 하얀 옷을 입혀 주듯 억울함을 풀어 주셨습니다. 나무나 돌, 물고기나 돼지라도 오히려 감동하거늘 신은 우두커니 고집만 부리며 아무런 생각이 없는 듯하였습니다.

능침에 배알(拜謁)하는 것은 성대한 예인데 바야흐로 예의사(禮儀使)의 임무를 띠고 있으면서 끝까지 나아가 부응하지 않고, 죄수를 심문하는 것은 중대한 일인데 판의금부사가 없다는 이유로 즉시 잡아다가 심문하지 않았으니, 그 죄를 논하자면 태산이 오히려 가벼울 것입니다. 그런데 이제 곡진하게 부응한다는 뜻으로 은혜롭게 체직을 명하고 주벌을 더하지 않으시니, 모르겠습니다만 성명께서는 죄 많은 천한 신에게 무슨 취할 바가 있다고 이토록 덮어 주고 감싸 주시는 것입니까. 감격의 눈물이 피가 되어 흐르니 더욱 죽을 곳을 모르겠습니다. 도리어 신의 이름이 여전히 《보감(寶鑑)》을 교정하는 반열에 끼어 있어 근래에 신칙하는 하교가 거듭하여 내렸으니, 오호라! 신의 머리끝에서 발끝까지는 누가 주신 것입니까.

삼가 듣건대 책자를 진헌하는 것이 이번 13일로 정해졌다고 합니다.

옛 탄일(誕日)은 부질없이 돌아오는데 거울을 바칠 곳이 없습니다.[25] 이 해를 그린 책[26]에 기대어 깊이 사모하는 마음을 부칩니다. 신이 우러러 성상의 효성에 감동하여 맑은 눈물 훔치고 배회하며 주저하니 마땅히 그 포한이 어떠하겠습니까. 신이 비록 불초하나 한 목숨 끊어지기 전에 어찌 대롱으로 하늘을 엿보는 이 일에 정성을 다하고 온 힘을 바치고 싶지 않겠습니까.

다만 생각해 보건대, 신이 찬집하고 교정하는 자리에서 의기양양해 한다는 것이 바로 대신(臺臣)이 올린 소장 가운데 하나의 큰 죄안(罪案)이니 신이 붓을 잡고 글을 쓰는 반열에 다시 낄 수 없다는 것은 신만 아는 것이 아니요, 조정에 모르는 사람이 없습니다. 비단 조정만 아는 것이 아니며 천한 이서(吏胥)들도 모두 알고 있습니다. 그런데 성상께서 반드시 《보감》의 교정을 신에게 요구하시니, 명철한 성상께서 혹시 언관(言官)의 말을 놓치고 빠뜨린 것이 있어서 그런 것이 아니겠습니까. 그렇지 않다면 신하를 부릴 때에 예로써 한다는 전하의 의리로 볼 때 어찌하여 반드시 그 명령을 따라서는 안 될 자리에 이토록 핍박하십니까.

이어 생각해 보니 신은 물러나기를 고한 사람입니다. 지난날의 상소

**25** 옛……없습니다 : 영조의 생일이 9월 13일이다. 당 현종(唐玄宗)이 자기 생일인 8월 5일을 천추절(千秋節)이라 하고 항상 이날은 재상들을 화악루(花萼樓)에 불러 놓고 잔치를 베풀어 질탕하게 노닐곤 하였으므로, 장구령(張九齡)이 일찍이 천추절에 사감(事鑑) 10장(章)을 올려서 임금을 풍유(諷諭)하였는데 이를 《천추금경록(千秋金鏡錄)》이라고 불렀다. 이 때문에 여기에서 거울〔金鏡〕을 바칠 곳이 없다고 말한 것이다.

**26** 해를 그린 책 : 해는 임금을 뜻한다. 즉 영조의 치적을 서술한 《국조보감(國朝寶鑑)》을 말한다.

가 어찌 그만둘 수 있는데도 그만두지 않은 것이겠습니까. 경을 버리고 싶지 않다고 하신 비지(批旨)를 어찌 신이 뼈에 새겨 은혜에 감격하지 않겠습니까. 그러나 신이 처한 의리를 돌아볼 때 만약 나와도 되고 나오지 않아도 되어 혹 천천히 의논할 수 있다면 부모처럼 구해 주실 전하께 어찌 감히 급거히 치사를 청하겠습니까. 신이 아침저녁으로 반복하여 생각해 보아도 오직 하나의 '퇴(退)' 자가 있을 뿐입니다.

옛날 사람들이 혹 당시의 임금께 치사를 청했으나 임금이 그 청을 윤허하지 않는 경우에 또한 그 청을 그만둔 사례가 없지 않았습니다. 그러나 이는 대개 그 사람의 재주와 능력이 너무 아깝기 때문이거나 그 사람의 처지가 전혀 위태롭지 않기 때문이거나 조정에 일을 맡길 신하가 모자라거나 해서 애오라지 잡아끌었기 때문일 뿐입니다. 이 몇 가지는 모두 이유가 없다고 해서는 안 됩니다. 그러나 신 같은 경우에는 재주와 능력으로 보자면 문장으로나 바탕으로나 맞는 바가 없고, 처지로 보자면 사람들이 한창 칼을 준비하고 도마를 마련하여 신을 어육처럼 조리하려 하며, 조정으로 보자면 재주 있는 선비들이 나와 쓰이고 있어 한 시대의 일을 끝내지 못할 근심이 없으니, 신 같은 사람이야 그저 강호에 떠 있는 한 마리 기러기일 뿐입니다. 이는 모두 전하께서 통찰하고 계시니 전하께서 신을 버리고 싶지 않다고 하신 것이 진실로 무슨 연유인지 신은 알지 못하겠습니다.

더구나 전하께서 그동안 내리신 윤음은 모두 사랑하여 살리고 싶다는 뜻 아닌 것이 없었으니 살려 주고 싶다면 하나의 '퇴(退)' 자를 버리고 무엇으로 하시겠습니까. "물러나기를 고합니다.〔告退〕"라는 두 글자를 이미 입 밖에 내어 상소에 올렸으니 이후부터는 곧 신은 멀리 떠나간 사람입니다. 신이 이 세상에 대하여 스스로 단절한 것이 이미 분명하니 전하께서 조정의 기강을 진작하고 신하의 분수를 권면하려고 하신다면 조속히 유사에게 명하여 왕명을 거역한 신의 죄를 무겁게 감죄(勘罪)하도록 하소서. 혹 신이 일찍이 경(卿)의 반열에 있었다는 이유로 차마 하루아침에 중죄에 처하지 못하신다면 특별히 봉조하(奉朝賀)의 삼자함(三字銜)을 허락하여 세상에는 곡진히 만물을 생성해 주는 은혜가 이루어지게 하고 미천한 신에게는 필부로서 제자리를 찾는 즐거움을 얻게 하소서. 그리하신다면 어찌 옛사람이 말한, 신하와 군주가 모두 영예스러운 경우가 아니겠습니까. 꿈속에서도 소원하며 간절한 마음으로 써서 올리니 오직 자애로운 성상께서는 애처롭게 여기고 살펴 주시기 바랍니다. 신은 이루 말할 수 없는 심정으로 하늘과 성상을 바라보며 두 손 모아 간곡히 기원합니다.

답하기를,

"상소를 살펴보고 잘 알았다. 이미 지난 일이니 모름지기 더 이상 언급하지 말도록 하라. 경은 사직하지 말고 속히 올라와 공무를 행하라."

하였다.

## 신칙하는 하교가 내린 후 다시 치사를 청하는 상소[27]

飭敎後復乞休致疏

신칙하는 비망기는 권수 상 제3판에 보인다.

삼가 아룁니다. 군신간의 의리는 천지간에 피할 곳이 없습니다. 신처럼 양조(兩朝)에서 하해와 같은 은혜를 받은 자가 만약 자기 한 몸이 편하려고 갑자기 떠나는 것을 일삼는다면 개나 돼지조차도 그가 남긴 음식을 먹지 않을 것이니 신이 어찌 이렇게 하겠습니까. 그러니 한 번 상소하고 두 번 상소하여 치사(致仕)를 소원하고 허락을 얻지 못하면 그만두지 않으니 신의 마음도 진실로 또한 고통스럽습니다. 공자께서 말씀하시기를 "옛날에 말을 하지 않는 것은 몸이 따라가지 못하는 것을 부끄럽게 여기기 때문이다."라고 하였습니다. 신이 이미 스스로 세상과 단절하는 의리로 군부 앞에서 말을 하였는데 만약 성명께서 즉시 허락하지 않았다고 하여 마침내 그만둔다면 이는 말을 하고 몸이 따르지 않은 것이니 부끄러움이 얼마나 심하겠습니까.

바야흐로 조그만 정성을 쌓아서 다시 매우 간곡한 소망을 말씀드리려고 할 때 이현영(李顯永)의 상소가 또 나왔는데, 도리어 이현영이 신이 다시 조정으로 들어올까 걱정하여 이렇게 으르렁거리는 것입니까. 일을 잘못 헤아렸다고 할 만하며 또한 쓸데없이 마음과 힘을 썼다고 할 만하니 비웃어 주는 것이 마땅합니다. 다만 사리의 당부(當否)와 공의(公議)의 유무는 돌아보지 않고 오직 남을 위협하고 욕보이는 짓

**27** 신칙하는……상소 : 1781년(정조5) 10월 10일에 올린 것이다.

을 일삼는다면 어떤 사람인들 욕보여서는 안 될 것이 있으며 어떤 모욕인들 해서는 안 될 것이 있겠습니까. 신은 실로 진신(搢紳)의 풍습을 위하여 이루 말할 수 없이 개탄합니다. 만약 남김없이 말을 하려 하면 대체(大體)를 상하게 할까 두려우니 모두 그대로 놓아두느니만 못할 것입니다. 비록 그렇지만 신이 갈수록 피곤하고 고통스러워지니 조정의 신하도 자처해서는 안 될 것이 분명합니다.

지난번 신칙하는 하교가 거듭 내려 몇 번이고 간곡하게 말씀하시니 따뜻한 위로는 봄볕과 같고 엄정한 책망은 부월(鈇鉞)보다 준절하였습니다. 두 손으로 공손히 받들어 읽으니 다만 맑은 피눈물이 얼굴을 적실 뿐이었습니다. 아아, 신이 교정하는 일에 더 이상 끼어서 안 되는 이유는 앞의 상소에서 모두 말씀드렸습니다. 무릇 이 직임을 맡은 것으로 대각에게 탄핵을 받았는데 그대로 염치를 무릅쓰고 이 직임을 맡아 공무를 행하는 것은 단지 염치로 보아 감히 나갈 수 없을 뿐만 아니라 나라에서 신하를 기르는 데 절조(節操)가 없는 것입니다.[28] 무릇 혐의할 만한 부분이 있다는 것은 조야가 모두 알고 있습니다. 따라서 주상께서 반드시 곡진히 부응하고, 억지로 해서는 안 될 것을 강요하지 않으신다면 매우 성대한 절조가 될 것입니다.

삼가 생각건대 성명께서 세상을 다스리며 아주 작은 의리까지도 빠트리지 않는데 유독 신이 자처하는 의리에 대해서는 너그러이 살펴주지 않으시니, 어찌 신이 사대부의 염치로 책망할 가치조차 없는 사람이라서 그런 것이 아니겠습니까. 신은 진실로 황공하고 부끄러워 죽고

**28** 절조(節操)가 없는 것입니다 : 대본에는 '下有節'로 되어 있다. 문맥에 근거하여 '下'를 '不'로 바로잡아 번역하였다.

만 싫으며 더욱더 스스로 어떻게 처신해야 할지 모르겠습니다. 또 성지(聖旨) 가운데 신의 잘못을 지적하여 사적인 것을 먼저 하고 공적인 것을 뒤로 한다고 하교하셨는데, 신은 만번 죽는다고 하더라도 삼가 우러러 사뢸 것이 있습니다.

무릇 공(公)과 사(私)는 일률적으로 논하기가 쉽지 않습니다. 천하의 일은 겉으로는 공인 것 같으면서도 속으로는 실로 사가 되는 경우가 있고, 속으로는 실로 공이 되지만 겉으로는 혹 사처럼 보이는 경우도 있습니다. 이는 군자가 어떻게 분별하는지에 달려 있을 뿐입니다. 지금 신이 교정을 왕역(往役)[29]하는 자리에 대해 명령을 거역하고 예경(禮經)에 정해진 치사의 나이에 미치지 않았는데도 치사를 청한 것은 겉으로 보자면 사를 먼저 하고 공을 뒤로 하는 혐의가 있을 수 있지만, 신이 삼가 공으로 삼는 것은 조정을 말하는 것입니다. 신이 있으면 창과 칼이 번갈아 일어나서 조정이 안정될 때가 없고, 신이 떠나면 풍랑이 저절로 그쳐서 조정이 화평의 복을 누립니다. 이것으로 보자면 신이 떠나는 것이 과연 사가 됩니까, 아니면 공이 됩니까? 신이 공사의 선후 사이에서 헤아려 결정하는 것은 또한 구구한 신의 작은 지조 아닌 것이 없는데 성명께서는 다만 사를 먼저 했다고 신을 책망하시니 또한 신이 원통하지 않겠습니까.

주자(朱子)는 "이처럼 하는 것이 병통임을 안다면 이렇게 하지 않는 것이 약이 됨을 알아야 한다."라고 하였습니다. 신이 조정에서 한 언행

**29** 교정을 왕역(往役) : 교정은 영조조 《국조보감(國朝寶鑑)》을 교정하는 것을 말한다. 왕역이란 임금이 불러서 가서 일하는 것으로, 여기서 번암이 왕역이라고 한 것은 서인(庶人)으로 자처했다는 뜻이다.

을 점검하여 보니 혹 죽어 마땅한 죄과에 이르지는 않은 듯한데, 오직 깊은 성은에 차마 떠나지 못해 머뭇거리고 조정에 연연하면서 미련을 버리지 못하여 일찌감치 스스로 떠나지 않은 것이 진실로 이른바 용서받지 못할 죽을죄입니다. 이제 떠나지 않는 것이 죄가 된다는 것을 알았으니 증상에 대처하는 처방은 다만 떠나는 것일 뿐입니다. 생각이 이에 이르니 더 이상 무슨 다른 말을 하겠습니까. 전하께서 천신을 불쌍히 여겨 반드시 온전히 해 주겠다는 마음으로 한번 생각해 보신다면 필시 "그대의 말에는 이치가 없다."라고 하교하지 않을 것입니다. 이에 또다시 눈물로 먹을 갈아 상소를 써 천지 부모와 같은 성상께 애처로이 호소합니다. 삼가 바라건대 자애로운 성상께서는 치사의 청을 허락하여 신이 산골에서 여유롭게 살며 천수를 다할 수 있도록 허락해 주소서. 이것이 신의 가슴에 가득하고 마음에 맺혀 있는 간절한 소원입니다. 이루 다할 수 없는 눈물로 간절히 기원합니다.

답하기를,

"상소를 살펴보고 잘 알았다. 전소(前疏)와 후소(後疏)에서 '물러나겠다〔休退〕'는 두 글자를 가지고 거듭거듭 말하였는데, 내가 경의 말을 따라서 대답할 것도 역시 '놓지 않겠다〔不捨〕'는 두 글자이다. 경은 사직하지 말고 공무를 행하라."

하였다.

## 김문순이 두 번째 무함한 것에 대하여 변백하고 다시 치사를 청하는 상소[30]

辨金文淳再誣復乞休致疏

올라오기를 신칙한 전교는 권수 상 제3판에 보인다.

삼가 아뢰니다. 신의 정성이 하늘에 닿지 않고 글은 뜻을 전달하지 못하여 세 번의 상소로 치사(致仕)를 청했지만 한결같이 으레 윤허를 아끼시니 마음이 답답하며 불안합니다. 지난 수십 일간 신칙하는 하교가 연이어 내리어, 남들이 시기하는 것이 형세상 본래 그런 것이라고 유시하시니 이는 해와 달처럼 밝은 성명이 미물(微物)이라도 비추지 않음이 없는 것이며, 신하의 도리가 마땅히 이와 같지는 않을 것이라고 책망하시니 이는 산과 강처럼 넓은 도량이 폐물(廢物)이라도 버리지 않고자 하신 것입니다. 더러움이 드러날수록 닦고 씻는 데 더욱 힘쓰고 태만함이 쌓일수록 은혜로운 지우(知遇)는 더욱 도탑습니다. 몇 번이고 돌이켜 생각해 보아도 어찌하여 이런 은총을 받게 되었는지 실로 모르겠습니다. 살아서는 목숨을 바치고 죽어서는 결초한들 어찌 만분의 일이라도 보은이 되겠습니까.

그러나 김문순이 두 번째 상소를 하여 이빨을 드러내며 으르렁거리지만, 무도한 짓거리에 똑같이 대응하지 않는 것이 성인의 가르침[31]을

30 김문순(金文淳)이……상소 : 1781년(정조5) 11월 20일에 올린 것이다. 이에 앞서 이조 참판 김문순은 번암을 탄핵하는 두 번째 상소를 이해 10월 27일에 올렸다. 이 상소에서 김문순은 번암이 변백한 상소의 내용에 대하여 재차 반박하였다.

체득하는 것이라는 점을 신이 어찌 모르겠습니까. 다만 그 내용을 보면 오로지 서관(西關)의 일을 가지고 신을 더럽히고 모욕하니, 세도가 험난해졌다고 하지만 어찌 이 지경에 이르렀습니까. 신이 마땅히 구설로 다투지 않을 것이며, 또한 문자로도 변백하지 않을 것입니다. 문서가 남아 있으며, 당시의 각 창고의 감관(監官)과 이속(吏屬)이 살아 있으며, 영부(營府)의 수많은 눈과 귀가 남아 있으니 한번 조사를 하기만 하면 금방 알 수 있습니다.

대개 각 창고의 민채(民債)로 100여 년에 걸쳐 내려온 것이 큰 숫자만 하여도 거의 13만 냥이 됩니다. 신이 그 문제를 처리하기 시작한 처음에 사정을 자세히 조사해 보니, 이른바 빚을 진 자 중에서 유망(流亡)하거나 대가 끊긴 가호(家戶)로 상고할 만한 증빙이 없는 경우를 제외하고 오히려 수량을 나누어 마땅히 징수할 만한 사람이 없지 않았습니다. 신이 여러 가지 방법으로 타이르고 깨우쳐서 능력에 따라 분정(分定)하니 백성들 또한 감사할 줄 알았습니다. 그래서 솥을 팔고 집을 팔아 스스로 와서 바쳤는데 마침내 그 바친 총수가 수만 냥이 되었으니 이는 백성에게서 징수한 것입니다.

고(故) 상신 민진원(閔鎭遠)이 숙종 을미년(1715, 숙종41)에 관서에 관찰사로 나갔는데, 그때 민채의 폐단은 이미 서도(西道) 백성에게 골수에 맺힌 원한이 되었습니다. 그래서 고 상신이 반드시 적당한 방법을 찾아서 도로 갚으려고 다방면에 걸쳐서 안배하였지만, 일이 완성되

31 성인의 가르침 : 《중용장구》 제10장에 "관대함과 온유함으로 다른 이들을 가르치면서, 부당한 행위에 대해서도 똑같은 방식으로 보복하지 않는 것이 남방의 강한 힘인데, 군자가 바로 이런 자세를 취하는 것이다."라는 말이 있다.

지 않은 채 조정으로 돌아왔습니다. 이때에 상채청(償債廳)을 설치하여 얼마간의 전포(錢布)로 상채청의 고정된 본전(本錢)을 만들어서 뒤에 부임하는 사람들로 하여금 기회를 잘 살펴서 이자를 계속하여 불려 나가도록 하였으며, 이후 60년 동안 그대로 인순(因循)하여 왔습니다. 근세에 이르러 이른바 상채청은 그 명호가 혁파되었고, 그 본전은 여러 영고(營庫)에 귀속시켜서 영중(營中)의 긴요한 물자가 되고 말았습니다.

그런데 이 제도가 시행된 지 회갑이 되는 을미년(1775, 영조51)에 이 일을 경영하였으니 우연하지 않은 듯하였습니다. 그런 까닭에 영고의 문서를 조사하여 종전에 상채청에서 옮겨 온 것을 갈라 내니 남은 것은 다만 면포(綿布) 200동(同)이었습니다. 200동을 곧 전(錢) 2만 냥으로 사용한 것이니 이는 공물(公物)에서 나온 것입니다. 이 2만 냥을 백성이 빚을 갚은 숫자와 합하여 계산하자 꼭 4만 냥이 되었으니, 전체 13만 냥 중에서 4만 냥을 제하면 신이 마땅히 보고할 것은 9만 냥이 됩니다. 이 9만 냥 가운데, 또 해마다 으레 자비(自備)하는 5만 냥 중에서 1만 5천 냥을 갈라 내어 상채(償債)의 용도에 채워 넣었습니다. 그리고 신의 녹봉 중에 남는 것을 전이나 면포로 바꾸어 채워 넣은 것이 단지 7만 냥 남짓입니다.

본영의 배삭(排朔)으로 말하자면 신이 감영에 있던 기간이 20개월이니 20개월에 정해진 소용이 마땅히 14만 냥가량입니다. 이 나머지 시장에 직접 판매할 때 얻은 이익이 비록 많고 적음이 같지 않지만 전혀 없다고 해서는 안 될 것입니다. 따라서 이것을 가지고 7만여 냥의 민채를 충당하였으니 어찌 넉넉하지 않겠습니까. 채안(債案)이 모두 끝난 후 체직되어 돌아올 때에 또 3만여 냥으로 도내의 군포(軍布)를 납입하는 군인들에게 각각 30전씩을 견감(蠲減)해 주었습니다. 민채를 탕감한 것이 애초에 신의 죄안이었으니 오직 이 군포를 견감한 것이 어찌 신을 논박하는 하나의 칼자루가 되지 않겠습니까.

영고에 저장된 면포[32]가 혹 20자라는 김문순의 말은 진실로 그렇습니다. 신이 감영에 있을 때 각 영고의 면포가 이름만 면포이지 쓸 수 없는 것이 많다고 들어 그 이유를 따져 물으니 고감(庫監)들이 인첩문서(印帖文書)를 한 장 가지고 왔는데, 그것을 보니 전전 관찰사 윤동섬(尹東暹)이 작성하여 둔 것이었습니다. 그 문서에 어떤 창고에 저장된 면포 중에 길이가 20자에 그치는 것이 몇 동쯤 된다고 적혀 있었습니다. 그래서 신이 직접 가서 살펴보니 이른바 한 필의 면포라는 것이 불과 수건(手巾)만 한 것이 많이 있었습니다. 신이 보고 한심하여 진실로 그것이 어느 해 몇 분기에 비치한 것인지를 밝혀내려 하였지만 단지 감사가 교대하는 의리로 볼 때 진실로 난처한 점이 있을 뿐만 아니라 본영의 영고 12곳에 저장된 면포가 창고당 거의 5, 6천 동이 되니 5, 6천 동이 섞여 쌓여 있는 속에서 어떤 것이 어느 해에 무역(貿易)한 것인지를 실로 구분할 수가 없어 마침내 신이 참고 그대로 두었습니다.

대개 윤동섬은 자신이 재임할 때 무역한 것을 후임자가 혹 의심할까 염려하여 그 내용을 문서로 남겨서 도장을 찍고 또 수결까지 하여 감관과 색리에게 주어서 후일 증빙 자료로 삼았던 것입니다. 지금 와서 생각해 보니 선견지명이 있다고 할 만합니다. 신이 감사로 있던 때는 윤동섬이 교체되어 돌아가고 3년이 지난 뒤이니 20자짜리 면포를 가지

**32** 영고에 저장된 면포 : 공사 간에 통용하는 면포의 새수〔升數〕는 닷 새이고, 길이는 35자이며, 너비는 7치 이상이었다. 《大典續錄 戶典 雜令》

고 신에게 그 죄를 돌린다면 신 또한 원통하지 않겠습니까. 신 역시 이 점을 염려하여 상채한 면포를 무역한 뒤에 나뭇조각에 '을미상채조(乙未償債條)'라고 새겨서 면포의 양 끝에 붉은색으로 찍어 두었으니 이 다섯 글자가 안 찍힌 것은 모두 신이 아는 것이 아닙니다.

신이 조정으로 돌아온 뒤에 들으니 관서의 각 창고 중에 붉은 도장이 찍힌 면포가 다른 분기에 비치한 면포에 비하여 가장 우수하다고 하였습니다. 그런 까닭에 날마다 내려 줄 때에 먼저 이것을 뽑아서 써서 몇 년 사이에 붉은 도장이 찍힌 것은 한 필도 남지 않았다고 하였습니다. 7, 8년이 지난 지금에 와서 흔적이 사라져 잡을 만한 근거가 없는 것을, 한 번에 뭉뚱그려 말을 만들어 더럽히며 모욕을 주고야 말려고 하니 이는 다름이 아니라 신이 외로이 조정에 있어 당의 원조가 전혀 없기 때문입니다. 비록 원통함이 마음 가득하더라도 그 누가 신을 위해 그 일을 사리겠습니까. 돕는 이는 적고 오이를 먹는 자는 많은 것을 옛사람이 슬퍼하였으니[33] 신이 비록 스스로 말해 보았자 또한 무슨 보탬이 되겠습니까.

은(銀)으로 바꾸었다는 설은 또 어찌 그리 사리에 어두운 것입니까. 무릇 절사(節使)와 별사(別使)의 행차에 본영이 규례에 따라 압록강의 나루까지 호송하는데, 이때 반드시 수천 냥의 은자(銀子)가 필요하며 보태거나 덜 수가 없습니다. 진실로 매년 은으로 바꾸지 않는다면 그것

**33** 돕는……슬퍼하였으니 : 한(漢)나라 때의 악부(樂府) 〈고아행(孤兒行)〉에 "오이 실은 수레가 엎어졌는데 나를 도와주는 자는 적고 오이를 먹는 자는 많구나.〔瓜車反覆, 助我者少, 啖瓜者多.〕" 하였다. 이 시는 형수의 학대에 고통당하는 고아를 묘사한 것이다. 여기서는 번암이 조정에 구원해 주는 세력이 없어 고단하다는 뜻이다.

이 장차 하늘에서 떨어지겠습니까. 이 때문에 각 창고의 절목에는 모두 1년에 은으로 바꾸는 수량이 있으며, 곧 100년 동안 고치지 않는 법으로 만들었습니다. 연경(燕京)에 사신 가는 것을 폐지한다면 그만이지만, 아니라면 은으로 바꾸는 한 가지 일은 아마도 그만두어서는 안 될 것입니다. 옛사람이 절목을 정하여 거행한 것이 어찌 이유가 없겠습니까. 신이 은으로 바꾸어 돈을 지급한 것은 절목을 준행한 것일 뿐입니다. 신이 돌아온 이후에 각 광산의 은맥이 갑자기 끊어져서 비록 모두 바치지 못한 것이 있었지만, 이를 어찌 신이 미리 예상했겠습니까. 은 광산이 쇠퇴하거나 번성하는 것은 본래 때가 있으니 어찌 또한 그에 따라 바치는 도리가 없겠습니까.

그 상소에서 가까운 비장(裨將)을 유배한 것으로 한 가지 증거를 삼았는데, 이는 중신(重臣) 김종수(金鍾秀)가 감사로 있을 때의 일을 가리켜 말한 것입니다. 중신이 돌아가 연석에서 아뢰는 가운데, 다만 도신(道臣)이 범용(犯用)한 것이 없을 뿐만 아니라 비록 그 가까운 비장도 자신이 범용하는 일에 개입한 적이 없다고 하였으니 이는 중신이 연석에서 아뢴 말을 직접 신에게 전한 것입니다. 중신의 말이 이미 이와 같으니 김문순이 중신의 일로 증험을 삼는 것은 또한 그르지 않습니까.

장토(莊土)를 한없이 사들였다고 한 설은, 임금에게 아뢰는 말이 어찌 이처럼 전혀 정확하지 않은 것입니까. 신은 대대로 녹을 먹는 집안의 출신입니다. 비록 청한(淸寒)하다고 하지만, 이른바 장토가 어찌 전혀 없다고 하겠습니까. 더구나 신이 전후로 사명을 받은 것이 네 번이요, 부절(符節)을 나눈 것이 두 번입니다. 소식(蘇軾)이 "사대부가 힘써 임금의 명을 수행하는 여가에 또한 즐거움을 취하고 싶은 것이다."라고 하였으니 설혹 신하가 자기의 환업(宦業)을 가지고 있어도 진실로 이상한 일은 아닙니다. 신은 본래 거칠어서 지금 세상 사람들이 겨우 한두 번 지방관을 지내면 문득 밭두둑을 연이어 소유하는 것처럼 하지 않았으니, 이는 신이 하고자 하지 않은 것이 아니라 실로 하지 못한 것입니다. 이에 대해서는 모두 한 세상의 공안(公眼)과 공의(公議)가 있으니 신이 어찌 많은 말을 하겠습니까.

부모의 산소에 가서 벼슬하지 않겠다고 맹세하고서 고향으로 내려가지 않고 교외에 거처하였다는 등의 구절은, 억지로라도 말을 만들어 보려다 실패한 경우와 더욱 가깝습니다. 신이 부모의 산소에 맹세했다고 하는 것은 바로 스스로 세상과 인연을 끊은 의리일 뿐입니다. 서울에서 살거나 고향에서 살거나 애초에 서로 관계가 없습니다. 설사 신이 대궐 문 바로 곁에서 산다고 하더라도 벼슬길을 단절하는 뜻을 굳게 지킨다면 이것으로 충분합니다. 어떤 의리 때문에 교외에 거처해서는 안 된다는 것입니까.

아아, 기영(箕營)은 사람들이 반드시 다투는 자리이고, 신은 객지에 거처하는 몸입니다. 객지에 있는 몸으로 스스로를 헤아리지 못하고 반드시 다투는 땅으로 편안하게 부임하였으니, 이는 신의 죄입니다. 이미 부임한 후에 매달 필요한 비용은 곧 조정에서 허가한 것이며 온 나라가 아는 것입니다. 날마다 쓰는 것 이외에 참으로 남는 것이 있거든 가져다 두고서 일부는 근처 동네의 향당에 보내고 일부는 천명을 즐기기 위해 창고에 남겨 두며 남은 포면(布綿)이 있거든 이소(二疏)[34]

**34** 이소(二疏) : 한 선제(漢宣帝) 때의 명신(名臣)인 소광(疏廣)과 그 조카 소수(疏受)를 가리킨다.

처럼 술과 음식으로 손님을 모아 여생을 즐겼다면 비록 엿보기를 잘하는 자라도 필시 문제 삼을 만한 틈이 없었을 것입니다.

신은 본성이 어리석고 망녕되어 이렇게 하지 않고 공개적으로 백성을 위하는 일에 베풀어 썼습니다. 부절을 바치고 녹봉을 먹지 않은 지 거의 10년에 가깝습니다. 취모멱자(吹毛覓疵)하는 말이 이것을 바탕으로 삼아 공격하니 이 또한 신의 죄입니다. 신이 은혜로이 체직의 명을 받았을 때 적신(賊臣) 윤양후(尹養厚)[35]가 신과 교대하는 적신 홍지해(洪趾海)[36]에게 장담하여 말하기를 "모(某)는 다른 일로 공격하여 논박하면 결코 상이 믿지 않을 것이다. 만약 서관(西關)의 일을 가지고 장리(贓吏)를 잡아다 묶어 놓고 명확하게 지적해서 말을 하면 주상도 어찌할 수 없을 것이다."라고 하였습니다.

이 말이 벼슬아치 사이에 파다하게 소문났는데 정말로 홍지해가 부임한 뒤에 반드시 달가운 마음으로 힘을 다하여 조사하려 하였습니다. 그래서 하자를 찾아내려고 상채한 문서는 한줄 한줄 손톱으로 선을 긋고, 상채한 면포는 한단 한단 자로 재어 열흘 동안 온 힘을 다 쏟았지

**35** 윤양후(尹養厚) : 1729～1776. 본관은 파평(坡平), 자는 유직(幼直)이다. 1775년 세손(世孫)이 대리청정하게 되자 홍인한(洪麟漢)과 이를 극력 반대, 세손을 보호하는 홍국영을 배척하는 등 벽파(僻派)로 활약하였다가 정조가 즉위한 1776년 정후겸(鄭厚謙)과 더불어 해남에 유배되고 거제로 옮겨졌다. 이어 국청(鞫廳)이 열리고 그 일파가 신문을 받던 중에 장사(杖死)하였다.

**36** 홍지해(洪趾海) : 1720～1777. 본관은 남양(南陽), 자는 백미(伯美)이다. 홍계희(洪啓禧)의 아들로서 노론 벽파였던 그는 1776년 홍인한, 정후겸 등과 더불어 정조의 즉위를 반대하였는데, 이듬해 정조가 즉위하자 파직당하고 북도(北道)에 유배되었다가 다시 추자도로 이배되었다. 아들 홍상간(洪相簡)과 두 아우 홍술해(洪述海)・홍찬해(洪纘海)가 이른바 나주괘서 사건으로 대역죄로 처형되자 그도 주살되었다.

만 결국엔 찾을 만한 하자가 없었으니 이는 감영의 아전과 하례(下隷)들이 본 것입니다. 그 자신 또한 부끄러운 마음이 없지 않았던지 드디어 신에게 편지를 보내어 남의 말을 잘못 들었던 정황에 대하여 언급하여 수없이 사과하면서 심지어는 고(故) 중신(重臣) 이태중(李台重)이 고(故) 상신(相臣) 민백상(閔百祥)에게 꾸지람을 받았던 일을 인용하여 설명하였습니다. 이것이 비록 흉적의 편지이기는 하지만 신이 지금까지 똑똑히 기억하고 있습니다. 홍지해는 교대하는 바람에 끝내 잡혀가지는 않았지만 김문순은 전해 들은 말에 기대어 겁박하고 욕보이는 짓을 일삼으니 천하에 어찌 이런 일이 있겠습니까.

신이 위에서 드린 말씀은 전(錢)과 면포(綿布)의 일이 아니고 곧 사적으로 주고 받은 편지입니다. 그 편지의 사연이 복잡하고 주고받은 이유도 사적인 데 가까워 본래 성상의 맑은 눈을 더럽혀서는 안 되는 까닭에 그동안 올린 상소에서 설사 남이 나의 얼굴에 침을 밷더라도 그것조차 닦지 않는 마음으로 이에 대해서 한마디도 언급하지 않았으니 진실로 조정의 큰 체모를 훼손하지 않으려 했던 것입니다. 그러나 이제는 김문순의 말이 오로지 이것을 가지고 그 설에 무게를 더하니 신이 또 조정의 체면을 돌아보느라 자세히 말씀드리지 않는다면 비록 성명(聖明)한 전하라 하더라도 무엇을 가지고 그 사실을 모두 밝히시겠습니까. 신이 이 때문에 두려워 이렇게 번거롭고도 자세하게 말씀드리는 것이니 무례함이 극에 달했습니다.

주자(朱子)가 "죄가 있고 없고는 자신에게 달려 있을 뿐이다. 어찌 밖에서 오는 것을 영욕으로 삼겠는가."라고 하였습니다. 신이 만약 부끄러운 점이 없다면 김문순이 비록 신을 탐욕의 화신으로 지목했더라도 신에게는 아무런 손상이 없을 것이며, 신이 만약 범장(犯贓)한 것이 있다면 김문순이 비록 신을 백이(伯夷)처럼 깨끗한 사람으로 허여했더라도 신에게는 아무런 보탬이 없을 것이니, 신은 진실로 응당 그대로 내버려 둘 뿐입니다. 다만 "분수를 어기고 절조를 능멸했다.〔犯分凌節〕"라는 네 글자는 곧바로 사람으로 하여금 뼛골을 시리게 합니다. 신이 전하를 섬긴 것이 또한 6년입니다. 들어와선 임금께 고하고 나가선 관아에 머물렀으니 말과 행동에 혹여라도 범분능절(犯分凌節)에 가까운 점이 있었다면 어찌하여 어떤 일은 분수를 범한 것이고 어떤 일은 절조를 능멸한 것이라고 꼭 집어서 아뢰지 않고 그저 이렇게 전체를 뭉뚱그려서 어지럽게 떠드는 것입니까.

김문순이 본래 무식하여 어로(魚魯) 같은 글자조차 구분하지 못하여 애초에 이 네 글자를 남에게 덮어씌워서는 안 되는 줄을 몰라서 그런 것입니까? 신이 어찌 하고 싶은 말이 없겠습니까. 신은 치사(致仕)를 아뢴 사람입니다. 옛사람이 "장차 은거하려는데 글은 어디에 쓰겠는가."라고 하였으니 이제 모두 그만두는 것이 나을 듯합니다. 아아, 얼음과 불붙은 숯은 한 그릇에 넣어서는 안 됩니다. 만약 김문순이 얼음이라면 신은 불이 벌건 숯이 되는 것을 또한 사양하지 않을 것입니다. 따라서 한 조정에 같이 서서는 안 되는 것이 사리로 보아 매우 분명합니다.

우리 성상께서 조제(調劑)하여 안정시켜서 보합하여 크게 화합하고자 하시는 큰 뜻을 두셨으니 신이 어찌 감격하여 탄복하고 공경히 우러르지 않겠습니까만, 신이 물러나려는 한 가지 뜻은 설사 삼군(三軍)이라 해도 빼앗기 어려울 것입니다. 계곡 밑으로 세차게 흘러가는 물줄기가 어찌 혹시라도 머뭇거리겠으며 저녁에 숲으로 돌아가는 새가 어찌 다시 날개를 돌리겠습니까. 이치로 볼 때 의당 즉시 글을 올려 사람들의 말을 변백하여 신의 지극한 마음을 펴야 했습니다. 그러나 견마처럼 천한 신이 병에 걸려 수십 일을 병고에 신음하며 이불 속에서 숨이 끊어질 듯하여 귀신과 이웃하였으니 글을 짓지 못한다는 것은 말할 필요도 없습니다.

신의 영예는 분수에 넘쳤고, 나이도 충분합니다. 죽어 돌아가더라도 천명을 즐겼으니 무슨 의심이 있겠습니까. 그러나 구천(九泉)으로 들어가기 전에 끝내 봉조청(奉朝請) 삼자함(三字銜)을 얻어 손에 받들고 옛사람에게 보일 수 없으니, 오직 이 한 가지 일이 아마도 눈을 감지 못하는 통한이 될 듯합니다. 며칠이 지나 비로소 이 세상의 물건이 되어 인간 세상에서 먹고 마시니 이 몸이 지리(支離)[37]라는 것을 점차 깨달았습니다. 하늘의 뜻이 만약 나이 몇 살을 빌려주어 꿈속에도 잊지 못하는 소원을 이루어 주는 데 있다면 성상께서 곡진히 만물의 은혜를 이루어 주실 것이니 신은 마땅히 백번 절하여 사례할 것입니다. 이제 감히 정신을 차려서 대략 간절한 소망을 아뢰니, 삼가 바라건대 자애로운 성상께서는 불쌍히 여기고 굽어살피시어 신에게 치사를 허락하여 편안히 살고 편안히 죽어서 더 이상 여한이 없도록 하여 주소서. 천번 만번 피눈물로 기원합니다.

답하기를,

"상소를 보고 잘 알았다. 남들이 한 말에 대해 탄식한들 어찌하겠는가. 내가 경을 버리지 않았는데 경이 어찌 결연히 떠나겠는가. 경은

**37** 지리(支離) : 《장자》 〈인간세(人間世)〉에 나오는 불구자인 지리소(支離疏)를 가리키는데, 불구자인 관계로 군역이나 부역을 지지 않고 양곡을 배급받아 살면서 아무 일 없이 몸을 잘 보전하여 장수를 누렸다고 한다.

사직하지 말고 올라와 공무를 보라."

하였다.

## 신칙하는 하교가 내린 후 다시 치사를 아뢰는 상소[38]

飭敎後更申休致疏

승정원에 내린 교지는 권수 상 제4판에 보인다.

삼가 아룁니다. 신이 깊은 산에서 자취를 감추고 있는데 질병이 찾아들어 병석에 몸을 맡기고 있습니다. 마음은 서울의 조정에 매달려 있는데 다만 천안(天顔)을 뵙지 못한 채 아침 이슬처럼 말라 버려 영원히 한을 품고 죽는 것이 두려울 뿐입니다. 그런데 뜻하지 않게 경기 감영에서 성지(聖旨)를 전하여 포고하였는데 열 줄의 윤음에서 의리가 마땅히 이와 같아서는 안 된다고 반복하여 말씀하시고 이어 《보감(寶鑑)》을 진배하는 반열에 나와 참석하라고 명하였습니다. 비록 신의 천한 목숨이 실낱처럼 가늘지만 정신이 완전히 없어지지 않았으니 부축을 받아서 일어나 머리를 조아리며 눈물로 베개를 흠뻑 적실 뿐이었습니다.

신은 그동안 성상의 명을 거역한 죄를 스스로 알고 있는데 어찌 신이 즐거이 그렇게 하였겠습니까. 궁박한 운명이 빌미가 된 것이니 신도 어찌할 수가 없습니다. 그러나 《보감》을 진배하는 데 여러 신하의 후미를 따라갈 수 없어서 작은 정성이나마 끝내 바치지 못한다면 심장에 한이 맺혀서 비록 죽더라도 풀리기 어려울 것입니다. 지금 마땅히 진상하는 날에 잠시나마 반열의 끝에서 참석하는 것이 어찌 신의 지극한 소원이 아니겠으며 신에게 지극한 영광이 아니겠습니까. 그러나 큰 법도가 앞에 있으니 그것을 뛰어넘을 수가 없습니다. 멀리 조정을 바라

**38** 신칙하는……상소 : 1781년(정조5) 12월 28일에 올린 것이다.

보며 더 이상 무엇을 말하겠습니까.

아아, 신의 치사(致仕)에 대한 소원은 그 까닭이 하나가 아닙니다. 근래 몇 달 사이에 비록 연이어 다섯 번 상소를 올렸다고는 하지만 모두 망극한 무함과 모욕으로 말미암아 변백하기에 급급하여 끝내 치사의 이유를 모두 말씀드릴 수가 없었습니다. 비록 신에게는 부모와 같이 돌보아 주시는 전하이지만 또한 무엇을 가지고 신의 고통을 자세히 살피시겠습니까.

당(唐)나라 공규(孔戣)는 세 번 글을 올려 관직에서 물러나면서 한유(韓愈)의 질문에 답한 것이 두 가지 이유에 불과하였습니다.[39] 송(宋)나라 구양수(歐陽脩)는 조정에 퇴휴(退休)를 요청한 지 3년 만에 마침내 측은하게 여기는 임금에게 허락을 받자 영상(潁上)으로 돌아가 노년을 보냈는데 그때 스스로 한 말은 불과 세 가지 이유였습니다.[40]

**39** 당(唐)나라……불과하였습니다 : 공규는 당나라 목종(穆宗) 때 사람이다. 공규가 늙었다는 이유로 물러가기를 청하자, 한유가 "공(公)은 아무런 재산이 없는데 무엇을 믿고 고향으로 돌아가려 하시오?" 하니, 공규는 "나는 나이로 보아 물러가야 하고, 좌승(左丞)이 되어서는 낭관(郎官)의 진퇴(進退)를 잘못했으니 물러가야 합니다. 이 두 가지 조건이 있는데도 그대의 말을 들을 수 있겠습니까."라고 하였다. 《唐宋八家文 卷6 唐正議大夫尙書左丞孔公墓誌銘》

**40** 송(宋)나라……이유였습니다 : 구양수가 채주(蔡州)에 있으면서 자주 치사를 청하였는데, 문생(門生) 채승희(蔡承禧)가 그 이유를 물으니, 구양수가 "내 평생의 명절(名節)은 모두 후생들의 본보기가 되게 하려는 것이니, 일찍 물러가 만절(晩節)을 온전히 해야 할 뿐이다. 쫓아내기를 기다릴 게 뭐 있겠는가. 조정에 있는 대신들은 모두 임금에게 버림받는 것을 두려워하고 후생들이 본받는 것을 부끄러워하고 있다. 이러니 염치의 기풍이 어떻게 일어날 수 있겠는가." 하였다. 한때 수령으로 있었던 영주(潁州)를 매우 사랑하여 〈사영시(思潁詩)〉를 지었고 마침내 은퇴하여 이곳으로 돌아가 생을 마쳤다. 《問奇類林》

이제 신이 마땅히 물러가야 하는 이유가 두세 가지에 그친다고 하면 가당하겠습니까.

신이 일찍이 승문원에 들어와 요행히 과거에 급제하였지만 처지는 객지에 머무는 손일 뿐입니다. 높은 벼슬에 나가려는 바람을 끊어 버렸으니 평소에 스스로 기약한 것은 얼마간의 녹봉을 얻어서 부모가 추위에 굶주리지 않게 한다면 그것으로 충분하다는 것입니다. 어찌 반 푼이나마 혹시라도 높은 벼슬자리에 마음을 두었겠습니까. 다만 선대왕으로부터 세상에 없는 지우를 받아 차례대로 승진하여 드디어 정승에 올랐습니다. 우리 성상이 용상(龍床)에 영광되이 오르시는 때에 이르러 사람을 알아보시는 밝은 안목이 우연히 신에게만 밝지 않으셨습니다. 그리하여 신이 지극히 한미한데도 더욱 친밀하게 대우해 주고 신이 지극이 어리석은데도 더욱더 정성껏 예우해 주며, 마침내 신을 발탁하여 삼공과 대등한 반열에 두셨으니 감격하여 우러러 받들며 축원하는 마음이 어찌 끝이 있었겠으며, 지나치게 높이 올라갔다는 두려움을 어찌 감히 조금이나마 풀었겠습니까. 사람이 만족할 줄 모르면 반드시 재앙이 몸에 미치기 마련입니다. 이것이 신이 마땅히 물러나야 하는 첫 번째 이유입니다.

《서경》에 "하늘의 일을 사람이 대신 한다."[41]라고 하였습니다. 임금이 여러 신하를 우대하는 것은 진실로 그들을 부귀하게 해 주려는 것이

**41** 하늘의……한다 : 《서경》 〈고요모(皐陶謨)〉에, 고요가 말하기를 "안일과 욕심으로 제후를 가르치지 마시어 삼가고 두려워하소서. 하루 이틀 사이에도 중요한 일이 만 가지나 됩니다. 모든 관직을 비우지 마소서. 하늘의 일을 사람이 대신 하는 것입니다."라고 하였는데, 그 주(註)에 "자격이 없는 사람을 써서 관직을 비우는 일이 있게 해서는 안 된다는 말이다." 하였다.

아니며, 실로 그들과 더불어 하늘의 일을 대신 하고 하늘의 복록을 함께 누리는 것입니다. 신이 스스로 자신을 돌아보니 능력이라고는 한 푼도 없고 재주라고는 반 푼도 없습니다. 안으로는 전곡(錢穀)과 갑병(甲兵)을 잡았고 밖으로는 임금의 덕화를 널리 펴는 관찰사의 자리에 있으며 수십 년간 거의 거른 해가 없었지만, 받은 것이라곤 은총이며 쓴 것이라곤 녹봉으로, 한 가지 정책 한 가지 사업이라도 성상의 다스림에 보탬이 될 만한 것이 없었습니다. 늙기 전에도 오히려 이와 같았는데 노쇠한 지금이야 말할 것이 있겠습니까. 조정에 놓아두어도 실로 도움 될 것이 없습니다. 이것이 신이 마땅히 물러나야 하는 두 번째 이유입니다.

신하가 벼슬에 있는 기간은 비록 고금의 명성이 있는 사람으로 말해 보더라도 신처럼 30년, 40년에 이르는 경우는 세상에 드문 일이며 역사에도 기록하였습니다. 신이 벼슬한 기간은 열흘이 지나 신년에 이르면 딱 40년이 됩니다. 평소의 언행은 명성이 있는 사람에 비할 때 그의 마부가 되기에도 부족한데 오직 이 벼슬한 연수만이 우뚝하여 명성이 있는 사람 중에도 드뭅니다. 한밤중 자신을 돌아보니 부끄러워 땀이 온몸을 적십니다. 이것이 신이 마땅히 물러나야 하는 세 번째 이유입니다.

신이 태어난 것은 음흉한 붕당이 크게 다투던 세상이었습니다. 뿌리는 흔들리고 가지는 휘어져 태풍 같은 풍파 속에 서 있었으니 순식간에 뿌리가 뽑힐 것은 불을 보듯이 뻔하였습니다. 비록 양조(兩朝)의 부모와 같은 깊은 보살핌으로 지금까지 온전히 보전하였습니다만 세도는 날로 험악해지고 인심은 날로 사나워져서 앞으로 올 열 개의 무리가 어디에 저앙이 잠복해 있는지 알지 못하겠습니다. 스스로 성명을 돌아볼 때 어찌 두렵지 않겠습니다. 이것이 신이 마땅히 물러나야 하는 네 번째 이유입니다.

그동안 올린 상소에서 성상의 비답이 융숭하고 정중하여 매번 "놓지 않겠다.〔不捨〕"라는 두 글자로 하교하셨습니다. 구구한 신의 감동과 영예는 뼈에 새겨 그 은혜를 잊지 않을 것입니다. 그러나 예로부터 신하가 되어 임금께 치사를 청하는 것은 모두 위에서 놓지 않았기 때문입니다. 만약 애초에 놓아주었다면 무엇 하러 물러나기를 청하겠습니까. 설사 물러나기를 허락했다고 하더라도 이는 다만 송나라의 이른바 잘못된 치사의 경우일 뿐입니다. 군신 사이에 어찌 이처럼 하기를 원하겠습니까. 이제 전하는 놓아주지 않겠다고 말씀하시고 천신은 반드시 물러나겠다고 간청하고 있습니다. 사람이 하고자 하는 바를 만약 하늘이 끝내 부응한다면 위로는 예법으로 신하를 대하는 아름다움이 있고 아래로는 종이 울리고 물시계가 다했다는 기롱[42]이 없을 것이니 신하와 임금이 모두 영예롭게 되는 기틀이 바로 이때에 달려 있습니다. 이것이 신이 마땅히 물러나야 하는 다섯 번째 이유입니다.

신은 지난가을 들어 노쇠한 형상이 날로 심해져 갑니다. 치아는 거의 빠져 달아나고 정신은 쇠락하여 열 가지 일 중에서 여덟아홉은 빼먹기 일쑤입니다. 평소 교유하던 친구들의 이름도 까마득히 잊어버리고 옆 사람에게 묻는 일이 잦습니다. 그중에서도 가장 심한 것은, 혹 창문을

**42** 종이……기롱 : 그만두어야 할 때가 되었는데도 이를 모르고 계속하려고 해서 남에게 비웃음을 받는 것을 의미한다. "나이 칠십이 넘었는데도 여전히 벼슬자리를 차지하고 있는 것은, 비유하자면 인경의 종이 울리고 물시계가 다했는데도 그치지 않고 밤길을 가는 것과 같으니, 이는 죄인이다."라고 한 데서 인용한 말이다. 《三國志 魏書 田豫傳》

열거나 혹 뜰을 걸어 다녀 조금이라도 바람을 쏘이면 약속한 듯이 병에 걸려 감히 일상적으로 생활할 수가 없는 것입니다. 이와 같은 형편이니, 비록 출사하여 조정의 반열에 있더라도 마땅히 몸을 끌고 깊이 들어앉아야 하거늘 하물며 물러나기를 아뢴 사람이 뻔뻔스럽게 도성문 안으로 들어가겠습니까. 이것이 신이 마땅히 물러나야 하는 여섯 번째 이유입니다.

이상의 여섯 가지 마땅히 물러나야 하는 의리는 신이 억지로 만들어낸 말이 아니니 비록 모든 사람에게 보여 주어도 필시 그 사이에 하나라도 줄일 수가 없을 것입니다. 그러니 천지의 큰 덕을 지닌 전하께서 어찌 측은하고 불쌍히 여기시어 진념하지 않겠습니까.

아아, 공규와 구양수는 모두 당송의 명신입니다. 그들의 출처와 거취가 나라에 끼치는 영향이 도리어 어떠하겠습니까. 그런데 떠나야 할 이유가 단지 둘이나 셋이었지만 자신을 지켜 물러나서 만년의 절조를 보전하였습니다. 불초한 신이 진실로 망녕되이 공규나 구양수에 감히 비견하지는 못하지만, 마땅히 떠나야 하는 이유에 있어서는 신 한 사람이 두 사람에 비해 볼 때 그들의 이유를 모두 겸한 것은 물론이거니와 더 많습니다. 따라서 마땅히 물러나야 하는지 아니면 마땅히 물러나서는 안 되는지는 두말할 나위 없이 결단이 납니다.

신을 모르는 사람들은 신이 물러나려는 것은 김문순(金文淳)이 날조하여 얽은 데 격분하여 나온 것이라고 하지만, 신은 그렇지 않습니다. 김문순이 이번에 대답한 상소로 보자면 길거리의 아이들이나 뒷골목의 총각들이 공공연하게 겁박하는 것이니 본래 상대할 가치가 없습니다. 더구나 택미몽피(澤麋蒙皮)라는 구절[43]은 옛사람이 말한, 문질(文質)이 모두 갖추어진 것을 가리키니 사람들이 보배롭게 여겨서 말한 것입니다. 그런데 김문순이 이것을 가지고 신을 비유하였으니 자신은 큰 소리로 모욕을 주었다고 생각하겠지만 사실은 신이 감당할 수 없는 칭찬인 것입니다. 옛날에는 복렵시랑(伏獵侍郎)[44]이 있었는데 지금은 택미시랑(澤麋侍郎)이 있으니 어느 시대엔들 이런 현자가 없겠습니까. 이는 필시 어떤 노학구(老學究)[45]가 김문순에게 잘못 가르쳐 주어 그 추잡함을 드러내게 한 것입니다.

이것으로 살펴보건대, 김문순이 전후에 올린 상소는 모두 김문순의 글이 아니며, 전후로 모욕을 준 것도 모두 김문순의 뜻이 아니니, 이는 남의 말을 들을 필요도 없으며 이미 세상에 공표한 것과 같습니다. 설령 김문순이 신을 모욕하였다고 하더라도 신은 마땅히 그와 더불어

**43** 택미몽피(澤麋蒙皮)라는 구절 : 윤기 흐르는 사슴이 가죽을 뒤집어쓴 것이라는 뜻이다. 이 구절에 대해서는 김문순과 번암의 해석이 서로 다르고, 정조도 그 의미를 정확하게 알지 못했던 것 같다. 번암의 이 상소에 대응하여 김문순이 1782년(정조6) 1월 5일에 올린 상소에서 "'택미몽피'라는 한 구절은 신이 단장취의(斷章取義)하여 그가 당초 틀에 박힌 가식을 꾸몄다가 결국에는 진면목이 탄로 난 것을 형용하기 위한 것이었습니다."라고 하였다. 《正祖實錄 6年 1月 5日》 그 후 1월 24일 인견하는 자리에서 "이조참의가 지난번에 공연히 분란을 일으켰다가 도리어 모욕을 받았다. 지난번 상소에서 택미몽피는 무슨 의미인가?"라고 상이 묻자, 김문순이 "겉과 속이 다른 것을 가리킨 것입니다."라고 하였다. 그러자 서명선(徐命善)은 "채제공은 문질(文質)이 모두 갖추어진 것을 가리킨다고 하였는데, 또한 이치에 가깝습니다."라고 하였다. 《承政院日記 正祖 6年 1月 24日》

**44** 복렵시랑(伏獵侍郎) : 글자의 뜻을 잘 몰라 실수한 것을 빗댄 말이다. 당(唐)나라 호부 시랑(戶部侍郎) 소경(蕭炅)이 문자에 어두워서 '복랍(伏臘)'을 '복렵(伏獵)'으로 잘못 말하여 조소를 받았다는 고사가 있다. 《舊唐書 嚴挺之列傳》

**45** 노학구(老學究) : 케케묵어 시대에 뒤떨어지고 세상 물정을 모르는 서생을 가리킨다.

시끄럽게 떠들어서는 안 되는데, 하물며 신의 마음이 텅 비어 아무 오해가 없는데 그와 더불어 설왕설래하겠습니까. 이 때문에 신이 간곡하게 아뢰는 것은 위에서 말씀드린 여섯 가지 마땅히 물러나야 하는 이유에 있지, 이미 지나 버린 모욕에 있지 않습니다. 비록 누누이 말씀드렸지만, 또한 성상께 자세하게 아뢰지 않아서는 안 되겠기에 이에 감히 혈성(血誠)을 다하여 상소를 작성하여 다시 성상을 번거롭게 합니다.

삼가 바라건대 자애로운 성상께서는 마땅히 물러나야 하는 여섯 가지 이유를 부디 굽어살펴 허락한다는 은혜로운 한마디 말씀을 특별히 내려 주소서. 그리해 주신다면 살아서는 목숨을 바치고 죽어서는 결초보은할 것입니다.

신이 이달 20일에 이 상소를 작성하여 현(縣)과 도(道)를 통해 상소하기 위해서 기영(畿營)으로 들여보냈습니다. 그런데 24일 정원에서 봉입하지 않는다고 하면서 기영에서 도로 소본(疏本)을 보내왔습니다. 현과 도를 통해 봉장(封章)한 경우에는 이미 도신(道臣)의 장계가 있는 것인데 정원이 물리쳐 보냈으니 신은 이런 규례를 아직 듣지 못했습니다. 하물며 신이 아무리 언급할 가치조차 없다고 하더라도, 숭품(崇品)의 신하로서 물러나게 해 주기를 청하는 상소를 올렸는데 품처하지도 않은 채 도로 내준 것은 또한 한 가지 괴이한 일입니다. 신의 상소 말단 몇 줄에 비록 김문순 세 글자가 있지만 애초에 꾸짖고 욕하는 말이 없었습니다. 더욱이 일전의 전교에서 처음부터 신의 상소는 받아들이지 말라는 말씀이 없었으니, 모르겠습니다만 어느 승지가 이런 조정을 하는 것입니까? 신이 삼가 의혹스럽습니다. 신칙하는 하교는 계속해서 내려오고 섣달그믐이 하루 남았으니 황공하게도 성상을 사모하는 마음이 가슴에 맺혀 삼가 동쪽 성 밖에 나아와서 전날의 소장을 직접 바치고 이전의 거처로 돌아왔습니다. 신의 죄가 이에 이르니 더욱 피할 길이 없습니다. 신은 이루 다할 수 없는 마음으로 멀리 대궐을 바라보며 눈물로 간절하게 기원합니다.

답하기를,

"상소를 보고 잘 알았다. 사직하는 것은 지나치다. 경은 사직하지 말고 공무를 행하라."

하였다.

## 병조 판서에서 체직된 후 영상과 우상의 무함과 참소를 변백하는 상소[46] 임인년(1782, 정조6)

兵判許遞後辨領右相誣讒疏 壬寅

영상은 서명선(徐命善)이고 우상은 이휘지(李徽之)이다.

삼가 아룁니다. 천운이 돌아와서 천명이 새로워지니 강물이 모이듯 모이는 복록을 한마음으로 축원합니다. 이어 생각해 보니, 신은 처신함에 도리에 어두웠으니 딛고 설 곳이 없었습니다. 센 주먹과 독화살이 나방처럼 모여드니 정신은 달아나 버리고 간담은 떨어졌습니다. 살아서 성인의 세상을 만났으나 다만 죽고 싶은 마음만 있을 뿐이었습니다. 하늘을 우러르고 땅을 굽어봄에 어찌 이런 사람이 있다는 것입니까. 정월의 조참(朝參)은 나라의 큰 조회입니다. 그런데 대신이 급선무로 진달한 것이 바로 신을 논박하는 한 가지 일이었으니 신의 죄를 사면할 수 없는 것이 이런 지경에 이르렀단 말입니까.

아아, 신은 물러나기를 아뢴 사람입니다. 더 이상 병권(兵權)을 맡는 임무의 곁에서 어물대서는 안 된다는 것을 신이 비록 우매하지만

**46** 병조……상소 : 1782년 1월 7일에 올린 것이다. 번암은 1781년 12월 28일 병조 판서에 제수되고 바로 사직하는 상소를 올렸다. 이에 앞서 1월 5일 명정문(明政門)에서 있었던 조참에서 영의정 서명선은 번암이 중요한 《국조보감(國朝寶鑑)》을 찬수하는 일은 기피하면서 병조 판서를 제수받은 것은 염치가 없는 일이라고 극력 비판하였다. 그리고 번암이 '차론(此論)'을 주장하였다고 지목하였는데, 여기서 차론이란 바로 임오화변(壬午禍變)에 대한 것이다. 이 때문에 번암이 이미 체차되었음에도 불구하고 변백하는 상소를 올리게 된 것이다. 《日省錄 正祖 6年 1月 5日》

어찌 스스로 모르겠습니까. 그런데 때마침 재숙(齋宿)하고 동가(動駕)하는 때를 당하여 시각은 이미 다 되었고 성상의 신칙이 매우 엄하여 사율(師律)로써 독려하셨기 때문에 신이 도망칠 수 없어서 잠시 나와 사은숙배한 것이지 애초의 마음을 바꾸어서 그런 것은 아닙니다. 연일 계속하여 장전(帳殿)에서 혈성으로 간절한 마음을 드러내었는데 6일 동가한 이후에 스스로 반드시 물러갈 것이라 기약하였습니다. 그러나 초심을 돌아보건대 부끄럽게 실상을 저버린 것이 많으니 사람들이 비난하는 것도 이상한 일이 아닙니다. 신이 실로 스스로 돌아봄에 더 이상 무슨 말이 필요하겠습니까.

다만 병신년(1776, 정조 즉위년) 봄 옥사(獄事)에서 나온 이야기[47]는 바로 김문순(金文淳)이 가장 먼저 올린 상소에서 신을 죄에 얽어 넣은 말입니다. 신이 그에 대한 상소[48]를 올려서 이미 하나하나 변파하였습니다. 전후로 성상께서 하교를 내려 환하게 밝히고 분명하게 유시하시니 마치 해처럼 빛나서 한 세상을 영도하고 백대에 드리워졌습니

**47** 병신년……이야기 : 정조가 즉위한 후 조재한(趙載翰)이 향유(鄕儒) 이일화(李一和)를 사주하여 임오년(1762, 영조38)에 사도세자(思悼世子)가 죽은 일을 언급하는 상소를 올리게 하였는데, 정조는 이 일을 선대왕(先大王)을 모함하는 대역(大逆)으로 간주하여 정국(庭鞫)을 행하고 조재한, 이일화 등을 복주(伏誅)하였다. 정국을 행할 때에 자궁(慈宮)의 중관(中官)인 김수현(金壽賢)의 공초에서 번암의 이름이 누차 언급되어 이를 문제 삼은 것인데, 이에 대해 정조는 "사대부로서 환관이나 내시와 서로 결탁하는 의리는 없다."라는 등의 내용으로 하교하고, 옥안(獄案)에서 번암의 이름을 빼게 하였다.

**48** 그에 대한 상소 : 1781년(정조5) 7월 25일에 올린 〈김문순이 무함하여 참소한 것을 변백하고 이어 판금오와 주사 당상을 사직하는 상소〔辨金文淳誣讒仍辭判金吾籌司堂上疏〕〉를 말한다. 34쪽 참조.

다. 비록 김문순이 반드시 신에게 분풀이를 하려고 하였지만, 그 두 번째 소를 올리자 감히 더 이상 제기하지 못하였으니 신이 성명(性命)을 보전하여 오늘에 이를 수 있었던 것은 모두 천지와 같은 우리 성상께서 다시 살려 주신 은혜 덕분입니다. 깊은 밤 깊은 산속에서 매번 은혜로운 하교를 외울 때마다 눈물이 이불과 베개를 적시어 그칠 때가 없었습니다. 지금 비록 스스로 변백하고자 하여도 신이 전일에 올렸던 상소의 내용을 다시 읽어서 아뢰는 데 지나지 않을 것입니다. 마음이 비록 아프고 절박하지만 어찌 똑같은 말을 거듭하겠습니까.

아아, 병신년으로부터 이제 7년이 되었습니다. 그사이에 신이 병조판서의 자리를 더럽힌 것도 또한 네 번입니다. 대신이 만약 이런 마음을 가지고 있었다면 지금의 이 말은 어찌 너무도 늦은 것이 아니겠습니까. 신은 삼가 의혹스럽습니다. 심지어 우상이 논박한 글에서 '차론(此論)' 두 글자는 이 무슨 말입니까.[49] 이 무슨 말입니까. 신이 비록 불초하지만 대의(大義)에 관계되는 것은 평소부터 굳게 지키고 있어서 스스로 맹분(孟賁)이나 하육(夏育)[50]이라도 빼앗지 못한다고 생각하였습니다. 오늘날 신자(臣子) 된 이로서 만약 조금이라도 이 논의를 마음에

**49** 우상이……말입니까 : 정조가 즉위한 병신년(1776)에 이덕사(李德師), 조재한 등이 이일화를 부추겨 상소를 올리도록 하였는데, 임오화변을 당한 사도세자를 위하여 복수를 하라고 주장하며 정조가 복수하지 않는다면 이는 불효라는 논리로 정조를 압박한 것을 말한다. 차론이란 바로 이런 주장을 가리킨다. 이때 발생한 옥사가 바로 병신년 옥사이다. 이일화를 비롯하여 이덕사, 조재한 등이 모두 복주되었다. 정조는 이에 대하여 1788년 2월 15일 윤음을 내려 더 이상 이론이 없도록 번암을 변백해 주었다.

**50** 맹분(孟賁)이나 하육(夏育) : 모두 중국 전국 시대의 용사(勇士)이다. 맹분은 살아 있는 소의 뿔을 손으로 뽑고 물에서는 교룡(蛟龍)도 피하지 않으며 뭍에서는 맹수도 피하지 않았다고 한다. 하육은 천균(千鈞)의 무게를 들 수 있는 힘을 지녔다고 한다.

싹틔웠다면 비록 신으로 하여금 맨손으로 때려 죽이라 하여도 사양하지 않을 것입니다. 모르겠습니다만, 지극히 흉악하고 지극히 패려한 죄목이 어찌하여 신에게까지 이르렀단 말입니까.

홍국영(洪國榮) 운운한 말은 더욱 놀랍고 통분스럽습니다. 홍국영이 죄를 지어 쫓겨나던 날에 신이 어전에 나아가, 홍국영이 권력을 독점하여 제멋대로 휘두르고 희롱하던 버릇으로 방자하게 임금을 무시한 죄상에 대하여 하나하나 진달하여 아뢴 말씀이 천백 마디이니 이는 성명께서 들으신 바이며, 당시의 연신들이 함께 본 것입니다. 그가 신과 서로 화응(和應)했다는 것이 어찌 이치에 가깝겠습니까. 그곳에서 "홍국영이 나라를 위하던 때에는 비록 채제공을 애호하는 마음이 있었다고 하더라도 이 논의에서만큼은 매우 지엄하게 배척하였는데 홍국영이 곤궁해져서 돌아갈 곳이 없게 되자 도리어 이를 기화(奇貨)로 삼았다."[51]라고 운운하였는데, 그 문세와 말뜻을 보면, 마치 신이 일찍이 이 논의를 홍국영에게 말했다가 배척을 받은 것처럼 되어 있습니다. 아아, 이 말은 대신이 직접 들은 것입니까? 만약에 직접 들었다면 무엇 때문에 지금까지 죄를 성토하지 않다가 이제 수석(首席)에 오른 다음에야 비로소 발설한단 말입니까.

집안사람들의 입에서 그 말이 나왔다는 것은 더욱 이상합니다. 홍국영의 집안사람이라고 하면 부녀자 아니면 바로 노복이니 이 밖에는 없습니다. 그런데 모르겠습니다만 대신이 이 말을 부녀자에게 들었다는 것입니까, 아니면 노복에게 들었다는 것입니까? 홍국영이 죄를 지

**51** 홍국영이 나라를……삼았다 : 이 말은 조참하던 당시에 우의정 이휘지가 정조에게 직접 말한 것이다. 《日省錄 正祖 6年 1月 5日》

어 폐사된 이후로 비록 홍국영의 친척이라고 해도 홍국영의 집안사람 등속에게는 모두 자기를 더럽힐까 두려운 마음에 가까이하지 않았으며 오히려 가까이 올까 겁을 내었습니다. 그런데 이제 그 말에 근거가 없는 것은 혐의쩍게 여기지도 않고 이 집안사람 등속을 끌어다가 증거를 삼으니, 아무리 신을 죄로 얽는 데 급하지만 피를 머금고 있다가 남의 얼굴에 뿜으면 그 입이 먼저 피로 물든다는 경계를 잊었단 말입니까. 오늘날 신하 된 자의 극죄(極罪) 중에는 이 논의보다 더한 것이 없습니다. 그런 까닭에 이것을 가지고 함정을 파서 신을 몰아넣으려고 하였지만, 본래 없는 일이며 말도 근거가 없어 부득이 이미 엎어져 죽은 홍국영을 데려다가 사람들을 현혹하는 바탕으로 삼은 것이니, 아아, 또한 두려울 뿐입니다. 도헌(都憲)의 차자[52]는 반절은 김문순의 상소를 주워다 엮은 것이고 그 나머지 반은 대신의 계사를 옮기어 베낀 것이니 신이 별도로 변백할 필요도 없습니다.

생각해 보니 신은 조정에 머무르는 고단한 처지에 이런 일을 당하여 뭇사람의 노여움이 모두 모이니 산이 누르는 새알의 처지라는 말로도 신의 위험하고 다급한 상황을 비유하기에 부족할 것입니다. 그러나 오직 우리 전하께서는 신에게 해와 달이며 부모이시니 죄가 있건 없건 성명께서 굽어보시고 죽건 살건 성명께서 위에 계시니 믿는 것은 하늘입니다. 신이 어찌 많은 말을 하겠습니까. 만약 저 사람들의 말과 같다면 신은 비록 형장에 나아가더라도 한이 없겠지만, 그렇지 않다면 원컨

**52** 도헌(都憲)의 차자 : 1782년 1월 5일 서명선과 이휘지의 탄핵이 있은 당일에 대사헌 이갑(李𡊠)이 차자를 올려서 번암을 삭출할 것을 청하였다. 《日省錄 正祖 6年 1月 5日》

대 치사(致仕)를 청하여 선산으로 돌아가 죽고 싶습니다. 사람의 신하로서 이런 죄명을 지고 한순간도 참아서는 안 될 것입니다. 급히 성 밖으로 도망 나와 황망히 짧은 글월을 지어서 만번 죽음을 무릅쓰고 다급한 목소리로 부르짖어 아룁니다. 오직 성명께서는 불쌍히 여기시기 바랍니다. 삼가 신은 이루 다할 수 없는 두려움으로 피눈물을 흘리며 간절히 기원합니다.

답하기를,

"상소를 살펴보고 잘 알았다. 우의정의 차자가 나온 뒤로 더 이상은 깊이 혐의할 단서가 없으니 경은 사양하지 말고 공무를 행하라."

하였다.-우의정 이휘지가 올린 차자에서 "만약 중신(重臣 : 채제공)이 이런 마음도 없었고 이런 논의도 없었다면 나라를 위해 다행스러운 일이고 세도를 위해서도 다행스러운 일이니 신이 어찌 그에게 사사로운 유감을 가졌겠습니까."라고 운운한 까닭에 비지 중의 말씀이 이와 같은 것이다. 며칠 지난 후에 이휘지가 두 번째로 차자를 올렸는데, 그에 대한 비답은 권수 상 제4판에 있다. 대사간 이의행(李義行)이 상소를 올려서[53] "이 대신(大臣 : 우의정 이휘지)의 평소 기량을 신은 익히 알고 있습니다. 앞에서는 이랬다가 돌아서서는 저러고 말을 뱉었다가도 삼켜 버리는 일이 다반사로 있었는데도 뻔뻔하여 부끄러워할 줄을 모릅니다. 모두가 우러르는 자리에 있는 신분으로 이처럼 흐리멍덩하게 하니 대신의 체모가 진실로 이렇다는 것입니까. 애초에 홍국영의 집안사람에게 확인하였다고

**53** 이의행(李義行)이 상소를 올려서 : 《승정원일기》 정조 6년 1월 27일 기사에 그 전문이 수록되어 있고, 《일성록》에는 정조 6년 1월 17일 기사에 일부만이 인용되어 있다.

하고는 끝에 가서는 길거리에 떠드는 소문을 얼핏 들었다고 하였으니, 이는 본인이 본래 홍국영의 집안사람인 까닭에 그 부화(附和)한 흔적을 감추려고 이렇듯 숨긴 것이 아니겠습니까. 그 후로 성상의 하교가 엄정하고 가르침과 꾸지람이 함께 이르렀으니 의당 몸을 웅크리고 자신을 인책(引責)하기에도 겨를이 없어야 하거늘, 며칠 전 빈대(賓對)에서 부끄러운 줄도 모르고 연석에 나왔으니 이것이 무슨 거조란 말입니까. 우의정 이휘지에게 조속히 견벌(譴罰)을 내리시어 신하가 되어 임금에게 사실이 아닌 것을 고하는 자들의 경계로 삼아야 한다고 신은 생각합니다."라고 하였다. 소가 들어가자 주상이 빈대를 행하라고 명하고 이어 선갑(先甲)[54]을 거듭 밝히는 전교를 내렸는데, 이것은 권수 상 제5판에 있다.

이로부터 10여 일 후에 상이 상참(常參)을 거행하라고 명하였다.[55] 홍낙성(洪樂性)이 새로 정승에 제수되어 다시 이 일에 대하여 언급하자,[56] 상이 진노하여 "전 우의정이 아뢴 중신의 일은 이에 앞서 모든 대신이 정말로 모두 들어서 알고 있었다는 것인가?"라고 하였다. 하교가 엄정하자 신하들이 모두 황공하여 어쩔 줄 몰랐다. 원임 정존겸(鄭存謙)이 "신은 평소에 들은 바가 없었는데, 조참하는 날 대궐에 들어와 영의정과 우의정의 소매 속의 홀기(笏記)를 보고 비로소 알게

**54** 선갑(先甲) : 무슨 일이든지 주의 깊게 해서 과오를 범하지 않도록 한다는 뜻이다. 《주역》〈고괘(蠱卦)〉에 "갑의 앞에 3일, 갑의 뒤에 3일〔先甲三日, 後甲三日.〕"이라고 하였는데, 그 소(疏)에 "갑이란 창제(創制)한 영(令)이다.……백성이 아직 익숙하지 못하므로 영을 선포하기 3일 전에 은근하게 말하고, 또 영을 선포한 3일 후에 다시 분명하게 일러 준다."라고 한 데서 온 말이다.

**55** 명하였다 : 이하는 상참에서 정조와 당시 입시한 신하들의 대화를 다시 재현한 것이다.

**56** 홍낙성(洪樂性)이……언급하자 : 홍낙성은 1782년 1월 25일 좌의정에 임명되었다. 그리고 1월 30일 상참에 이은 차대(次對)에서 병신년(1776)의 일을 가지고 정조의 앞에서 번암을 강력하게 비난하였다.

되었습니다."라고 하였다. 좌의정 홍낙성이 "신도 조참하는 날 거조(擧條)가 나온 후에야 이 일을 알았습니다."라고 하였다. 그러자 상이 "모든 대신이 모두 알지 못하였다고 하니 그렇다면 전 우의정은 어디에서 들어서 아는 것인가."라고 하며 이휘지에게 윽박지르며 묻자, 그제야 이휘지가 "신도 듣지 못하였습니다. 조참하는 날 금중(禁中)에 들어와 영상과 상대하고 있었는데 영상이 신에게 이 일에 대하여 언급하면서 '내가 마땅히 모(某 : 채제공)의 일을 가지고 말문을 열 터이니 우상은 이 일을 가지고 계속하여 진달하지 않아서는 안 됩니다.'라고 운운하였습니다. 그래서 정말로 진달하게 된 것입니다."라고 하였다. 영의정 서명선은 아무 말도 아뢰지 않았다.

조참이 파한 후에 비망기를 내렸으니 권수 상 제6판에 보인다. 좌의정 홍낙성이 금령(禁令)을 도로 거두기를 청하였다. 전교는 권수 상 제6판에 있다. 이휘지가 성을 나갈 때 한 전유(傳諭)는 권수 상 제7판에 있다. 또 이택징(李澤徵)의 상소[57]로 인하여 비망기를 내렸는데, 권수 상 제7판에 보인다.

**57** 이택징(李澤徵)의 상소 : 이 상소는 《승정원일기》를 비롯하여 《일성록》이나 《정조실록》에서 보이지 않는다. 다만 위 비망기를 내린 일자는 《승정원일기》에 의하면 정조 6년 2월 19일로 되어 있다. 참고로 《일성록》 정조 6년 2월 17일 성정각(誠正閣) 차대 기사에 정언 이택징이 "조지(朝紙)를 보건대, 전 우상이 연석에서 아뢴 역적을 징토하는 말을 통해 보면 채제공이 인신(人臣)으로서 만번 죽여도 남는 죄를 지은 것이 아님이 없었는데, 곧바로 또 급하게 한 통의 차자를 올려 불분명한 말로 얼버무려 전후가 모순되고 의리가 전도되게 하였습니다. 이것이 과연 나라를 깊이 생각하는 대신이 노여움을 피력하는 체통이겠습니까. 그리고 신하들이 논하는 본사(本事)에 대해서는, 신이 새로 먼 지방에서 올라와 자세히 알 수 없고 전하의 간절한 하교는 신하들을 감읍시키기에 충분하니, 신은 감히 그 알지 못하는 것을 억지로 내세워 갑자기 논단(論斷)하지는 못하겠습니다. 그러나 변변치 못한 신이 애석히 여기는 까닭은, 판부사 이휘지의 행동이 부당하고 국가의 체모가 무너져 명백히 전후가 일치되지 않는 사람이 되었기 때문입니다. 신은 감히 의율(擬律)하지 못하겠고 대신에 대해 가벼이 죄주기를 청할

그리고 수십 일 후에 상이 홍릉(弘陵)에 춘등(春等) 전알(展謁)을 하였는데 돌아오다가 연은문(延恩門)에 이르러 이휘지가 길 한쪽에서 공손히 맞는 것을 보고는 막차(幕次)로 들어오라고 명하였다. 하교하기를 "경이 진술한 충신의 일은 어찌 제대로 살피지 않은 일이 아니겠는가."라고 하니, 이휘지가 대답하기를 "신이 말씀드린 바는 길거리에서 주워들은 말에 지나지 않습니다."라고 하였다.[58]

수 없지만, 차마 침묵하고 있을 수 없었습니다. 신의 고충과 충심을 전하께서 잘 헤아려 주시기를 바랄 뿐입니다."라고 아뢴 것으로 되어 있다.

**58** 수십……하였다 : 이 기사는 《승정원일기》와 《일성록》에 모두 정조 6년 2월 30일에 실려 있다. 그중에도 《일성록》에 비교적 상세히 기재되어 있는데, 이휘지는 "본사(本事)로 말씀드리면 허영(虛影)에 불과할 뿐입니다. 신의 그릇됨은 다시 여지가 없게 되었으니, 어찌 부끄럽지 않겠습니까."라고 하였다. 허영에 대해서 정조가 다시 묻자 "허영 운운한 것은 곧 없는 것을 가리켜 있다고 말하는 뜻입니다."라고 하였다. 이를 보면 대체적으로 그 맥락은 위의 기사와 같지만 표현은 상당한 차이가 있어 보인다.

# 한성부 판윤을 사직하는 상소[59]

辭漢城判尹疏

삼가 아룁니다. 커다란 복록이 날로 모여 후손이 능히 창성합니다. 한 뿌리에서 가지가 나와 백세가 되니 군하(群下)의 마음이 모두 축복을 합니다. 이어 생각해 보니 신의 몸이 복주(伏誅)되지 않아서 신의 종족이 멸문에 이르지 않아 지금까지 백성들 틈에서 사람의 꼴을 하고 있습니다. 그 이유는 첫째 우리 성상께서 해와 달을 합쳐 놓은 것과 같은 명철함으로 약육강식의 위태로움을 살펴 주셨고, 둘째 우리 성상의 은혜가 하해와 같아서 차마 죄도 없이 죽음으로 나아가는 것을 보시지 못했기 때문입니다. 예로부터 신하가 되어 칼끝에 서는 재앙을 만난 경우가 한이 없지만 어찌 신처럼 기구하고 험난한 경우가 있겠으며, 임금의 돌봄과 은혜를 입은 신하가 한이 없지만 어찌 신처럼 죽은 목숨 살려 주시고 뼈에서 살이 돋게 해 주는 은혜를 입은 경우가 있겠습니까.

생각해 보니 신은 도성 근처에서 안절부절못하며 머물러 있을 처지가 아니나 꿈속에서조차 천안(天顔)을 잊지 못하여 몸이 차마 멀리 떠나지 못하였고, 나라의 경사가 닥쳐오매 의리상 멀리 떠날 수 없었습니다. 강호(江湖)를 이리저리 떠돈 지 이미 달이 열 번 바뀌었습니다. 살아서는 무지렁이 백성이 되고 죽어서도 그저 귀신이 된다면 뜻과 소원을 이룬 것이니 더 이상 무엇을 바라겠습니까. 지난번 우리 성상께서 미천한 이 신을 생각하시는 것이 떨어져 있을수록 더욱 깊어지고,

**59** 한성부……상소 : 1782년(정조6) 10월 17일에 올린 것이다.

총애하는 은택이 세월이 오래될수록 더욱 도타워져서 경조(京兆)에 특별히 제수하는 명이 한밤중에 문득 내렸는데, 새벽을 알리는 종소리가 울리자마자 한강 교외의 10리 밖에 천패(天牌)가 이미 당도하였습니다. 오장육부가 모두 깜짝 놀라고 이것이 꿈인지 생시인지 모르겠는데 처자식들은 두 손을 모으고 온 동네에 소식이 전해졌습니다.

돌아보건대 성은에 감격하는 눈물이 마땅히 줄줄 흘러야 하는데 도리어 편하게 명을 거슬러 마치 세속을 따라 으레 사양하는 것처럼 하니 사람의 도리가 거의 끊어졌습니다. 하늘을 우러르고 땅을 굽어보아도 참담하니 더 이상 무슨 말을 하겠습니까. 그런데도 성상의 도량은 하늘처럼 넓어 형틀을 씌우지 않고 도리어 두 번 부르고 세 번 부르며 그때마다 은혜로운 교지를 내려 진용(晉用)의 뜻[60]으로 깨우쳐 주고 면유(面諭)하겠다고 거듭 하교하셨습니다. 신은 심장이 목석이 아니니 어찌 모든 일을 던져 버리고 나는 듯이 달려가서 명을 받들어 대궐의 계단 아래에서 백번 절하고 머리 조아려 사은하고 싶지 않겠습니까. 또 이로 인하여 성상을 한번 우러러 뵈어 오매불망 마음에 맺혀 있던 바람을 어찌 풀고 싶지 않겠습니까. 그러나 신은 곧 천지간에 욕되이 버려진 오물일 뿐입니다. 거듭하여 조정의 반열에 흠을 내었고 다시금 대궐의 계단을 더럽혔으니 이 세상에 어찌 이런 이치가 있겠습니까. 여러 번 돌이켜 생각해 보아도 죽음만 있을 뿐입니다.

**60** 진용(晉用)의 뜻 : 진용은 초재진용(楚材晉用)의 준말이다. 《춘추좌씨전》 양공(襄公) 26년에 "초나라에 비록 재목이 있으나 실제로는 진나라가 그것을 쓰고 있다.〔楚雖有材, 晉實用之.〕"라고 하였는데, 즉 초나라가 제대로 등용하지 못한 인재를 다른 나라에서 등용하여 쓴다는 말이다. 병조 판서를 체직하고 한성부 판윤에 제수한 것을 말한 것으로 보인다.

아아, 지난번 사람의 비난은 어찌 그리도 망극하단 말입니까. 전후로 번갈아 올린 장소(章疏)는 사리가 옳은지 그른지는 돌아보지도 않고 사실이 맞는지 틀리는지는 들어 보지도 않으며 천고에 가장 흉측한 죄목을 모두 모아 미천한 신의 일신에 모조리 붙이니 더할 나위 없이 묶고 또 묶은 것이라 할 만합니다. 그러나 신은 애초에 이런 마음도 말도 일도 없었으니 그들의 모든 성토는 곧 신이 아닌 다른 사람을 논한 것입니다. 무엇 때문에 반드시 그런 것들을 가져다가 스스로 인책하겠습니까. 하물며 분명하게 밝혀 주신 성지(聖旨)와 토닥이며 위로해 주신 하교는 비록 신이 스스로 해명한다고 해도 진실로 이 밖에는 더 이상 할 말이 없습니다. 그러니 이미 시간이 오래된 지금에 와서 어찌 감히 설왕설래하여 성상의 귀를 어지럽히겠습니까.

다만 생각해 보니, 신이 몸을 일으켜 벼슬길로 나아가는 것을 반드시 죽음에 이르는 함정으로 여기는 것은 대개 팔을 아홉 번 부러뜨리고 나서 의사가 다 된 경우[61]와 같습니다. 신이 만약 아침에 조정에 들어간다면 저녁에는 죽을죄를 짓고서 나올지 어찌 알겠습니까. 구구한 이 한 목숨 죽고 사는 것이야 진실로 돌아볼 것조차 없지만 전하께서 전후로 다시 살려 주신 것이 무릇 몇 번입니까. 이미 살려 주고 마침내 벌벌 기어서 사지로 들어가게 하니, 신을 불쌍히 여기고 신을 보호하여 준 전하께서 어찌 차마 이렇게 하시겠습니까. 입시하라는 명이 내렸지

**61** 팔을……경우 : 하도 많이 당해서 그 일에 대해서는 아주 잘 안다는 뜻이다. 《초사(楚辭)》 〈구장(九章) 석송(惜誦)〉에 "내가 충성스러운 말을 올렸다가 원망을 만났다는 이야기를 듣고 지나친 말이라 생각했는데, 아홉 번 팔을 부러뜨리고서 의사가 다 되었으매 지금에야 그 말이 진실임을 알았다."라고 하였다.

만 끝내 명을 받들 수가 없어 신이 머무는 집에서 날이 새도록 석고대죄하였습니다. 마음은 다급하고 형편이 절박하여 천지 부모와 같은 성상의 앞에 눈물로 호소합니다. 삼가 바라건대 자애로운 성상께서는 신에게 새로 내린 직명을 조속히 삭탈하고 이어 평생 전야에 있으라 명하여 태평한 이 세상에서 늙어 죽도록 하여 주소서. 그리해 주시기를 천만번 간절한 마음으로 기원합니다.

답하기를,

"상소를 살펴보고 잘 알았다. 지금 비로소 제수하는 명령을 내린 것은 들끓는 여론이 잠잠해지기를 기다린 것이다. 지난 일이야 다시 어찌 운운하겠는가. 나야 일찍부터 모든 것을 잘 알고 있었으니 경은 사양하지 말고 속히 공무를 행하라."

하였다.-이에 앞서 주상께서 빈대에 임어하였을 때 탄식하며 "한번 중신(重臣)이 조정에 있지 않은 다음부터 비록 빈대를 해도 강직한 의론을 들을 수가 없다."라고 하였다. 이에 이르러 한성 판윤에 제수하는 비망기를 내렸는데, 이 글은 권수 상 제3판에 있다. 그다음 날 패초하였는데도 오지 않자 전교를 내렸는데, 이 글은 권수 상 제8판에 있다. 두 번 패초하여도 오지 않자 또 전교를 내렸으니, 이 글도 권수 상 제8판에 있다. 세 번 패초하였는데 오지 않자 그다음 날 또다시 하교를 내렸으니, 이 글도 권수 상 제8판에 있다. 상소를 올려서 비답을 받든 후에 5일 동안 패초가 계속하여 내렸고, 신칙하는 하교도 여러 번 내려서 심지어는 "중신이 나오지 않는 것은 무엇을 고집하기 때문인가? 패초를 어기겠다는 패망(牌望)은 호망(呼望)하지 말라."라는 하교가 있기까지 하였다. 부득이 삼포(三浦)로부터 숭례문 밖으로 와서 현패(懸牌)[62]하고 명을 기다리다가, 곧이어 명패를 성문 밖에서 밤을 지내게 할 수 없어서 금오의 문으로 나아가 명을 기다렸다. 승정원에서 문한(門限)이 이미 닥쳐왔는데도 여전히 아무런 움직임도 없다는 이유로 추고를 청하니 전교하였는데, 이 전교는 권수 상 제9판에 있다. 밤이 되자 승정원에서 명패를 잠시라도 금오의 문 밖에 머무르게 해서는 안 되니 어떻게 할지를 여쭈자 또 두 번에 걸쳐서 하교하였는데, 이 하교는 권수 상 제9판에 있다.

그다음 날 문계(問啓)하라는 전교를 내렸는데, 권수 상 제9판에 있다. 승정원이 "곡절을 물어서 아뢰라."라는 성상의 전교를 전하여 오자, 신이 다음과 같이 글을 써서 올렸다.

"신은 천지간의 궁벽한 사람으로, 성명께서 굽어 통촉하시어 새로이 제수될 줄 꿈에도 생각하지 못하였습니다. 은혜로운 교지가 번거롭게 궁궐로부터 내리니 이는 신과 같이 욕되이 버려진 사람이 얻을 수 있는 것이 아닙니다. 더욱이 얼굴을 보고 유시하겠다는 명을 내리시니 더욱 감격하여 눈물을 흘렸습니다. 소패(召牌)가 하늘로부터 이르고 궐문은 닫는 시간이 지나도록 열어 두었는데도 신은 구구하게 고집을 부리며 끝내 바꾸지 못하였습니다. 편안하게 침상에 누워 있으며 거만하게 명을 따르지 않으니 이것이 어찌 신이 분수와 도리를 전혀 알지 못해서 그런 것이겠습니까. 깊은 밤 슬피 울며 내내 눈을 붙이지 못하였습니다. 그런데 방금 곡절을 물어서 아뢰라는 명이 내리니 더더욱 황공하고 두려운 마음 이길 수가 없습니다.

생각해 보니 그동안 신이 곤경에 처할 때마다 성상께서 모두 통촉하시어 그 일은 모두 없던 일이 되었습니다. 분명하게 살피고 명료하게 판단하시어

**62** 현패(懸牌) : 패를 받기만 한 채 궐 안으로 나오지 않는 것을 봉패(奉牌)라고 하고, 궐 밖에다 패를 걸어 놓고 나오지 않는 것을 현패라고 하는데, 봉패와 현패도 위패(違牌)의 일종이다. 《銀臺便攷 吏房攷 政官》

더 이상 남김이 없었으며 신 또한 마땅히 신의 불운한 명으로 치부할 뿐이었습니다. 그러니 지금 이것으로 인의(引義)하여 스스로 폐기되기를 도모할 필요가 없습니다. 다만 생각해 보니 당시에 영의정이, 신이 탄핵을 두려워하지 않고 염치를 무릅쓰고 병조 판서를 받았다며 매우 엄중하게 죄를 성토하였습니다. 그러니 지금 성토한 것을 모른 체하며 아무렇지도 않게 다시 관대를 띠고 벼슬길에 나아가 사대부의 염치를 무너뜨려서야 되겠습니까. 백번을 생각해 보아도 오직 죽음만이 있을 뿐입니다. 바로 앞이 대궐 문인데 혼비백산 정신이 날아가 하늘을 우러르고 땅을 굽어봐도 무어라 말씀드려야 할지 모르겠습니다."

이에 대해 전교를 내렸는데 그것은 권수 상 제9판에 보인다. 본직의 해임을 허락하고 이어 입시하라는 전교를 내렸는데, 그것은 권수 상 제10판에 있다. 얼마 후 승정원의 하례가 끊임없이 와서 성상께서 대전에 앉아서 기다리신 지가 오래되었다고 하니 신이 부득이 달려 들어갔다. 상이 성정각(誠正閣)에 앉아 계시는데 촛불이 밝게 빛나고 있었다. 신이 앞에 나아가 부복하여 한참을 울었는데 상께서도 추연(愀然)하게 근심하셨다. 이때의 연설(筵說)은 권수 상 제10판에 있다.-

## 판의금부사를 사직하는 상소[63]

辭判義禁疏

삼가 아룁니다. 세상의 변고가 겹겹이 일어나고 역옥(逆獄)이 계속 이어지는데 추위를 무릅쓰고 친히 국문하시느라 옥체가 수고로이 거둥하였습니다. 신은 한나절 동안 국청에 참여하였으니 한편으로는 성상의 체후가 몹시 걱정되어서였고, 한편으로는 세도가 무너지는 것을 보고 몹시 분개하였기 때문입니다.

이어 생각해 보니 신이 관대를 띠고 관모를 털며 다시 사대부의 반열을 더럽히는 것은 진실로 이른바 세상에는 없는 일이 될 것입니다. 만사를 제치고 염치를 무릅쓰고 새로운 제수를 받드는 것이 비록 아픈 몸을 끌고 적을 토벌하는 의리에서 나왔다고 하더라도 큰 윤리를 모두 무너뜨리고 작은 신의조차 지키지 못하는 것입니다. 하늘과 땅 사이에 부끄럽고 한탄스러워 몸 둘 곳이 없습니다. 하물며 미천한 신의 질병이

**63** 판의금부사를 사직하는 상소 : 1782년(정조6) 11월 20일에 올린 것이다. 이에 앞서 이달 19일에는 정조가 금위영에 나아가서 백천식(白天湜), 박서집(朴瑞集), 신형하(申亨夏)를 친국하였다. 처음에 신형하가 평산(平山)에 살면서 송덕상(宋德相)을 위해 억울함을 풀어 준다면서 거짓말을 퍼뜨려 선동하다가 형벌을 받고 섬으로 귀양을 갔고, 박서집은 해주에 살면서 시를 지어 신형하가 절의가 있다고 칭찬하였다가 그 역시 형벌을 받고 섬으로 귀양을 갔다. 박서집이 귀양지에 이르러 섬에 정배된 관서 사람 문인방(文仁邦)과 동거하면서 문인방이 송덕상을 위해 장차 군사를 일으켜 서울을 침범하려고 한다는 말을 듣고 즉시 배소관(配所官)에다 고변(告變)하였다. 호남의 도신이 비밀리에 장계를 올려 보고하고 체포하였다. 세 죄인이 먼저 도착하자, 이날 자리를 옮겨 신문하였다. 《正祖實錄 6年 11月 19日》

한 달이 다 되도록 낫지 않으니 부절이 오는 대로 즉시 행하고 싶지만 현재 가장 감당하기 어려운 것은 왼쪽 옆구리 아래에 심한 담(痰)이 들어 점점 배 전체와 등허리 반쯤에 번져 가고 있는 것입니다. 탕제를 쓰기도 하고 찜질을 하기도 하는데 도무지 효험이 없습니다. 앉거나 서면 등뼈를 매달아 놓은 듯이 어지러우며 수십 개의 침으로 찌르는 듯 아파서 물 한 모금 넘기는 순간도 참아 낼 수가 없습니다. 이 때문에 집에 머물며 밤낮으로 오직 누워서만 지냈습니다.

어제 장전(帳殿)에서 모실 때 용안 바로 앞에 있었으니 그 공경하고 두려워하는 바가 마땅히 어떠했겠습니까. 그러나 벌벌 기어서 계단을 올라갔으니 그 모습이 마치 철없는 어린아이와 같았고, 기둥의 모퉁이에 꼼짝도 하지 않고 엎드려 있었으니 마치 두꺼비와 같았을 뿐입니다. 위사(衛士)가 손가락질하며 웃고 시신(侍臣)이 놀라 괴이하게 쳐다보니 신은 진실로 부끄러워 등줄기에 땀이 흥건하였으며 어찌 처신해야 할지 몰랐습니다. 더구나 물러나 식사하는 즈음엔 찬 음식 더운 음식 할 것 없이 관격(關格)이 갑자기 발작하여 밤새도록 미친 사람처럼 소리치며 괴로워했습니다. 이제 병상의 실낱같은 목숨은 죽음과 종이 한 장 차이이니 혼자 힘으로 오늘 친국하는 반열에 나아가 참여할 방도가 없습니다. 신이 이와 같으니 살아도 죽는 것만 못하여 이에 감히 다급한 목소리로 인자하게 감싸 주시는 성상께 우러러 호소합니다. 삼가 바라건대 자애로운 성상께서는 급히 신의 의금부 판사의 직책을 삭탈하여 옥사의 체모를 무겁게 하고 잔약한 이 목숨을 이어 가게 하소서. 신은 더할 수 없는 간곡한 마음으로 기원합니다.

답하기를,

"상소를 살펴보고 잘 알았다. 경의 병이 핑계가 아니라는 것을 알겠다. 본직은 이제 막 체직을 허락하였다."

하였다.

## 공조 판서를 사직하는 상소[64] 갑진년(1784, 정조8)

辭工曹判書疏 甲辰

삼가 아룁니다. 신의 사정이 또한 곤란하다 할 것입니다. 사람들이 신을 지나칠 정도로 미워하고 시기하여, 없는 것을 가리켜 있다고 하니 사리를 가지고서는 깨우칠 수 없으며, 일거수일투족이 죄 아닌 것이 없으니 말로 해명할 수 없습니다. 이는 거의 신이 죽음을 앞두고 명운이 기박(奇薄)하여 불러들인 것이니 자신을 돌이켜 보며 비탄해할 뿐 오히려 누구를 원망하겠습니까. 신의 몸은 전하께서 주신 것입니다. 함정 속으로 벌벌 기어 들어가는 것을 전하가 구해 주셨고, 넘실대는 물에 빠져 허우적대는 것을 전하께서 건져 주셨습니다. 실낱같은 가냘픈 목숨이 지금까지 살아 있는 것은 첫째도 전하께서 다시 살려 주신 은혜이며, 둘째도 전하께서 다시 살려 주신 은혜입니다. 전하를 그리는 마음이 비록 오매불망 가슴에 맺혀 있지만 언제 당할지 모르는 두려움에 한순간도 안정하지 못합니다. 진신들 간의 옛 인연은 이미 전생의 일이 되었으니 구구한 소원은 영원히 무고한 백성이 되어서 태평한 세상에서 늙어 죽는 것입니다.

그런데 지난번에 수부(水部 공조)에 제수하는 새로운 명이 문득 3년간 문을 닫고 사는 가운데 내렸습니다. 아아, 신의 마음은 고목나무나 타 버린 재와 같고 신의 몰골은 들판에 있는 천한 농부와 같습니다.

**64** 공조……상소 : 1784년 윤3월 29일에 올린 것이다. 이에 앞서 윤3월 21일 공조 판서에 낙점되었다.

그러니 신은 벼슬아치로 자처하지 않고 사람들도 신을 벼슬아치로 보지 않습니다. 신의 성명 석 자가 다시 성상의 기억 속에 들어갔으니 이것을 어찌 꿈속에서라도 감히 생각하였겠습니까. 신은 머리를 땅에 조아리며 저도 모르게 탄성과 눈물이 나왔습니다.

아아, 사람들이 신을 처치하는 방식에 있어 반드시 신을 없애고 말려 하는데, 신은 신의 몸을 우환으로 여겨 사람들이 신을 없애려는 것 이상으로 스스로 없어지려 하였습니다. 과연 최근에 와서 천한 신의 병은 날로 더치고 달로 심해져서 문밖으로 한번 나가기만 하면 그때마다 열흘을 앓아눕습니다. 아침나절에 미음이라도 조금 들면 문득 밤새도록 배 속에 체기가 있으니 죽을 날이 가까워진 것을 알 만합니다. 사람들이 소원하면 하늘도 따른다는 것이 이를 두고 한 말이 아니겠습니까.

옛날에 위개(衛玠)[65]가 도성에 들어갔는데 그의 용모가 너무도 아름다워 도성 안의 모든 사람들이 모여서 그를 구경하였습니다. 얼마 되지 않아 위개가 죽자 당시 사람들은 눈빛이 위개를 죽였다고 하였습니다. 이것이 비록 한때의 허풍이기는 하지만 사람이라면 누구나 한 쌍의 눈동자를 가지고 있으며 도성 안에 사람이 얼마나 많은지 알 수 없는데 사람마다 가진 두 개의 눈빛이 모두 위개에게 모였으니 위개가 한갓 하나의 몸뚱이를 가지고 그것을 감당하려고 한들 견딜 수 있었겠습니까. 이는 대개 죽이려 한 것은 아니었지만 죽지 않을 수가 없었던 것입니다.

**65** 위개(衛玠) : 진(晉)나라 때의 저명한 현학가(玄學家)이자 청담 명사(淸談名士)이다.

신 같은 경우에는 여러 사람의 표적이 되었으며 여러 사람이 둘러서서 주목하고 있으니 곧 노여움의 모여 있는 곳입니다. 위개처럼 뛰어난 용모 때문에 시선을 받는 것은 위개의 몸을 해치는 것이 아닌데도 오히려 죽음을 면치 못하였는데, 하물며 신은 혈혈단신으로 어찌 분노로 부릅뜬 눈길을 차례차례 감당하여 죽음에 이르지 않을 수가 있겠습니까. 죽는 것이 소원이니 무엇을 원망하겠습니까. 스스로 생각해 보니 신이 대궐에 간 지 이미 몇 해가 되었습니다. 이 인생이 이 세상에서 더 이상은 천안(天顔)을 한번 우러러 뵙지 못할 것이며 조금이나마 맺혀 있던 마음을 더 이상 풀 수 없을 것이니 구천에 맺힌 한은 오직 이것일 뿐입니다. 눈물이 줄줄 흘러 상소를 적시니 더 이상 무슨 말을 하겠습니까.

삼가 바라건대 자애로운 성상께서는 즉시 새로 제수한 직명을 거두어 신으로 하여금 편안한 마음으로 생을 마치도록 하여 주소서. 그렇게 된다면 비록 죽더라도 사는 것과 같을 것입니다. 신은 너무도 두려운 마음에 피눈물을 흘리며 간곡하게 기원합니다.

답하기를,

"상소를 살펴보고 잘 알았다. 경을 편안히 놓아둔 것이 무릇 몇 년이 되었다. 내 뜻은 경이 오직 알 것이다. 남들이 여전히 툴툴거리는 것이야 굳이 많은 말로 변백할 필요가 없다. 경은 사양하지 말고 속히 나와 공무를 행하라."

하였다.-비답을 내린 후 전교하였는데, 그 전교는 권수 상 제12판에 있다.-

## 김하재의 무욕으로 말미암아 공조 판서를 사직하는 상소[66]

因金夏材誣辱辭工曹判書疏

김하재는 이해 가을에 대역부도죄로 복주되었다.

삼가 아룁니다. 신이 지난날 피눈물로 상소를 올려 신의 간곡한 충심을 살펴 주시기를 바랐습니다. 후한 비답이 곧 내리니 글자마다 은혜로운 말씀이었습니다. 받들어 읽은 뒤로 눈물을 흘리며 감격하는 마음은 비록 간절하였습니다만 마음속으로는 사람들의 시기가 더욱 치성하리라고 생각하였는데 아니나 다를까 김하재의 상소가 나왔습니다. 이에

66 김하재(金夏材)의……상소 : 이 상소는 《정조실록》, 《승정원일기》, 《일성록》에 모두 수록되어 있지 않다. 다만 이조 참판 김하재가 번암을 비난하는 상소가 1784년(정조8) 4월 28일에 올려졌고, 이틀 후인 30일 선정전(宣政殿) 차대에서 이 상소에 대한 논의가 있었다. 이어 6월 17일 이득제(李得濟)가 올린 계사에 "신이 지난 5월 승정원에 있을 때 채제공이 상소를 올렸으므로 동료들과 함께 보았습니다. 윗부분은 곧 김하재의 상소 중에 있는 시성낭심(豺性狼心)이라는 네 글자에 대하여 극구 반박하고 욕하여 종이 가득히 분함을 풀어놓은 것이고, 아랫부분은 곧 물러나기를 청하는 것이었습니다. 신이 '흉역으로 어찌 물러나기를 청하는 상소를 올리는가.'라고 생각하였으며, 또 글귀마다 패려한 말이 있어 이미 금령이 있으므로 봉입해서는 안 된다는 뜻으로 즉시 물리쳤습니다."라고 하였다. 본래 윤득부(尹得孚)는 윤근수(尹根壽)의 후손으로 번암과는 별로 관계가 없었는데, 그가 서명선을 탄핵하자 서명선과 대척 관계에 있던 번암과의 일정한 연계가 의심되었고, 이어 이명식(李命植)이 친구인 조준(趙琝)을 번암의 당으로 몰아서 벼슬을 구했다고 탄핵하자 윤득부가 번암의 당여가 아닌가 하는 의심이 확산되었다. 이런 상황하에서 이조 참판 김하재가 윤득부를 관직에 의망하자 죄인을 천거하려 하였다는 이유로 6월 20일에 파직되었다. 이렇게 되자 반대파로부터 김하재 역시 번암과 일정한 관련이 있다는 의심을 받았다.

앞서 김하재는 한두 번 소장을 올려 아뢰었는데, 길가의 소문을 빙자한 것이었습니다. 벌벌 떨리고 두려웠지만 원본을 내리지 않으시어 애초에 직접 그 상소를 볼 수가 없었으니 변백하고 질정할 방법이 없을 뿐만이 아니었습니다. 그러나 신은 진실로 변백할 것조차 없다고 생각하여 그만두었습니다.

지금 김하재의 이 상소는 그 요지를 따져 보면 낭관(郎官)의 가부를 가지고 쟁론한 것을 모두 드러내 아뢴 데 지나지 않을 뿐입니다. 따라서 신의 이름은 간여되지도 않았는데 무엇 때문에 맥락도 연결되지 않는 말끝에 신을 끌어다 붙이는 것입니까. 신은 실로 황당하고 의혹스럽지만 그 단초를 살피지는 못하였습니다.

신은 비록 고루하지만 글자의 뜻은 대강이나마 알고 있습니다. 이리와 승냥이는 사람을 잡아먹는 짐승입니다. 예로부터 약육강식하는 것을 이리로 부르기도 하고 승냥이로 부르기도 하였습니다. 그러나 잡혀먹히는 자를 도리어 이리나 승냥이로 지목했다는 말은 듣지 못하였습니다. 지금 신을 잡아먹는 것이 저 사람들입니까, 아니면 저 사람들을 잡아먹는 것이 신입니까? 사람의 말이 어찌 이렇게도 상식에 반대되는 것입니까. 그러나 신은 많은 말로 변백하고 싶지 않으니 신이 한번 물러나기만 하면 아무 일이 없게 될 것입니다.

생각해 보니 그동안 신이 물러나고자 하는 요청을 여러 번 드렸는데, 성상께서는 끝내 허락을 아끼셨습니다. 신의 심정은 더욱 다급하기만 하니 이치상 마땅히 작은 정성을 쌓는 데 힘써, 허락을 받지 못하면 그치지 않아야 합니다. 그러나 최근에 들어와서 신의 처지가 매우 궁박하며 마음은 두렵고 혼은 떨리어 감히 문자로써 우러러 맑은 대궐을 더럽히지 못하였습니다. '물러나 쉬고 있으면 곧 벼슬하는 사람이 그 벼슬을 내려놓은 것이니, 몸이 이미 출사하지 않았는데 내려놓을 벼슬이 어디에 있겠는가.'라고 생각하여, 올리려던 소장은 골수에 간직한 채 마음에서 잊지 못하고 지금에 이르렀습니다. 그러나 지금은 하늘 같은 성은으로 직명이 몸에 있으니 곧 조적(朝籍) 중에 들어 있는 한 사람입니다. 전날 간곡하게 기원했던 말들은 문득 잊힌 약속이 되고 말았습니다. 신이 비록 엄숙하게 경외(敬畏)하여 우물거리며 잘 말하지 못하지만 끝까지 침묵하며 그만두어서야 되겠습니까.

신의 실낱같은 목숨이 지금까지 붙어 있고 신의 가문이 지금까지 온전히 보전된 것은 털끝 하나도 모두 성상의 은혜입니다. 뱀이나 참새 같은 미물도 오히려 구슬을 물어다가 은혜를 갚거늘[67] 신 또한 살아 있는 물건이니 대대손손 그 덕을 갚고자 하는 깊은 속마음을 실로 천지 신명께서 굽어보고 계실 것입니다. 걸퇴(乞退) 두 글자는 마땅히 조금이라도 마음에 품어서는 안 됩니다. 하지만 제 몸도 제대로 보전하지 못하면서 임금을 제대로 섬겨서 나라에 은혜를 갚을 이치는 고금에 없습니다. 그렇다면 신의 현재 처지는 물러나는 한 가지 길만이 있을 뿐입니다. 예로부터 물러나기를 청하는 사람이 취하는 도리는 한 가지

**67** 뱀이나……갚거늘 : 미물들도 은혜를 알아서 갚는다는 말이다. 수후(隋侯)가 출행하다가 큰 뱀을 구해 주자 그 뱀이 명주(明珠)를 입에 물고 와서 은혜에 보답하였는데 그것을 수후주(隋侯珠) 또는 명월주(明月珠)라고 한다. 《搜神記 卷20》 후한(後漢) 때 양보(楊寶)가 9세에 노란 참새 한 마리가 수리에게 낚아채였다가 땅에 떨어져 개미들에게 시달리는 것을 보고 그 참새를 가져다가 상자 속에 넣고 길렀는데, 털이 자라자 날아가 버렸다. 그런데 어느 날 밤에 노란 옷을 입은 동자가 하얀 고리 네 개를 양보에게 주면서 말하기를 "그대의 자손이 이 숫자만큼 삼공(三公)의 지위에 오를 것이다." 하였다. 《古今事文類聚 蛇珠雀環》

가 아닙니다. 나이가 찬 경우도 있고, 참소가 두려운 경우도 있으며, 세상을 피하여 은거하는 경우도 있습니다.

신은 체질이 유약하여 쉽게 쇠약해졌으며 명성과 지위는 이미 끝까지 올랐습니다. 나이가 많이 들었으니 다니는 것도 제힘으로 못 하고 벼슬이 높이 올랐으니 이젠 지족(知足)할 만합니다. 돌아보건대 천한 신의 나이가 예경(禮經)에서 정한 나이에 앞으로 오히려 5년이나 남았습니다. 그러니 신이 물러나는 것은 나이가 찼기 때문이 아닙니다.

신은 성품이 광간(狂簡)하고 소활(疎闊)하여 이 세상에 태어나서 이 세상 사람들로부터 칭찬을 받으면 된다는 향원(鄕愿)이 견지했던 의리를 알지 못합니다. 따라서 행실에 있어서는 남에게 잘 보이는 것을 좋아하지 않으며 말을 하면 대부분 남의 뜻을 거스르게 됩니다. 이러다 보니 마침내 온갖 공격의 화살이 집중되고 치욕이 신의 한 몸에 한꺼번에 닥칩니다. 패려한 말이 생각지도 않게 신을 무함하는데 사람의 신하로서 차마 듣지 못할 말이 아닌 것이 없으니 모든 사람들이 신을 위하여 위태롭게 여겼습니다. 그러나 해와 달처럼 밝은 성군이 위에 계시어 아무리 구석진 곳이라도 빠짐없이 비추며 아무리 미천하더라도 모두 살피시니 천 가지 만 가지 정황을 하나도 숨기거나 감추지 못합니다. 비록 참소하는 신하가 백 명이라도 어떻게 그 뜻을 이루겠습니까. 그러니 신이 물러나는 것은 참소가 두렵기 때문이 아닙니다.

신이 그동안 하늘처럼 가없는 은혜를 받았으니 신의 일편단심은 죽더라도 변하지 않을 것입니다. 비록 사퇴를 허락받은 이후에라도 신이 어찌 대궐을 멀리 떠나겠습니까. 죽을 때까지 지금 사는 곳을 지킬 것입니다. 나라에 별일이 없으면 태평성대의 노래를 부를 것이고, 나라에 일이 생기면 물불을 가리지 않고 뛰어들어 충성된 혼백이 될 것입니다. 그러니 신이 물러나는 것은 은거하려는 때문이 아닙니다.

이상 세 가지에 신은 해당하지 않습니다. 그런데도 오히려 마치 귀여운 자식이 자애로운 어머니에게 울면서 매달리며 반드시 하고 싶은 것을 얻으려는 듯 그칠 줄 모르고 연이어 상소하며 다급하게 호소하는 것은 대개 그 연유가 있습니다.

생각해 보면, 신이 군부에게 하늘 같은 은혜를 입었으니 머리끝에서 발끝까지 터럭 하나도 모두 그 공은 만들어 주신 분에게 돌아갑니다. 선왕께서는 신을 천한 신분에서 발탁해 주셨고, 전하께서는 신을 위험한 구덩이에서 건져 주셨습니다. 특별한 지우를 베풀어 주신 것은 선왕이나 전하나 차이가 없고, 다시 살려 주신 덕은 귀신을 곡하게 할 만합니다. 의리로는 비록 군신간이지만 은혜로 보면 실로 부자간입니다. 무릇 사람의 자식으로서 항상 조심조심하여 그 몸을 상하지 않고 온전히 하여 돌려 드리는 이유는 부모님이 남겨 주신 몸을 중히 여기기 때문입니다. 신하의 도리도 어찌 다르겠습니까. 군상의 은혜와 지우를 받아 끝까지 잘 보전하여 몸과 이름을 훼손하지 않는 것이 곧 이른바 온전히 하여 돌려 드리는 것입니다. 혹시라도 망측한 화를 만나서 남김없이 더럽혀지고 모욕을 받는다면 부모님께서 주신 이 몸을 손상한 것과 무엇이 다르겠습니까. 신이 참소를 두려워하지 않는 것이 위에서 말씀드린 것과 같습니다만 온갖 방법을 다 동원하여 모욕을 한다면 신도 어찌할 수가 없으며, 비록 전하께서 덮어 주고 감싸 주신다고 해도 신 또한 어찌할 수가 없습니다. 신의 한 몸이야 하나도 아까울 것이 없지만 다만 성상의 감식안(鑑識眼)에 누가 되고 성상의 권우(眷遇)에 욕이 되지 않겠습니까.

아아, 악의(樂毅)는 단지 소왕(昭王)의 은혜를 입었을 뿐인데도 오히려 선왕의 영명함을 손상할까 두렵다고 하였습니다. 그러나 지금 신은 양조(兩朝)에서 한결같이 산과 바다처럼 크고 깊은 은혜와 덕을 입었습니다. 임금께서 이렇게 해 주셨는데도 신의 명운이 기박하여 선왕의 영명함을 손상할까 두렵고 또 전하의 영명함을 손상할까 두려우니 신의 사정이 옛사람에 비하여 더욱더 근심스러운 점이 있습니다. 지금 만약 성상께서 신을 슬프고 가련하게 여겨 신에게 봉조청(奉朝請) 삼자함(三字銜)을 내려 주시면 죽는 날까지 조금이나마 평안한 세월을 보낼 수 있을 것입니다. 이렇게 해 주신다면 군신간의 만남은 유종의 미를 거두어 임금과 신하가 모두 영예로울 것입니다. 태평성대에 퍼져 나가 아름다운 일이 되기에 부족함이 없을 것이고 역사책에 전해져서 또한 장차 영예로운 이야기가 될 것입니다. 신의 지극한 소원은 실로 여기에 있습니다.

수부(水部 공조)가 비록 한가한 부서라고 하지만 관부의 업무가 여러 달 비어 망가지면 성조(聖朝)의 천공(天工)을 대신하는 정사로 볼 때 작은 문제가 아닙니다. 그러나 신이 감히 이런 점을 말씀드리지 못하는 이유는 진실로 신이 한번 물러나 버리면 성상이 내리신 관직이 저절로 허공중에 떠 버리기 때문입니다. 이에 감히 눈물로 하늘처럼 어질게 덮어 주시는 성상께 우러러 호소하는 것입니다. 삼가 바라건대 자애로운 성상께서는 더 이상 신의 몸으로 조정의 반열을 더럽혀서는 안 된다는 점을 살피고 신의 간곡한 바람이 혈성에서 나왔다는 것을 불쌍히 여겨, 특별히 물러나 쉬고자 하는 청을 윤허하시어 천지가 만물을 굽어 살피는 은혜를 이루어 주소서. 신은 더할 수 없는 마음으로 두 손 모아 하늘에 축원하며 밤낮으로 공경히 기다립니다.

# 신칙하는 하교로 말미암아 공조 판서를 체차해 주기를 거듭 청하는 상소[68]

因飭敎申乞遞解工判疏

삼가 아룁니다. 신이 은혜로운 제수를 받들었으나 세상에 없는 큰 은혜에 감사드리지 못하였고, 남들이 나쁜 말로 신을 참소하였으나 억울하고 원통한 신의 마음을 펼쳐 보여 드리지 못하였습니다. 신 또한 사람입니다. 어찌 전혀 아무런 생각이 없어서 감사도 못 드리고 원통한 심정도 펴지 못한 것이겠습니까. 진실로 욕되이 폐물이 된 신의 처지는

**68** 신칙하는……상소 : 이 상소는 《승정원일기》에 수록되지 않았으나 대략 1784년(정조8) 6월 중순경에 올린 것으로 보인다. 《일성록》에 의하면 1784년 6월 5일 공조 참판 김문순이 상소한 것을 계기로 이른바 번암의 역절(逆節) 문제가 다시 비화되었다. 김문순은 6월 2일 공조 참판에 제수되자, 역적과는 공조에서 같이 있을 수 없다고 사직을 청하였다. 이어 6월 6일 인견 시에 영의정 정존겸(鄭存謙)을 비롯하여 대부분의 신료들이, 윤득부가 번암의 사주를 받아 서명선을 탄핵하였다고 번암을 공격하였다. 이뿐만 아니라 판중추부사 이휘지(李徽之)가 차자를 올려 번암에게 속히 처분을 내리라고 요구하고, 응교 이노춘(李魯春)도 차자를 올려 번암을 형률대로 처단하고 국청(鞫廳)을 열어 윤득부를 엄히 심문하라고 요청하자, 윤득부를 절도에 유배 보냈다. 6월 7일 정조는 승지를 소견(召見)하는 자리에서 번암을 변호하고 이어 변백해 주는 장문의 하교를 내렸다. 그러나 영중추부사 김상철(金尙喆)이 차자를 올리고, 대죄하고 있던 시원임 대신 영의정 정존겸, 판중추부사 홍낙성(洪樂性), 좌의정 이복원(李福源), 우의정 김익(金熤)이 연명으로 차자를 올려 번암을 징토하기를 청하였으며, 6월 8일 판중추부사 서명선도 스스로 논핵하는 등 상황은 나아지지 않았다. 6월 9일 정조는 서명선을 소견하여 경위를 설명하고 출사를 권유하였다. 하지만 김상철, 정존겸, 홍낙성, 이복원, 김익이 연명으로 차자하여, 전날 내린 비망기를 도로 거두어들이기를 요청하였다.

조정 신하들 틈에 끼어서는 안 되며, 비할 데 없는 나쁜 말은 마땅히 구설로써 다투어서는 안 됩니다. 그러니 자리에서 흘리는 눈물은 마를 날이 없으며 절박한 심정은 풀릴 날이 없습니다. 세상천지에 돌아갈 곳 없는 궁박한 사람 중에 신 같은 사람이 누가 있겠습니까.

그런데 천만뜻밖에 어제 전교를 내리시되 융숭함을 다하였으니 정히 내린 130자의 말씀 가운데 분명하게 밝혀 주고 따뜻하게 위로해 주며 반드시 모든 것을 털고 닦아 내 주려 한 것은 미물이라도 오히려 감동하고 귀신이라도 또한 감격할 것입니다. 하물며 신이 놀랍고 황공하며 크게 감격하였으니, 신의 마음이 마땅히 어떠하였겠습니까. 마침내 본말을 모두 잘 알고 있다는 하교에 이르러서는 끝까지 읽기도 전에 더욱 감격의 탄성과 눈물이 번갈아 나왔습니다.

무릇 신하가 임금을 섬김에 근본이 있고 말단이 있으니 조금이라도 자신의 이름을 아끼는 자가 아니라면 더불어 논해서는 안 됩니다. 생각해 보니 신은 백에 하나도 잘난 점이 없습니다. 조정에 있던 40여 년간 마음은 나라와 공무를 위하려고 하지 않은 것이 아니지만 일을 실천할 능력이 없었으며, 행실은 당파(黨派)와 사심(私心)을 없애려고 하지 않은 것이 아니지만 남들에게 신뢰를 받지 못했습니다. 최근에 와서 의심과 분노가 모두 이르고 치욕과 수치가 번갈아 들어와 신의 몸과 이름이 남김없이 더럽혀졌습니다.

아아, 다음이란 몸 안에 있는 물건이라 애초에 꺼내서 남에게 보여 줄 수 없으니 사람이 알아주지 않는 것을 또한 어찌하겠습니까. 다만 죽을 날이 얼마 안 남았는데 영원히 눈을 감지 못하는 고혼(孤魂)이 될까 두렵습니다. 지금 전하는 신에게 부모이며 해와 달이니 근본에서 말단까지 비추지 않는 곳이 없습니다. 밝게 보여 주신 열 줄의 윤음은 천대까지 영원이 드리워질 것입니다. 신은 이 은혜로운 하교를 품고 비록 당장 땅속으로 들어간다고 해도 더 이상 무슨 여한이 있겠습니까. 다음 생에라도 미력이나마 오직 은혜를 갚을 뿐입니다.

다만 생각해 보면 관직의 거취는 신 자신에 있어서 마땅히 논할 바가 아닙니다. 신이 성상의 다시 살려 주시는 은혜를 입었으니 성상을 위한 일이라면 끓는 물에 들어가는 것이라도 남들보다 뒤처진다면 개돼지도 장차 그 고기를 먹지 않을 것입니다. 그러니 관을 쓰고 띠를 두르고서 다시 조정의 반열에 서는 것은 비록 노복이나 부녀라 할지라도 절대로 이럴 리가 없다는 것을 분명히 알 것입니다.

하늘같이 어진 성상께서 미물 하나라도 버리고자 하지 않으시는데 미천한 신하는 손톱만 한 절조이지만 처음의 뜻을 바꾸지 못하고 있습니다. 손으로 은혜로운 말씀을 받들고 몸으로 소패(召牌)를 어기니 신의 마음은 이에 이르자 또한 곤궁하고 슬픕니다. 수부(水部)가 비록 한가한 부서이지만 또한 여섯 부서 중 하나인데, 여러 달 장관이 없으니 나라의 체모로 보아 어찌 이와 같은 것을 용납하겠습니까. 공으로 보나 사로 보나 편안하게 헛되이 직책을 가지고 있어서는 안 될 것입니다. 사리가 분명하니 이에 감히 다급한 목소리로 하늘같이 덮어 주시는 성상께 우러러 호소합니다. 삼가 바라건대 자애로운 성상께서는 신이 띠고 있는 직명을 조속히 삭탈하여 공조의 업무에 공백이 없도록 하시고, 이어 신이 물러나 고향의 전리로 돌아가서 미량(微諒)이나마 이룰 수 있게 해 주소서. 천만번 축원합니다. 신은 이루 다할 수 없는 두려운 마음으로 숨죽여 간곡히 바랍니다.-당시에 김문순(金文淳)이 공조 참판이었는데, 의리상 채제공과 같은 부서에서 일할 수 없다는 뜻으로 상소를 하여 온갖 모욕을 하였다. 상이 몹시 진노하여 빈대(賓對)를 하라고 명하며[69] 그 상소를 돌려주고 그 상소를 받아들인 승지는 파직하고 김문순은 우선 파직하고 서용하지 말라고 하였다. 여러 대신이 김문순을 구하려고 해명하였는데, 상이 "중신(重臣 : 채제공)이 무슨 죄를 지었는지 모르겠다."라고 하자 영의정 정존겸(鄭存謙)이 "재작년에 이에 대하여 삼사(三司)에서 공론이 있었습니다." 하였다. 상이 "근래 언제 삼사에서 공론이 있었던가? 내가 비로소 중신을 크게 한번 써서 국사를 모두 그의 손에서 결정하게 하고 싶은데 오늘날 이른바 삼사의 공의라는 것이 과연 매번 이렇다는 것인가?"라고 하였다. 엄한 하교가 거듭해서 내리자 대신들이 황공하여 물러나 명을 기다렸다. 그날 저녁 대신(臺臣) 윤득부(尹得孚)가 마침 상소를 올려 서명선(徐命善)이 권력을 농단하고 마음대로 정사를 한다고 논핵하였다.

다음 날 대신(大臣)과 비국의 여러 재신(宰臣)이 명을 받들어 입시하였다. 상이 "윤득부의 상소가 과연 어떠한가?"라고 물으니, 정존겸은 "이는 알기 어렵지 않습니다. 반드시 채제공이 사주한 것입니다."라고 하였고, 다른 대신들도 모두 그렇다고 하였으며, 여러 재신도 모두 그렇다고 하였다. 상이 아무 말 없이 있다가 파할 무렵에 하교하기를 "내가 깊이 생각해 보니 중신과 윤득부는 취향이 오(吳)나라와 월(越)나라처럼 서로 먼데[70] 비록 시킨다고 한들 듣겠는가."라고 하였다.

이때 여러 대신과 삼사가 차자를 올리기도 하고 상소를 하기도 하여 이른바 임인년 이조(二條)[71]에 별안간 흉언(凶言) 일조(一條)를 억지로 덧붙여서 삼조

**69** 빈대(賓對)를 하라고 명하며 : 빈대한 날짜는 1784년 6월 5일이다.

**70** 중신과……먼데 : 당색이 전혀 다르다는 말이다. 번암은 남인 출신이고, 윤득부는 서인인 윤근수의 후손으로 노론 계열과 정치적 입장을 같이했기 때문에 이렇게 말한 것이다.

**71** 임인년 이조(二條) : 임인년은 1782년이다. 이조란 번암의 두 가지 죄목을 말하는

죄안(三條罪案)이라고 하였다. 며칠이 지나자 비망기를 내렸는데, 그것이 권수 상 제12판에 수록되어 있다.[72] 여러 대신이 연명으로 차자를 올려서 도로 거두시기를 청하니 비망기로 비답을 내렸는데, 이것은 권수 상 제15판에 있다.[73] 대신들이 엄한 비답을 받았다는 이유로 대명(待命)하자 전교를 내렸는데, 그것은 권수 상 제16판에 있다.[74] 여러 대신이 비지 가운데 '적오(積忤)' 두 글자가 들어 있다[75]는 이유로 계속하여 대명하였다. 상이 '적오'를 '적불(積拂)'로 고치고 이어서 전교를 내렸다. 이 전교는 권수 상 제16판에 있다.[76] 대신이 또 연명으로 차자를 올렸는데 그것에 대한 비답은 권수 상 제16판에 있다. 이어 또 전교를 하였는데 그것은 권수 상 제16판에 있다.[77]

데, 임인년에 발의되었기 때문에 이렇게 부른 것이다.

**72** 며칠이……있다 : 〈신하들에게 금령을 더욱 엄수하도록 밝게 유시한 비망기〔洞諭諸臣申嚴禁令備忘記〕〉를 말한다.《樊巖集 卷首上》이 비망기는 1784년 6월 7일에 내린 것이다.

**73** 여러……있다 : 〈시원임 대신의 연명 차자에 대한 비답〔時原任大臣聯箚批答〕〉을 말한다.《樊巖集 卷首上》

**74** 대신들이……있다 : 〈대신이 대명하고 있을 때 내린 전교〔大臣待命時傳敎〕〉를 말한다.《樊巖集 卷首上》

**75** 비지……있다 : 1784년 6월 9일 영중추부사 김상철, 영의정 정존겸, 판부사 홍낙성, 좌의정 이복원, 우의정 김익 등이 올린 차자에 대한 비답에 나온다. 그 비답에 "경들이 충후(忠厚)한 기풍을 생각지 않는 것이 애석하다. 차자에서 청한, 비망기를 도로 거두어들이라는 일은 모두 윤허하지 않는다. 이에 나는 경들의 뜻을 계속해서 어길 수밖에 없으니, 경들이 너그러운 마음으로 살펴 주기를 간절히 바란다.〔惜乎! 卿等之不念忠厚之風也. 所請備忘還收事, 竝宜不允. 於是乎予不免積拂卿等之意, 切冀卿等之恕察也.〕"라고 하였는데, 그 가운데 '적불경등지의(積拂卿等之意)'라는 구절이 본래의 비지에서는 '적오경등(積忤卿等)'으로 되어 있었다는 말이다.

**76** 상이……있다 : 〈대신이 대명하고 있을 때 내린 전교〔大臣待命時傳敎〕〉를 말한다.《樊巖集 卷首上》동일한 제목의 두 번째 글이다.

신기(申耆)가 옥당으로서 상소하여 채제공의 상소에서 억지로 자구(字句)를 찾아내었는데, 그 상소는 아직 임금이 보시기 전이었다. 상소 중에 "삼가 선왕의 영명함을 손상할까 두렵습니다."[78]라는 말은 한 치도 빈틈없이 참소하고 무함하는 것이었는데 임금이 즉시 전교를 내렸다. 그 전교는 권수 상 제17판에 있다. 또 며칠 후에 세 정승이 빈대에서 물러 나와서 비변사에 좌정하고는 여러 재신에게 모두 참석하고 흩어져 돌아가지 말라고 하면서 "오늘 대신과 여러 재신은 함께 연명하여 진소(陳疏)하여 앞에서 청한 일을 거듭 요청하지 않아서는 안 된다."라고 하였다. 상소가 들어가자 상이 놀라고 또 노하여 비답으로 대신들을 깨우치기를 "거듭하여 나라의 일을 그르치는 데 이르지 말도록 하라."라고 하였다. 또 전교를 내렸는데, 권수 상 제17판에 있다.[79] 이때가 갑진년(1784, 정조8)

**77** 이어……있다 : 〈공조 판서를 체직하는 전교〔工判許遞傳敎〕〉를 말한다. 《樊巖集 卷首上》

**78** 신기(申耆)가……두렵습니다 : 홍문관 교리 신기의 상소는 1784년 6월 17일에 올린 것이다. 그 상소에서 "채제공이 지난번에 인용한 악의(樂毅)의 글 중에 '선왕의 영명함을 손상할까 두렵습니다.〔恐傷先王明〕'라고 한 구절은 대체 무슨 말입니까. 군부(君父)를 무시하고 조정을 안중에 두지 않은 것입니다."라고 하였다. 번암의 상소는 〈김하재의 무욕으로 말미암아 공조 판서를 사직하는 상소〔因金夏材誣辱辭工曹判書疏〕〉를 말한다. 악의를 등용한 것은 연나라 소왕인데, 소왕이 죽고 태자인 혜왕이 왕이 되자, 악의는 다른 나라로 망명하였다. 그때 다시 연나라로 돌아오라는 혜왕의 요청을 거절하는 글에서 "내가 돌아가서 잘못된다면 나를 등용해 준 선왕은 물론 지금의 왕인 혜왕도 명철하지 못하게 될 것"이라고 하였다. 《史記 樂毅列傳》 번암이 이 말을 한 것은 단지 자신을 등용해 준 영조는 물론 자신을 비호하는 정조에게도 누가 될 것이라는 뜻이었는데, 신기는 망명한 악의가 혜왕을 조롱하는 듯한 뜻이 있으므로 이것을 가지고 번암을 공격한 것이다.

**79** 또……있다 : 〈연명으로 상소한 비변사 당상을 파직한 전교〔聯疏備堂罷職傳敎〕〉를 말한다. 《樊巖集 卷首上》

6월 21일이었다. 그 후에 대신들이 연석에 나와 아뢰기를 "채제공이 무죄라고 하여 죄주지 않으셨으니 그렇다면 신들에게 죄가 없어서는 안 될 것입니다. 천하에 어찌 양쪽이 모두 옳을 이치가 있겠습니까."라고 하니 상이 "그것은 나도 알고 있다. 그러나 한 중신을 위하여 세 정승을 죄준다면 조정의 체모가 어떻게 되겠는가. 그래서 우선 물려 두는 것이니 차후에 또한 어찌 옳지 않은 것에 대한 책망이 없겠는가."라고 하였다. 후에 세 정승이 차례대로 면직되었다.-

번암집

제23권

소차 4
疏箚 四

## 평안 병사에서 체직되어 돌아온 날에 명을 받들어 입시하지 못하고 금호문 밖에 엎드려 죄를 청하는 상소[1] 정미년(1787, 정조11)

平安兵使遞歸日不得承命入侍伏金虎門外請罪疏 丁未

삼가 아룁니다. 하늘이 묵묵히 도와 역도(逆徒)들이 주륙되자, 예식을 거행하여 종묘(宗廟)에 고하고 사면령(赦免令)을 사해에 반포하였으니, 사직(社稷)의 장구한 계승이 영원토록 힘입는 바가 있을 것입니다. 더구나 자전(慈殿)께서 존호(尊號)를 받으시는 길일이 이미 정해져서 신은 기쁘고 다행스러운 마음을 이길 수 없습니다.

이어 생각건대, 신은 운명이 기구하여 지극한 원통함이 가슴에 응어리진 채 교외(郊外)에서 방황하며 거의 실성한 사람처럼 지냈습니다. 그런데 천만뜻밖에도 평안 병사에 특별히 보임하는 명을 연로(輦路)에 엎드려 있던 날에 내리셨습니다. 소매 속에 넣어 두었던 밀부(密符)를 친히 건네주시고, 호위하는 무사(武士)의 준마(駿馬)를 특별히 빌려주셨습니다. 어가(御駕)가 지척에 임하여 은혜로운 하교가 거듭 내렸으므로 창졸간에 감히 사정(私情)을 아뢰지 못한 채 두 배의 속도로 달려가서 평안도에 부임하였으니, 명을 받드는 것이 공손함이라 여겼던 것입니다.

그러자 성난 중신(衆臣)들이 떼 지어 일어나 재앙의 징조가 하늘까지 사무쳤습니다. 그들은 조정에 들어가서는 연석(筵席)에서 아뢰고

1 평안……상소 : 1787년 1월 4일에 올린 상소이다.

나와서는 상소를 올려 논박하였으니, 신하가 된 자라면 차마 들을 수 없고 차마 볼 수 없는 망측한 제목(題目)이 아닌 것이 없었습니다. 신이 이에 하늘에 호소하였으나 하늘은 대답하지 않았고 땅에 부르짖었으나 땅은 응답하지 않았으니, 아침저녁으로 신이 원한 바는 오직 바로 훌쩍 이 세상을 떠나 신을 논박하는 자들의 마음을 후련하게 해 주는 것뿐이었습니다.

이에 우리 성상께서 일월처럼 밝은 안목으로 신이 위태로운 재앙에 억울하게 걸려든 정황을 살펴 주시고, 부모처럼 자애로운 사랑으로 신이 죄 없이 사지로 나아가는 형편을 가여워하여 세 조목의 죄안(罪案)[2]에 대하여 사건마다 해명해 주고 구절마다 억울함을 씻어 주셨으니, 9월 12일 연석에서의 하교는 천고에 질정(質正)할 수 있을 정도였습니다. 그리고 가장 나중에 밝게 제시하신 왕의 말씀에는 더 이상 미진한 점이 없어 평소 소문에서 소문으로 전파되던 의혹들이 거의 풀리게 되었으니, 신의 백골이 이로 인해 살이 돋고 신의 종족이 이로 인해 연명하게 되었습니다. 하늘과 땅이 비록 높고 두텁다고 하나 오히려 끝없는 성은(聖恩)만은 못하며, 강과 바다가 비록 깊고 멀다고 하나

**2** 세 조목의 죄안(罪案) : 번암은 정조 즉위 초기 서명선(徐命善), 김문순(金文淳), 이휘지(李徽之) 등 노・소론 인사들에 의해 영조의 임오년(1762, 영조38) 의리를 뒤집으려는 세력의 원흉으로 지목되어 심한 배척을 받았다. 정조가 번암을 신임하고 특별히 평안 병사로 제수하자, 판중추부사 서명선이 상소를 올려 번암의 죄목 세 가지를 나열하고 역적이라고 주장하였는데, 첫째는 사도세자(思悼世子) 추존(追尊) 문제를 제기하다가 사형된 김수현(金壽賢)과 같은 내시와 결탁했다는 것이고, 둘째는 멋대로 흉악한 말을 지껄여 임금을 욕하였다는 것이며, 셋째는 홍낙빈(洪樂彬)과 같은 역적의 무리와 내통했다는 것이다.《正祖實錄 10年 9月 12日》

오히려 가없는 성택(聖澤)만은 못하였습니다. 은혜를 갚고자 하여도 이 생애 이 세상에서는 글러서 가망이 없으니, 마땅히 영원토록 살아서는 목숨을 바치고 죽어서는 결초보은하기를 기약할 뿐이었습니다.

그런데 다만 신의 일 처리가 소홀하고 직무 수행이 흐리멍덩함으로 인하여 전최(殿最)의 봉진(封進)을 빠뜨리게 되었고, 이러한 이유로 삭직(削職)의 명을 받았습니다.[3] 아, 신이 입은 은혜가 어떠하며 감사히 여기는 은덕이 어떠한데, 사소하게 응당 해야 할 일조차 제대로 처리하지 못하여 스스로 죄과를 초래하였단 말입니까. 어느 모로 보나 부끄러우니, 어떻게 얼굴을 들 수 있겠습니까. 그런데 며칠이 지나지 않아 죄과를 탕척(蕩滌)하라는 교지가 신이 길 위에 있을 즈음에 문득 이르렀으니, 신이 한 번 잠자고 한 번 밥을 먹는 것도 성상의 은혜가 아닌 것이 없었습니다.

도성에 이르러 대궐이 멀리 시야에 들어오니 정신이 아득해지면서 다시 천안(天顔)을 가까이 뵐 수 있을 듯하였으나, 신의 처지가 불안하므로 부득이 편비(褊裨)로 하여금 밀부를 대신 반납하게 하였습니다. 지난번 직접 반납하라는 명과 머물러 대령하라는 하교를 차례로 내리시어 승정원의 하례가 부름을 전하였는데, 신도 사람이어서 타고난 본성을 지니고 있는지라 가슴에 성상을 부모처럼 가까이 여기는 마음을 지니고서 어찌 감히 명을 어기겠습니까. 하지만 염치가 지극히 중대

3 전최(殿最)의……받았습니다 : 1786년 12월 평안 병사로 재직할 때 평안도 절도영(節度營)에 대한 전최의 봉진을 빠뜨려 삭직의 처벌을 받았던 일을 가리킨다. 이는 당시 평안도 관찰사 조준(趙㻐)이 번암을 절도사로 대우하지 않아 전최를 함께 논의하자는 공문을 일부러 지체하였기 때문에 발생한 사건이었다. 《正祖實錄 10年 12月 15日》

하다는 점을 생각하니 떨리는 가슴이 진정되지 않아 궐문 밖에 거적을 깔고 대죄(待罪)한 지가 이미 이틀 밤낮이었습니다.

그러자 재촉하는 하교가 연이어 내려 밤낮으로 이어졌는데, 심지어 "생사의 갈림길에서 후련하게 벗어나게 하였으니, 이것이 일생에서 제일가는 사은숙배할 일이거늘, 어찌하여 하지 않는가."라고 유시하기도 하고, 또 "몇 년 동안 나를 떠나 있었으니 어찌 한번 나를 보고자 하는 마음이 없겠는가."라고 유시하기도 하셨습니다. 신이 땅에 엎드려 하교를 들으며 매번 저도 몰래 눈물이 얼굴을 뒤덮었으나, 여전히 완고하기가 목석같은지라 움직일 수 없었습니다. 이것이 어찌 신의 마음이 그러한 것이겠습니까. 실로 천만 부득이한 점이 있었기 때문입니다.

이러한 지경에 이르니 신이 만번 죽을죄를 더한 것은 논할 것도 없거니와, 국가의 기강이 허물어지고 신하의 도리가 땅을 쓴 듯 사라져 더욱 남은 것이 없게 되었습니다. 그런데도 전하께서는 무슨 아끼는 점이 있기에 일찌감치 엄한 주벌을 내려 신하들이 경계할 본보기로 삼지 않으십니까. 이에 감히 속마음을 토로하여 짧은 상소를 통해 호소하니, 삼가 바라건대 밝으신 성상께서는 속히 왕명을 저버린 신의 죄를 다스려 조정의 기강을 엄히 하고 신의 사사로운 분수를 편하게 해 주소서. 그렇게 해 주신다면 천만다행일 것입니다. 신은 피눈물을 흘리며 지극히 간절한 마음을 금할 수 없습니다.

답하기를,

"상소를 보고 잘 알았다. 반드시 숙배한 뒤에 접견하려고 하는 것은 내가 뜻한 바가 있어서이다. 경은 사직하지 말고 속히 들어오라."

하였다.-이에 앞서 병오년(1786) 9월 6일 상께서 모화관(慕華館)에서 칙사(勅

使)를 전송하고는 바로 효창묘(孝昌墓)[4]에 행행하여 하룻밤을 묵으셨다. 신이 당시에 노량(鷺梁) 강가의 우사(寓舍)에 머물렀는데, 효창묘가 아스라이 바라보이는 곳에 있으면서 하룻밤을 묵으시는 행행에 감히 태연히 들어앉아 있을 수 없었다. 6일 오후에 어로(御路)에 나와 엎드려 기다리다가 반 바탕쯤 되는 곳에서 멀리 어가의 깃발 장식을 발견하고는 그대로 석우촌(石隅村)[5]의 촌사(村舍)에 묵었다.

이튿날 어가의 북소리가 울리는 때에 맞추어 콩밭 사이로 달려가 엎드리니, 어로와 100여 보쯤 되는 거리였다. 당시에 콩잎이 떨어지기 전이라 몸을 숨기기 좋았는데, 신하로서의 의분(義分)을 홀로 펼치되 남들이 알아보지 못하게 하려는 것이었다. 얼마 되지 않아 상의 행차가 큰길을 지나다가 홀연 말을 세우라 명하고 승정원의 하례로 하여금 규장각의 각리(閣吏)를 부르게 하여 하교하기를 "밭 사이에 엎드려 있는 저 사람은 중신(重臣)인 듯한데, 나를 공경히 맞이하는 것을 어찌 아득히 먼 곳에서 한단 말이냐. 그를 가까이 나오게 하라." 하셨다. 각리가 매우 다급하게 명을 전하였으므로 신이 부득이 서너 걸음을 나아가 엎드렸다. 그러자 상께서 홍령기(紅令旗)[6]에 명하여 더 가까이 나오도록 하교하시니, 신이 부득이 다시 너덧 걸음을 나아가 엎드렸다. 마침내 도총관(都摠管)에 제수하고 패(牌)를 내줄 것을 명하셨다. 신이 패를 손으로 받들고 일어나 몇 걸음을 나아가 두 손으로 패를 바치니, 승정원의 하례가 어전(御前)으로 달려가 패를 바치고 나오지 않는다고 큰 소리로 고하였다. 상께서 패를 다시 내줄 것을 명하시

**4** 효창묘(孝昌墓) : 정조의 첫째 아들인 문효세자(文孝世子)의 묘이다.

**5** 석우촌(石隅村) : 숭례문(崇禮門)에서 남쪽으로 3리 거리에 있던 마을이다. 《與猶堂全書 卷4 石隅別》

**6** 홍령기(紅令旗) : 바탕은 홍색이고, 청색으로 '영(令)' 자를 썼다. 모두 13쌍인데, 어가 앞에서 명령을 거행할 때 쓰는 기이다.

고 재촉하는 하교가 매우 근엄하니, 가까이 시위(侍衛)하던 여러 사람이 구름처럼 모여들어 파도가 끓어오르는 듯이 왕명을 받들라고 재촉하였으나, 신이 앞서와 마찬가지로 패를 손으로 받들어 바쳤다. 상께서 "중신이 군율을 아는지 속히 알아보고 들어오라."라고 하시니, 신이 일어나 대답하기를 "신이 비록 우매하지만 어찌 군율이 엄중하다는 것을 모르겠습니까." 하였다. 가까이 시위하던 사람이 달려 들어가 보고하니, 상께서 "만약 그러하다면, 내가 말을 멈추고 부르는데도 명에 응하지 않는 것은 유독 군율을 범하는 것이 아니란 말이냐."라고 하셨다. 엎드려 있던 곳이 비록 멀었지만, 큰길은 지대가 높고 밭두둑은 낮아서 옥음을 똑똑히 들을 수 있었다. 신이 "군율에 죽기를 원합니다."라고 대답하고는 바로 관을 벗고 상투를 드러내니, 상께서 하교하기를 "명을 어기는 것이 이 정도에 이르렀으니 특별히 평안 병사에 보임한다. 화급히 숙배하고 두 배의 속도로 가서 칙사의 행차에 앞서 안주(安州)로 들어가라." 하셨다. 승정원의 하례가 명을 받들기를 재촉하며 소리치는 것이 우레와 같았으나, 신은 움직이지 않았다. 상께서 죄과를 기록하고[7] 대령하도록 명하시니, 홍령기가 나는 듯이 달려와서 좌우에서 부액(扶腋)하여 어가의 호위 곁으로 나아갔다. 상께서 웃으시며 이르기를 "죄과를 기록하는 일은 일단 보류하라." 하시고 장용위(壯勇衛)가 입고 있던 철릭〔天翼〕을 벗게 하여 천신(賤臣)의 몸에 걸치게 하였다. 신이 부복한 채 여전히 움직이지 않자, 상께서 이르기를 "중신이 명을 받든 뒤에야 내가 갈 수 있다. 나로 하여금 종일토록 말을 멈추고 있게 하려는 것인가?" 하셨다. 사정이 이 지경에 이르자 다른 것을 돌아볼 겨를도 없이 일어나 철릭을 입었다. 상께서

**7** 죄과를 기록하고 : 영조 이후로 행행 때에 잘못을 범한 사람을 기록해 두게 하였다가 환궁한 뒤에 승전 선전관(承傳宣傳官)으로 하여금 임금에게 여쭙도록 하였다. 《銀臺便攷 兵房攷 記過》

어가를 호위하던 군졸에게 길을 열게 한 뒤에 신을 앞으로 가까이 나오게 하고는 하교하기를 "경을 보지 못한 지가 오래이다. 얼굴을 들어 내가 볼 수 있게 하라." 하시니, 신이 얼굴을 우러르고 섰다. 또 하교하기를 "여기는 길 한가운데라서 내가 많은 말을 할 수 없고, 경도 다른 말을 아뢸 수 없는 상황인데, 경을 이러한 지경에 이르게 하였으니 나의 잘못이 아닌 것이 없다. 고인(古人)이 이르기를 '사이를 비집고 틈을 파고든다.〔投間抵隙〕' 하였으니, 내가 간극(間隙)이 없었다면 저들이 어떻게 감히 비집고 파고들 수 있었겠는가. 경에게 관직을 제수할 때마다 경을 치욕으로 인도하였으니, 지금 경을 서영(西營)으로 좌천시키는 내 뜻은 우연이 아니다. 그대는 속도를 두 배로 하여 길을 가라." 하시니, 신이 대답하기를 "신이 죽어야 하는데 죽지 않고 성상께서 오늘 이 길을 행차하시는 것을 차마 보게 되었으니, 신의 우매함과 완고함이 심합니다. 이 밖에 무슨 말을 우러러 아뢰겠습니까." 하였다. 상께서 친히 밀부를 주시며 이르기를 "주머니가 없으니 손으로 받들고 가더라도 무슨 문제가 있겠는가." 하고는 장용위가 타고 있던 말을 빼 오도록 명한 뒤에 신으로 하여금 어전에서 그 말을 타게끔 하셨다. 그리고 어가를 호위하던 장교(將校)를 돌아보고 이르기를 "너는 유서(諭書)를 가지고 평안도 감영(監營)으로 가라." 하셨다. 또 근장군사(近仗軍士)에게 명하기를 "평수(平帥)[8]가 모화현(慕華峴)[9]을 넘어가는지 알아보고 돌아와 보고하라." 하셨다. 신이 말을 몰고 나가니, 길가에 머무는 선상군(先廂軍)[10]이 경영교(京營橋)[11]까지 가로질러 이어져 있었다. 진중(陣中)을 경유하여 길을 잡았는데, 거의

8 평수(平帥) : 평안 병사를 이르는 말이다.

9 모화현(慕華峴) : 지금의 무악재이다.

10 선상군(先廂軍) : 임금이 거둥할 때에 앞장서는 전위군(前衛軍)을 가리킨다.

11 경영교(京營橋) : 돈의문(敦義門) 즉 서대문 밖에 있던 다리이다.

모화관에 다다를 무렵 군복을 갖춰 입은 한 사람이 준마를 타고 달려와서 등 뒤에서 잠시 멈추라고 소리쳤다. 내가 말을 세우니, 그 사람이 멀리서 이르기를 "상의 하교를 받들고 온 것입니다. 부디 속히 가십시오." 하고는 바로 말을 돌려 가 버렸다. 그가 어떻게 임금님을 가까이 모시는 사람인지는 모르겠다.

행차가 홍제원(弘濟院)에 이르러 주점(酒店)에서 잠시 쉬는데, 뒤따라온 친지가 유서통(諭書筒)이 벽에 걸려 있는 것을 보고는 열어 보고자 하였다. 내가 제지하며 말하기를 "유서는 뒤따라 이를 것이다. 이것은 빈 통이니, 열어 보아 무엇 하랴." 하였다. 객이 억지로 열어 보니, 그 속에 한 통의 유서가 있었는데 자획이 단정하고 어보(御寶)가 찬란하였다. 이에 비로소 상께서 대내(大內)에 계실 적에 이미 유서를 쓰도록 명하고, 밀부를 미리 내어 신이 길에서 공경히 맞이할 때를 기다리고자 하셨다는 것을 알았다. 서로 돌아보며 놀라 탄식하는 가운데 더욱 어찌해야 할 바를 몰랐다.

그달 10일 전강(殿講)에서의 연설(筵說)이 권수 상(卷首上) 제18판(板)에 보인다. 이튿날 입시한 대신(大臣)과 이명식(李命植)이 다시 전날의 말을 아뢰었을 때의 연설이 권수 상 제20판에 보인다. 12일 시원임 대신과 비국 당상, 삼사가 이문원(摛文院)[12]에 입시했을 때의 연설이 권수 상 제20판에 보인다. 전 정랑 김복인(金復仁)의 상소에서 충역(忠逆)의 구분을 논하고 이어 병조 판서 이명식이 상의 명을 거역하고 반첩(反貼)[13]하여 단부(單付)하지 않은 일을

**12** 이문원(摛文院) : 규장각(奎章閣)의 부속 건물로 각신(閣臣)들이 직숙(直宿)하는 곳인데, 규장각의 별칭으로 쓰인다. 정조는 이곳에서 자주 묵으며 각신을 소견(召見)하였다.

**13** 반첩(反貼) : 하급 기관에서 직속 상급 기관에 올린 공문서를 상급 기관의 의견이나 중앙 부서의 결재 또는 임금의 계하를 받은 다음, 다시 문서를 올린 하급 기관에 돌려보내는 것을 말한다.

논한 것에 대해 상께서 내린 비답이 권수 상 제21판에 보인다. 다시 내린 비망기가 권수 상 제22판에 보인다. 다시 내린 전교가 권수 상 제22판에 보인다. 죄가 있는 자는 내치고 허물이 없는 자는 등용하라는 전교가 권수 상 제22판에 보인다.

12월 15일에 병영의 전최를 봉진하는 일을 빠뜨렸다는 이유로 삭직을 명하고, 겨우 6, 7일 뒤에 바로 탕척을 명하셨다.

정미년(1787) 1월 2일에 경성(京城) 서문(西門) 바깥에 이르러 편비로 하여금 밀부를 대신 반납하게 하니, 상께서 승정원에 신칙하기를 "밀부를 돌려주고 중신이 직접 반납하게 하라." 하셨다. 신이 어쩔 수 없이 궐에 나아가 반납하니, 상께서 지중추부사에 부직(付職)하라고 명하고 바로 숙배하도록 하셨다. 사알(司謁)이 명을 받들고 베를 짜듯이 왕래하였는데, 신이 사알에게 말하기를 "지난날 액운을 당했던 일이 어떠했습니까. 그런데 지금 다시 궁문에 들어온 것을 기회로 한 통의 상소도 올리지 않은 채 갑자기 제수의 명에 숙배한다면 사유(四維)가 있다고 말할 수 있겠습니까. 재촉하는 하교가 비록 이러한 지경에 이르렀지만 의리상 명을 받들 수 없습니다." 하였다.

얼마 지나지 않아 상께서 규장각 각리에게 명하여 상소를 쓸 종이를 찾아다 주게 하셨다. 당시 날이 이미 저물어 궐문을 닫게 하니, 신이 배회해 보아도 몸을 둘 곳이 없었다. 어렵사리 금호문의 수직방(守直房)에 몸을 붙이고 앉아 있다가 날이 밝기를 기다려 비로소 궐 밖으로 나가 직방에서 바로 상소를 올리고 비답을 받들었다. 상께서 연이어 신칙하는 전교를 내렸는데, "생사의 갈림길에서 후련하게 벗어나게 하였으니, 이것이 일생에서 제일가는 사은숙배할 일이거늘, 어찌하여 하지 않는가."라고 유시하기도 하고, "몇 년 동안 나를 떠나 있었으니 어찌 한번 나를 보고자 하는 마음이 없겠는가."라고 유시하기도 하셨으나, 신은 여전히 감히 명을 받들지 않았다.

사흘이 지나자 하교가 점점 엄중해져서 신하의 도리를 책하시기에 황공하여 어찌할 바를 몰랐다. 연영문(延英門)[14] 밖에 달려 들어가 대죄할 때에 내리신 비망기가 권수 상 제23판에 보인다.

또 홍려관(鴻臚官)에게 명하여 협양문(協陽門)[15] 안에서 호창(呼唱)하게 하셨다. 근래의 예(例)에 따르면, 내각의 학사로서 숙배하는 자에게 이 예를 적용하였으니, 남달리 예우하는 것이다. 신이 이에 달리 돌아볼 여지 없이 사은숙배의 예를 행하였다. 예를 마치고 성정각(誠正閣)에 입시하였을 때의 연설이 권수 상 제23판에 보인다.-

**14** 연영문(延英門) : 창덕궁 인정전(仁政殿)의 동쪽에 있었던 승정원의 남문(南門)으로, 신하가 사은숙배할 때 이곳에서 하였다.

**15** 협양문(協陽門) : 창덕궁 희정당(熙政堂)으로 들어가는 문이다. 희정당은 임금이 평소에 신하들을 접견하던 곳이다.

## 우의정을 사직하는 상소[16] 무신년(1788, 정조12)

辭右議政疏 戊申

삼가 아룁니다. 신은 다시 살려 주시는 전하의 깊은 은혜를 입고 성명을 온전히 보전하여 마시고 먹기를 이전처럼 하게 되었으니, 전원(田園)에서 목숨을 마치는 것이 분수에 마땅합니다. 다만 지난가을 이후로 간절히 축원하는 마음이 절실하여 차마 멀리 떠나지 못하고 거듭 서울의 집으로 들어와 궁궐을 바라보니 잊지 못하고 맺혔던 심정이 비록 조금 풀린 듯하였지만, 불안한 처지가 끝내 편치 못한지라 문을 닫아걸고 가만히 엎드려 병마와 짝하다 보니 세상에 살고픈 생각이 홀연 사라졌습니다.

세상에는 별의별 일이 다 있지만 정승에 임명하는 새로운 명이 버려지고 병들어 전혀 사리를 분별 못 하는 사람에게 이르리라고 누가 생각했겠습니까. 성상의 어필(御筆)이 찬란하고 궁중의 향기가 종이에 가득한 가운데 궁중의 의장과 음악으로 길을 인도하고, 사자(使者)가 뒤따르고 돈유(敦諭)가 지극한 가운데 시사(時事)를 널리 구제하라고 면려하셨으니, 이것은 실로 정승을 둔 이래로 처음 있는 일입니다.

신이 처음에는 정신이 아득하여 꿈속에 있는 듯하더니, 끝내 가슴이 답답해지며 그저 눈물만 흘렸습니다. 진실로 신의 명(命)이 다한 때가 아니라면 융숭하고 특별한 은택이 어떻게 이 정도에 이를 수 있겠습니까. 너무도 두려운 나머지 억지로 혼자 마음속으로 해명하기를 '우리

**16** 우의정을 사직하는 상소 : 1788년 2월 17일에 올린 상소이다.

성상의 큰 덕이 「살려 줌〔生〕」이어서 신이 지금껏 다시 살아나게 된 것이 무릇 몇 번이었으니, 지금 어찌 차마 끝내 반드시 죽을 곳으로 몰아넣으시겠는가. 정성을 모아 면하기를 기원한다면 아마도 백성의 바람을 하늘이 따라 주실 것이다.' 하였습니다.

지난번에 교지를 내리겠다고 하교하고 어가를 타고 문에 납시었는데,[17] 신의 거취가 성상의 마음에 심려를 끼쳤습니다. 승선(承宣)과 사관(史官)이 골목길에 이어지고 원례(院隷)와 근장군사(近仗軍士)가 엎어질 듯 길을 내달리니, 신은 마음이 요동쳐서 안정할 수 없었습니다. 처음에는 의금부 옆에서 명을 기다리다가 얼마 뒤에는 다시 궐문 밖에서 거적을 깔고 명을 기다렸는데, 정경(正卿)이 명을 받들고 와서 신하가 감히 들을 수 없는 하교로 타이르니, 신은 이에 다른 것을 돌아볼 겨를 없이 장전(帳殿)으로 달려 들어갔습니다. 용안을 가까이서 뵈니, 흐르는 눈물로 눈이 먼저 어두워져 끝내 간절한 심정을 다 진달하여 성상의 마음을 돌리지 못하고서 단지 규례대로 숙배할 뿐이었습니다. 집으로 돌아와 친지를 대하니 부끄러움에 땀이 쏟아지듯 흘렀습니다.

그런데 천만뜻밖에 열 줄의 윤음(綸音)을 신료들에게 반포해 보여서 신이 지난날 당했던 액운에 대해 자세히 반복하여 말씀하시니[18] 사건의

**17** 지난번에……납시었는데 : 이 상소를 올리기에 앞서 1788년 2월 11일 정조가 지중추부사로 있던 번암을 우의정에 제수하며 하유하였고, 이튿날 연영문(延英門)에 친림하여 교지를 내리며 관원을 보내 숙배를 재촉하였다. 《正祖實錄 12年 2月 12日～17日》

**18** 열……말씀하시니 : 1788년 2월 15일 정조가 직접 전교를 내려 번암이 의심을 받고 있던 세 가지 죄목에 대해 혐의가 없다는 것을 천명한 일을 가리킨다. 《正祖實錄 12年 2月 15日》 세 가지 죄목에 대해서는 112쪽 주2 참조.

근원이 다 드러나고 일의 단락이 절로 밝혀져 더는 남은 의혹이 조금도 없게 되었습니다. 아, 무릇 이 일은 신의 생사가 달린 관건이었는데도 신은 몇 년이 흐르도록 전혀 모르고 있었습니다. 더구나 조정의 벼슬아치들이 소문에서 소문으로 전하던 것을 어찌 알 수 있었겠습니까. 이제 성상의 유시를 통해 비로소 사건 전말의 근원이 본래 이러하다는 것을 알게 되었습니다. 신은 귀신이 될 몸이 사람이 되고 죽음이 삶으로 바뀔 수 있었으니, 이러한 은덕을 어찌 일신에 그치고 마는 높은 반열과 품계에 비할 뿐이겠습니까. 이를 국사(國史)에 기록하고 야사(野史)에 전한다면, 전하의 밝고 슬기로움은 천고의 제왕(帝王)에 비하더라도 짝이 될 이가 없고, 신이 입은 특별한 은혜는 천고의 신하에 비하더라도 견줄 자가 없을 것이니, 신은 우러러 축하를 올리고 고개를 숙이고 다행으로 여길 뿐 뭐라 말해야 할지 모르겠습니다.

아, 높은 하늘과 두터운 땅처럼 가없는 성은에 대해 신의 구구하고 하찮은 바람은 끓는 물이나 타는 불조차 사양하지 않고 목숨을 바치는 것입니다. 더구나 이미 벼슬자리에 나아간 뒤에 물러나기를 생각하고 이미 숙배한 뒤에 다시 사양하는데, 전례에 따라 형식적으로 사양하듯이 할 수 있겠습니까. 하지만 신이 자신에 대해 아는 것도 분명하다고 할 수 있습니다. 신은 본래 성품이 거칠고 둔해서 전혀 쓰기에 맞지 않습니다. 일을 하면 잘못되지 않는 경우가 없으며, 말을 하면 허물이 되지 않는 경우가 없으니, 맑은 조정의 백관(百官)들 자리 사이에 끼기 부족하다는 것을 알 수 있습니다. 더구나 5, 6년 이래로 험한 일이 끝이 없어 쌓인 근심이 병이 되었으니, 몸의 기운은 쇠하여 남은 것이 없고 걸음은 비틀거려 제대로 다닐 수 없어 이미 살아 있는 사람의 모양새가 아닙니다. 무엇보다도 정신이 소진되어 하는 일마다 모두 흐리멍덩하여 아침에 기억한 것을 낮이면 벌써 잊어버리고 어제 만났던 사람을 오늘이면 홀연 잊어버리니, 이것은 단지 미천한 신의 나이가 이미 늘그막에 가까워져 그러한 것일 뿐만이 아닙니다. 풍파와 근심으로 안팎이 손상을 받았기 때문이니, 어찌 약석(藥石)으로 치료하고 조섭(調攝)으로 보양(補養)할 수 있는 것이겠습니까. 이러하기 때문에 비록 가정에서 하는 일에도 감히 간여할 수 없거늘 더구나 조정의 계책을 논의할 수 있겠습니까.

책임이 비록 지극히 중대하지만 신이 그 자리에 자처하지 않으니 감히 그것을 가지고 말씀드리지 않겠으며, 논박하여 바로잡는 말이 비록 사방에서 일어나지만 혐의하지 말라 명하셨으니 그것을 가지고 말씀드리지 않겠습니다. 오직 병들어 쓸모없게 된 신을 비록 억지로 채찍질하여 일으키려 해도 어쩔 수 없는 상황은, 신의 입장에서는 다 드러내 놓고 아뢰지 않을 수 없는 일이며, 성상의 입장에서는 헤아려 주시지 않을 수 없는 일입니다. 이에 감히 속마음을 토로하여 상소를 지으니, 글자마다 모두 은혜에 감격한 눈물이 흐르고 구절마다 모두 진실한 마음이 깃듭니다. 삼가 바라건대 천지와 같고 부모와 같은 성상께서는 신의 간절한 마음을 살피고 신의 정상을 불쌍히 여겨 신에게 제수한 정승의 직책을 속히 개정함으로써 조정의 관직을 중하게 여기고 사적인 분수를 편하게 해 주소서. 그렇게 해 주신다면 매우 다행일 것입니다.

답하기를,

"상소를 보고 경의 간절한 마음을 잘 알았다. 경이 뭇사람들의 공격과 비난 속에서 능히 스스로 빠져나와 마침내 오늘의 지위를 차지한 것은 운명이다. 임금은 운명을 말하지 않는다고 말하지 말라. 어찌 단지 임금의 신임을 독차지해서 그러한 것이겠는가. 지금 이후로 경의 일신은 의리상 감히 혼자만의 것으로 여길 수 없고, 험난함과 평탄함도 선택할 수 없는데, 더구나 구구하게 벼슬자리에 나아가고 물러나는 때에 있어서랴. 경이 만약 지난날 당했던 액운에 생각이 미친다면, 어찌 다시 돌아보고 머뭇거림으로써 남들이 다시금 이간질하도록 할 수 있겠는가. 나의 말은 속마음에서 나왔으니, 부디 안심하고 직무를 살피라."

하고, 사관을 보내 전유(傳諭)하게 하였다.-정승에 제수할 때 내린 비망기, 법으로 게시한 전교, 문에 임어(臨御)하여 내린 전교가 모두 권수 하(卷首下) 제1, 2, 3판에 보인다. 서계(書啓) 2편이 모두 권28 제1, 2판에 보인다. 연영문에서의 연설(筵說)이 권수 하 제4판에 보인다. 밝게 타이른 윤음이 권수 하 제6판에 보인다.-

# 우의정을 사직하는 두 번째 상소
辭右議政再疏

삼가 아룁니다. 신은 은혜에 너무도 감격한 나머지 눈물이 이미 고갈되었으며, 너무도 분수에 맞지 않아 두근거리는 가슴이 아직도 진정되지 않습니다. 이미 흐려진 눈을 억지로 닦으며 거의 흩어져 버린 정신을 수습하기 어려운 상황에서 짧은 상소를 엮어 성상께 올렸습니다. 말이 비록 매우 조리가 없어도 마음은 진실로 진심에서 나온 것이기에 인자하신 성상께서 혹시라도 이해해 주는 은혜를 베풀어 주시기 바랐던 것입니다. 성상의 비답을 받들고 보니, 신이 청한 바를 윤허하지 않으셨을 뿐만 아니라, 우대하는 뜻이 일반적인 격식을 훨씬 뛰어넘고 책려(責勵)하는 뜻이 신료들을 감동시켰습니다. 공경히 기다리던 끝에 비록 바라던 바를 이루지 못했지만 엄숙하게 거듭거듭 읽어 보매 눈물이 하염없이 흘렀습니다. 더구나 "험난함과 평탄함도 선택할 수 없다."라는 하교는 더욱 마음을 감동시키는 점이 있었습니다.

신이 전하를 위해 한번 죽고자 하는 바람은 창천(蒼天)이 위에서 굽어보고 신명(神明)이 곁에서 지켜보고 있으니, 전하의 뜻을 받들고 전하의 명에 달려가면서 어찌 감히 무엇은 평탄하고 무엇은 그렇지 않다고 말하겠습니까. 하지만 정승이 그 자리에 나아가고 떠나가는 것으로 말하자면, 국가의 성패가 여기에 달려 있고 세도(世道)의 성쇠가 여기에 달려 있으며, 식자들이 시비(是非)로 삼는 것도 모두 여기에 있습니다. 그렇다면 어떠한 일이 있을 때 험난함과 평탄함을 선택하지 않는다는 의미와는 혼동할 수 없는 것이 명확합니다. 지금 신이 염치를 무릅쓰고 이 자리에 있을 수 없다는 사실은 신이 스스로 알 뿐만이 아니라 백료(百僚)들이 알고 있으며, 백료들이 알 뿐만이 아니라 여항(閭巷)의 아녀자도 모두 알고 있습니다. 유독 전하께서만 지나치게 재촉하여 신으로 하여금 끝내 초심을 지키지 못하게 하십니다. 그러나 신이 어찌 감히 스스로 이미 숙배했다는 핑계로 그대로 있으면서 삼공(三公)의 반열을 더럽힐 수 있겠습니까.

근일 이래 심신이 불안하여 침식을 다 거르니, 질병이 이로 인해 침범하는 것은 당연한 형세입니다. 저승사자가 부절(符節)을 가지고 이르면 바로 세상을 떠나는 것이 진실로 바라는 바입니다. 유감스러워할 만한 것은 성상께서 신을 지나치게 총애하시어 과도한 복이 재앙을 불러 구천에서 끝내 은혜와 나라를 저버린 귀신이 되는 것입니다. 지난번 조정에 나오라는 명을 내리시어 사관이 와서 유지(諭旨)를 전하였고, 얼마 뒤에 다시 빈대(賓對)를 뒤로 물려 정하여 신이 조섭하기 편하도록 해 주셨습니다. 신이 성상께 받은 것은 일마다 다 은혜요 일마다 다 영광이어서 비록 잠꼬대를 하면서도 머리를 조아릴 정도이니, 어떻게 마음을 안정시킬 수 있겠습니까.

아, 밝게 타이르신 윤음(綸音)이 공명정대하여 마치 하늘에 뜬 해와 같으니, 지금 이후로 신은 감히 지난 일을 다시 제기함으로써 스스로를 폐기할 작정을 하지 않겠습니다. 하지만 신이 슬퍼하고 부끄러워하는 것에는 또한 까닭이 있습니다. 신이 벼슬길에 들어선 지 거의 50년이 되었습니다. 만약 평소에 몸가짐을 잘하고 처세를 잘해서 조금이나마 한 세상 사람들에게 신임을 받을 수 있었더라면, 함께 성군(聖君)을 섬기고 함께 맑은 조정에 섰던 신료들이 애초에 어찌 전혀 가당치 않는 말로 신을 의심했겠습니까. 가만히 그 이유를 생각해 보매 신의 죄가 아닌 것이 없으니, 이러한 낯으로 조정에서 스스로 얼굴을 들고 빈연(賓筵)의 반열에 달려 나가는 일은 절대 있을 수 없습니다.

신령한 하늘의 도움으로 병이 비록 조금 낫더라도 결코 명을 받들 수 없는데, 더구나 병세가 이미 위중하여 언제나 다시 일어나 사람 꼴이 될는지 시일을 기약할 수 없는 상황입니다. 빈대가 이 때문에 미루어지다가 군국(軍國)의 일이 혹시라도 번거롭게 되는 상황을 면치 못한다면, 이것은 더욱 신이 씻기 어려운 죄가 될 것입니다. 이에 감히 지극히 간절한 심정을 거듭 아뢰어 부모와 같이 친근하신 성상 앞에 호소합니다. 삼가 바라건대 자애로운 성상께서는 정해진 날짜의 빈대를 속히 행하여 혹시라도 오래도록 폐기되지 않게 하시고, 이어 바로 신이 지니고 있는 정승의 직책을 개정해 주심으로써 편히 생을 마치도록 해 주소서. 천만 진심으로 바랍니다.

답하기를,

"상소를 보고 경의 간절한 마음을 잘 알았다. 내가 비상한 조치로 경을 대하였으니, 경이 비상한 행동으로 보답하는 것이 예(禮)이다. 처음 연석(筵席)에서 가장 먼저 아뢴 말에서 '예(禮)' 한 글자에 대해 정성을 쏟은 것[19]을 내가 가상히 여기고 감탄하여 흔쾌히 받아들였

**19** 처음……것 : 정조가 우의정에 제수하고 숙배를 명하자, 번암이 세 번 사직 상소를 올린 뒤에 숙배하는 것이 예라고 하며 명을 받들지 않았다. 정조가 다시 정경(正卿)을 보내 숙배하도록 타이르자, 번암이 비로소 연영문(延英門)에서 기다리던 정조에게 나아가 숙배한 뒤에 아뢰기를 "신하를 예로써 부리는 것이 옛 제도입니다. 신같이 변변치 못한 자는 족히 말할 것도 없겠습니다마는 전하께서 이미 신을 대관(大官)에 제수하고서 신으로 하여금 어제 직임을 제수하고 오늘 숙배하게 하시니, 이는 실로 사첩(史牒)에

다. 경은 한번 생각해 보라. 세 번 상소를 올린 뒤에 직무를 살피는 것이 비록 중서(中書 의정부)의 상규(常規)이지만, 상황이 급박한 경우에는 한두 번 상소를 올리고서 나와서 응한 자도 많았다. 더구나 경이 지금 받은 대우와 오늘 입은 은총이 어떠한가. 그런데도 세속의 투식을 고수한 채 왕명에 보답할 방법을 생각하지 않는 것은 인정상 할 수 있는 일이 전혀 아니다. 예는 인정에서 나오고, 인정이 지극한 곳에는 예가 깃드는 법이다. 그러므로 성인(聖人)이 '내가 예를 극진히 해서 임금을 섬기는 것에 대해서 사람들은 아첨한다고 여긴다.'라고 하였던 것이다. 경이 만약 이 뜻을 숙고해 본다면 분명히 감격하여 잠시도 지체하지 않고 달려오리라 생각한다. 나는 많은 말을 하지 않겠다. 경은 부디 유념하여 병이 조금 낫기를 기다렸다가 바로 나와 직무를 살피라."

하고, 사관을 보내 전유하게 하였다. 이어 전교하기를,

"영상과 좌상이 모두 조정에 이미 나왔다. 이러한 때에 경과 더불어 합석한다면 다행이 아니겠는가. 경도 조정에 나오도록 하라."

하였다.-비답을 받은 뒤에 올린 서계(書啓)가 권28 제2판에 보인다.-

여지껏 없던 일입니다." 하였다.《正祖實錄 12年 2月 12日》

## 연석에서 물러난 뒤에 우의정을 체차해 주기를 청하는 차자[20]

筵退後乞遞右議政箚

삼가 아룁니다. 신이 성상의 은혜에 감격한 심정을 토로하려니 눈물이 앞서고, 처해 있는 위태로움을 말씀드리자니 넋이 빠집니다. 은혜 때문에 죽는 한이 있어도 떠나지 못하고 위태로움 때문에 가는 곳마다 함정인 상황인지라, 신의 마음이 한편으로는 괴롭고 한편으로는 두렵습니다. 반드시 발사되고야 마는 화살을 피할 수 없는 외로이 서 있는 과녁의 신세라는 것을 모르는 바는 아니지만, 근자에 신과 상관없는 일로 인해 화(禍)가 신에게 초래된 것은 또한 무슨 까닭이란 말입니까.

윤시동(尹蓍東)의 상소가 나왔는데, 그 말은 오로지 신을 억지로 옭아매려는 것이었고,[21] 김재순(金載順)과 김광악(金光岳) 등이 그 뒤를 이었는데,[22] 상소의 내용이 조리가 없기도 하고 신을 모욕하기도

**20** 연석에서……차자 : 1788년(정조12) 12월 4일에 올린 차자이다.

**21** 윤시동(尹蓍東)의……것이었고 : 1788년 11월 8일의 연석에서 정조가 무신란(戊申亂)과 관련하여 죄적(罪籍)에 들어 있던 영남 사람 조덕린(趙德鄰)과 황익재(黃翼再)를 사면해 주는 일에 대해 의견을 묻자, 번암이 그들을 죄적에서 빼 주는 것이 좋겠다고 건의하였다. 이에 따라 정조는 11월 10일 조덕린과 황익재를 죄적에서 삭제하는 조치를 단행하였다. 이에 대해 형조 판서 윤시동이 상소를 올려 그 조치를 철회할 것을 청하고, 아울러 번암을 비난하였다. 《正祖實錄 12年 11月 26日》

**22** 김재순(金載順)과……이었는데 : 대사헌 김재순과 헌납 김광악이 11월 27일에 연이어 상소를 올려 조덕린에 대한 조치를 철회할 것을 청하고 번암을 비난한 것을 가리킨다. 《正祖實錄 12年 11月 27日》

하였으니, 그들의 말이 비록 다르더라도 그 목적은 신을 쫓아내려는 것이었습니다. 신이 공경히 우러르는 분은 선대왕의 뜻을 잘 계승하시는 전하이고, 따지지 않는 바는 조리가 없이 떠들어 대는 뭇사람들입니다. 오직 지조를 지키려는 뜻과 두려운 마음을 지닌 채 다 죽어 가는 몸으로 사람들에게 실려 도성 문을 나왔습니다. 그런데 간곡하게 돌보아 주는 성상의 은혜가 갈수록 극진하여 태의(太醫)를 파견하여 수행(隨行)하게 하고 승선(承宣)을 파견하여 함께 오도록 하셨으니, 석고대죄하는 중에도 영광이 극에 달하였습니다. 그리고 실낱같은 목숨이 끊어지는 지경에 이르지 않은 것은 실로 궁중에서 반사(頒賜)해 주신 향제(香劑) 덕분이었습니다. 신의 삶 가운데 어떤 것이 전하께서 다시 살려 주신 은혜가 아닌 것이 있겠습니까.

더구나 두 차례나 받든 특별한 유지(諭旨)는 역사에서 찾아보더라도 신하로서 이러한 은혜를 입은 자는 천고에 없었으니, 신의 눈물은 피가 되고 신의 뼈에는 살이 붙었습니다. 여러 번 내리신 신칙을 감히 누차 어길 수 없고 신의 몸을 신이 마음대로 할 수 없기에 거듭 도성 문에 들어갔다가 다시 옛 거처로 돌아왔습니다. 성상을 가까이 모시는 것은 비록 다행스러운 일이나 염치를 완전히 상실하게 되었으니, 이리저리 자신을 살펴보아도 부끄러워 탄식이 나옵니다. 이러한 신은 어떤 사람이란 말입니까.

아, 신은 나이가 이미 벼슬에서 물러날 때가 되었고 질병도 몸을 떠나지 않으니, 꺼릴 것이 무엇이며 성낼 것이 무엇이겠습니까. 하지만 저들이 보이지 않는 곳에서 눈을 번뜩이고 거리낌 없는 자리에서 사람을 조종해서 평온하던 조정에 수많은 풍파가 일어나게 하였으니, 신은 실로 그들의 계책이 성공했는지 모르겠습니다. 해와 달처럼 밝으신 성상께서 남김없이 다 밝혀 저들의 심술을 타파하고 정황을 묘사하시어, 크고 작은 곡절(曲折)이 내리신 비답을 통해 모조리 다 드러났으므로 신과 같이 외롭고 나약한 사람이 우러러 믿고 근심하지 않을 수 있었습니다. 하지만 신의 형체가 구구하게 이 세상에 붙어 있는 것으로 말하자면 신에게는 고통이 아닐 수 없습니다. 전하께서 신을 살리려는 마음으로 반드시 시종일관하려 하신다면 신이 지닌 정승의 직책을 속히 체차하는 것 이외에 다른 방법은 없습니다. 부디 밝으신 성상께서는 불쌍히 여기고 헤아려 주시기 바랍니다.

신이 어제 소명(召命)에 달려와 입궐한 것에 대해 사람들이 염치를 크게 손상했다고 여기지 않으리라 장담할 수 없지만, 신의 진심은 오로지 송골매가 참새를 쫓는 의리[23]에서 나온 것이니 어찌 그만둘 수 있는 일이었겠습니까. 윤시동의 상소가 나온 뒤에, 그 내용 가운데 네 자의 구어(句語)[24]는 신이 구신(舊臣)인 까닭에 감히 말할 수 없는 일이라는 것을 대략 알았기에 차후 연석(筵席)에서 뵙기를 기다렸다가 가장 먼저 토죄(討罪)를 청할 생각이었습니다. 그런데 상황과 병세가 관복을 입고 조정에 나갈 희망이 전혀 없었습니다. 그래서 가슴속에 묻어 둔

**23** 송골매가……의리 : 임금에게 무례를 범한 사람을 주벌한다는 뜻이다. 《춘추좌씨전(春秋左氏傳)》 문공(文公) 18년에 "자기 임금에게 무례를 범한 자를 보면, 마치 송골매가 참새를 쫓듯이 잡아 죽여야 한다."라고 한 데서 온 말이다.

**24** 네 자의 구어(句語) : 윤시동의 상소에서 번암을 비롯한 남인을 가리켜 '기사년과 무신년의 남은 종자〔己戊遺種〕'라고 표현한 것을 말한다. 본집 권수(卷首)에 수록된 〈성정각연설(誠正閣筵說)〉에는 '己戊餘種'이라고 되어 있다. 기사년은 숙종 때 남인이 정권을 차지했던 기사환국을 가리키고, 무신년은 영조 초기에 소론과 남인 과격파가 일으켰던 무신란을 가리킨다. 《承政院日記 正祖 12年 11月 26日》

채 일단 발설하지 않았습니다.

어제 연석에서 성상께서 하교하며 목이 멘 채 이것을 언급하고, 거의 여러 날 동안 처소의 문을 나서지 않았다는 말씀까지 하셨습니다.[25] 신은 부복한 채 들으며 남몰래 눈물을 흘렸습니다. 이에 신이 늦장을 부린 죄는 실로 피할 수 없는 것이고, 윤시동이 흉악한 상소를 올려 패려한 말을 한 것에 대해서는 법을 집행하는 삼사(三司)에서 반드시 법에 따라 처벌할 것이니, 신은 자세히 언급하고 싶지 않습니다. 하지만 신의 죄에 대해서는 신이 스스로 아뢰고 스스로 죄를 청하는 것이 예의상 당연한 일입니다. 이에 감히 말미에 이와 같이 아뢰니, 밝으신 성상께서는 속히 밝은 명을 내려 나라를 저버린 신하의 경계로 삼으소서. 재결해 주소서.

답하기를,

"차자를 보고 경의 간절한 마음을 잘 알았다. 돈유(敦諭)와 서계(書啓)에 대한 비답에 이미 다 말하였고, 어제 연석에서도 거듭 타일렀으니, 지금 어찌 거듭 말하겠는가. 본 사건에 대한 처분은 그 사람을 위한 것이 아니고, 경을 위한 것도 아니다. 근자에 승정원에서 상고하여 아뢴 기주(記注)를 보니, 선대왕께서 처분과 전교를 내려 그를

**25** 어제……하셨습니다 : 1788년 12월 3일 성정각(誠正閣)의 연석에서 정조가 "윤시동의 상소에서 본 사건 이외에 조진도(趙進道)가 과방(科榜)에서 삭제된 일을 끼워 넣었으니, 이것이 어찌 내가 차마 볼 수 있고 차마 들을 수 있는 일인가. 이 말을 듣고부터 문을 닫고 깊숙이 박혀 있으면서 신하들을 접견하지 않은 지가 이미 여러 날 되었다."라고 한 것을 가리킨다. 조진도가 삭과(削科)된 일이 사도세자(思悼世子)가 대리청정(代理聽政)하던 때의 일이므로 이렇게 말한 것이다. 《正祖實錄 12年 12月 3日》

산림의 선비로 대우하고 현자를 초빙하는 예를 베푸셨다. 정사년(1737, 영조13) 체포되었을 때에는 특별히 수색하지도 말고 형틀에 묶지도 말도록 하며, 출옥하던 날에는 타고 갈 말을 하사하고, 또 푸줏간에는 고기를 계속 대 주고 곡식 창고지기에게는 곡식을 계속 대 주도록 명하고, 원래 상소의 구절에 대해 단락마다 해명해 주셨다. 그러고는 바로 을사년(1725)의 처분을 가지고 곡진하게 위로하고 타이르셨으며, 을해년(1755) 이후 선정(先正) 문정공(文正公)을 문묘(文廟)에 종향(從享)할 때[26]에 이르러서는 특별히 죄명을 탕척하라는 하교를 내리셨다. 그 뒤에 다시 '비록 복관(復官)은 아니지만 복관이나 다름없다.'라는 하교를 내려 시끄러운 사단(事端)을 잠재우셨으니, 이번 일이 선대왕의 뜻을 우러러 계승한 것이 아니고 무엇이란 말인가. 이것이 이른바 '그 사람을 위한 것이 아니고, 경을 위한 것도 아니다.'라는 것이다.

경이 이번에 당한 곤액에 대해 어찌 깊이 인혐할 것이 있겠는가. 더구나 '감히 함부로 임금의 마음을 헤아리지 말고 혹시라도 지나치게 염려하지 말 것이며, 함께 자숙하고 같이 협조하여 진정한 큰 탕평(蕩平)의 공을 이루자.'라는 말로 대신(大臣)과 여러 신하를 면전에서 신칙하면, 이로부터 뭇사람의 의혹과 몽매함이 저절로 얼음 녹듯 풀릴 것이며, 경 자신을 위한 계책으로 볼 때도 이에 힘입어 또한 편하고 좋을 것이다. 말미에 덧붙여 운운한 것은 더욱이 어찌 경과 관계가 있겠는가. 경은 부디 안심하고 사직하지 말고 즉시 나와

**26** 선정(先正)……때 : 1756년 문정공 송시열(宋時烈)과 송준길(宋浚吉)이 문묘에 배향되었다.

직무를 살피라."

하였다.-'본 사건에 대한 처분'은 바로 조덕린의 일을 가리킨다. 지난 경진년(1760)에 대신(臺臣) 이윤욱(李允郁)이 상서(上書)를 올려 조덕린의 손자 조진도(趙進道)의 과명(科名)을 삭제할 것을 청하였다. 소조(小朝)[27]께서 불허하자, 역신(逆臣) 김상로(金尙魯)와 홍계희(洪啓禧) 등이 소조께서 의리가 삼엄한 사건에 대해 이처럼 처리하신다고 하면서 참소와 이간질을 자행하였다. 선대왕께서 이어 차마 들을 수 없는 하교를 내렸는데, 이것이 무신년(1728)과 기유년(1729)에 여러 역적이 역모를 일으킨 계제라는 것이었다. 이때에 이르러 형조판서 윤시동이 상소에서 이윤욱의 일을 끌어들여 선대왕께서 의리가 삼엄한 일이라고 인정하셨다고 말하였으니, 그가 이것을 근거로 주장을 하려는 것이었다. 상께서 대신(大臣)과 여러 신하를 불러 한참 동안 목이 메어 내리신 하교가 지엄하였는데, 영상 김치인(金致仁)이 아뢰기를 "경진년의 처분에 대해 지금 이와 같이 하고자 하시는데, 만약 병신년(1776) 이전이었다면 어찌 이럴 수 있겠습니까." 하였다.[28] 이것이 이른바 경진년과 병신년을 언급한 패악한 주달(奏達)이라는 것이니, 상께서 진노하여 김치인을 내쫓고 윤시동을 찬배(竄配)하셨다. ○형

**27** 소조(小朝) : 동궁이 청정하게 되면 당저(當宁)는 대조(大朝)라 하고 동궁은 소조라 하였다. 당시 사도세자가 1749년부터 대리청정을 하였으므로, 영조를 대조, 사도세자를 소조로 구분하였다. 《明義錄諺解》

**28** 영상……하였다 : 1788년 12월 3일 성정각의 연석에서 정조가 대신들에게 조덕린의 죄를 탕척해 주는 일과 그 손자인 조진도의 복과(復科)에 대한 의견을 묻자, 영의정 김치인이 "신이 조덕린의 일에 대해서 어찌 전후에 소견이 다르겠습니까. 대체로 처분을 내리는 데에는 매양 최후의 판결을 따랐습니다. 조덕린의 죄명이 선왕조 병신년(1776)까지 그대로 세초(歲抄) 속에 있었으니, 신의 생각에는 이를 준수하는 것이 마땅하다고 봅니다. 그러나 만약 경진년(1760)의 일로써 특별히 조진도의 복과를 허락하는 것이라면 가할 것입니다."라고 대답한 것을 가리킨다. 《正祖實錄 12年 12月 3日》

조 판서의 상소가 있은 뒤에 내린 전교, 김재순의 상소에 대한 비답과 별유(別諭), 선법전교(先法傳敎)가 모두 권수 하 제8, 9판에 보인다. 서계(書啓) 5편이 모두 권28 제3, 4, 5, 6, 8판에 보인다.-

## 무과를 방방한 뒤에 대죄하는 차자[29] 기유년(1789, 정조13)
武科放榜後待罪箚 己酉

삼가 아룁니다. 방금 듣자니, 알성시(謁聖試)의 무과 장원은 다른 사람이 대신 활을 쏜 정황이 드러나 오늘 장전(帳殿)에 친림하셨을 때 병조판서에게 조사를 넘겼는데, 이미 다 자복했다고 합니다. 신은 매우 놀랍고 통탄스러운 심정을 이길 수 없습니다. 근래에 과장(科場)은 문시(文試)와 무시(武試)를 막론하고 간교한 습속이 날로 자라나 폐단이 점차 고질이 되고 있습니다. 신이 그동안 연석에서 매번 이 문제를 진달하여 혹시라도 간교한 농간을 막아 세도(世道)를 도울 수 있기를 바랐는데, 이러한 폐습이 신이 명을 받아 시험을 주관하는 때에 다시 자행될 줄 생각이나 했겠습니까.

신이 어제 방안(榜眼)에 대한 계본을 작성할 때 밖에 나가 앉아 시험을 참관한 장신(將臣)들과 함께 입격한 여러 무인을 불러서 그들의 용모를 살피고 말을 들으며 다방면으로 캐물어서 남김없이 자세히 알아보았다고 나름대로 생각했습니다. 그런데 간교한 자를 눈앞에 그냥 놓아두고 지나쳐 버려 지금에야 비로소 밝으신 성상의 눈앞에 절로 드러났으니, 신이 일을 소홀히 하고 잘못 처리한 죄를 피할 수 없게 되었습니다.

아, 저놈이 비록 시골의 어리석은 놈이지만 명목(名目)이 장원이어서 동반(東班)의 직책에 붙였는데, 하룻밤 사이에 버젓이 얼굴을 바꾸

**29** 무과(武科)를……차자 : 1789년 2월 27일에 올린 차자이다.

어 감히 조정에 나왔으니, 그 죄가 심상하게 간악한 짓을 저지른 놈들과는 같이 놓고 볼 수 없습니다. 한통속이 되어 저지른 두 놈을 속히 유사(有司)에게 명하여 세 차례 엄한 형신을 가한 뒤에 절도(絶島)에 충군(充軍)하고, 이어 신이 몽매하여 살피지 못한 죄를 다스려 직무를 제대로 수행하지 못하는 자의 경계로 삼으소서. 재결해 주소서.

답하기를,

"차자를 보고 경의 간절한 마음을 잘 알았다. 무과 장원의 일은 병조판서가 연석에서 아뢰어 법에 따라 감처(勘處)하도록 허락하였다. 경이 어제 비록 명관(命官)으로 참석했다고 하나, 어찌 이토록 지나치게 인피한단 말인가. 경은 부디 안심하고 직무를 살피라. 감죄(勘罪)를 청한 일은 그대로 시행하겠다."

하였다.

# 도당 회권을 사양하는 차자[30]

辭都堂會圈箚

삼가 아룁니다. 도당록(都堂錄)은 국가의 큰 정사입니다. 오늘 회권(會圈)하라는 명이 이미 내렸으나, 신의 병이 마침 심해져 달려 나가지 못하고 병석에 누운 채 황공해하며 몸 둘 바를 몰랐습니다. 방금 사관(史官)이 엄숙히 집에 임하여 억지로라도 힘을 내 회권에 참석하라는 성상의 간곡한 유지(諭旨)를 읽어 주고 돌아가니, 감격스럽고 애타는 마음을 더욱 가눌 길 없습니다.

아, 선대왕께서 50년 동안 이룩하신 성덕(盛德)과 대업(大業)은 높고도 광대하여 백성들이 무어라 표현할 수 없는 것이었습니다. 무엇보다도 중정(中正)의 도(道)를 세우신 정사는 실로 기자(箕子) 이후 수천 년 동안 한(漢)나라, 당(唐)나라, 송(宋)나라 때의 군주들도 미처 생각하지 못한 바였습니다. 우리 성상께서는 그러한 선왕의 뜻과 사업을 잘 계승하여 윤음(綸音)에 드러내고 정책에 시행하여 회탕(恢蕩)[31]하기만을 힘썼는데, 어제는 전교를 내려 회권하는 일에 더욱 마음을 쓰셨습니다. 인재라면 부류를 따지지 않고 등용할 것을 생각하고 버려져 있는 인재가 있을까 염려하시니, 윤음의 내용이 간곡하여 신료들이 감격하였습니다. 이러한데 신이 어찌 감히 일신과 가정만을 걱정하고 사적인 편의만을 찾을 수 있겠습니까. 하지만 병이 찾아오는 것은 인력

**30** 도당……차자 : 1789년(정조13) 3월 20일에 올린 차자이다.

**31** 회탕(恢蕩) : 당파를 초월하여 널리 인재를 등용한다는 의미이다.

으로 어찌하지 못하는 법입니다.

그리고 생각건대, 신이 평소 아는 바는 '마음을 바르게 하는 것〔中心〕'이 충(忠)이 된다는 것뿐입니다. 마음으로 옳지 않다고 여기는 것을 입으로는 옳다고 말하는 것은 신이 부끄럽게 여기는 바이며, 마음으로 옳다고 여기는 것을 입으로는 옳지 않다고 말하는 것도 신이 부끄럽게 여기는 바입니다. 신이 이런 방식으로 행동한다면 일을 그르치게 될 뿐이니, 어찌 성상의 덕스러운 뜻을 받들어 선양하여 한 왕조의 치화(治化)를 도울 수 있겠습니까.

더구나 요상(僚相)이 이미 입궐하였고 문형(文衡)도 나왔다고 들었습니다. 비록 신 한 사람이 없더라도 회권하는 일에는 아무 문제 없이 충분한데, 신이 어찌 어쩔 수 없이 병든 몸을 억지로 이끌고 나가 굳이 참석할 필요 없는 회권에 함부로 참석하겠습니까. 이에 짧은 차자를 올려 충심(衷心)을 다 아뢰니다. 삼가 바라건대, 성상께서는 특별히 불쌍히 여겨 신이 병을 조리할 수 있도록 허락함으로써 남은 목숨을 이어 가게 하시고 회권하는 일에 구애받지 않도록 해 주소서. 진심으로 바랍니다. 재결해 주소서.

답하기를,

"차자를 보고 경의 간절한 마음을 잘 알았다. '회탕'이라는 두 글자도 계승하는 일 중에 하나인데 근래에 과감히 시행하여 서로 화합할 가망이 없지 않았다. 따라서 이번 회권에 경이 참석하지 않아서는 안 되거늘, 경은 어찌하여 참석할 필요가 없다고 말하는가. 경이 차자에서 마음을 바르게 하는 것이 충(忠)이라고 하고 평소 자신이 기약한 바라고 운운하였으니, 세상 사람들도 어찌 '자신의 마음과 같게 하는 것〔如心〕'인 서(恕)로써 경을 대하지 않겠는가. 경은 모름지기 안심하고 사직하지 말며 즉시 회권에 참석하라."

하고, 사관을 보내 전유하게 하였다.

## 분황하러 가기를 청하는 차자[32]

乞焚黃箚

삼가 아룁니다. 원소(園所)에서 예를 행하시고 어가(御駕)가 무사히 돌아왔으니,[33] 우리 임금께서 질병이 없으신 기쁨을 뭇 백성들이 함께 누립니다. 그리고 생각건대, 신은 죽으나 사나 나라가 있을 뿐이니 사적인 일을 어찌 감히 말씀드리겠습니까마는, 분묘(墳墓)에 분황(焚黃)하는 일은 신하에게는 지극한 영광이고, 예가(禮家)에는 소중한 일입니다. 신이 이미 숭반(崇班)에 외람되이 올라 영예가 황천(黃泉)의 조상에게까지 미쳤으니, 후손으로서 지극한 마음에 고유(告由)를 급히 해야 합니다. 하지만 국가에 사정이 있어 감히 말미를 청할 생각을 하지 못한 채 지금까지 머뭇거리고 있었습니다.

봄날의 우로(雨露)가 대지를 적시는 시절을 맞아 먼동이 트도록 잠 못 이루며 부모를 그리는 마음이 가슴속에 간절합니다. 지금 다행히도 조정에 일이 적고 봄 농사도 시작되지 않았으니, 신이 이때를 틈타 심정을 아뢸 만하고 시골의 농민들에게도 거의 폐를 끼치게 되지 않을 것입니다.

신의 부모 묘소는 기내(畿內) 죽산(竹山) 땅에 있습니다. 만약 성상

32 분황(焚黃)하러……차자 : 1789년(정조13) 4월 6일에 올린 차자이다.

33 원소(園所)에서……돌아왔으니 : 이 차자를 올린 날에 정조가 사도세자(思悼世子)의 무덤인 영우원(永祐園)에 가서 작헌례(酌獻禮)를 행하고 돌아왔다. 《承政院日記 正祖 13年 4月 6日》

께서 신을 불쌍히 여겨 신이 가서 성묘하며 고명(誥命)을 태우는 예를 행하도록 허락해 주신다면 산 사람이나 죽은 사람이나 영광스럽게 여기는 마음이 하늘과 더불어 끝이 없을 것입니다. 여기에 덧붙여 신이 또한 죽음을 무릅쓰고 아뢰지 않을 수 없는 간절한 사정이 있습니다. 신의 증조와 조부 묘소가 모두 충청도 홍주(洪州) 땅에 있으나 국법에 구애되는 까닭에 말미를 얻어 성묘를 못 한 지 여러 해가 되었습니다. 지금 국은을 입어 증직(贈職)이 차등 있게 내렸는데, 부모의 묘소에 분황을 한 뒤에 국법에 매여 끝내 감히 인접해 있는 도(道)에 잠시 들러 신의 지극한 정을 펴지 못한다면, 저승과 이승 사이에 불안해하며 방황하는 것이 또한 어떠하겠습니까. 이에 감히 외람됨을 피하지 않고 아울러 아룀으로써 특별히 불쌍하게 여겨 주시기를 다시 바랍니다. 재결해 주소서.

답하기를,

"차자를 보고 경의 간절한 마음을 잘 알았다. 경은 청한 대로 가서 성묘하되, 하직 인사는 그만두고 다녀오라."

하고, 이어 전교하기를,

"이 비답을 사관을 보내 전유하게 하라. 대신이 성묘할 때에 요전상(澆奠床)은 전례에 따라 거행하도록 분부하라."

하였다.-연석에서 하교하기를 "비지에 마땅히 유마(由馬)와 요전상을 지급하라고 아울러 말해야 하지만, '지급'이라는 글자의 어세가 이 대신을 공경히 예우하는 뜻에 모자람이 있으니, 특별히 구전(口傳)으로 역마를 타게 하라." 하였다.-

# 사직하는 차자[34]

辭職箚

삼가 아룁니다. 신이 방금 전 훈련대장 이주국(李柱國)의 소본(疏本)을 보니, 전최(殿最)의 계목(啓目)을 남에게 부탁해 대신 필사하도록 하고 이를 자수하는 내용이었습니다. 신은 이에 대해 두렵고 부끄럽기 그지없습니다. 신은 그날 대장과 함께 개좌(開坐)하여 제목(題目)을 의정(議定)한 뒤에, 당시 날씨가 한창 무더웠으므로 늙은 장신(將臣)이 관복을 차려입고 앞에 꿇어앉아 여러 폭을 필사하는 것이 실로 염려되어 그가 원하는 대로 옆방으로 자리를 옮겨 조용히 필사해 오도록 하였습니다. 필사를 마치고 몸소 가지고 와서 펼쳐 보였는데, 신은 글자에 잘못이 있는지만을 염려하면서 여러 번 자세히 살폈을 뿐, 직접 필사했는지 남에게 대신 쓰게 했는지는 애초에 의심하여 묻지 않았습니다.

지금 그의 상소가 나온 뒤에야 비로소 신이 그 사실을 알아채지 못한 죄를 피할 수 없다는 것을 알았습니다. 전최는 막중한 정사인데도 이와 같이 잘못을 답습하였으니, 성상께서 서용(敍用)하지 말도록 신속하게 명하신 것은 신칙하고 면려하는 법도에 부합합니다. 하지만 신이 대신의 직책을 외람되이 차지하고 있으면서 죄는 같은데 벌이 다르다면, 성인의 조정에서 전최를 엄정하게 하고 형정(刑政)을 균등하게 하는 취지가 아니니, 관계된 바가 참으로 작은 일이 아닙니다. 더구나

**34** 사직하는 차자 : 1789년(정조13) 6월 17일에 올린 차자이다.

지금 이미 장신을 파직하고 신으로 하여금 장신의 직임을 겸찰(兼察)하게 하였으니, 이는 결코 신이 감히 편안히 여기고 받아들일 수 있는 바가 아닙니다. 이에 감히 짧은 차자를 올려 호소하니, 삼가 바라건대 속히 위명(威命)을 내려 국법을 엄하게 하고 미천한 신의 분수를 편하게 해 주소서. 재결해 주소서.

답하기를,

"차자를 보고 경의 간절한 마음을 잘 알았다. 어제 서 판부사(徐判府事 서명선(徐命善))에게도 이미 위로하고 권면하였다. 경들이 자리를 옮겨 쓰도록 허락한 것은 정밀함에 힘쓰고 신중함을 다하려는 뜻에서 나온 조치인데, 두 장신이 이 기회를 틈타 대신 필사하게 하였으니, 잘못은 저들에게 있지 경들에게는 어떤 잘못도 없다. 마음을 편히 갖고 사직하지 말며 총괄하여 살피도록 하라."

하였다.

## 징토하기를 청하고 이어 이재간을 엄히 국문하기를 청하는 상소[35]

請行懲討仍請嚴鞫李在簡疏

삼가 아뢰니다. 신이 며칠 전 빈청(賓廳)의 계사로 인해 사대(賜對)하였을 적에 징토를 청하는 정성이 신뢰를 얻지 못하여 지척에서 내리신 엄한 하교를 거듭 받았습니다. 이에 금오(金吾)로 달려가 형벌을 기다리고 있었는데, 연일 이리저리 옮겨 다니던 끝에 한열(寒熱)의 증상이 갑자기 나타났습니다. 위태로운 증세가 마치 죽음을 코앞에 둔 듯하였으므로 간신히 이튿날 날이 밝기를 기다렸다가 사람들에게 실려 집으로 돌아와서는 지금까지 4, 5일 밤낮 동안 점차 저세상으로 빠져들었습니다.

**35** 징토(懲討)하기를……상소 : 1789년(정조13) 10월 22일에 올린 상소이다. 정조의 이복동생인 은언군(恩彦君) 이인(李䄄)을 징토하고 이재간을 국문하기를 청하는 내용이다. 이 상소에 앞서 9월 26일 영조의 계비(繼妃)로 당시 왕대비인 정순왕후(貞純王后)가 언문(諺文) 교서를 내려 은언군 이인의 토죄(討罪)를 명한 뒤에, 국법을 어기고 유배지인 강화도를 벗어나 도성에 와서 머무르던 은언군을 강화도로 돌려보내게 하였다. 이에 의금부 당상과 포도대장이 정순왕후의 교서를 받든 대신(大臣)의 지휘를 받아 은언군을 압송하였는데, 이 소식을 들은 정조는 궁궐을 나와 은언군을 만류하러 쫓아갔다. 신하들이 정조가 가는 길을 막아서며 궁궐로 돌아갈 것을 종용하였으나 말을 듣지 않던 정조는, 계속 고집을 부릴 경우 사저(私邸)로 물러가겠다는 정순왕후의 교서로 인하여 마지못해 궁궐로 돌아왔다. 이 일로 인해 은언군을 압송한 일과 관련된 대신, 의금부 당상, 포도대장, 승지 등에게 찬배(竄配)의 명이 내려졌으며, 조정에서는 은언군과 은언군의 강화도 탈출을 방조한 강화 유수 윤승렬(尹承烈)을 토죄할 것을 청하는 신하들의 상소가 빗발쳤다.

신은 죽을 날이 얼마 남지 않은 사람이니 죽어도 본래 괴이할 것 없습니다. 다만 한스러운 점은, 평소 피눈물을 흘릴 정도의 충심(衷心)을 가지고서도 대신(大臣)들의 뒤를 따라 함께 복합(伏閤)에 참여하지 못하고 함께 항소(抗疏)하지도 못한 채 훌쩍 세상을 떠난다면 천하와 후세에 어떻게 신의 충심을 밝힐 수 있겠는가 하는 것입니다. 이에 감히 병석에 엎드려 상소를 지어 고인이 시간(尸諫)[36]하였던 뜻을 본받으니, 밝으신 성상께서는 불쌍히 여겨 굽어살펴 주소서.

아, 주공(周公)은 대성인(大聖人)인데도 오히려 변란이 발생했을 때 변란에 대처하지 않을 수 없었습니다.[37] 왕실이 중대하고 사사로운 정은 가볍기 때문이 아니겠습니까. 이러한 의리를 신이 지난날 연석에서 매우 자세히 아뢰었는데, 성상께서 기억하시리라 생각합니다.

아, 통탄스럽습니다. 홍국영(洪國榮)과 송덕상(宋德相)이 왕위를 몰래 바꾸려고 음밀하게 기도했던 일은 그 근본이 누구입니까. 구선복

**36** 시간(尸諫) : 죽은 뒤에 시체로서 임금에게 간함을 이른다. 춘추 시대 위(衛)나라의 대부(大夫) 사어(史魚)가 영공(靈公)에게 미자하(彌子瑕)를 물리치고 거백옥(蘧伯玉)을 등용하라고 간하였으나 듣지 않았다. 사어가 죽을 때 그 아들에게 유언하기를 "나는 남의 신하가 되어 현자(賢者)를 등용하고 소인을 물리치지 못했으니, 내가 죽거든 시체를 창 밑에 버려두라." 하자, 그 아들이 유언을 따랐다. 문상 온 영공이 그 까닭을 물어 전후의 사정을 듣고는 미자하를 물리치고 거백옥을 등용하였다는 고사에서 온 말이다. 《孔子家語 困誓》

**37** 주공(周公)은……없었습니다 : 주공이 조카인 성공(成公)을 대신하여 섭정(攝政)할 때에 은(殷)나라를 감독하고 있던 관숙(管叔), 채숙(蔡叔), 곽숙(霍叔)이 반란을 일으키자, 주공이 자신의 형인 이들을 주벌하였던 일을 가리킨다. 《書經 金縢, 大誥》 정조가 이복동생인 은언군 이인이 역모와 관련되어 있음에도 불구하고 보호하려고 하자, 번암이 주공의 고사를 인용하여 징토할 것을 청한 것이다.

(具善復), 구명겸(具明謙), 김우진(金宇鎭), 조시위(趙時偉)가 암암리에 흉악한 계책을 부렸던 것은 그 근본이 또한 누구입니까. 징토에 대한 논의가 일어나기도 하고 멈추기도 하였던 몇 년 사이에 한 사람도 자신의 목숨을 내놓고 종묘사직을 위해 재앙의 근본을 제거하려고 했다는 말을 듣지 못하였습니다. 신이 통곡하며 눈물을 흘렸던 이유가 여기에 있지 않은 적이 없습니다.

다행히도 자전(慈殿)께서 한번 하교를 내려 근본 원인을 명확히 제시해 주셨습니다. 더구나 포도청의 문안(文案)이 바꿀 수 없는 법과도 같으니, 지금 이후로 하늘의 토벌을 거의 행할 수 있게 되었고, 백성의 인륜을 거의 바로잡을 수 있게 되었습니다. 그런데 어찌하여 성상께서는 더욱 들어주지 아니하고 하교를 점점 엄하게 내리십니까. 대신(大臣)은 전하의 팔과 다리인데도 자만한 표정으로 대하고, 삼사(三司)는 전하의 귀와 눈인데도 하찮게 보십니다. 근밀(近密)한 신하가 뵙기를 청하기라도 하면 쫓겨나는 일이 서로 이어지고, 경재(卿宰)인 신하가 나란히 호소하기라도 하면 꺾어 버리려고 힘쓰십니다. 전하께서 왜 이토록 지나친 조치를 하시는지 알 수 없습니다.

이번 신기현(申驥顯)의 상소는 대론(大論)을 원수처럼 여기고 드러내 놓고 공(功)을 세우려 하였으니, 흉악하고 패려한 심보를 스스로 감출 수 없는 점이 있습니다.[38] 나라의 형세가 비록 위태롭고 사람의 마음이 비록 무너졌다고 하지만 또한 어찌 이토록 망측한 계책이 시종

**38** 신기현(申驥顯)의……있습니다 : 정언(正言) 신기현이 1789년 10월 14일에 상소를 올려 임금에게 품의하지 않고 독단적으로 은언군을 강화로 돌려보냈던 금부 당상을 중죄로 처벌할 것을 주장하였다.

(侍從)의 반열에서 나올 줄 생각이나 했겠습니까. 비록 그렇지만, 신기현은 일개 용렬하고 미천한 자일 뿐이니, 신의 붓끝을 더럽히기에도 모자랍니다.

하지만 근래에 근심할 만한 기미와 몹시 분통스러운 단서를 가만히 살펴보면, 실로 신기현보다 열배 백배 더한 자가 있습니다. 아, 저 이재간(李在簡)은 성상의 후대(厚待)가 어떠하며 작질(爵秩)이 어떠합니까. 그런데도 역적 조시위를 위해 목숨을 걸고 편들 줄만 알았지 국가를 위해 염려하려고 하지 않았습니다. 지난 병오년(1786, 정조10)에는 병을 가탁하여 빈청에서 계사를 올리는 일에 참여하지 않았고 정청(庭請)하는 일에 참여하지 않았으며, 상소를 마련하는 일에도 참여하지 않았으니, 그의 자취를 가지고 그의 마음을 살펴보면 길 가는 사람도 모두 알 수 있습니다. 다행히 성상의 은혜를 입어 다시 살 수 있었으나, 그 마음을 고치지 않았고 그 습속은 여전하였습니다. 금일에 이르러 다시 또 병을 가탁하여 한 번도 빈청의 계사에 참여하지 않고 한 번도 진신(搢紳)들의 상소에 참여하지 않은 채 여전히 병오년의 행태를 그대로 답습하고 있으니, 그가 무엇을 믿고 그러는 것인지 모르겠습니다.

지금 공의가 물이 끓듯 일어나 반드시 끝까지 조사하여 알아내려는 것은 신기현의 소굴에 불과하지만, 일을 꾸며 내고 계획한 것이 명약관화한 이재간과 같은 자를 밝게 분변하고 통렬하게 조사하지 않는다면, 신은 흉악한 자들과 그들의 소굴을 타파할 기약이 없을까 두렵습니다. 생각이 여기에 미치니, 어찌 두렵지 않겠습니까. 삼가 바라건대, 성상께서는 속히 유사(有司)에게 명하여 이재간을 엄히 국문(鞫問)하여 국법을 시원스레 시행함으로써 인심을 진정시키고 간교한 싹이 영원히 근절되게 하소서. 신은 눈물을 흘리며 지극히 두려운 마음을 이기지 못하겠습니다.-"아, 통탄스럽습니다.〔噫嘻痛矣〕"부터 "그 근본이 또한 누구입니까.〔其本又誰歟〕"까지 어필(御筆)로 지워졌다.-

답하기를,

"상소를 보고 경의 간절한 마음을 잘 알았다. 위 항목에 진달한 일은 어제 이후로 시원스레 타결되었다고 생각했는데, 경이 다시 이러한 뜻밖의 일을 벌였으니, 어찌 경에게 바라던 바이겠는가. 개탄스러움을 이길 수 없다. 상신(相臣)의 차자는 체모가 중하다고는 하지만, 체모를 돌아볼 여지가 없는 내용이 있기에 몇 줄의 구어(句語)를 부득이 직접 지웠다. 말미에 덧붙인 중신(重臣) 이재간을 엄히 국문하자는 청으로 말하자면, 질병은 사람이 피할 수 없는 일이거늘 어떻게 이것으로써 죄를 삼을 수 있겠는가. 그리고 어떤 일 어떤 일에 대해 말하자면, 이 사람이 어찌 그럴 수가 있겠는가. 대신(大臣)을 공경하는 뜻이 소홀해서가 아니라, 그 말을 좇아 시행하기에 어려운 점이 있다. 경은 부디 사직하지 말고 조리하라."

하였다.

## 이재간에게 국법을 속히 시행하기를 거듭 청하는 차자[39]

### 申請在簡快施邦憲箚

삼가 아룁니다. 신이 방금 이의행(李義行)의 소본(疏本)을 보니, 신의 예전 거조(擧條) 중에서 '화풀이를 하신 것〔移怒〕'이라는 두 글자에 대해 호되게 비난하고 배척하여 그 뜻이 심각하였습니다.[40] 이에 신은 매우 놀랍고 송구하기 그지없습니다. 신이 그날 아뢰었던 것은 외부에서 사정을 모르는 자들이 '화풀이를 하신 것'이라고 생각할 수도 있다는 점을 말한 것에 불과하니, 이는 가설(假說)하여 한 말에 지나지 않은 것이지 성상께서 참으로 전가할 만한 노여움이 있다고 여긴 것은 아닙니다. 이에 대해서는 거조가 남아 있으니 자연히 확인할 수 있을 것입니다. 더구나 성상의 비답에 그 당시의 사실에 대해 더 이상 남김없이

**39** 이재간에게……차자 : 1789년(정조13) 10월 23일에 올린 차자이다.

**40** 신이……심각하였습니다 : 1789년 9월 28일에 정조가 대신(大臣)과 도감 당상들을 인견(引見)하여, 은언군을 압송한 일과 관련하여 대신, 금부 당상, 포도대장, 승지 등에게 내렸던 찬배(竄配)의 명을 환수하였다. 이 자리에서 좌의정 채제공이 "그날 금부 당상과 포도대장에 대한 처분은 대신이 용서받을 수 없는 죄를 범한 데서 말미암은 것이고, 그 대문에 성상의 분부가 엄절(嚴切)하게 되었습니다. 다만 그들의 집에 가서 잡아들이라고 한 명령이 마침 자교(慈敎)가 내린 얼마 뒤에 있었고, 이어서 이 때문에 찬배되기까지 하였으니, 외간에서 이 사정을 제대로 알지 못하는 자들은 혹시 성상께서 화풀이를 하신 것〔移怒〕으로 의심하기도 할 것입니다."라고 아뢰었다. 10월 23일에 완성군(完城君) 이의행이 올린 상소에 "대신이 '화풀이를 하신 것'이라고 아뢰어 감히 우리 두 궁(宮)의 지극히 자애롭고 지극히 효성스러운 덕에 누를 끼쳤습니다."라는 말이 나온다. 《正祖實錄 13年 9月 28日, 10月 23日》

분명히 말씀해 주셨으니, 신이 감히 다시 번거롭게 아뢰지 않겠습니다. 다만 생각하건대, 신은 명색이 대관(大官)의 자리에 있으면서도 언행이 평소에 신뢰를 받지 못하여 예사롭게 아뢰었던 말조차도 이와 같이 의심을 받고 보니, 부끄럽고 원통한 마음에 몸 둘 곳을 모르겠습니다. 삼가 바라건대, 엄한 벌을 속히 내려 사람들의 말에 답하고 미천한 분수를 편안하게 해 주소서.

신이 어제 올린 한 통의 상소는 망녕되이 굳은 충성심에다 스스로 붙여 아뢴 것인데, 위 항목의 몇 줄 구어(句語)가 어필(御筆)로 지워지는 지경에 이르렀습니다. 신이 아뢴 피눈물 어린 충심(忠心)의 말은 이 몇 줄의 구어가 없다면, 형체는 비록 멀쩡해도 정신이 전혀 없는 사람에 비할 것입니다. 왜 사람을 비유하여 말하겠습니까. 사람이 그러한데, 글이 어찌 유독 그렇지 않겠습니까. 글이란 말의 형체이고, 말은 마음이 표현된 것입니다. 지금 전하께서 이미 글을 지우셨으니, 신의 마음이 성상께 신뢰를 못 받고 있다는 것을 헤아려 알 수 있습니다. 마음이 신뢰를 받지 못하면서 그 마음을 바탕으로 임금을 섬긴다는 말을 신은 들어 보지 못하였습니다. 삼가 바라건대, 성상께서는 사람 때문에 말을 버리지 말고 속히 징토(懲討)를 행하여 종묘사직에 다행스럽도록 해 주소서.

이재간(李在簡)의 일에 대해서는 신이 어찌 개인적인 분노가 있어 그리하겠습니까. 신이 하늘과 같은 성상의 은혜를 받았으나 보답할 길은 없고, 잊지 못하고 나라를 걱정하는 한결같은 마음만 있을 뿐입니다. 이 때문에 왕실에 마음을 다하는 자를 보면 친형제처럼 사랑하고, 국가에 충성하지 않는 자를 보면 사적인 원수처럼 미워합니다. 지금 이익만을 좇아 임금을 잊고 나라를 배신한 자로는 신이 보기에 이재간과 같은 자가 없습니다. 병이 나는 것은 사람이라면 피하기 어렵다고 하지만, 그 병이 공교롭게도 병오년(1786, 정조10) 징토할 때에 발생하였고, 그 병의 재발이 기어코 올해 징토할 때에 있었으니, 이것은 무슨 까닭입니까. 설령 진짜로 병이 있었다고 하더라도 들것에 실려 궐 밖에까지 나오지 못하고 들것에 실려 소청(疏廳)에도 나오지 못한 것은 또한 무슨 까닭이란 말입니까.

그가 신기현(申驥顯)을 지휘하여 흉악한 상소를 꾸며 내어 눈치를 살피려는 계책으로 삼은 사실은 단지 평소 그가 행한 일만 가지고 미루어 보더라도 감출 수 없이 환하다는 것을 분명히 알 수가 있습니다. 그는 처신을 끝없이 바꾸어 왔습니다. 근년 이후로 김우진(金宇鎭), 조시위(趙時偉)와 함께 도모하고, 김우진, 조시위와 생사를 같이하였습니다. 김우진, 조시위가 상황을 살필 때에 이재간이 그들과 함께하였으며, 김우진, 조시위가 계획을 세울 때에도 이재간이 그들과 함께하였으니, 속마음이 서로 연결되어 있어 형체는 달리해도 한 몸이었던 것입니다. 김우진, 조시위의 역적 행위가 모두 탄로 난 뒤에도 여전히 마음에 미련을 두고 간직하여 한사코 버리지 않았으니, 이는 김우진, 조시위는 실패하였지만 계획은 여전히 그대로 남아 있기 때문입니다. 이것을 가지고 보면 신기현의 소굴이 그가 아니고 누구이겠습니까.

아, 우리 전하께서 즉위하신 이래로 간사한 무리가 숨을 죽이고 교화의 다스림이 청명하였으나, 이재간과 같은 자가 하늘까지 차오르는 죄를 스스로 초래하였으니, 실로 무성하게 만연할 우려가 많습니다. 신이 나약하기는 하나 결코 그와 조정에 나란히 서고 싶지 않습니다. 이에 감히 번거롭게 해 드리는 것을 피하지 않고 먼젓번에 했던 말을 다시 아뢰니, 밝으신 성상께서는 조금도 곤란하게 여기지 마시고 시원스레 국법을 시행하여 난역(亂逆)으로 하여금 두려워할 줄 알게 하소서. 재결해 주소서.

답하기를,

"차자를 보고 경의 간절한 마음을 잘 알았다. 이의행의 상소 내용에 대해서는 소급하여 제기할 필요 없다. 내가 한 말을 경이 갑자기 대신 떠맡고 나섰으니, 한바탕 웃음거리로 치부해야 할 것이다. 이재간의 일로 말하자면, 이번 차자에서 열거한 말은 한 단계 더 깊이 들어간 것이고, 때마침 또 우상이 연석에서 아뢴 말도 있었다.[41] 대체로 이 중신(重臣)에게 전후로 은택을 베푼 것이 과연 어떠하였는지를 생각해 보면, 사정이 있고 없고를 떠나서 이 사람에게 이러한 일이 있게 된 것은 실로 생각하지 못했던 일이다. 대신(大臣)을 공경하는 의리로 볼 때 중신 하나를 위하여 또한 어찌 한결같이 굳게 거부할 수 있겠는가. 이미 우상의 거조에 대한 비답에 하교한 것이 있으니, 경은 부디 안심하고 사직하지 말고 조리하라."

하였다.

**41** 우상이……있었다 : 1789년 10월 23일 정조가 우의정 김종수(金鍾秀), 형조 판서 심이지(沈頤之)를 소견(召見)하여 의견을 듣고 이재간을 진도(珍島)에 유배하라는 명을 내렸다. 《正祖實錄 13年 10月 23日》

## 말을 하사하는 상전을 사양하고 이어 차대하여 인접해 주기를 청하는 차자[42]

辭錫馬賞典仍請次對引接箚

삼가 아룁니다. 지난번 원소(園所) 천장(遷葬)의 역사(役事)를 감독한 여러 신하에게 상전(賞典)을 하사할 때에 신의 이름도 그 가운데 끼어 있었는데, 안구마(鞍具馬)를 사급하라는 명이 내린 것이 두 차례였습니다. 신이 가만히 엎드려 생각건대, 오늘을 기다려 명당(明堂)에 모신 것과 흠위(廞衛)[43]의 대례(大禮)가 순조롭게 이루어진 것은 모두가 우리 성상의 타고난 효심이 위로 신명(神明)을 감동시키고 아래로 신료들에게 신뢰를 받아 마침내 일마다 유감이 없게 되었기 때문이니, 역사를 감독한 자가 무슨 힘이 되었겠습니까. 더구나 신은 총호사(摠護使)의 직임에 제수하는 명을 도감(都監)의 역사가 거의 완료된 뒤에 받아 스스로 힘쓴 일이라고는 대여(大轝)의 행차를 모시고 뒤따른 것과 현궁(玄宮)을 닫을 때에 슬피 곡을 한 것뿐입니다. 이러한 일은 본래 신하의 당연한 본분이므로 애초에 내세울 만한 공적도 없습니다. 그렇다면 안구마를 한 번 받는 것도 외람된 일인데, 두 번 받을 수 있겠습니까. 만약 중대한 일이고 전례(前例)가 뚜렷하니 은수(恩數)를 지나치게 베푸는 것은 돌아볼 필요가 없다고 한다면, 무릇 상전은 겹쳐 받을

**42** 말을……차자 : 1789년(정조13) 10월 30일에 올린 차자이다.

**43** 흠위(廞衛) : 장례 행차를 뜻하는 말인데, 여기서는 사도세자(思悼世子)의 원소를 천장하는 것을 가리킨다.

수 없다는 조항은 유독 전례(典禮)에 실려 있는 것이 아니란 말입니까. 옛 원소와 새 원소의 서계 단자(書啓單子)가 비록 다르지만 그 일은 한 가지 일입니다. 한 가지 일에 대해 여기서 상을 주고 다시 저기서도 상을 준다면, 받는 사람이 매우 두렵고 부끄러울 뿐만 아니라, 성스러운 조정에서 신중하게 상벌(賞罰)을 내리는 법도에 얼마나 누를 끼치겠습니까.

신이 하사를 받은 뒤로 가슴 가득 놀랍고 두려웠으므로 바로 차자를 올려 마땅히 환수해 주시기를 청해야 했으나, 처음에는 징토(懲討)가 한창인 때를 당하여 다른 말을 할 겨를이 없었고, 끝내는 성상의 마음을 돌리지 못해 얼굴을 들 수 없어 지금껏 머뭇거리면서 당연히 받아야 하는 것처럼 있었으니, 신의 죄는 이러한 지경에 이르러 더욱 피할 길이 없습니다. 지금 비로소 병을 참으며 차자를 지어 성상께 아룁니다. 삼가 바라건대, 성상께서는 상벌에 있어 중도(中道)를 얻는 것이 귀중하다는 사실을 유념하고, 신의 말이 의례적인 사양에서 나온 것이 아니라는 점을 살피시어 내린 명을 속히 환수함으로써 신의 분수를 조금이나마 편안하게 해 주소서. 그렇게 해 주신다면 천만다행이겠습니다.

신이 차자를 써서 올리려던 차에 소보(小報)[44]를 보고 비로소 비국(備局)의 차대(次對)에 소접(召接)을 허락하지 않는다는 명을 내리셨다는 것을 알았습니다.[45] 근일에 조정이 평안하지 못한 것을 바깥에서

**44** 소보(小報) : 명령이나 거행하는 일이 있을 때마다 당일에 필요한 부분을 뽑아 베껴 관원에게 반포하는 것을 가리키는데, 분발(分撥)이라고도 한다. 매일 아침 써서 반포하는 것은 조보(朝報)라고 한다.

보자면 우려스럽지만, 그 일을 돌아보면 천지의 정당한 도리상 그만둘 수 없는 것이었으니, 전하께서 그 일에 대해 무슨 분노하실 것이 있겠습니까. 더구나 빈대(賓對)를 행하지 못한 지가 벌써 한 달이 넘었습니다. 지금 비록 나라 안이 평온하고 번신(藩臣)이 백성의 일로 아뢰는 것 가운데 특별히 시급한 일은 없지만, "하루 이틀 사이에도 중요한 일이 만 가지나 된다."[46]라는 성인(聖人)의 가르침이 있는데, 새벽부터 의관을 차려입고 부지런히 정사를 돌보는 성상께서 온갖 사무가 자질구레해지는 것은 유독 생각하지 않으십니까.

신은 어제저녁에 오늘 차대를 행할 것이라는 소식을 듣고 조정에서 앞으로 일의 갈피가 잡힐 희망이 있게 된 것을 다행으로 여겼습니다. 그런데 어찌하여 성상께서는 평정심을 잃고서 하교를 점점 엄히 하시고, 아울러 묘당(廟堂)에게 중대한 기무(機務)를 자문하려고 하지 않으십니까. 전하께서 국사(國事)를 어느 지경에 두려고 하시는지를 모르겠습니다. 미천한 신의 질병이 오래도록 지속되어 정신이 혼미하지만, 임금의 잘못에 관계된 일인지라 끝내 조용히 있을 수 없기에 감히 이렇게 말미에 아룁니다. 간절히 바라건대, 내리신 전교를 즉시 철회하

**45** 비국(備局)의……알았습니다 : 1789년 10월 30일에 교리 심흥영(沈興永)이 상소를 올려 이재간(李在簡)을 압송할 때 호송을 담당한 금부 도사를 바꾸도록 한 판의금부사 정민시(鄭民始)를 탄핵하자, 정조가 진노하여 심흥영을 고금도(古今島)에 찬배(竄配)하고, 빈청의 차대에 소접을 불허한다는 명을 내렸다. 《正祖實錄 13年 10月 30日》

**46** 하루……된다 : 제왕(帝王)이 매일 처리하는 정사(政事)가 매우 번다하고 바쁜 것을 형용한 말로, 《서경》 〈고요모(皐陶謨)〉에 "하루 이틀 사이에도 중요한 일이 만 가지나 됩니다. 모든 관직을 비우지 마소서. 하늘의 일을 사람이 대신하는 것입니다."라고 한 데서 온 말이다.

고 대신(大臣)과 비국 당상을 소견하여 군국(軍國)의 사무를 도모하소서. 재결해 주소서.

답하기를,

"차자를 보고 경의 간절한 마음을 잘 알았다. 일전에 김 판부사(金判府事)의 차자에 대한 비답에서 상전을 당연히 받아야 한다는 뜻을 대략 언급하였으니, 지금 경의 차자에 대해서도 어찌 다른 말을 하겠는가. 더구나 시일이 물 흐르듯이 지나가서 달이 바뀌려고 한다. 이후로는 의물(儀物)이 길례(吉禮)로 바뀌게 되어 하늘에 사무치는 큰 슬픔을 더 이상 부칠 곳이 없게 되었으니,[47] 이런저런 감회가 아쉽고 허전하여 혼란스러운 마음을 더욱 금치 못하겠다. 이러한 즈음에 응대(應對)를 어찌 억지로 할 수 있겠는가만, 환히 타이르는 일이 시급하기에 처음에는 규례대로 인접하려고 하였다. 그런데 성실하지 않고 못난 자가 소란을 일으킨 까닭에 어쩔 수 없이 조금 전의 전교를 내렸던 것이다. 경은 어찌하여 이렇게 운운하는가. 경은 부디 양찰하라. 경은 부디 양찰하라. 그리고 근래에 야기된 소란을 시원스레 타결하는 문제는 방금 연석의 하교로 인하여 삼사(三司)와 승선(承宣)으로부터 대신(大臣)과 경재(卿宰)에 이르기까지 모두가 한목소리로 힘써 받들었다.[48] 마침 경의 차자가 도착하였기에 먼

**47** 의물(儀物)이……되었으니 : 1789년에 지금의 서울 동대문구 전농동, 당시로는 양주(楊州) 중량포(中梁浦) 배봉(拜峯) 자락에 있던 사도세자의 묘인 영우원(永祐園)을 수원(水原)의 화산(花山)으로 옮기고 현륭원(顯隆園)이라 이름을 고쳤다. 8월에 천장을 시작하여 10월에 완료하였는데, 천장의 예에 따라 상복을 벗을 시기가 되었기 때문에 이렇게 말한 것이다.

저 이렇게 기쁜 소식을 알린다. 연석의 대화는 이어 사관으로 하여금 기록하여 집에 있는 여러 대신에게 보여 주도록 하고, 이 비답도 즉시 요상(僚相)에게 전해 보여 주라."

하고, 이 비답을 사관을 보내 전유하게 하였다.-10월 13일 경기 감사의 장계(狀啓)에서 좌의정 채제공이 올라올 때 차사원(差使員)을 차출하는 일과 영후(迎候)하기 위해 대령하는 일은 보류하겠다고 한 것에 대해 하교하기를 "이 장계 내용을 보면, 좌상이 벌써 올라왔다는 소식을 듣기는 하였겠으나, 좌상의 거취(去就)에 대해서는 필시 금령(禁令)으로 인하여 알 수가 없을 것이다. 만약[49] 좌상이 김 판부사를 따라 아직도 도성 밖에 있다면 조금 전에 내려 준 비망기는 더욱 환수할 수 없을 것이니, 승정원에서 즉시 구두로 전달하라." 하셨다. 14일의 비망기가 권수 하 제13판에 보인다. 같은 날의 서계가 권28 제8판에 보인다. 15일 비답을 받은 뒤에 올린 서계가 권28 제10판에 보인다. 같은 날의 전교가 권수 하 제13판에 보인다. 승지와 함께 오라는 비망기가 권수 하 제13판에 보인다.-

**48** 근래에……받들었다 : 1789년 10월 30일의 차대에서 우의정 김종수(金鍾秀)가 이제까지 은언군(恩彦君)의 징토와 관련하여 신하들에게 내린 엄한 하교와 전교를 환수해 줄 것을 정조에게 청하자, 정조는 이와 관련한 상소, 차자, 계사 등을 앞으로 올리지 않는다는 조건으로 기존에 내렸던 하교와 전교를 모두 환수하는 조치를 취하였다. 《正祖實錄 13年 10月 30日》

**49** 만약 : 대본에는 '姑'로 되어 있다. 《승정원일기》 및 《일성록》 정조 13년 10월 13일 기사에 근거하여 '如'로 바로잡아 번역하였다.

## 좌의정을 사직하는 상소[50] 경술년(1790, 정조14)

辭左議政疏 庚戌

삼가 아룁니다. 성상께서 병환을 앓으시다가 원기(元氣)가 빨리 회복되었으니, 우리나라의 백성이면 누군들 기뻐하며 서로 경하하지 않겠습니까. 신이 마침 약원(藥院)의 직책을 맡아 열흘 동안 상약(嘗藥)하던 터에 근심과 황망함이 춤출 듯한 기쁨으로 바뀌었으니, 성상의 만수(萬壽)를 기원하는 마음이 이에 더욱 절실하였습니다. 비록 은혜로운 해직(解職)의 조치를 입어 집에서 편히 지내면서도 성상이 마음에 걸려 밤이면 잠을 이루지 못하였습니다. 이러한 즈음에 다시 정승에 임명하는 명이 꿈에도 생각하지 못한 가운데 갑자기 내렸습니다. 신이 처음에는 망연자실하다가 결국에는 두려워 떨며 실로 땅을 뚫고 들어가려고 하였으나 할 수 없었습니다.

아, 국가에서 어려워하고 신중히 해야 할 일로는 정승을 임명하는 것보다 더한 것이 없습니다. 신은 어리석고 용렬하여 본래 남보다 못한 인물인데도 신을 정승의 직임에 의망하셨으니, 어찌 신에게 조금이라도 정승의 직임에 걸맞은 점이 있어서 그러셨겠습니까. 단지 전하께서 신을 만번 죽을 처지에서 살려 주셨으므로, 보은의 마음은 뱀과 참새조차도 지닌 것이니만큼, 이 사람을 등용한다면 혹시라도 나라를 먼저 생각하고 사적인 일을 뒤로 미룰 수 있으리라고 생각하셨던 것입니다. 이에 재작년에 중서(中書)에서 전례가 없던 이례적인 융숭한 은혜를

50 좌의정을 사직하는 상소 : 1790년 1월 22일에 올린 상소이다.

베푸셨으니, 이것은 성상께서 심사숙고하는 가운데 하신 한 가지 실수입니다.

신은 은혜는 중히 여기고 염치는 되레 경시한 채 나아가 명에 응하여 마치 본래 그 직임을 가지고 있던 사람처럼 굴었습니다. 이것이 용렬한 사내가 다른 사람들의 비웃음과 꾸짖음을 받은 까닭입니다. 전하께서 신의 불초함을 모르고 그동안 신을 책려하는 하교를 내리신 것이 어찌 한두 차례뿐이겠습니까마는, 그 가운데 큰 것으로는 당파를 제거하고 탐오(貪汚)한 자를 징계하라는 것과 백성의 일에 마음을 다하라는 것이었습니다. 아, 당파를 제거하는 일은 오늘날의 최우선 과제이건만 두 해 동안 당론(黨論)이 더욱 치열해졌으니, 이는 신이 성상의 하교를 저버린 것입니다. 탐오한 자를 징계하는 일은 나라를 다스리는 가장 엄중한 정사이건만 두 해 동안 탐오한 풍조가 더욱 드세졌으니, 이는 신이 성상의 하교를 저버린 것입니다. 백성의 일에 대해서는 신이 어찌 감히 단 하루라도 잊었겠습니까마는, 두 해 동안 백성의 궁핍함이 점점 심해져 서북 지방의 백성들이 고통을 겪고 있다는 보고가 날마다 들려왔으니, 이 또한 신이 성상의 하교를 저버린 것입니다. 비록 미관말직이라도 자신의 직임을 제대로 수행하지 못하여 저버린 것이 많다면 죄가 죽음으로도 용서받을 수 없는데, 하물며 보상(輔相)이라고 부르는 자리이겠습니까.

작년 겨울에 신에게 체차의 은혜를 베푸시어 국가의 입장에서는 어진 인재의 등용을 방해하는 근심이 없어졌고 신의 입장에서는 그칠 줄 알게 되는 다행이 있었으니, 관직에서 해임되는 영예가 관직에 제수되는 은혜보다 실로 갑절이었습니다. 생각건대, 신은 나이가 말년에 이르러 여생이 얼마 남지 않았습니다. 중추부의 한가한 부서에서 몸을 편히 쉬다가 끝내 편히 죽을 수 있다면, 전하께서 신을 다시 살려 주신 은택이 비로소 유시유종(有始有終)하게 될 것입니다. 여생의 소원이 오직 여기에 있을 뿐입니다. 어찌 전하께서는 시험해 보니 효과가 없었다는 탄식을 돌아보지 않고, 도리어 오늘의 명을 내려 신으로 하여금 결코 요행을 바랄 수 없는 지경으로 기어 들어가게 하고, 온전히 보전하는 은혜를 끝까지 다 베풀어 주지 않으십니까. 더구나 신이 나아가기 어려운 의리를 이미 일전에 올린 부주(附奏)의 내용 가운데 모두 아뢰었습니다. 징토(懲討)가 행해지지 않는 것이 전날과 같고, 신이 견지하는 소신을 고칠 수 없는 것이 전날과 같은 상황에서, 지금 시일이 오래되었다는 핑계로 의리가 어두워지는 것은 아랑곳하지 않은 채 갑자기 염치를 무릅쓰고 나간다면, 진실로 이른바 "처음에는 무슨 마음이었고 나중에는 무슨 마음이었는가?"라는 경우이니, 신이 어찌 차마 정승의 자리를 차지하여 남들이 비웃는 빌미를 초래하겠습니까.

여러 날을 방황하며 어찌할 줄 모르고 있었는데, 이즈음 다시 약원의 명이 내렸고, 구전(口傳) 계사에 대한 비답을 읽어 보니, 도제조가 출사하기를 기다렸다가 증후를 진찰하여 약을 의정(議定)하라는 하교를 내리기까지 하셨습니다. 이에 신은 오장이 꽉 막힌 듯 답답하여 더욱 어찌할 바를 몰랐습니다. 지금 성상의 환후가 조금 회복되었다고는 하나, 조금 나았을 때가 바로 각별히 주의해야 하는 때이므로 진찰을 늦추어서는 안 되며, 탕제를 거르셔서도 안 됩니다. 신의 거취가 무슨 관계가 있기에 성상의 옥체를 보전하는 도리를 반드시 신을 기다렸다가 하게 하시니, 고금에 어찌 이러한 일이 있었겠습니까. 이에 감히 번거롭게 해 드리는 죄를 피하지 아니하고 천지와 같고 부모와 같은 성상께 다급한 목소리로 호소합니다. 삼가 바라건대, 밝으신 성상께서는 속히 증후를 진찰하고 약을 의정하라는 명을 내리고, 이어 바로 신의 정승 직임을 체차하여 어질고 후덕한 이에게 다시 제수함으로써 국사(國事)를 다행스럽게 하고 사적인 의리를 편하게 해 주소서. 천만 진심으로 바라니, 신은 지극히 두렵고 간절한 마음을 이기지 못하겠습니다.-거듭 제수하는 선유(宣諭)가 있은 뒤에 올린 서계가 권28 제11판에 보인다.-

답하기를,

"상소를 보고 경의 간절한 마음을 잘 알았다. 많은 말을 하지 않겠다. 경이 들어오기를 기다렸다가 약을 의정하도록 하겠다. 의관(醫官)이 전하는 말을 제조(提調)에게도 반드시 기록해 보낼 것이니, 경은 부디 바로 나와 직무를 살피라."

하고, 전교하기를,

"오늘이 약을 의정하는 일차(日次)라서 방금 전에 약방문(藥方文)을 올리기에 도제조가 들어오면 그에게 가서 의정하고 써서 들이라고 명하였다. 이러한 뜻을 좌상으로 하여금 알게 하고, 이어 전유하러 가는 사관으로 하여금 좌상과 함께 들어오게 하라."

하였다.

## 한림 권점을 한 뒤에 최경악의 상소에 대해 변론하고 이어 조정의 의례를 논하는 차자[51]

翰圈後辨崔景岳疏仍論朝儀箚

삼가 아룁니다. 신이 어젯밤에 전 장령(掌令) 최경악(崔景岳)의 상소에 대한 비답을 보고 비로소 도당(都堂)의 한림 권점(翰林圈點)으로 인해 남들의 미움을 잔뜩 받게 되었다는 사실을 알았습니다.[52] 아, 신이 고심하며 부응하려고 한 바는 태화(太和)를 보합(保合)하시려는[53] 성상의 뜻이었고, 정성을 다해 선발하려고 한 것은 등용할 젊은 나이의 인재들이었습니다. 더구나 고르고 방정(方正)하게 함으로써 천하를 안정시키는 요체를 거의 저버리지 않았습니다.[54] 하지만 세로(世路)는

51 한림……차자 : 1790년(정조14) 2월 29일에 올린 차자이다.

52 전……알았습니다 : 1790년 2월 28일 장령 최경악이 상소를 올려 도당 회권에 참여한 관원들이 사감(私感)에 따라 처리하였고, 격식에도 어긋났다고 하면서 회권에 참여했던 대신을 비난하고 당상을 파직할 것을 청하였다. 이에 대해 정조는 윤허하지 않고 오히려 최경악에게 견삭(譴削)의 처벌을 내렸다. 《承政院日記 正祖 14年 2月 28日》

53 태화(太和)를 보합(保合)하시려는 : 《주역》 〈건괘(乾卦) 단(彖)〉에 "건도가 변하여 화함에 각각 성명을 바루니, 태화를 보합하여야 이에 이롭고 정하다.〔乾道變化, 各正性命, 保合大和, 乃利貞.〕"라고 한 데서 온 말로, 여기서는 조정을 화합하여 안정시키는 것을 의미한다.

54 고르고……않았습니다 : 《대학장구》 전(傳) 10장 주희(朱熹)의 주(註)에 "군자가 반드시 그 같은 바를 인하여 자신을 미루어 남을 헤아려서 상대와 나의 사이로 하여금 각기 분수와 소원을 얻게 하니, 그렇게 하면 상하와 사방이 고르고 방정하여 천하가 평해질 것이다."라고 한 데서 온 말이다.

평탄하기 어렵고 인욕(人慾)은 무한한 법입니다. 그가 이른 바 사심(私心)을 따르고 격식을 어겼다는 말에 있어서, 따른 것이 어떠한 사심이고 어긴 것이 어떠한 격식인지는 모르겠으나, 그의 마음이 단지 권점한 일을 무너뜨리는 데 있다는 것을 알 수 있습니다. 권점이 성사되느냐 마느냐는 도리어 무슨 말할 것이 있겠습니까마는, 신은 실로 세도(世道) 때문에 통탄하는 것입니다. 비록 그렇다 해도, 권점을 주관한 사람은 신이었습니다. 신을 공격하는 것이 이토록 심하니 신이 어떻게 얼굴을 들고 삼공(三公)의 반열에 있을 수 있겠습니까. 방금 소명(召命)을 어기고 감히 짧은 차자를 올리니, 삼가 바라건대 속히 처벌을 내려 대간(臺諫)의 말을 소중히 하소서.

신이 이어서 전 참판 구상(具庠)의 상소에 대한 비답을 보았습니다. 그 전본(全本)은 아직 못 보았으나, 어제 반열에서 있었던 일을 가지고 먼저 선수를 치려는 계책을 부렸다는 것을 짐작할 수 있습니다. 무릇 동가(動駕)가 있을 경우에 엄고(嚴鼓)가 울리면 동반과 서반이 미리 정제(整齊)하고, 이엄(二嚴)이 울리면 대신(大臣)이 비로소 나가 앉으니, 조정의 의례가 예로부터 그러하였습니다. 근래에 국가의 기강이 해이하지 않은 곳이 없어 대신이 반차(班次)에 나아가도 경재(卿宰)는 거드름을 피우며 움직이지 않다가 대가(大駕)가 이른다는 소리를 들으면 길옆에 잠시 엎드립니다. 신이 수삼십 년 전에는 조정의 의례가 이처럼 기강이 없는 것을 보지 못하였습니다. 어제 동가하실 적에 예도감(禮都監)으로 하여금 미리 동반과 서반의 행렬을 정돈하도록 하고, 이엄이 울린 뒤에 신이 비로소 나가 앉았더니, 경반(卿班)의 초상(軺床) 가운데 비어 있는 자리가 여전히 서너 개 있었습니다. 신이 녹사(錄事)로 하여금 적발하여 그 서리(書吏)를 가두게 하였습니다. 이조 참판 구상이 늦게야 비로소 느긋하게 나와 의정부의 서리를 꾸짖고는 이조의 서리를 잡아 가둔 의정부 하례(下隷)의 호패(戶牌)를 빼앗아 갔습니다. 신이 처음에는 이 사실을 믿지 않다가 의정부의 서리를 불러 물어보니, 참판이 그렇게 하라고 분부했다고 대답하였습니다. 그렇게 캐물을 때에 동반과 서반의 관원들 모두가 그 일을 들었으니, 어찌 속일 수 있겠습니까.

아, 나라를 나라답게 하는 것은 기강일 뿐입니다. 윗사람이 아랫사람을 제대로 검속하지 못하고 아랫사람은 그것을 꼬투리 삼아 윗사람을 능멸한다면 이것은 기강이 없는 것입니다. 기강이 없는데도 나라가 나라다운 경우를 신은 들어 보지 못하였습니다. 익성공(翼成公) 황희(黃喜)가 의정부에 앉아 호부 상서(戶部尙書)를 잡아들인 것과 같은 일은 아주 오래된 일이라 비록 바랄 수는 없지만, 의정부를 설치한 이래 400년 동안 이와 같이 해괴한 일이 있었다는 말은 들어 보지 못하였습니다. 신이 의정부 서리에게 분부하기를 "조회가 있는 날 연석에 나오기를 기다렸다가 이조 참판을 논죄할 것이다. 반열에 앉을 수 없으니 물러가는 것이 마땅하다." 하였습니다. 사실이 이와 같으므로 구상은 도리상 마땅히 숨을 죽이고 엎드려 논죄를 기다렸어야 하는데, 도리어 다급하게 상소를 올려 태연히 스스로 빠져나갈 궁리를 하였으니, 어쩌면 그리 지독히도 스스로 반성하지 않는단 말입니까. 성상의 비답이 엄준하여 견파(譴罷)하라는 명을 내리셨습니다만, 견파 등과 같은 처벌이 이미 무너져 버린 기강을 수습할 수 있을지 신은 모르겠습니다.

차자를 완성한 뒤에 소패(召牌)가 다시 내려 빈대(賓對)하라는 명이 내렸으나, 움직일 수 없는 신의 정세가 앞에서 아뢴 바와 같아서 아무리 생각해 봐도 나아가 참석할 길이 전혀 없습니다. 신의 죄가 이 지경에 이르러 실로 만번 죽어 마땅하니, 떨면서 처벌을 기다리는 지극한 심정을 이기지 못하겠습니다. 재결해 주소서.

답하기를,

"차자를 보고 경의 간절한 마음을 잘 알았다. 권점의 일이 이렇게 된 것은 사정(私情)에 이끌리는 낡은 폐습 때문이다. 결국 일의 타결은 한번 호령하는 것에 달렸을 뿐이다. 패초를 어겼던 당상들이 모두 이미 소명을 받들었는데도, 경이 차자를 올려 인의(引義)하였기 때문에 응시할 사람들이 궐 밖에서 아직도 꼼짝 않고 있다. 경은 부디 안심하고 조정에 나오라. 구상의 일에 대해서는 경의 차자를 보고서 모르던 점을 더욱 알게 되었다. 경의 차자 내용 가운데 '견파 등과 같은 처벌이 이미 무너져 버린 기강을 수습할 수 있을지 모르겠습니다.'라고 한 말은 정말 옳고도 옳다. 경이 연석에 나오기를 기다렸다가 마땅히 등급을 높여 처벌할 것이니, 아울러 양지하기 바란다."

하고, 이어 전교하기를,

"이 비답을 사관을 보내 전유하게 하라. 빈연(賓筵)에 재신(宰臣)들이 와서 모인 지 오래이니 즉시 조정에 나오라는 말도 좌의정에게 일체 전유하게 하라."

하였다.

## 정승의 직책을 해임해 주기를 청하는 차자[55]
乞解相職箚

삼가 아룁니다. 신이 분수에 맞지 않는 자리를 외람되이 차지한 채 멍청하게 봉록만 축내다가 지난번에 대간의 엄준한 탄핵을 받아 일을 그르친 죄가 환히 드러났습니다. 신이 그 당시에 대궐 문 밖에서 대명하며 처벌만을 기다리고 있었는데, 신칙하는 전교를 여러 번 내려 빈대(賓對)할 것을 명하셨습니다. 신은 빈대에 달려가는 것은 소시(召試)의 일과 차이가 있다고 여겨 부득이 관복을 차려입고 달려 들어갔습니다. 그런데 결국은 국가의 체모와 신하의 분의(分義)로 볼 때 어쩔 수 없는 점으로 인해 감춘추관사(監春秋館事)로서 시관(試官)에 숙배하는 명을 피할 수 없었습니다. 명색이 대관(大官)으로서 의리를 지키는 일이 이처럼 어그러지니, 실로 조정의 수치입니다. 물러가는 마당에 성상께 아뢰어 외람되이 충정(衷情)을 진달하니, 이것이 어찌 신이 멈출 수 있는데도 멈추지 않는 것이겠습니까.

그간 원릉(元陵)에 수향(受香)한 것은 정례(情禮)를 스스로 다하겠다는 생각을 가졌기 때문이고, 황단(皇壇)에 공경히 배종한 것은 사체가 너무나 엄중했기 때문이니, 신이 구구하게 스스로 인책하는 의리가 이것으로 인해 느슨해져서는 안 될 것입니다. 근일 이래로 평소 앓던 벽적(癖積)이 갑자기 재발하여 병상에 누우니, 삶의 의지가 모두 사라졌습니다. 성상의 은혜를 털끝만큼도 갚지 못한 채 아침 이슬처럼 먼저

**55** 정승의……차자 : 1790년(정조14) 3월 11일에 올린 차자이다.

사라져 영원히 은혜와 국가를 저버리는 귀신이 될까 두려웠습니다.

빈대를 하라는 명을 이러한 즈음에 다시 내리셨으나, 신의 상황으로 말씀드리자면 앞에서 아뢴 바와 같고 질병으로 말씀드리자면 억지로 채찍질해 나갈 수 없는 형편입니다. 성상께서 국사(國事)를 염려하여 힘쓰느라 새벽부터 의관을 갖추고 이토록 열심이신데, 신은 편히 누워 병으로 신음하면서 항명(抗命)을 일삼으며 두려움을 모르는 듯이 하고 있습니다. 나라에 형정(刑政)이 없으면 모르거니와 그렇지 않고 보면, 형벌이 신에게 시행되지 않고 다시 어디에 시행되겠습니까. 이에 감히 짧은 차자를 올려 호소하여 간절한 마음을 다 아룁니다. 삼가 바라건대, 속히 신의 죄를 다스리고 어질고 후덕한 이를 다시 복상(卜相)함으로써 국사에 다행스럽게 하고 신의 남은 목숨을 이어 가게 해 주소서. 그렇게 해 주신다면 천만다행이겠습니다. 재결해 주소서.

답하기를,

"차자를 보고 경의 간절한 마음을 잘 알았다. 인의(引義)한 일은 너무 지나치고 지나치다. 차자에서 말한 경의 병은 바람을 쐬면 해로운 감기와는 달라서, 기를 돌게 하면 오히려 회복되는 효과가 있다. 더구나 지금 재신(宰臣)들이 이미 모두 와서 모였고, 나도 새벽부터 일어나 의관을 차리고 기다리고 있다. 경은 부디 안심하고 사직하지 말고 즉시 조정에 나오라."

하고, 이어 전교하기를,

"이 비답을 사관을 보내 전유하게 하라."

하였다.

## 별유가 내린 뒤에 정승의 직책을 체차해 주기를 청하는 차자[56]

別諭後乞遞相職箚

삼가 아뢰옵니다. 신의 처지가 곤궁하고도 절박합니다. 스스로 인책(引責)하는 의리를 지키자니 성상의 뜻이 간곡하신지라 신하로서의 본분을 감히 저버릴 수 없고, 면려하고 신칙하신 하교를 받들자니 염치없는 짓이라 조정이 비웃고 손가락질할 것입니다. 여러 날을 고뇌해 보아도 어찌해야 할지 몰랐습니다. 그러던 차에 어제, 유찬(流竄)된 죄인 권유(權裕)를 처분하는 전교에서 대신(大臣)을 비난했다는 등의 구절을 읽고서 비로소 신의 이름이 다시 그 가운데 있다는 것을 알았습니다.[57] 신이 소본(疏本)을 보지 못하여 그가 비난한 것이 어떤 일인지 말의 맥락이 어떠한지 알 수 없지만, 신이 용서하지 않고 처단해야 하는 경우가 아니라면, 권유가 언책(言責)의 신분도 아니면서 직분을 벗어나 신을 지적하여 꾸짖는 것이 어찌 이 지경에 이르렀겠습니까.

**56** 별유가……차자 : 1790년(정조14) 3월 14일에 올린 차자이다.

**57** 어제……알았습니다 : 1790년 3월 13일 사직(司直) 권유가 상소를 올려, 번암이 한림 권점(翰林圈點)에서 윤선도(尹善道)의 후손인 윤지눌(尹持訥)을 발탁한 일을 비난하자, 정조는 "얼마 전 연석(筵席)에서의 하교가 있은 뒤 감히 이러한 일을 한 것은 도대체 무슨 마음에서인가. 한 번 시험하고 두 번 시험한 것은 필시 대신(大臣)에게 보복을 하고야 말려는 것이니, 어찌 이러한 국가의 기강이 있단 말인가. 이것은 오히려 부수적인 것이다. 연석의 하교가 있은 뒤에 이러한 일이 있었으니 단지 '대신을 비난했다.'라는 한 가지 일만으로 말할 수 없다. 권유에게 유배하는 형전(刑典)을 시행하고 원래의 상소는 도로 내주라."라고 전교하였다. 《日省錄 正祖 14年 3月 13日》

아, 근래 조정에서는 들어와 임금께 고하여 공격하는 대상도 신이요, 나가서 상소에 기록하여 공격하는 대상도 신입니다. 단지 성상께서 예사롭지 않게 신을 곡진히 위하고 곡진히 보호하신 덕택에 모두 안팎으로 퍼져 나가지 않은 것입니다. 성은이 하늘과 더불어 다함이 없음이 어디인들 그렇지 않겠습니까마는, 유독 변명할 길이 없으니 어찌하겠습니까. 지금 낭묘(廊廟)가 텅 비었는데 신이 홀로 자리만 차지하고 있습니다. 평소 왕실에 대한 일념을 지녔으므로 어찌 감히 자신의 편의를 돌아보겠습니까마는, 사적인 의리로 볼 때는 신이 반드시 한번 체직되어야 백성들에게 사과할 수 있고, 조정에서 볼 때는 반드시 신이 없어져야 다툼을 잠재울 수 있을 것입니다. 신의 맹세를 신 스스로 잘 알 뿐만이 아니라, 뭇사람들조차도 신이 어떻게 처신해야 하는지 잘 알 것입니다.

생각건대, 신이 앓는 담벽(痰癖)[58]의 증상은 10년 된 고질병으로, 현재 자리에 누워 신음하고 있어 다시 일어나 사람 노릇을 할 가망이 없으니, 관복을 입고 공무를 수행하는 일은 논할 만한 것이 아닙니다. 그런데도 신이 이것을 가지고 호소하려고 하지 않는 것은 실로 이것보다 훨씬 더 정세가 급박한 일이 있기 때문입니다. 이러한 소회(所懷)로 상소를 완성하기도 전에 와서 대령하라는 명이 천만뜻밖에 갑자기 내렸고, 이어 사관이 누추한 골목에까지 와서 별유(別諭)를 전하였습니다. 신이 베개를 밀치고 의관을 찾아 입고, 마른 목구멍으로 비록 어려

**58** 담벽(痰癖) : 삼초(三焦)의 기운이 제대로 오르내리지 못해 담(痰)의 나쁜 기운이 가슴과 옆구리의 사이에 쌓여 생긴 병으로, 때로 통증이 있고 음식을 제대로 먹을 수 없다.

웠지만 천천히 읽으니, 어두운 눈에도 오히려 글자를 분별할 수 있었습니다. 총 286자의 유지(諭旨)를 두 손으로 받들고 보니, 그 글은 전모(典謨)[59]와 같은 글이고, 그 뜻은 부모가 자식을 가르치는 듯한 내용이었습니다. 혹은 칭찬하여 기쁘게 하고 혹은 훈계하여 참회하게 하고 혹은 권면하여 나아가게 함으로써 집안일을 이루기 위해 백방으로 노력하는 듯이 하셨습니다. 중서(中書)에 나오라고 권면하신 유지가 그동안 끝이 없었으나, 이처럼 간절함이 지극하셨던 경우는 보지 못하였습니다. 신이 목석이 아닌 다음에야 어찌 감격하여 눈물을 흘리지 않겠습니까.

다만 생각건대, 보은(報恩)의 도리는 자리에 달려 나가는 것을 공손하게 여기는 데에 있지 않으며, 필부의 하찮은 소신은 때로 맹분(孟賁)과 하육(夏育)[60]도 빼앗을 수 없는 법입니다. 신이 만약 신의 몸을 감히 마음대로 할 수 없다는 것만 알고 의리상 해서는 안 되는 일이 있다는 것을 생각하지 않는다면, 비록 다행히 한때에 죄를 구차히 면할 수는 있겠지만 백세토록 비웃음을 받는 것은 면할 수 없다는 사실이 참으로 두렵습니다. 전하께서는 신을 등용하려는 애타는 마음과 지극한 뜻은 가지고 계시면서도 어찌 신의 몸을 끝까지 보전해 주려는 방도는 생각

**59** 전모(典謨) : 《서경》의 〈요전(堯典)〉·〈순전(舜典)〉과 〈대우모(大禹謨)〉·〈고요모(皐陶謨)〉 등의 편을 가리키는데, 뜻이 깊어 전아(典雅)한 글을 지칭하는 말로 쓰인다.

**60** 맹분(孟賁)과 하육(夏育) : 모두 중국 전국 시대의 용사(勇士)이다. 맹분은 살아 있는 소의 뿔을 손으로 뽑고 물에서는 교룡(蛟龍)도 피하지 않으며 뭍에서는 맹수도 피하지 않았다고 한다. 하육은 천균(千鈞)의 무게를 들 수 있는 힘을 지니고 있었다고 한다.

하지 않으십니까.

와서 대령하라는 전교와 별유를 통해 내린 면려는 모두 받들 수 없기에 내일 동가(動駕)하실 때에도 배종할 수 없습니다. 신의 죄가 이 지경에 이르렀으니 실로 만번 죽어 마땅합니다. 이에 감히 인자한 하늘처럼 보살펴 주시는 성상께 다급한 목소리로 호소합니다. 삼가 바라건대, 신이 맡고 있는 정승의 직책을 속히 체차하고 이어 신의 죄를 다스림으로써 국사에 다행스럽게 하고 사적인 의리를 편안하게 해 주소서. 그렇게 해 주신다면 천만다행이겠습니다. 재결해 주소서.

답하기를,

"차자를 보고 경의 간절한 마음을 잘 알았다. 조금 전 돈유(敦諭)에서 경을 등용한 본의(本意)를 대략 말하였다. 어찌 혹시라도 경을 무단히 버리겠는가. 말미에 언급한 병증은 매우 염려된다. 경은 부디 안심하고 사직하지 말고, 병이 조금 차도가 있거든 즉시 나와 직무를 살피라."

하였다.-돈유가 권수 하 제14판에 보인다. 서계가 권28 제12판에 보인다.-

## 반열에 참여한 뒤에 올린 사직하는 차자[61]

參班後辭職箚

삼가 아뢰니다. 날씨가 맑고 따뜻한 가운데 교외로 행행하였던 어가(御駕)가 무사히 돌아오신 것을 기쁘게 서로 고하니, 대소 신료가 한결같은 마음입니다. 근래에 위태롭고 절박한 상황에 처한 신을 생각건대, 어찌 감히 삼공(三公)의 반열에 다시 끼겠습니까. 그런데 마침 교외로 행행하신다는 명이 내렸을 때 반수(班首)에 사람이 없었고, 밤사이에 내리신 신칙하는 전교에 실로 너무나 황공한 내용이 있었습니다.[62] 이에 신은 다른 것을 돌아볼 겨를도 없이 염치를 무릅쓰고 반열에 참여하여 마침내 묘소의 재실(齋室) 안에서 성상을 가까이 모셨습니다. 구구한 신의 심정이야 비록 매우 기쁘고 다행스러우나, 염치로 말하자면 땅을 쓴 듯이 사라졌습니다.

아, 명색이 대신(大臣)인 자가 열흘 동안에 네 차례나 사람들의 논박

61 반열에……차자 : 1790년(정조14) 3월 16일에 올린 차자이다. 정조가 3월 15일 의소묘(懿昭墓)와 선희묘(宣禧墓)에 나아가 작헌례(酌獻禮)를 행하고 효창묘(孝昌墓)에 들러 전작례(奠酌禮)를 행하였는데, 번암이 좌의정으로서 배종하고 돌아와 올린 것이다.

62 밤사이에……있었습니다 : 1790년 3월 14일 정조가 번암에게 행행의 반열에 참여하라고 신칙하는 전교에서 "교외로 나가는 행차에 의정의 반열에 수가(隨駕)할 대신(大臣)이 없으니, 국가의 체모와 조정의 의식은 우선 논하지 않더라도, 대신의 도리로 보아 어찌 이럴 수가 있는가. 좌상이 만일 출사하지 않으려고 한다면 백관 반열의 수가단자(隨駕單子)를 써서 들이지 말라."라고 한 것을 가리킨다. 《日省錄 正祖 14年 3月 14日》

을 당하였으니, 옛날에도 이러한 일이 있었는지 모르겠습니다. 그런데도 오히려 신칙하는 하교가 있다고 하면서 기회를 틈타 염치를 무릅쓰고 나왔으니, 이 또한 옛날에 이러한 일이 있었는지 모르겠습니다. 반열에 참가한 백관(百官)을 대하니 부끄러워 얼굴이 붉어졌고, 구경하러 나온 도성 사람들을 보니 마음이 위축되었습니다. 이러한데 어떻게 태연하게 궁궐 문을 들어갈 수 있었겠습니까. 저물녘 환궁하실 즈음에 홀로 돈화문(敦化門) 앞길에서 머무르다가 대가(大駕)가 협양문(協陽門)을 들어가셨다는 소식을 들은 뒤에 바로 사저로 돌아왔습니다. 이튿날 문안을 드리는 예가 전례(典禮)에 중요한 일이었지만 또한 감히 나아갈 엄두를 내지 못하였으며, 새벽까지 잠 못 든 채 대궐을 바라보니 사는 것이 죽느니만 못하다는 탄식만 나왔습니다.

방금 두 원임 대신이 대명(待命)한 것에 대한 비답을 보니 "대신이 또한 경들만이 아니다."라는 전교까지 있었습니다.[63] 신이 원래 범한 죄 이외에, 이 한 가지 일에서 다시 용서하기 어려운 죄과를 범하였습니다. 이에 감히 석고대죄하며 차자를 올려 간절한 사정을 거듭 아룁니다. 삼가 바라건대 밝으신 성상께서는 엄한 벌을 내려 신하의 도리를 면려하고 조정의 기강을 엄숙하게 하소서. 재결해 주소서.

답하기를,

**63** 두……있었습니다 : 행행에서 돌아온 이튿날인 3월 16일에 판부사 서명선(徐命善)과 이복원(李福源)이 정조에게 문후하지 못한 것을 인책(引責)하여 의금부 앞에서 대죄하자, 정조가 전교를 내렸는데, 그 내용 가운데 "대신이 또한 경들만이 아니거늘 또 무엇 때문에 유독 스스로 번갈아 책임을 지는 것인가."라는 말이 있었다. 《日省錄 正祖 14年 3月 16日》

"차자를 보고 경의 간절한 마음을 잘 알았다. 나왔다가 바로 들어가 버려 나를 이토록 곤란하게 한단 말인가. 대신이 전후로 수없이 많지만 경 때문에 매번 응대하는 수고를 하게 되니 나도 너무 피곤하지 않겠는가. 일전의 돈유는 얼마나 융숭하고 정성스러웠던가. 그런데 그 돈유를 듣고도 아직 머뭇거리고 있으니, 경이 말한 '〈출사표(出師表)〉를 읽고서 눈물을 흘리지 않는 자'와 무엇이 다르겠는가. 지금 이후로도 다시 '처의(處義)'라는 두 글자를 말하겠는가? 개탄스럽다고 운운한 말은 오히려 군더더기에 속한다. 경은 부디 안심하고 직무를 살피라."

하였다.

## 형조에 갇혀 있는 일곱 죄인을 석방하라는 명을 속히 중지하기를 청하는 차자[64]

請亟寢秋曹七罪人放釋之命箚

삼가 아뢰니다. 신이 방금 전옥서(典獄署)에서 형조에 첩보(牒報)한 것을 보고서 비로소 이세(二世), 신귀현(申龜顯) 등 일곱 죄인을 모두 경기 감영에 넘기라는 전교를 내리셨다는 것을 알았습니다. 전하께서는 어찌하여 이토록 천만부당한 조치를 하신 것입니까. 죄인들이 구금될 때에 신이 원임(原任)으로 있어 그들이 바친 공초(供招)가 실린 문안을 자세히 살펴보지 못하였으나, 주도면밀한 계책이 매우 불측하였고 딴 속셈을 몰래 품고서 전하를 함부로 무함하고 핍박하였으므로 천지간에 살려 두어서는 안 된다고 들었습니다. 그런데 국가의 법망이 너무도 관대하여 왕법(王法)이 오래도록 시행되지 않은 채 계절이 바뀌고 해가 지나도록 한 번도 심문하지 않아 아직도 역란(逆亂)의 근원을 샅샅이 조사하여 간악한 싹을 영원히 근절하지 못하였습니다. 이 때문에 충심(忠心)을 지닌 사람들이 탄식한 지 오래입니다.

지금 세 당상의 빈자리가 아직 차임되지 않은 것을 기회로 바로 선전관(宣傳官)으로 하여금 표신(標信)을 지니고 가서 그들을 옥문 밖으로 내보내도록 하셨으니, 형정(刑政)의 부당함이 이보다 심한 경우가 어디에 있겠습니까. 삼가 생각건대, 전하께서 하우(夏禹)가 죄인을 보고 눈물을 흘렸던 마음[65]을 체득하고 은탕(殷湯)이 그물을 풀었던 인덕(仁

64 형조에……차자 : 1790년(정조14) 3월 17일에 올린 차자이다.

德)[66]을 추념하시니, 모든 정령(政令)의 시행이 모두 "큰 덕을 생이라고 한다.〔大德曰生〕"[67]라는 말에서 나왔습니다. 그러니 조정의 신료들과 사방의 백성들 가운데 누군들 "임금님의 마음이 한결같으시다."라고 하지 않겠습니까. 하지만 세도(世道)가 날로 쇠락하고 인륜이 무너진 결과, 요망한 난적(亂賊)들이 스스로 하늘의 주벌을 초래하는 일은 비록 천지의 화육(化育)과 성인의 교화가 있더라도 때로 어찌할 수 없는 경우가 있습니다. 그렇지 않다면 다섯 가지 형벌로 다섯 가지 등급을 쓰라는 말이 왜 〈우서(虞書)〉에 실려 있겠으며,[68] 코를 베고 죽이는 형벌이 왜 〈은고(殷誥)〉에 실려 있겠습니까.[69] 성스러운 임금

**65** 하우(夏禹)가……마음 : 한(漢)나라 유향(劉向)이 쓴 《설원(說苑)》 〈군도(君道)〉에 "우 임금이 거리에 나갔다가 죄인들을 보고 수레에서 내려 위문하며 울었다."라는 고사가 실려 있다.

**66** 은탕(殷湯)이……인덕(仁德) : 탕 임금이 밖에 나갔다가 어떤 사람이 사면에 그물을 쳐 놓고 "상하 사방에 있는 짐승이 다 내 그물로 들어오라."라고 비는 것을 보고는, 삼면의 그물을 풀어 버리고 일면만 남겨 두고서 그 사람에게 "왼쪽으로 가려는 놈은 왼쪽으로 가고 오른쪽으로 가려는 놈은 오른쪽으로 가고, 위로 올라가려는 놈은 올라가고 아래로 내려가려는 놈은 내려가라. 나는 나의 명을 범하는 놈만 취하리라."라고 다시 빌도록 했다는 고사가 있다. 《史記 殷本紀》

**67** 큰……한다 : 《주역》 〈계사전 하(繫辭傳下)〉에 "천지의 큰 덕을 생이라 하고, 성인의 큰 보배를 지위라 한다.〔天地之大德曰生, 聖人之大寶曰位.〕"라고 한 데서 온 말이다.

**68** 다섯……있겠으며 : 《서경》 〈우서(虞書) 고요모(皐陶謨)〉에 "죄 있는 자를 하늘이 토벌하시려거든, 다섯 가지 형벌로 다섯 가지 등급을 쓰소서.〔天討有罪, 五刑五用哉.〕"라는 고요(皐陶)의 말이 나온다. 다섯 가지 형벌은 얼굴에 자자하는 묵형(墨刑), 코를 베는 의형(劓刑), 발꿈치를 베는 월형(刖刑), 남녀의 생식기를 못 쓰게 하는 궁형(宮刑), 사형(死刑)인 대벽(大辟)이다.

**69** 코를……있겠습니까 : 은(殷)나라 임금인 반경(盤庚)이 상(商)에서 은(殷)으로 천도(遷都)할 때에 백성들에게 "불선(不善)하고 부도(不道)한 사람들이 법도를 무너뜨

이 천하를 다스림에 '예악형정(禮樂刑政)' 네 글자가 있을 뿐입니다. 예악은 본래 형정의 근본이고, 형정이 아니면 예악도 독자적으로 행해지지 않는 법입니다. 이것으로 말씀드리자면, 전하께서 오늘 하신 일이 혹시라도 예악만 행하고 형정을 쓰지 않으신 경우에 가깝지 않겠습니까.

신은 현재 처지가 불안하고 병증도 더쳐서 조정의 일에 대해 들어서는 안 되지만, 근심하고 탄식하는 마음만 품은 채 입을 다물고 있으면 이것은 국가를 저버리는 것입니다. 이에 감히 촛불을 밝히고 차자를 지어 침석(寢席)에 계신 성상께 아뢰니다. 삼가 바라건대, 재삼 숙고하여 죄인들을 내보내라는 명을 속히 중지하시고, 이어 왕부(王府 의금부)로 하여금 엄히 심문하고 철저히 조사하게 함으로써 왕법을 바로잡고 여론의 울분을 풀어 주소서. 이렇게 해 주신다면 천만다행일 것입니다. 재결해 주소서.

답하기를,

"차자를 보고 경의 간절한 마음을 잘 알았다. 지금 세상에 전숙(田叔)과 같은 사람이 없으므로 이에 내가 부득이 대신 행하였다.[70] 경

려 임금의 명령에 공손하지 않고, 잠시 마주친 사람들에게 간악한 짓을 한다면 내가 그들의 코를 베고 죽여 남겨 두지 않아서 이러한 종자들을 새로운 도읍에 옮겨 놓지 못하게 할 것이다."라고 하였다. 《書經 商書 盤庚中》 〈은고〉는 〈상서(商書)〉를 가리킨다.

**70** 지금……행하였다 : 정조가 이복동생인 은언군(恩彦君)과 관련되어 수감된 사람들을 석방하였기 때문에 이렇게 말한 것이다. 전숙은 청렴하고 정직하여 한 경제(漢景帝)가 양왕(梁王)의 의옥(疑獄)을 조사하도록 발탁했던 사람이다. 양왕은 경제의 친동생으로 두 태후(竇太后)의 아들이다. 양왕이 두 태후의 후원을 업고 경제의 후사(後嗣)

은 어찌하여 이리하는가? 어제 비답을 내린 뒤로 다시 사적인 문제를 언급하지 않으리라 여겼는데, 시소(試所)의 명관(命官)에 대해 다시 현탈(懸頉)하였으니, 어찌 이러한 일이 있단 말인가. 개탄스러울 뿐만 아니라 일의 체모와도 관계된다. 조정이 경을 공경히 예우한 것이 보통의 신료들에 비해 진실로 각별하였는데, 대관(大官)으로서의 처신이 신하의 도리에 어찌 혹시라도 소홀할 수 있단 말인가. 여러 번 권면했는데도 나오지 않고 거듭 타일렀는데도 응하지 않으니, 이러한 상황에서 내가 과연 어떻게 주선하고 어떻게 처리해야 경의 고집을 꺾고 경의 뜻을 누를 수 있겠는가. 경은 부디 양해하고 양해하여 즉시 조정으로 나오라."

하고, 사관을 보내 전유하게 하였다.-서계 2편이 모두 권28 제12, 13판에 보인다.-

가 되고자 했으나, 원앙(袁盎)에 의해 저지되자 원앙을 암살하였다. 이 사건이 일어나자 경제가 전숙을 보내 역모를 조사하게 하였는데, 전숙이 조사를 마치고 돌아오는 길에 역모에 관련된 공사(供辭)를 모두 불태우고는 빈손으로 돌아와 보고하기를 "양왕의 일은 묻지 마소서. 지금 양왕을 죽이지 않는다면 한나라의 법이 시행되지 못하겠지만, 법에 따라 죽인다면 태후께서 음식을 맛있게 드시지 않고 잠을 편히 주무시지 못할 것이니, 이러한 근심이 바로 폐하에게 있게 될 것입니다." 하였다. 이로 인해 양왕이 무사하게 되어 모자간의 정의(情誼)가 온전할 수 있게 되었다. 《資治通鑑 卷16 漢紀8》

# 면직을 청하는 차자[71]

乞免箚

삼가 아룁니다. 신의 병이 죽을 지경에 이르러 아침저녁으로 죽을 날만 기다리는 처지이므로 이 세상의 온갖 일들을 도무지 기억할 수 없습니다. 응당 거행해야 하는 묘천(廟薦)과 같은 일을 거행하지 않아 그동안 신칙하는 전교를 수고로이 내리시게 하였고, 심지어 어제는 비국 낭청을 보내 성상의 유지를 전한 것이 하루에 두 차례였습니다. 결국 사관이 집까지 와서 극진히 깨우쳐 인도하였으나, 신은 완고하고 어리석게도 한결같이 항명하였으니, 신하로서의 의리가 무너져 더는 여지가 없게 되었습니다. 새벽까지 황공해하며 형벌을 기다렸으나, 성상께서 아량으로 포용하여 죄주지 않으셨을 뿐만 아니라, 어제처럼 오늘 다시 비국 낭청의 전유가 있었습니다.

아, 유수(留守)는 중요한 직책이고, 이를 의논하여 천거하는 것은 중대한 일입니다. 신은 한번 나온 이후로는 이전부터의 허다한 정세(情勢)를 감히 다시 언급하는 것을 일삼지 않았고, 지금 처신하는 의리 또한 조금도 인혐할 만한 단서가 없는데, 명령을 소홀히 하는 죄를 스스로 범하면서 불경(不敬)에 대한 처벌을 달게 받으려는 것이 어찌 인지상정이겠습니까. 다만 신은 불치병이 들어 죽음이 찾아올 날이 머지않았습니다. 정신은 오락가락하고 형체는 반쯤 시체입니다. 이러한데도 뜻을 편안히 하여 죽음을 맞이할 생각을 하지 않고 명을 받드는

**71** 면직을 청하는 차자 : 1790년(정조14) 4월 6일에 올린 차자이다.

것이 공손하다는 태도를 억지로 배우려 한다면, 염치없이 자리만 차지하고 있다는 비난과 은혜를 탐하고 연연한다는 손가락질을 죽은 뒤에도 씻기 어려울 것입니다. 신은 비록 신경 쓸 것도 없지만, 국가의 입장에서는 신과 같은 사람을 앞으로 어디다 쓰겠습니까. 이에 감히 잠꼬대와 섞어 차자를 지어 인자하게 보살펴 주시는 성상께 호소합니다. 삼가 바라건대, 신이 지닌 정승의 직책을 속히 면직함으로써 국사(國事)가 폐기되지 않게 하시고, 신의 남은 목숨이 조금이나마 연장되게 해 주소서. 이렇게 해 주신다면 천만다행일 것입니다. 재결해 주소서.

답하기를,

"차자를 보고 경의 간절한 마음을 잘 알았다. 묘천이 열흘이나 지체된 것은 드문 일이다. 어제 비국 낭청이 전유한 뒤에 뜻밖의 병이 오늘은 나았기를 간절히 바랐는데, 방금 차자의 내용을 보니 매우 걱정스럽다. 차자 한 통은 억지로 지어 올리면서 세 사람을 호명(呼名)해 천거하는 일은 억지로 하기 어렵다 하니, 보고 듣는 사람의 의혹을 사지 않을 수 있겠는가. 경은 부디 안심하고 사직하지 말고, 조금 차도가 있거든 바로 조정에 나오라. 의논하여 천거하는 일은 더 이상 오늘을 넘기지 말라."

하고, 이어 전교하기를,

"사관을 보내 전유하게 하고 어의(御醫)를 보내 간병하게 하라."

하였다.

## 병으로 반열에 참여하지 못하여 면직을 청하는 차자[72]
病未參班乞免箚

삼가 아룁니다. 신의 병이 마침 심해져 소명을 어기는 죄를 범하였으니, 정신이 몽롱한 가운데도 황공합니다. 이러한 즈음에 경모궁(景慕宮)에 전배(展拜)하겠다는 명을 내리셨다는 소식을 들었습니다. 이달이 다시 이르러 성상께서 추모하시는 마음이 새롭겠지만, 중삭(仲朔)의 제향과 마침 겹쳐 희생(犧牲)과 제기(祭器)를 살피는 절차만 거행하게 되었습니다. 반차(班次)의 행렬로 말하자면 대신(大臣)이 사리상 배종해야 하고, 본궁(本宮)으로 말하자면 도제조가 예의상 달려가야 합니다. 신이 이 두 가지 직임을 겸하고 있는 처지로서, 하찮은 정성이라도 스스로 다하고 싶은 심정이야 어찌 남에게 뒤지겠습니까. 하지만 신이 그저께 연석에서 물러나 집으로 돌아온 뒤에 한낮이 너무 더워 겹옷으로 갈아입고 창문을 열어 바람을 쐬었는데, 저물녘에 못 미쳐 오한과 신열의 증상이 갑자기 일어나 사지와 몸이 모두 떨렸으며, 게다가 담적(痰積)이 기회를 틈타 치밀어 올라 하루 온종일 음식을 전혀 못 먹었습니다. 이러한 증세인지라 비록 의관을 차려입고 달려가려 해도 전혀 가망이 없습니다. 이에 감히 짧은 차자를 올려 호소합니다. 삼가 바라건대, 성스럽고 자애로운 성상께서는 신이 지닌 본궁 도제조의 직임을 속히 변통하여 체모를 중하게 하고 신의 분수를 편안하게 해 주소서. 그렇게 해 주신다면 천만다행일 것입니다. 재결해 주소서.

72 병으로……차자 : 1790년(정조14) 5월 1일에 올린 차자이다.

답하기를,

"차자를 보고 경의 간절한 마음을 잘 알았다. 경의 병이 매우 염려된다. 참석하지 못하더라도 무슨 문제가 있겠는가. 경은 부디 안심하고 사직하지 말라."

하고, 이어 전교하기를,

"이 비답을 사관을 보내 전유하게 하라."

하였다.

## 사직하고 이어서 교를 탄 수령에게 죄주어 파직하도록 한 현고에 대해 마땅히 용서해야 한다고 진언하는 차자[73]

辭職仍陳乘轎守令罪罷現告合有原恕箚

삼가 아뢰니다. 신이 근래 감기를 앓아 묵은 적체(積滯)가 수시로 치밀어 오릅니다. 그 증상으로 인해 어찌 갑자기 위태로운 상황에 이르겠습니까마는, 정신과 기운이 날로 쇠하는지라 감당하지 못한 채 근근이 송장처럼 연명한 지가 거의 사나흘이었습니다. 그러다 그저께부터서야 눈을 뜨고 보고 입을 열고 말할 수 있게 되었습니다. 병석에서 다시 일어나 사람 꼴이 될 가망이 혹시 있더라도 또한 빠른 시일 안에 기약할 수는 없습니다. 이러한 이유로 인해 묘당(廟堂)의 문서가 신의 몸 가까이 오지 못하게 하였고, 정해진 날짜의 빈대(賓對)를 모두 정지하게 만들었습니다. 국가가 정승을 둔 목적이 어찌 병을 조섭하고 시위소찬(尸位素餐)을 하도록 하려는 것일 뿐이겠습니까. 삼가 바라건대, 성스럽고 자애로운 성상께서는 속히 신의 직임을 체차하고 어질고 후덕한 인물을 다시 복상(卜相)하여 국사에 다행스럽게 해 주소서.

신이 병으로 누워 혼몽한 가운데 집 밖의 일을 살피지는 못하지만 두루 하직 인사를 다니며 명함을 올리는 수령들을 거의 응접하지를 못했습니다. 신이 비록 그들을 맞아 접견할 수 있는 상황은 아니지만, 신의 마음은 몹시 혼란스러웠습니다. 신이 조보(朝報)를 보지 못한 까닭에 괴이하게 여겨 그 연유를 물었더니, 어사가 올린 서계에서 논죄

**73** 사직하고……차자 : 1790년(정조14) 5월 7일에 올린 차자이다.

한 수령 이외에도, 교(轎)를 타는 금령을 어긴 수령으로 인해 자리에 결원이 생겨 그러한 것이었습니다. 국법에 당상관으로서 수령이 된 자가 아니면 교를 타는 것을 허락하지 않으니, 이는 실로 일정한 등급에 따른 위의(威儀)가 그러하기 때문입니다. 당하관의 신분으로서 일신의 편리를 도모하기 위해 함부로 교를 타면서 뻔뻔하게 부끄러워하지 않는다면, 이런 식으로 계속하여 비록 도성 안에서도 품계를 아랑곳하지 않고 초(軺)나 교를 마음대로 탈 것이니, 그들이 자기 마음대로만 행동하면서 부끄러워하지 않아도 괜찮겠습니까. 더구나 그동안 내리신 신칙하는 전교가 어떠하였는데 서로가 허물을 본받으며 마치 전교를 듣지 못한 듯이 행동하니, 그들의 죄가 용서될 수 없다는 말에 대해 누가 옳지 않다고 하겠습니까.

다만 교를 타는 것에도 다양한 경우가 있습니다. 덮개가 있고 좌우로 휘장을 걷어 올리는 것이 있고, 휘장은 없고 덮개만 있는 것이 있고, 덮개는 없고 하장(下裝)만 있는 것이 있고, 세속에 이른바 부담기(負擔機)라는 것이 있습니다. 앞에서 말씀드린 하장이라는 것이 비록 덮개가 있는 교와는 차이가 있지만, 두 개의 다리가 밖으로 돌출되어 가마꾼이 들도록 되어 있고 보면, 비록 교를 탄 것으로 치더라도 안 될 것이 없습니다. 그러나 부담기의 경우에는 제도가 교가 아닌 데다가 다리가 돌출되어 있지 않으며, 다리를 쉴 때 사용하는 것에 불과할 뿐입니다. 도신(道臣)이 제대로 조사해 보지도 않고서 계문(啓聞) 안에 뒤섞어 거론하였으니, 신은 매우 사려가 짧았다고 생각합니다.

서로(西路)의 수령은 무인이 반을 차지하고 당상관 또한 끼어 있습니다. 당하관으로 말하자면 문관과 음관을 막론하고 그 수가 많지 않습니다. 지금 현고(現告)로 죄를 받아 파직된 자가 이처럼 이어진다면 도로 위에는 왕래하는 행차가 베를 짜듯이 이어지고 전조(銓曹)의 정사에서는 도목(都目)이 날마다 나올 것입니다. 신이 헤아려 보건대, 삼남(三南)과 관동(關東)의 수백 개 군현은 대부분 당하의 음관이니, 현고가 앞으로 차례로 이르게 되면 죄를 면할 수 있는 자가 몇이나 될지 모르겠습니다. 그 가운데 불량하게 불법을 저지른 자가 이번 기회를 통해 유배된다면 참으로 다행이 아닐 수 없으나, 만약 그렇지 않다면 또한 어찌 애석한 일이 아니겠습니까.

수령을 교체하는 일은 서울에서 보자면 한 장의 종이에 성명을 써내는 것에 불과하여 그다지 어려운 일이 아니지만, 관리가 장부를 뒤바꾸고 국곡(國穀)을 훔치는 일은 이런 기회를 틈타서 행해지는 것입니다. 더구나 삼남은 본래 고마(雇馬)가 없어 신임 수령과 전임 수령이 서로 교체될 때에 드는 쇄마(刷馬)의 품삯과 마부의 품삯을 모두 민결(民結)에서 징수하여, 큰 고을은 1000여 금(金)에 이르고 작은 고을도 1000금에 가깝습니다. 가령 1년 안에 수령을 두 번 교체하면 백성들에게 거두는 것이 수천 금이나 될 텐데, 불행히도 세 번이나 교체하게 된다면 궁핍한 백성들에게 폐해를 끼치는 것이 어떠하겠습니까.

신이 일찍이 후원(喉院 승정원)에 있을 때 옛날 기주(記注)의 일기(日記)를 많이 열람해 보았는데, 수령이 이곳으로 옮겼다가 저곳으로 승진하여 오래 머무를 수 없는 경우에 당시 대신(大臣)이 상소를 올려 잉임(仍任)하기를 청한 경우가 자주 있었습니다. 지금은 이러한 규례가 없어진 지 오래입니다. 지금 조정에는 큰일이 하나도 없고, 삼남에서는 보리가 잘 익는다는 기쁜 소식이 날마다 들려옵니다. 마땅히 백성들을 쉬게 하고 길러 주는 정사를 펼쳐 해가 뜨면 나가서 일하고 해가 지면 들어가 쉬게 해야 할 뿐이니, 어찌 수고롭게 분란을 일으키는 정사를 하겠습니까.

성상의 뜻이 전적으로 무너진 기강을 진작하고 훗날을 크게 경계시키려는 데서 나왔다는 것을 신이 모르는 바는 아니나, 만약 이와 같이 하는 동안에 폐해가 절로 백성들에게 미친다면, 또한 이에 대해서도 헤아려 보아야 할 것입니다. 신은 생각건대, 교를 탄 죄에 대해서는 엄하게 감처(勘處)하지 않을 수 없으나, 부담기를 탔다는 명목으로 현고를 받은 자에 대해서는 벌써 후임이 차출된 사람은 어떻게 할 수 없다 하더라도, 앞으로 후임을 차출해야 할 자에 대해서는 특별히 용서하여 허다한 수령의 자리가 비게 되는 근심이 없게 해야 하며, 역마를 탄 사람의 경우에는 그것이 비록 부담기라고 하더라도 또한 용서해 줄 수 없습니다. 신이 어리석은 의견을 내어 감히 이렇게 번거로이 아룁니다. 병중에 생각이 혼몽하여 글을 제대로 지을 수 없다는 점에 대해 스스로 헤아릴 겨를이 없었으니, 성명하신 성상께서 재량하여 선택하소서. 재결해 주소서.

답하기를,

"차자를 보고 경의 간절한 마음을 잘 알았다. 일전에 해서(海西)의 수령이 교를 탄 일과 부담기를 탄 일로 인하여 해당 도백(道伯)이 장계를 올려 논죄하기를 청하였다. 경들에게 초기(草記)하여 품처하게 했던 것은 이 일에 앞서 관서(關西)의 수령을 처분할 때에 구별하여 등급을 나누라는 전교를 내렸으므로 경들의 회계(回啓)도 그러할 것이라고 생각하였기 때문이다. 그런데 초기를 보니 약간 차등을 두기는 하였으나 부담기를 탄 사람도 파직하는 대상에 들어 있었다. 그래서 당시 비지(批旨)에 관서의 전례대로 말을 만들려고 하다 보니, 현고에 들어 있는 자들이 모두 형률을 곱절로 적용해야 할 자들이었다. 비록 전관(銓官)으로 하여금 후임을 차출하게 하였으나, 그렇더라도 진짜 늙고 병든 사람은 용서할 방도가 없을까 생각하여 다시 경들로 하여금 상의하여 품처하게 하였던 것이다. 나의 생각도 교를 타지 못하도록 한 금령을 엄히 시행하지 않을 수 없지만 차등도 두지 않을 수 없다는 취지에서 나온 것이다. 방금 경의 차자를 보니 매우 일리가 있다. 다시 우상과 상의하여 하나로 결정지어 회계함으로써 조정의 명령이 더욱 오래도록 시행되게 하고 여러 수령도 준수하기 편리하게 하라. 앓고 있는 병이 아직도 시원하게 낫지 않았다고 하니, 몹시 염려가 된다. 더욱 마음을 써서 조섭하고 차도가 있거든 바로 일어나 직무를 살피기를 바란다."

하였다.

# 번암집

## 제24권

## 소차 5

## 疏箚五

## 조진정의 상소에서 받은 무함을 변론하고 이어 정승의 직임을 체차해 주기를 청하는 상소[1]

辨趙鎭井疏誣仍乞遞解相職疏

삼가 아룁니다. 오늘은 대신(大臣)들이 문안을 드리는 날이었습니다. 여러 날 동안 재계(齋戒)하고 남은 슬픔이 아직 다하지 않았으니, 천안(天顔)이 어찌 손상되지 않으셨겠습니까. 신은 강가에 칩거해 있느라 조정에 나와 성상의 기거를 우러러 살피지 못했기에 구구한 심정이 너무도 서글프고 허전합니다.

이어 생각건대, 신이 의정부에 있은 3년 동안 온갖 후회가 겹겹이 쌓였는데, 이를 모아 헤아려 보면 그 죄가 세 가지입니다. 아, 정승의 직임은 직분으로 헤아려 보고 시의(時義)로 참작해 볼 때 염치를 무릅쓰고 받아야 할 이치가 결코 없었습니다. 신이 만약 초심을 굳게 지켜 죽는 한이 있더라도 사양하여 피하였더라면, 전하께서 전후로 다시 살려 주는 은혜를 베푸신 마당에, 혹시라도 우물에 기어 들어가는 어린 아이를 차마 두고 보지 못하는 측은한 마음으로 헤아려 주셨을 것입니다. 그런데 신은 망녕되이 자신의 몸도 자기의 소유가 아니라는 취지를 스스로 내세우고서 미련하게 조정에 나아가 태연하게 벼슬살이를 하면

1 조진정(趙鎭井)의……상소 : 1790년(정조14) 5월 22일에 올린 상소이다. 조진정의 상소는 5월 12일에 올린 것으로, 번암이 관각(館閣)의 관원으로 자신과 가까운 권평(權坪)과 최현중(崔顯重)을 추천한 일, 처남인 오대익(吳大益)을 구원한 일, 구상(具庠)의 처벌에 관한 일, 번암을 모욕한 선비의 처분에 관한 일 등을 가지고 번암을 공격하는 내용이다. 《承政院日記 正祖 14年 5月 12日》

서, 한 세상 사람들의 비웃음과 손가락질도 아랑곳 않고 죽으나 사나 앞으로 나아가려는 계획을 조금도 꺾지 않았습니다. 이것이 신의 첫 번째 죄입니다.

신이 숙배한 이후로, 비록 군부(君父)를 우러러 믿기를 마치 어린 자식이 부모에 기대어 목숨을 부지하고 미물이 천지에 기대어 생명을 부지하는 듯이 했으나, 자신을 돌아보면 동지가 없는 외톨이로서, 너른 바다에 정박할 곳 없는 일엽편주와 같았습니다. 그러니 때로 한 번씩 스스로를 생각해 볼 때면 어찌 두렵지 않겠습니까. 모난 것을 깎아 둥글게 하고 한 자를 굽혀 여덟 자를 펴는 식[2]으로 영합하고자 한다면 그런대로 상황을 미봉하며 세월을 보내는 계책으로 삼을 수 있다는 것을 모르는 바는 아닙니다만, 신의 본성이 어리석어 굽힐 줄 모를 뿐만 아닙니다. 삼가 생각건대, 성상께서 신에 대해 온갖 문제를 아랑곳 않고 무엇 하나 잘난 것 없는 신을 특별히 예우하여 삼공(三公)의 반열에 발탁하신 것은, 아마도 앞서 신이 당했던 횡액이 권력자에게 아부하지 못하여 초래된 결과가 아니라고 장담할 수 없으므로, 등용한다면 반드시 지금 세상 사람들의 아부하는 폐습을 배우지 않으리라 여기셨기 때문일 것입니다. 그래서 보상(輔相)의 직임을 맡기고 의심하지 않으셨던 것입니다. 그런데 신이 만약 중간에 생각을 바꾸어 성상을 저버린다면, 어떤 일이 이보다 심하겠습니까. 이에 처신할 때는

2 모난……식 : 《초사(楚辭)》 〈구장(九章) 회사(懷沙)〉에 "모난 것을 깎아 둥글게 만들지만, 나는 떳떳한 법도 바꾸지를 않노라.〔刓方以爲圜兮, 常度未替.〕"라고 하고, 《맹자》 〈등문공 하(滕文公下)〉에 "한 자를 굽혀 여덟 자를 편다.〔枉尺直尋〕"라고 한 데서 온 말로, 모두 자신의 절개를 바꿔 세상의 풍조를 따른다는 의미이다.

원칙을 고치지 않았고 악한 것을 미워할 때는 분수를 낮추지 않았습니다. 그리하여 겨울 나뭇잎이 서리를 맞는 것과 같은 곤경을 당장 당하게 되었습니다. 이처럼 자기 몸도 스스로 보살피지 못하는데 나라를 다스리기 위한 방책을 무슨 수로 세우겠습니까. 이것이 신의 두 번째 죄입니다.

신이 근자에 직접 뵙고 간청하거나 혹은 차자를 올려 호소하여 분수에 맞지 않은 직책을 해임해 주실 것을 청하였는데, 이는 신이 스스로 깊이 헤아린 일입니다. 해와 달처럼 밝으신 성상께서 작은 틈을 살피지 않고 은혜로운 유지(諭旨)를 번번이 내리면서 끝내 해임을 허락하지 않으시니, 이것은 아마도 신의 명이 다한 때여서 그런가 봅니다. 신이 비록 우둔하나 어찌 그러한 기미를 보지 못하겠습니까만, 신이 제대로 하지 못하는 일은 오직 하루속히 떠나지 못하는 것입니다. 이것이 신의 세 번째 죄입니다.

신에게 이 세 가지 죄가 있는 이상 조진정의 상소가 나온 것은 사리로 보아 당연한 일이니, 신이 성낼 이유가 뭐 있겠습니까. 신은 진실로 대체를 돌아보고 유념하여 그와 따지며 논변하지 않으려 하였으나, 그렇게 한다면 그는 필시 '이 사람이 비록 스스로 해명하고자 해도 해명할 말이 없기 때문에 어쩔 수 없이 받아들이면서 죄로 삼는다.'라고 생각할 것입니다. 그렇게 되면 신에게는 본래 손해될 것이 없지만, 신으로 인해 몸과 명예를 더럽힌 사람들이 신과 연좌되어 무함을 당한 사실을, 비록 먼 사방의 소리도 밝게 듣는 전하이더라도 어떻게 다 아실 수 있겠습니까.

대대로 높은 벼슬을 하던 집안의 사람으로서 품행이 단정한 권평(權坪)이나 인품과 학문이 아주 탁월한 최현중(崔顯重)에 대하여 미천하다고 하거나 용렬하다고 하였으니, 이것이 어찌 권평과 최현중의 죄이겠습니까. 신과 가까이 지내는 사람들은 모두들 신으로 인한 해독(害毒)을 입어 꺾이고 쓰러져 근일 이래로 거의 한 사람도 온전한 자가 없습니다. 삼가 '내거(內擧)'[3]라는 두 글자를 상고하건대, 애당초 고인(古人)의 아름다운 일이 아님이 없었습니다. 하지만 지금은 죽은 처의 삼종오라비를 인척(姻戚)이라 몰아붙이고, 어려서부터 평소 촉망받던 사람을 압객(狎客)이라고 지목하였습니다. 신이 인재를 추천하여 임금을 섬기려던 고심은 사람들을 함정에 빠뜨리는 계제만 되었을 뿐이니, 참으로 또한 비통합니다.

오대익(吳大益)의 일[4]에 대해 신이 아뢴 내용 중에 어찌 일찍이 오대익이 피하기 어려운 죄를 범하지 않았다고 한 적이 있으며, 법을 집행하는 대각(臺閣)의 논계에 대해 옳지 않다고 한 적이 있습니까. 확고한 신의 견해로 삼가 생각하기로는, 조정이 만약 향안(鄕案)의 기록을 불태워 버리려고 한다면, 예전(禮錢)[5]으로 납부된 5만 냥에 달하는 돈을 반드시 일일이 도로 거두어들여 향안에 등록된 사람들에게 바친

**3** 내거(內擧) : 친인척을 천거하는 것을 말한다. 춘추 시대 진(晉)나라 대부 기해(祁奚)가 늙어서 사직하기를 청하자, 진후(晉侯)가 후임자를 천거하게 하였다. 기해가 자기 원수인 해호(解狐)를 천거하므로, 그를 후임자로 세우려 하였으나 그가 이내 죽었다. 그래서 다시 후임자를 천거하게 하니, 기해가 자기 아들 오(午)를 천거하였다. 군자가 이를 두고 논평하기를 "기 대부는 외거에 원수를 버리지 않았고, 내거에 자식을 잃지 않았다.〔祁大夫外擧不棄讎, 內擧不失親.〕"라고 하였다. 《春秋左氏傳 襄公3年》

**4** 오대익(吳大益)의 일 : 오대익은 번암의 처남이다. 당시에 정주 목사(定州牧使)로 있으면서 향안을 새로 만든다는 구실로 향안에 입록(入錄)되고자 하는 정주의 양반들에게 거액의 돈을 걷은 사실이 발각되어 문제가 되었다. 《正祖實錄 14年 4月 10日》

**5** 예전(禮錢) : 답례 조로 내는 돈이다.

액수대로 맞추어 되돌려 주고 마침내 새 향안을 불태워 버리는 것이 조정의 사체로 볼 때 타당한 일이라고 여겼습니다.

그런데 지금은 그렇게 하지 않고, 민고(民庫)의 재물 중 빚을 갚거나 공적으로 지출한 것, 각 방(坊)의 방역(防役)과 성지(城池), 공해(公廨)를 보수하는 데에 들어간 것이 수만 냥이나 되는데, 이를 모두 거론하지 말도록 하였습니다. 가령 일찍이 예전으로 4, 5백 냥을 바쳤던 사람에게 단지 100냥 또는 100냥도 안 되는 돈을 돌려주면서 "공적으로 지출한 것이라 징수할 곳이 없어서 원래 바친 액수대로 돌려줄 수 없다."라고 한다면, 공적으로 지출했다는 것은 곧 국가가 사용한 것인데, 국가가 이렇게 명령하는 것이 또한 매우 곤란하고 구차하지 않겠습니까. 그리고 이미 향안에 등록했다가 곧바로 불태워 버린다면 과연 흔쾌히 마음으로 복종할 수 있겠습니까.

신이 우상과 의견을 달리했던 것은 오로지 옛사람들이 국사(國事)를 위해 힘을 합쳤던 취지에서 나온 것으로, 작은 혐의나 사소한 절차를 감히 돌아보지 않았던 것은 참으로 이 때문입니다. 소회를 반드시 아뢰려는 것은, 첫째도 정주(定州) 백성을 위해서이고 둘째도 정주 백성을 위해서이지만, 진실로 신임을 얻지 못한 채 사람들의 의혹만 키웠으니, 스스로 반성할 뿐 무슨 말을 더 하겠습니까.

신이 구상(具庠)을 논박한 소장[6] 중의 구절은 손이 가는 대로 써서

**6** 구상(具庠)을 논박한 소장 : 1790년 2월 29일 번암이 동가(動駕)의 반차(班次)에서 참판 구상과 갈등을 빚은 일로 올린 차자이다. 번암은 이 상소에서 "성상의 비답이 엄준하여 견파(譴罷)하라는 명을 내리셨습니다만, 견파 등과 같은 처벌이 이미 무너져 버린 기강을 수습할 수 있을지 신은 모르겠습니다."라 하여 구상에 대한 정조의 처벌이 경미한 것에 불만을 토로하였는데 조진정이 상소에서 번암이 임금을 무시하였다고 공격하였다.

옛사람들의 글 쓰는 법을 대략 본받은 것에 지나지 않는데, 이것도 지적받는 대상이 될 줄은 생각하지 못하였습니다. 심지어 신하로서 차마 들을 수 없는 죄목을 씌우기까지 하였으니, 세도(世道)가 어찌 이렇게 험한 지경에 이른 것입니까.

유생(儒生)을 가둔 일로 말씀드리자면, 신은 유생과 친하다고 여겨서 그 일을 널리 발설하고자 하지 않았으나, 지금 스스로 앞장서서 떠벌려서 성상의 귀에까지 들렸으니, 또한 매우 사려 깊지 못한 일이었습니다. 성상께서 모화관(慕華館)으로 동가(動駕)하시던 날에 신은 병으로 반열에 참여하지 못하였습니다. 신이 천천히 돈의문(敦義門) 안에 들어왔을 때 도포를 걸치지 않은 두 사람이 나란히 교(轎) 옆에 서 있었습니다. 한 사람은 부채로 얼굴을 절반쯤 가리고 있었고, 한 사람은 입에 담뱃대를 가로물고 있었습니다. 대동한 권두(權頭)가 담뱃대를 빼라고 호령하자, 담뱃대를 가로물고 있던 자가 신의 성명을 함부로 부르면서 말하기를 "내가 어찌하여 저자를 보고 담뱃대를 빼겠는가." 하였습니다. 그러자 권두가 놀라움과 분을 이기지 못하고 수종한 하례에게 두 사람을 잡아 가두게 하였습니다. 이는 의정부의 규례에 따라 그만둘 수 없는 일이기에 신은 잠자코 있었을 뿐입니다. 집으로 돌아온 뒤에 전옥서(典獄署)가 수도 단자(囚徒單子)를 작성하여 바쳤는데, 그들의 이름은 김관순(金觀淳)과 김병성(金炳星)이었습니다.

신은 그들이 어떤 사람인지 몰랐고, 아침이 되면 풀어 주려고 하였는데, 밤 3경이 채 못 되었을 때 옥리(獄吏)가 숨을 헐떡이며 급히 고하기를 "관학 유생(館學儒生) 수십여 명이 옥문을 부수려고 하면서 큰 소리로 호령하기를 '만약 두 사람을 풀어 주지 않으면 우리들이 전옥서의 관원을 죽이겠다.' 합니다. 어떻게 해야 합니까?" 하였습니다. 신이 이에 크게 놀라서 즉시 두 사람을 추조(秋曹)로 이송하도록 하였습니다. 이튿날 아침에 들으니, 김병성은 돈녕부 참봉 김세근(金世根)의 아들이고 김관순은 동부 봉사(東部奉事) 김이의(金履毅)의 아들인데, 담뱃대를 가로물고 패악한 말을 한 자는 김관순이었습니다. 또 들으니, 관학 유생들이 통문을 돌려 매우 심하게 신을 욕하였다고 합니다.

신이 한창 사유를 갖추어 초기(草記)하여 엄히 처벌할 것을 청하려고 할 때, 갇혀 있는 자의 아비인 김세근이 신의 친지를 찾아와서 매우 진지하게 애원하였는데, 그의 말이 매우 식견이 있었습니다. 더구나 김병성은 애당초 입을 열지 않은 채 부채로 얼굴을 가리고 있었을 뿐입니다. 부채로 얼굴을 가리는 것은 본래 죄가 되지 않으나, 단지 김관순과 나란히 있었기 때문에 함께 갇히게 된 것입니다. 그래서 신이 즉시 풀어 주었습니다. 얼마 뒤에 김세근이 돈녕부의 직소(直所)에서 여러 하례가 보는 가운데 자기 아들에게 태(笞)를 쳤다고 하니, 이는 부형으로서 책임을 다했다고 할 수 있습니다.

사흘째 되는 날에 김관순의 늙은 할아비가 신의 친지에게 편지를 보냈는데, 그 편지에 "집에 패악한 손자를 두었다."라고 썼다고 들었습니다. 신이 삼가 생각건대, 근래 사대부 가운데 조상의 가법(家法)을 제대로 계승하는 자가 드물고, 자손들을 전혀 예법(禮法)으로 가르치지 않고 패악한 짓을 하도록 방임하고 있습니다. 주 부자(朱夫子)가 《소학(小學)》의 제사(題辭)에서 "어려서 바르게 가르치지 않으면 커갈수록 경박하고 사치해진다.〔蒙養不端 長益浮靡〕"라고 하지 않았습니까. 지금의 세태로 보자면 경박하고 사치한 것을 '좋은 일'이라고 일컬어도 무방하니, 습속이 이렇게 휩쓸려 가는 것이 거의 평범한 일처럼 되어 버렸습니다. 일개 김관순을 처벌하거나 말거나 하는 것이 교화에 관계될 것 없으니, 차라리 그의 할아비로 하여금 스스로 그를 다스리게 하면 혹시라도 민간의 무뢰 자제들이 경계하고 두려워하는 단서가 될 수 있겠다고 여겼습니다. 그래서 신이 다시 김관순을 풀어 주었습니다. 그러자 사람들은 신이 의리에 대처하는 데 나약함을 면치 못하였다고 허물하고 있습니다.

그런데 대간의 상소에서 "선비를 죽일 수는 있어도 모욕할 수는 없다."라고 말한 것은 무슨 까닭입니까.[7] 선비를 모욕할 수 없다는 것은 사론(士論)을 주도하는 사람을 가리켜서 말한 것입니다. 대낮에 큰길가에서 홑옷 차림으로 담배를 피우면서 대신의 이름을 함부로 부르는 자를 누구도 감히 뭐라고 하지 못한다면, 앞으로는 선비라는 명색을 가진 자가 온갖 패악한 짓을 하여 용서하기 어려운 죄과를 범해도 묘당에 있는 자로서는 반드시 가만히 바라보기만 해야 옳다고 할 수 있는 것입니까.

신은 오늘날의 기강이 반 푼어치도 수습될 가망이 더는 없다는 것을 생각하니 참으로 하늘을 우러러 한탄스럽습니다. 비록 그렇지만 앞에서 아뢴 여러 사항은 오히려 구체적인 일을 가지고 논한 것입니다. 조진정이 상소 서두에 운운한 말[8]로 말씀드리자면, 이는 무신년(1788,

**7** 대간의……까닭입니까 : 조진정의 상소에 "선비는 나라의 원기(元氣)입니다.……반역죄만 범하지 않았다면 비록 허다한 죄과가 있더라도 조정에서 경계하고 격려하여 정거(停擧) 등의 벌을 내릴 뿐이었으니, 이는 실로 죽일 수는 있어도 욕보일 수 없다는 대의에서 나온 것입니다."라고 한 것을 가리킨다. 《承政院日記 正祖 14年 5月 12日》

**8** 조진정이……말 : 조진정의 상소에 "채제공은 종전에 은혜를 저버리고 죄를 지은

정조12)에 명백히 유시하신[9] 이후로 조정의 신하들이 감히 믿지 않을 수 없는 일인데도 그가 조금도 거리낌 없이 경솔하게 언급하였습니다. 신이야 말할 것이 있겠습니까마는, 성상의 말씀을 손상할까 염려스럽습니다. 슬피 눈물을 흘리는 것 말고 다시 무슨 말을 하겠습니까.

상소의 말이 어떠한지는 차치하더라도, 명색이 대신인 신이 사람들에게 모욕을 받아 이런 지경에 이르렀으니, 이는 참으로 의정부의 수치입니다. 신이 만번 죽더라도 속죄할 길이 없는데도, 지엄한 하교를 내려 일을 말한 자를 지나칠 정도로 꺾으시고, 후한 은혜를 베풀어 천신(賤臣)을 연이어 도탑게 권면하셨습니다. 성상의 뜻이 혹시라도 신이 다시 자리에 나올 가망이 있다고 여겨서 그리하신 것인지 모르겠습니다.

미관말직의 관료일지라도 지조(志操)를 반드시 한번 펴게 해 주는 것은 당사자를 위한 것이 아니라 세도(世道)를 위한 것입니다. 더구나 정승의 자리라면 무엇보다 중요한 것이 사유(四維)이고, 무엇보다 두

것이 과연 어떠하였습니까. 그런데도 우리 전하께서는 그가 성토를 당할 때면 곡진히 보호해 주고 생과 사의 갈림길에서 허물을 씻어 주셨으며, 특별히 정승의 직임을 주어 모두가 우러러보는 자리에 두었습니다."라고 한 것을 가리킨다. 《承政院日記 正祖 14年 5月 12日》

**9** 무신년이 명백히 유시하신 : 1788년 2월 정조가 특지(特旨)로 지중추부사로 있던 번암을 우의정에 발탁하면서 직접 전교를 내려 번암이 세인(世人)의 의심을 받고 있던 세 가지 죄목에 대해 혐의가 없으니 다시 시비를 걸지 말 것을 천명한 일을 가리킨다. 세 가지 죄목은 첫째 사도세자(思悼世子) 추존(追尊) 문제를 제기하다가 사형된 김수현(金壽賢)과 같은 내시들과 결탁했다는 것이고, 둘째 멋대로 흉악한 말을 지껄여 임금을 욕하였다는 것이며, 셋째 홍낙빈(洪樂彬)과 같은 역적의 무리와 내통했다는 것이다. 《正祖實錄 12年 2月 12日～17日》

려운 것이 여론입니다. 신이 비록 은혜에 감격하여 다른 것을 돌아보지 않고 나아가려 해도 사유가 무너지고 여론이 엄정한데 어찌하겠습니까. 신은 마음이 매우 슬프고 자취가 너무도 위태로워서 성상 곁에 감히 오래 머물지 못하고 강가 교외로 달려 나와 밤낮으로 견책해 주시기만 기다리고 있었습니다.

어부(御符)[10]를 신의 곁에 두는 것은 사적인 의리로 볼 때 더욱 감히 할 수 없는 일이었습니다. 청재(淸齋)하시던 열흘 동안 공사(公事)가 모두 정지되었는데도 신은 홀로 어리석어 마치 모르는 듯이 날마다 명소(命召)를 바쳐 귀찮게 수응하시도록 하였습니다. 명소를 바칠 때마다 다시 내리기를 거의 일과처럼 하셨으니, 신의 죄가 이 지경에 이르러 더욱 피할 길이 없게 되었습니다. 승선(承宣)을 보내 함께 오게 하는 것은 특별한 예우이니, 신처럼 죄를 지은 자가 어찌 감히 이러한 예우를 감당하겠습니까. 이에 감히 석고대죄하며 소장을 올려 우러러 간절한 심정을 아룁니다. 삼가 바라건대 자애로운 성상께서는 신이 현재 맡고 있는 정승의 직임을 속히 체차하고, 이어서 신이 전후로 지은 죄과를 다스림으로써 사적인 의리를 편안하게 해 주시고 여론에 호응해 주소서. 간절히 바랍니다.

답하기를,

"상소를 보고 경의 간절한 마음을 잘 알았다. 재계를 마치고 아침이 되기를 기다려 별유(別諭)를 내리자마자 경이 사직하는 소장이 뒤따라 이르렀다. 경이 이렇게까지 사양하고 인피(引避)하니, 경을

**10** 어부(御符) : 임금이 내린 부신(符信)이다.

염려하는 마음을 금할 수 없다. 경은 생각해 보라. 이러한 임금의 지우(知遇)와 이러한 임금의 위임을 받으면서도, 뜻하지 않은 한때의 거짓말 때문에 도리어 '사물마다 각각 그 사물의 이치대로 맡겨 둔다.'[11]라는 취지를 소홀히 여기니, 벼슬에 나아가면 충성을 다할 것을 생각했던 옛사람에게 부끄럽지 않을 수 있겠는가. 경이 세속에 영합하지 않은 것은 누구나 아는 일이니, 3년 동안 의정부에 있으면서 거의 한 달도 조정에 편안하게 있지 못한 것은 당연한 형세였다.

지금 만약 남들이 비난할 때마다 일일이 대꾸하려고 한다면, 비록 경이 강건한 정력을 지녔다지만 분주히 대응하기에 겨를이 없어 뜻을 달리하는 자들이 경을 배척하려고 꾸민 교활한 계책에 말려들게 될 것이다. 이는 경에게도 무익할 뿐만 아니라, 지금까지 어렵사리 보살펴 왔던 나의 노력마저도 공허한 데로 돌아가게 할 것이다. 그렇게 되면 결국 경은 나를 저버리는 셈이 될 테니, 경이 어찌 차마 이렇게 하겠는가.

소장에서 열거한 일이 어찌 경의 말을 듣고 나서야 자세히 알 수 있는 일이겠는가. 유생들의 일에 대해서는 조정의 기강을 존중하는 취지에서 별도로 조사하려고 하였는데, 경의 말을 듣고 그 넓은 도량

**11** 사물마다……둔다 : 일에 있어 주관을 배제하고 객관적으로 살펴서 그 일의 성격에 맞게 처리하는 것을 가리킨다. 《근사록(近思錄)》 권4 〈존양류(存養類)〉에 "사람이 어떤 일을 합당하게 처리하지 못하는 이유는 단지 다른 일에 구애된 나머지 사물을 각자 그 사물에 맡겨 두지 못하기 때문이다. 사물을 각자 그 사물에 맡겨 두면 이는 내가 그 사물을 부리는 것이 되지만, 만약 다른 일에 구애되어 끌려가면 이는 그 사물에 내가 부림을 받는 것이 된다."라는 말이 나온다.

에 감탄하였다. 그리고 그들의 할아비와 아비가 벌써 매를 때려 가르치고 편지를 보내 애걸하였다고 하니, 지금 다시 제기할 필요가 없다. 그러나 수십 명의 관학 유생이 밤중에 떼를 지어 옥문 밖에 가서 이처럼 해괴한 짓을 하였으니, 그들이 선비들에게 수치를 끼친 것은 어찌 작은 문제이겠는가. 이러한 일을 다스리지 않는다면, 모든 유생의 수치를 어떻게 씻겠으며, 앞으로 대관(大官)도 어떻게 대관의 일을 수행하겠는가. 지금 묘당으로 하여금 감처(勘處)할 만한 죄명에 대해 이치를 따져 계품하게 하겠다. 이는 경을 위한 일일 뿐만 아니라, 조정을 위한 것이고 성균관을 위한 것이다.

일반적으로 야금(夜禁)에 대해서는 법전에 실려 있을 뿐만 아니라 본래 1부(部)의 단서(丹書)가 있다. 이 금령을 범한 경우에는 그냥 지나친 적이 없었으며, 직제학 이하는 으레 모두 단속해야 할 대상에 들어 있다. 그런데 어두운 밤에 벼슬도 없는 무리들이 이와 같이 아무런 어려움도 없이 왕래하다가 그 일이 나에게 보고되기까지 하였으니, 어찌 이 일을 소홀히 볼 수 있겠는가. 또한 묘당으로 하여금 그날 밤에 순라(巡邏)했던 영문(營門)을 조사해서 일체 초기로 감죄(勘罪)하게 하겠다.

이 외의 여러 문제는 한 편의 비답을 통해 다 말할 수 있는 일이 아니다. 더구나 내가 작정하고 있는 바는 기어이 경을 출사시키고야 말겠다는 것이다. 경은 부디 이 점을 이해하여 당일로 도성에 들어오고, 이어 즉시 조정으로 나오라."

하고, 이어 전교하기를,

"이 비답을 데리러 간 승지가 전유(傳諭)하고 기어이 함께 들어오도록 하라."

하였다.-전교와 별유가 권수 하 제15, 16판에 보인다. 서계(書啓) 7편이 권28 제14, 15, 16, 17, 18판에 보인다.-

## 별유가 있은 뒤에 정승의 직임을 해임해 주기를 거듭 청하는 상소[12]

別諭後申乞解相疏

삼가 아룁니다. 신이 정승에 제수된 뒤로 행동을 점검해 보면 전하를 저버리지 않은 경우가 없었으니, 그 죄가 어떠합니까. 그리고 지금의 사태에 이르러 전하를 저버리는 일이 날이 갈수록 더 심해져서 아침에 별유를 내리는 상황을 초래했으니, 엄중한 왕명을 어기고 신하로서의 분의(分義)를 방기한 정상이 여지없이 환히 드러났습니다. 이처럼 요행히 형벌을 면한다면 국가에 떳떳한 법이 있다고 말할 수 있겠습니까. 속히 죽기를 원하는 것 이외에 달리 입을 놀려 성상께 응대할 것이 더는 없습니다.

비록 그렇지만, 신은 이에 대해 또한 가슴 가득히 원통하고 답답한 점이 있습니다. 부모가 비록 자식에 대해 불만스러운 일이 있어 성내며 질책하더라도, 자식이 만약 끝내 숨길 수 없는 심회(心懷)가 있다면 감히 부드럽게 스스로 말씀드리지 않을 수 없습니다. 군신과 부자가 비록 은혜와 의리의 차이가 있다고 하지만, 전하는 신에 대해 임금이자 부모요, 신은 전하에 대해 신하이자 자식입니다. 신이 이미 허다한 원통함과 답답함을 가슴에 품었으니, 어찌 성상의 유지 내용에 대해 단락마다 심회를 아뢰지 않을 수 있겠으며, 사람들 또한 어찌 이것을 두고 성상을 공경하고 두려워하는 마음이 없다고 여길 수 있겠습니까.

**12** 별유(別諭)가……상소 : 1790년(정조14) 5월 24일에 올린 상소이다.

신은 평소에 전하의 정성을 천지(天地)의 사시(四時)처럼 믿고 전하의 말씀을 요순(堯舜)의 가르침처럼 우러러 따르니, 괜히 그러는 것이 아닙니다. 실로 전하의 정성과 말씀이 백성에게 신뢰를 주고 신료들을 감동시켜 신으로 하여금 믿고 우러러 따르도록 만드니, 저절로 그러지 않을 수 없기 때문입니다. 지금 신이 함부로 왕명을 거스르는 죄를 범한 데 대해 "나의 정성이 신뢰를 받지 못하고 나의 말이 양해를 얻지 못한다."라고 유시하기까지 하셨습니다.[13] 전하께서는 대성인(大聖人)의 겸손한 마음으로 쉽게 이러한 말씀을 하셨으나, 신의 입장에서는 전하의 정성을 신뢰하지 않고 전하의 말씀을 양해하지 않은 것이 되었으니, 신의 본래 마음은 결코 이와 같지 않을 뿐만이 아니지만, 죽을죄에 해당하는 것으로는 무엇이 이보다 심하겠습니까. 이것이 신이 원통해하고 답답해하는 첫 번째 이유입니다.

**13** 나의 정성이……하셨습니다 : 1790년 5월 23일에 정조가 승지를 보내 번암에게 내린 전교에 "경이 조정에 나아오는 일과 도성에 들어오는 일은 나의 정성이 신뢰를 받지 못하고 나의 말이 양해를 얻지 못하는 상황에서 참으로 갑자기 거론할 일이 아니지만, 경이 서울에 있는 집으로 들어와서 머무르는 것까지도 하지 않았고 금오에서 서명(胥命)하는 것도 하지 않았다. 나는 경을 불러들이는 예의를 힘써 수행하였으나 경은 줄곧 자신이 더럽혀질까 봐 피하듯이 떠나려고만 하고 강촌(江村)의 별서(別墅)에서 한 걸음도 꼼짝하지 않았으니, 나도 너무 피곤하고 고달프지 않겠는가. 분의는 천지 사이에 불변하는 법이고 고금에 통용되는 원칙이니, 여기에 조금이라도 흠결이 있으면 오히려 자기의 분의를 다했다고 할 수 있겠는가. 그리고 또 예전의 일을 가지고 깨우쳐 줄 말이 있다. 경의 정세(情勢)를 재작년 처음 정승에 제배(除拜)되었을 때와 비교해 보면 경중과 난이의 정도가 과연 어떠한가. 만약 그때에 비해서 가볍고 수월하다고 하면, 전에는 힘써 명에 응하고 지금은 굳게 거부하는 것이 옳은 일인지 모르겠다. 대체로 요즘의 일로 말하면 물러나지 말고 나아와야 하니, 경이 취사(取捨)하라." 하였다.《日省錄 正祖 14年 5月 23日》

전하께서 신을 부르셨으나 신이 받들지 않았고, 위로하고 타일러 주셨으나 신이 나아가지 않았으니, '떠나려고만 한다〔邁邁〕'는 두 글자는 참으로 신이 스스로 지은 죄입니다. 그러나 '자신이 더럽혀질까 봐 피한다〔若浼〕'는 말씀으로 말하면, 전하께서는 어찌하여 이러한 죄목을 신의 몸에 더하십니까. '피곤하고 고달프다〔疲憊〕'는 말씀으로 말하면, 전하께서는 이러한 말씀을 별유에 언급해서는 안 되는 것이며, 신하로서는 감히 이러한 말씀을 잠시라도 편안히 받아들일 수 없는 것입니다. 신하 된 분수로 헤아려 보자면, 속히 환수해 주시기를 청해야 하지만, 감처(勘處)를 기다리고 있는 위태로운 입장인 신으로서는 이것에 대해 감히 언급할 수 없는 점이 있습니다. 이것이 신이 원통해하고 답답해하는 두 번째 이유입니다.

분의(分義)는 천지 사이에 불변하는 법칙이고 고금에 통용되는 원칙이니, 신이 비록 아는 것이 없을지라도 또한 어찌 이러한 의리에 대해 전혀 모르는 정도에 이르렀겠습니까. 하지만 죽을죄를 지은 입장에서도 우러러 아뢸 말씀이 있습니다. 옛날에 성인(聖人)이 사람을 가르치실 때 사람으로 하여금 처해 있는 상황에 따라서 각각 본성을 다하게 하였으니, 어찌 단지 분의만 말하고 예의염치(禮義廉恥)를 말하지 않은 경우가 있었겠습니까. 마땅히 분의를 행해야 할 경우에는 분의를 극진히 행하고, 마땅히 예의염치를 행해야 할 경우에는 예의염치를 극진히 행하였으니, 이것이 바로 이른바 '인(仁)을 추구하는 방법'입니다. 만약 이것을 중시하고 저것을 경시하며, 저것만 오로지 행하고 이것은 버려둔다면, 편벽되어 본분을 다했다고 할 수 없을 것입니다. 이런 까닭에 분의와 염치는 결코 함께 행해질 수 없고, 마땅히 무엇을 행해야 할 경우인지를 살펴서 행할 따름입니다.

그러나 분의를 행하는 데 본분을 다하지 못했을 경우에는 신자(臣子) 한 개인으로서 용서할 수 없는 죄과를 지은 것에 불과하지만, 예의염치의 경우에 이를 쓸모없는 물건처럼 여기고 돌아보지 않는다면 그 폐해가 천하와 국가로까지 파급되고야 말 것입니다. 신이 성현이 남긴 낡은 책을 통해 조금이나마 터득한 바가 이와 같을 뿐입니다. 지금 신의 처신을 두고 전하께서 분의에 흠이 있다고 책망하시는 것에 대해 신도 감히 지당하신 하교라고 여기지 않을 수 없습니다. 그러나 어리석은 신이 죽을죄를 무릅쓰고 삼가 위에서 언급했던 두 가지를 가지고 비교해 보면 염치는 중하고 분의는 도리어 가볍습니다. 신이 감히 중한 것을 버리고 가벼운 것을 취하지 못한 것은, 헤아려 보지도 않고 지레 개인적인 뜻을 행하여 그러한 것이 아닙니다. 성현의 경서를 모두 보아 이치를 다 통달하신 전하께서 어찌하여 이러한 점을 살피지 않고 단지 신으로 하여금 속히 나와 명에 응하게 하려고 우선 이러한 하교를 내려 유도하십니까. 신이 나가지 않으려고 한다면 왕명을 어기는 죄인이 되고, 나가려고 한다면 예의염치를 저버리는 죄인이 되니, '돌아갈 곳 없는 곤궁한 사람'[14]이라는 것이 바로 신을 두고 한 말입니다. 이것이 신이 원통해하고 답답해하는 세 번째 이유입니다.

말단에서 예전의 일을 가지고 경중(輕重)을 깨우쳐 주셨습니다. 어리석은 신이 죽을죄를 무릅쓰고 또 생각건대, 전하의 이번 하교는 우연히도 제대로 살피지 못하신 것입니다. 재작년 이전에 신이 당했던 곤액

**14** 돌아갈……사람 : 맹자(孟子)가 순(舜) 임금에 대해 "부모에게 용납되지 못했기 때문에 마치 돌아갈 곳 없는 곤궁한 사람과 같으셨다."라고 한 데서 온 말이다. 《孟子 萬章上》

을 지금과 비교해 보면 어찌 백배 천배만 위태로웠겠습니까. 다만 그 당시에는 전하께서 환히 깨우쳐 주고 분명히 해명해 주시어 모든 무함(誣陷)들이 모두 없었던 일로 귀결되었으니, 신이 정승의 직임을 힘껏 사양해야 했던 것은 신의 재주가 그 자리를 전혀 감당할 수 없고 전혀 가당치 않다는 이유일 뿐이었습니다. 하지만 전하께서 베풀어 주신 천고(千古)에 특별한 은혜에 대해 사례하지 않을 수 없어서 한 개인이 사양하는 일을 우선 보류하지 않을 수 없었으니, 얼굴을 쳐들고 염치를 무릅쓴 채 자리에 나아갔던 것은 참으로 까닭이 있는 일입니다.

그런데 지금 명색이 대신으로서 3년이 어느덧 흘렀지만, 그사이 일거수일투족이 모두 탄핵하는 글 안에 열거되어 있습니다. 그 말이 과연 탄핵을 당하는 자로 하여금 흔쾌히 심복하게 할 수 있을지는 모르겠으나, 대각(臺閣)이 묘당을 논하는 것은 본래 맑은 조정에 있는 아름다운 일입니다. 더구나 며칠 전 대사간의 상소에서, 말을 아뢰었던 조진정(趙鎭井)에 대해 "대각의 풍채가 있다.〔臺閣風采〕"라고 일컬었으니, 그 말은 참으로 옳습니다. 다만 이 네 글자가 신의 입에서 나왔다면 괜찮겠으나 대사간의 논계에서 나왔으니, 신이 평소에 지은 죄를 더욱 피할 길이 없게 되었습니다. 그것이 신의 거취를 정할 때 큰 원칙이 되는 것은 여기에서 곱절이나 더 절실해졌습니다. 이것으로 말하자면, 전하께서 지금의 일에 대해 "가볍고 수월하다."라고 하교하셨으나, 신은 지금의 일을 전과 비교해 볼 때 중하고도 어려울 뿐만이 아니라고 생각합니다. 신이 함부로 스스로 헤아려 본 것을 어찌 전혀 근거가 없다고 하겠습니까만, 성상의 하교에서 말씀하신 바가 지금 이와 같습니다. 이것이 신이 원통해하고 답답해하는 네 번째 이유입니다.

전하께서 만약 신의 말이 언급할 가치도 없다고 여겨 통촉해 주지 않으신다면 그만이겠지만, 그렇지 않다면 필시 신이 말씀드린 원통함과 답답함에 대해 '그대의 말이 이치에 맞지 않는다.'라고 여기지는 않으실 것입니다. 그리고 원통하고 답답한 마음을 살펴 주신 뒤에는 어찌 측은히 굽어살펴 신의 지극한 소망에 부응해 주시지 않을 리가 있겠습니까. 신은 또한 "물러나지 말고 나아와야 한다."라고 하신 하교에 대해 삼가 크게 탄식하는 점이 있습니다. 신이 만약 물러나지 않고 나아가 조금이라도 국사에 보탬이 될 수 있다면, 왕실에 충성을 다한다는 취지로 볼 때 자신의 지조를 돌보지 않는 것에 대해 그래도 할 말이 있을 것입니다. 하지만 지금 신이 한번 도당(都堂)에 나아가기만 하면 사람으로 하여금 생각지도 못한 구렁텅이에 빠지게 하고, 한번 묘당에서 천망(薦望)이라도 하면[15] 사람으로 하여금 한없는 치욕을 당하게 하며, 한번 입을 열기만 하면 곧바로 사욕을 따른다고 말하고, 한번 차자를 올리면 오만하다고 몰아붙이기까지 합니다. 지금 이후로 설사 신이 염치를 잊고 출사한다고 하더라도 도당에는 나아갈 수 없고 천망은 할 수 없으며, 입은 열 수 없고 차자는 지을 수 없을 것입니다. 이와 같다면 나무 인형이나 시동(尸童)의 역할에 그칠 터인데, 전하께서는 이렇게 나무 인형이나 시동이 되어 버린 신을 장차 어디에 쓰려고 하시는지 모르겠습니다.

신은 전하를 떠나서 멀리 달아날 사람이 아닙니다. 신이 만약 못났다면, 비록 지금 전하의 앞에서 지척을 벗어나지 않은 가까운 곳에 있는다 하더라도 국가를 저버리지 않는다고 어찌 보장하겠습니까. 만약

**15** 한번 묘당에서……하면 : 대본에는 '一通廟議'로 되어 있다. 《승정원일기》와 《일성록》 정조 14년 5월 24일 기사에 근거하여 '議'를 '擬'로 바로잡아 번역하였다.

그렇지 않다면, 비록 신의 직임을 체차하여 한가하게 지내도록 하더라도 티끌만큼이나마 보답할 수 있는 기회를 만난다면 감히 본분을 다하지 않을 수 없을 것입니다. 귀신도 필시 아는 사실이라 여겨 이렇게 말씀드린 것인데, 전하께서 굳이 중추부의 직함을 허락하지 않고 의정(議政)의 직함으로 신을 부르려고 하시니, 신은 실로 천지처럼 크신 성상의 도량에 대해 유감이 없을 수 없습니다. 만약 천만 부득이 사양해야 하는 이유가 그 가운데 있지 않다면, 신도 사람인데 어찌하여 천승지국(千乘之國)의 정승이 되는 것을 달가워하지 않겠으며, 또 어찌하여 도성 안의 옛집에 거처하는 것을 달가워하지 않고 기꺼이 스스로 큰 강가의 허물어진 정자의 부서진 온돌방에서 불안하게 거처하겠습니까. 충정(衷情)의 마음에서 올린 구구한 말씀이 이 지경에 이르렀습니다.

삼가 바라건대, 자애로운 성상께서는 신의 의정 직임을 삭탈하도록 속히 명하고 이어 신이 전후로 왕명을 업신여긴 죄를 다스림으로써 염치의 원칙을 부지하고 조정의 기강을 엄숙히 하소서. 명소(命召)를 종일토록 받들어 올린 일과 승선(承宣)이 오래도록 함께 머물러 있던 일로 더욱 신의 죄를 더하였으니, 다시 바라건대 자세히 헤아려 주소서. 천만 진심으로 바랍니다.

답하기를,

"상소를 보고 경의 간절한 마음을 잘 알았다. 내가 굳이 중추부의 직함을 허락하지 않고 의정의 직함으로 경을 부르려는 것에 대해 비록 경이 '유감이 없을 수 없다.'라고 하였지만, 나로서는 한 가지 일정한 주장이 있다. 근년 이래로 시사(時事)에 대해 진언하는 관원들이 머무는 처지에 연연하는 낡은 습관[16]을 지녀 대신(大臣)을 향해 흔들어 보려는 흉계를 자주 부렸다. 그리하여 탄핵하는 글이 한번 나올 때마다 잠시 체차하도록 허락하여, 이것을 임시방편의 조처로 삼았다. 그러다 보니 탄핵하는 사람과 탄핵을 당하는 사람이 반드시 그렇게 되는 줄로 알고 당연한 것으로 여기게 되었다. 조정의 상황이 안정되기를 기대하기 어렵게 되고 사람들의 마음을 징계할 수 없게 된 것은 애당초 모두 여기서 말미암은 것이다. 이것은 지난날을 교훈으로 삼아 훗날을 경계하려는 것으로, 지금 경으로 하여금 의정의 본직으로 도성에 들어오고 조정에 나아와서 자기 몸을 돌보지 않는 자리에 앉아 의정부의 일을 수행하게 하려는 이유이다. 그렇지 않다면 잠시 체차를 허락하였다가 곧바로 다시 맡기면 될 것이니, 정력을 낭비하고 마음을 괴롭히면서 기꺼이 이렇게 종일토록 애쓰는 조치를 취할 필요가 있겠는가. 며칠 전에 있었던 사람들의 말이 편파적이긴 편파적이었지만,[17] 경이 거취를 정하는 큰 원칙으로 보자면 절대 억지로 할 수 없는 불변의 원칙이 별달리 없다. 그렇다면 은혜로운 예우를 앉아서 받는 것이 일상이 되어 어젯밤의 별유를 보고서도 마음을 바꿀 방도를 생각하지 않는 경의 처사가, 고인(古人)이 의리에 대처했던 일에 비추어 볼 때 과연 식견 있는 자들의 사적인 논평을 피할 수 있겠는가. 경은 부디 미세한 경중의 차이를 거듭 자세히 생각해 보고 바로 일어나 직무를 살피라."

**16** 머무는……습관 : 자신이 처한 당파(黨派)에 얽매이는 행태를 가리킨다.

**17** 편파적이긴 편파적이었지만 : 대본에는 '彼則彼矣'로 되어 있다. 《승정원일기》와 《일성록》 정조 14년 5월 24일 기사에 근거하여 '詖則詖矣'로 바로잡아 번역하였다.

하고, 이어 전교하기를,

"이 비답은 데리러 간 승지가 전유하고 기어코 함께 들어오도록 하라. 마침 전유의 자획을 보니 조잡하여 분변하기가 어려웠다. 해당 사관을 우선 추고하고, 원본으로 바로 전유하게 하라."

하였다.-도탑게 권면한 별유, 인의(引義)하여 물러나 거처할 때에 내린 별유, 집으로 돌아온 뒤에 내린 전교가 모두 권수 하 제16, 17판에 보인다.-

## 의주 부윤에 대한 천망을 시행하지 말기를 청하면서 처분을 내려 주기를 청하는 차자[18]

請灣尹薦望勿施乞賜處分箚

삼가 아뢰옵니다. 신이 며칠 전 연석에서 이후로 묘천(廟薦)을 감히 봉행하지 않겠다는 뜻을 누누이 진달하고서, 혹시라도 성상께서 신의 처지를 가엾게 여겨 이해해 주시기를 바랐습니다. 그리고 며칠이 지나지 않아 마침 의주 부윤의 자리가 비었는데, 신이 의천(議薦)하지 않자 엄한 유지(諭旨)가 여러 번 내려오고 재촉하는 하교가 매우 급박하였습니다. 신이 두렵고 떨려서 깊이 생각하지 못한 채 경솔하게 희천 군수(熙川郡守) 이득신(李得臣)을 수망(首望)으로 의망(擬望)하였습니다. 신은 이득신과 잘 아는 사이가 아니지만, 금영(錦營)에 있을 때 치적이 있었다는 말을 평소에 들었고, 또 근래에는 희천에서 꽤나 진휼을 잘하였다고 들었습니다. 그리고 희천과 의주는 거리가 그리 멀지 않아 영송하는 폐단을 줄일 수 있습니다. 그래서 이 사람으로 정하고 서면으로 요상(僚相)에게 알렸더니, 그 역시 이견이 없었으므로 즉시 입계하여 낙점을 받았습니다. 그런데 추후에 생각해 보니, 이득신은 외직에 보임된 자였습니다. 외직에 보임된 자는 비록 명색이 수령이지만 엄한 처벌을 받은 것인 만큼, 엄한 처벌이 거두어지기 전에 묘당에서 곧바로 승천(陞遷)하는 것은 나라의 체모로 볼 때 실로 온당치 못한 일이며, 신의 입장에서 볼 때에도 결국 독단적으로 처리한

**18** 의주……차자 : 1790년(정조14) 6월 17일에 올린 차자이다.

결과가 되고 말았습니다. 거듭 생각해 보매 두렵고 부끄러운 마음에 편치 않습니다. 이에 감히 짧은 차자를 올려 스스로 논열합니다. 신의 생각에는 의주 부윤의 천망을 시행하지 않는 것이 마땅하다고 봅니다. 신의 경솔한 죄도 그대로 두어서는 안 되니 속히 처분을 내려 신료들을 경계하소서. 천만 진심으로 바랍니다. 재결해 주소서.

답하기를,

"차자를 보고 경의 간절한 마음을 잘 알았다. 묘천은 사체가 중요하므로 파산(罷散) 중에 있는 사람도 구애받지 않고 천망하는 법이다. 외직에 보임하는 것이 비록 견책이기는 하지만, 이것도 관직이고 보면 외직에서 외직으로 옮기는 것은 불가할 것이 없을 듯하다. 그러나 이는 전례에 없던 일인 만큼 이러한 경우에는 전례를 따르는 것이 좋으며, 폐단이 있는 고을의 수령을 자주 체차하는 것도 깊이 생각해 보아야 할 일이다. 차자에서 청한 것은 아뢴 대로 시행하되, 오늘 정사에서 새로 제수된 군수는 잉임하고, 의주 부윤의 후임은 즉시 의천하라. 경은 부디 안심하고 직무를 살피라."

하고, 이어 전교하기를,

"이 비답을 사관을 보내어 전유하게 하라."

하였다.

# 이조 판서 오재순을 엄히 책벌하기를 청하고 이어 물리쳐 주기를 청하는 차자[19]

請銓長吳載純嚴加責罰仍乞斥退箚

삼가 아룁니다. 나라가 나라다울 수 있는 것은 기강이 있기 때문입니다. 기강이란 위가 아래를 통제하기를 마치 마음이 팔을 부리고 팔이 손가락을 부리는 듯이 하고, 아래가 위를 받들기를 마치 팔이 마음에게 부려지고 손가락이 팔에 부려지는 듯이 하는 것을 일컫는 것입니다. 기강이 서면 나라가 흥하고 기강이 무너지면 나라가 쇠하니, 이는 필연적인 이치입니다. 그래서 고인(古人)들이 중언부언한 것이 한마디일 뿐이 아니었던 것입니다. 그런 까닭에 안으로는 백관이 경재(卿宰)를 경외하고 경재는 대신(大臣)을 경외하며, 밖으로는 수령이 방백을 경외하고 방백은 묘당(廟堂)을 경외하는 것입니다. 만약 그렇다면 어찌 괜히 경외하는 것이겠습니까. 진실로 누적된 등급에 따라 분수가 정해져 있고 전폐(殿陛)의 존귀함은 친압할 수 없는 천지와 같은 점이 있기 때문입니다.

조정에서 1년에 두 차례 행하는 도목 정사(都目政事)는 정사 가운데 가장 큰 일입니다. 동전(東銓)과 서전(西銓)의 장관이 정사를 여는 날을 앞두고 반드시 시원임 대신에게 직접 나아가 정사를 묻는 것은 조종조 400년 동안 바뀌지 않은 법도입니다. 서전의 장관은 기일에 앞서 신에게 정사를 물었으나, 동전의 장관은 오늘 해가 기울도록 끝내

19 이조……차자 : 1790년(정조14) 7월 3일에 올린 차자이다.

정사를 문의하러 오지 않았습니다. 정사가 내일 아침에 있는데, 그렇다면 그 뜻은 결국 정사를 묻지 않고서 자의대로 정사를 행하겠다는 것입니까? 듣자니 전장(銓長)이 신의 글 한 구절을 가지고 신과 피혐할 일이 있다고 한다는데,[20] 신은 특별한 의도 없이 써서 보낸 것을 전장은 어떠한 뜻을 가지고 본 것입니다. 과연 의리에 합당한지는 알 수 없으나, 설령 혐의의 단서가 참으로 그의 말대로라고 하더라도, 나라의 일은 공적인 것이고 혐의의 단서는 사적인 것인데, 사적인 것으로 공적인 일을 폐하는 것이 옳겠습니까.

아, 지금의 대신(大臣)은 고인만 못하니, 비록 정사를 묻더라도 국가에 무슨 보탬이 있겠습니까. 하지만 그렇게 하는 것은 "너는 양을 아끼느냐? 나는 예를 아낀다.〔爾愛其羊 我愛其禮〕"[21]라는 취지이니, 신은 실로 공자의 가르침에 느끼는 바가 있습니다. 이에 감히 짧은 차자를 올립니다. 이조 판서 오재순(吳載純)은 엄하게 책벌해야 한다고 생각합니다. 만일 정사를 묻는 일을 할 수 없다면 도목 정사도 행해질

**20** 전장(銓長)이……한다는데 : 1729년(영조5) 3월에 오광운(吳光運)이 이재(李栽) 등 22명을 조용(調用)할 것을 청하자, 오원(吳瑗)이 그들을 역종(逆種)이라고 비판하면서 연석에서 오광운을 소인(小人)이라고 지목하였다. 이 일로 오광운과 오원은 여러 차례 상소를 올려 서로 논박하였다. 세월이 흐른 뒤에 번암이 처삼촌인 오광운의 시장(諡狀)을 썼는데, 오재순은 시장의 내용 가운데 자신의 부친인 오원을 비판하는 내용이 있다는 이유로 피혐하며 좌의정인 채제공에게 정사를 묻는 일을 하지 않았다.《英祖實錄 5年 3月 10日·19日, 10年 1月 19日·21日》《正祖實錄 12年 4月 17日》《醇庵集 卷3 因蔡濟恭箚自引疏》

**21** 너는……아낀다 : 근본을 유지하기 위하여 관련된 의절(儀節)을 남겨 둔다는 의미로, 자공(子貢)이 종묘에 초하루를 고하는 의식에서 양을 제물로 쓰는 제도를 없애려고 하자 공자가 한 말이다.《論語 八佾》

수 없습니다. 신도 힘없이 무시를 당한 것이 심하니, 또한 물리치도록 명하여 정승의 자리를 중히 하소서. 천만 진심으로 바랍니다. 재결해 주소서.

답하기를,

"차자를 보고 경의 간절한 마음을 잘 알았다. 이판(吏判)의 일은 너무도 온당치 못하니 먼저 엄하게 추고하겠다. 경은 안심하고 직무를 살피라."

하였다.

## 도당의 한림 권점에 참석하지 못하였으므로 물리쳐 주기를 청하는 차자[22]

不赴都堂翰圈乞賜斥退箚

삼가 아룁니다. 신이 정승의 직위에서 마땅히 체직되어야 하는데도 체직되지 않고 마땅히 떠나야 하는데도 떠나지 않아 남들의 비웃음을 받은 지 이미 여러 달이 되었습니다. 지금 다시 도당(都堂)의 한림 권점(翰林圈點)을 하라고 명하시어 이틀 사이에 명패(命牌)가 세 번이나 내렸습니다. 신은 이미 개인 소유의 몸이 아닌, 나라에 매이고 공무에 매인 몸이니, 이 한 가지 일에 대해서 어찌 유독 부르실 때마다 번번이 어기면서 수레와 신을 기다리지 않고 달려가는 의리[23]를 생각하지 않겠습니까.

다만 생각건대, 신이 봄에 이 한림 권점을 외람되이 담당했다가 일을 그르치는 죄를 저질러 누차 대간(臺諫)의 상소에 올랐는데,[24] 그 비난이 일반적인 공격에 비할 바가 아니어서 지금 돌이켜 생각해 보아도

**22** 도당(都堂)의……차자 : 1790년(정조14) 9월 2일에 올린 차자이다.

**23** 수레와……의리 : 《예기》 〈옥조(玉藻)〉에 "임금이 부를 때에……신하가 관청에 있는 경우에는 신을 기다리지 않고 달려가고 관청 밖에 있는 경우에는 수레를 기다리지 않고 달려간다."라고 한 데서 온 말이다.

**24** 봄에……올랐는데 : 1790년 2월 28일 장령 최경악(崔景岳)이 상소를 올려 당시 도당 회권(都堂會圈)에 참여한 관원들이 사감(私感)에 따라 처리하고 격식에도 어긋났다고 하면서 회권에 참여했던 대신을 비난하고 당상을 파직할 것을 청하였던 일을 가리킨다. 《承政院日記 正祖 14年 2月 28日》

얼굴이 달아오르며 부끄럽습니다. 비록 보통의 신료라 하더라도 일을 맡아 논박을 당하고 나면 다시 그 일을 맡는 것은 절대 있을 수 없는 법인데, 더구나 명색이 대관(大官)인 사람은 어떠하겠습니까. 성상께서 혹시 임금의 부름에 달려가는 것을 공손한 것이라 여겨서 억지로 할 수 없는 일을 강요하신다면 신하를 예로써 부린다는 가르침[25]에 어긋남이 있을까 두렵습니다. 그리고 신은 이에 대해 만약 올바른 부름으로 부르지 않으면 가지 않는 의리[26]는 염두에 두지 않은 채, 분의(分義)를 두려워하는 것만 일삼는다면 또한 제(齊)나라 경공(景公)의 우인(虞人)에게 부끄럽지 않겠습니까.

신은 죽으면 죽었지 결코 염치를 무릅쓰고 나갈 수 없습니다. 하지만 나라의 체모로 말한다면 신 때문에 명을 내리셨다가 이내 중지시키는 것은 또한 문제가 있습니다. 삼가 바라건대 신을 물리치고 속히 어질고 덕이 있는 사람으로 복상(卜相)하여 국사에 다행이게 하고 신의 하찮은 정성을 온전하게 해 주소서. 천만 진심으로 바랍니다. 재결해 주소서.

답하기를,

"차자를 보고 경의 간절한 마음을 잘 알았다. 옛날부터 권점하는 일로 논박하는 말을 들은 자들이 참으로 얼마나 많았던가. 하지만

**25** 신하를……가르침 : 《논어》 〈팔일(八佾)〉에 "임금이 신하를 예로써 부리면 신하는 임금을 충성으로써 섬긴다."라고 한 것을 가리킨다.

**26** 올바른……의리 : 임금의 사냥터를 관리하는 관직인 우인(虞人)은 피관(皮冠)을 징표로 써서 부르는 것이 예인데, 제나라 경공이 대부(大夫)를 부를 때 쓰는 깃발〔旌〕을 써서 우인을 부르자, 우인이 잘못된 부름에 응하지 않았던 고사를 가리킨다. 《孟子 滕文公下》

그 말의 당부(當否)는 그 말의 당부대로 내버려 둔 채 대관은 일반 관료와는 달리 논박하는 말을 받아들여 사과를 하였다. 기꺼이 듣고 받아들이는 것이 이와 같기 때문에 춘추관의 고사(故事)에 영사(領事)와 감사(監事)가 정세(情勢) 때문에 불참한 사례가 있다는 것을 여태껏 들어 보지 못하였다. 그런데 경은 어찌하여 유독 고인이 의리에 대처할 때에 하지 않았던 일을 행함으로써 권점하는 일을 지체하여 그르치게 할 수 있는가. 사각(史閣)을 다시 수리하는 시기를 놓친 것은 오히려 부차적인 일이고, 선조(先朝)의 실록을 지금 차례로 봉안하려는 마당에, 그 일이 매우 엄숙하고 그 예가 매우 중요해서 더욱 경이 사적인 사정을 말할 때가 아니다. 그런데 명초(命招)를 내릴 때마다 번번이 어기니, 또한 사체(事體)와 관계되지 않는단 말인가. 경은 부디 마음을 편히 갖고 사직하지 말고 도당에 나와서 즉시 회권(會圈)하도록 하라."

하고, 이 비답을 사관을 보내어 전유하게 하였다. 이어 전교하기를,

"감사의 차자에 대한 비답을 이미 내렸으니, 다시 명초하라."

하였다.

## 사전을 내리면서 사사로운 은전은 베풀지 말기를 청하는 차자[27]

請赦典勿施私恩箚

삼가 아룁니다. 전하께서 근래에 하신 일은, 어리석어 죽을죄를 지은 신의 생각으로는 심사숙고하지 않으신 것 같습니다. 나라가 나라다울 수 있는 것은 형정(刑政)이 있기 때문입니다. 형정은 엄정히 하지 않을 수 없으니, 징토를 하기 때문입니다. 이에 대해 참으로 소홀히 하는 점이 있다면, 사람은 사람다울 수 없고 나라는 나라다울 수 없음이 명백하니, 두려워하지 않을 수 있겠습니까. 신은 어제 저보(邸報)를 통해, 양사(兩司)의 연명 차자에 대해 "앞으로 더욱 처음을 신중히 하여 경들로 하여금 그 사이에 이의가 없게 함으로써 후회할 단서를 완전히 없애겠다."라고 하신 비답을 읽었는데,[28] 이를 통해 잘못을 금방

**27** 사전(赦典)을……차자 : 1790년(정조14) 9월 5일에 올린 차자이다. 사전은 1790년 6월 24일에 원자(元子) 탄생을 경축하기 위한 조치로 1154명에 대해 대사면(大赦免)을 거행한 것을 가리킨다. 《正祖實錄 14年 6月 24日》

**28** 양사(兩司)의……읽었는데 : 1790년 9월 초에 정조가 파주(坡州)에 유배되어 있던 화완옹주(和緩翁主)를 신하들의 의견을 묻지 않은 채 몰래 내수사 별제(內需司別提)를 보내 서울로 데려오게 하였으나, 서울로 오던 중간에 경기 관찰사 김사목(金思穆)과 파주 목사 정언형(鄭彦衡)에게 발각되어 다시 배소(配所)로 돌려보내졌다. 이 소식을 들은 정조는 김사목을 서민(庶民)으로 강등하고 정언형에게 사판(仕版)에서 삭제하는 처벌을 내렸다. 그러자 9월 4일에 양사에서 연명 차자를 올려 "작년에는 역적 이인(李䄄)의 사건이 있었는데, 지금 또 정처(鄭妻)의 변고가 생겼습니다. 일식과 월식이 회복하듯이 잘못을 고치시어 사람들이 모두 우러러보지만, 처음부터 아예 이런 일이

고치는 위대한 성상의 미덕을 엿볼 수 있었습니다. 그러나 유신(儒臣)이 올린 차자에 대해 "명색이 대사령(大赦令)인데 관대하게 처결하여 풀어 주는 조치가 외인(外人)에게만 미치고 의친(懿親)에게는 미치지 못해서야 되겠는가."라고 하신 비답을 읽고 보니,[29] 이것은 두둔하고 엄호하는 뜻을 버리지 못하신 것입니다.

전하의 마음속에 이러한 생각이 조금이라도 있는 이상, 오늘 이후로 자주 반복하여 잘못하였다가 후회하는 일이 없으리라고 어떻게 장담하겠으며, 양사에 내린 비답에서 말씀하신 것은 단지 말을 좋게 꾸민 것에 불과할 것입니다. 정말 그렇다면 신이 어찌 애태우며 걱정하고 개탄하면서 긴 밤을 지새우지 않겠습니까. 경사가 있을 때 사면령을 내리는 것은 나라의 중대한 법입니다. 하지만 사면령에 "잡범(雜犯)으로서 사죄(死罪) 이하에 해당하는 자는 모두 용서하라."라고 하셨지 언제 난역(亂逆)까지 모두 용서한다는 말씀을 하셨습니까. 진실로 난역에 관계된다면 천지 사이에 살려 두어서는 안 되는 점은 외인이건

없음으로써 훌륭한 덕이 되는 것만은 못합니다. 삼가 바라건대 더욱 깊이 생각하시어 모든 크고 작은 일을 처리할 때는 반드시 처음을 신중히 하는 방도를 유념하여 후회하는 일이 없게 하소서."라고 하니, 정조가 "참으로 처음에 신중히 하지 않기 때문에 매번 후회하는 일이 많게 된다. 경들의 말이 경계가 된다고 할 수 있으니 앞으로 더욱 처음을 신중히 하여 경들로 하여금 그 사이에 이의가 없게 함으로써 후회할 단서를 완전히 없앤다면 어찌 실로 상하가 모두 편하지 않겠는가. 지금 이것으로 스스로 가다듬겠다."라고 비답을 내렸다. 여기서 정처는 정치달(鄭致達)에게 하가(下嫁)한 화완옹주를 낮추어 부른 말이다.

**29** 유신(儒臣)이……보니 : 1790년 9월 4일에 홍문관 부수찬 이의봉(李義鳳)이 상소를 올려 화완옹주가 파주의 배소를 이탈한 일을 따지자, 정조가 비답을 내린 것이다. 《日省錄 正祖 14年 9月 4日》

의친이건 본래 차이가 없으나, 이른바 의친은 조종(祖宗)의 영령께서 용서하지 못할 죄인 중에서도 더욱 심한 죄인에 해당합니다.

지금 전하께서 이미 용서 못 할 죄인으로 구별해 놓고는 또 외인들과 함께 관대하게 처결되어 풀려나지 못한 것을 가지고 마치 의리상 옳지 않은 것처럼 말씀하십니다. 역대의 여느 군왕보다 뛰어난 식견을 가진 전하께서 어찌 이런 의리에 대해 우연히라도 살피지 못하셨겠습니까. 하지만 처음에는 사사로운 은정을 끊어 버리지 못하시고 지금은 전하의 마음에 끝내 연연하는 것이 있어서 비지의 말씀에서는 확연히 화평을 잃고 처분할 때에는 간혹 격노하시니, 조정의 신하들은 서로 돌아보며 어찌할 바를 모르고 있습니다. 신은 참으로 전하를 위해 이번의 조치를 애석하게 생각합니다.

지금 종묘사직이 말없이 도와 하늘의 복록이 성대히 내렸으니, 난역의 근원을 더욱 막고 방비를 더욱 엄히 하여 요망한 난역들이 다시는 딴마음을 먹지 못하게 하는 것이 실로 위로는 하늘의 뜻에 보답하고 아래로는 나라의 형세를 굳건히 하는 긴요한 방도가 됩니다. 그런데 오늘날의 조치는 도리어 난역의 근원은 내버려 둔 채 제방(堤防)을 무너뜨려서 하늘에 유구한 국운(國運)을 빌려는 것이니, 무슨 까닭입니까.

신이 합문 밖에서 청대를 하였으나 대궐의 섬돌에 한 걸음도 들어서지 못하였으므로 오늘 빈대(賓對)에 나가서 나라를 걱정하고 임금을 사랑하는 정성을 갖추어 진술하려 하였는데, 빈대가 또 이루어지지 않았습니다. 이에 감히 번거롭게 해 드리는 일을 피하지 않고 짧은 차자를 지어 올립니다. 삼가 바라건대, 밝으신 성상께서는 지난 일을 깊이 뉘우치고 앞으로의 일을 더욱 염려하여 후회할 단서를 완전히 없애겠다고 하신 하교가 부질없이 종이 위의 문구(文具)가 되지 않게 하소서. 천만 진심으로 바랍니다. 재결해 주소서.

답하기를,

"차자를 보고 경의 간절한 마음을 잘 알았다. 옥당에 내린 비답은 터놓고 말한 것이고 대간의 차자에 대해서는 완곡히 말한 것이다. 터놓고 말한 것과 완곡하게 말한 것이 비록 다르지만, 그 본의(本意)는 마찬가지이다. 처음을 더욱 조심하여 후회하는 단서를 완전히 없애겠다고 한 것은 사면하여 풀어 주던 초기에 오히려 신중히 하지 못한 점이 많아서 도로 배소로 돌려보낸 것에 대한 후회를 앞으로는 전처럼 되풀이하지 않겠다는 말이었다. 경은 어찌하여 '금방 잘못을 고쳤다.'라고 말하고, 또 어찌하여 '말을 좋게 꾸민 것에 불과하다.'라고 하는가. 차자에서 아뢴 내용은 이미 지난 일이므로 여러 말할 것이 없다. 청대를 하였으나 허락하지 않은 것은 결말이 난 일이기 때문이고, 빈대를 물려서 정한 것은 조섭(調攝)을 하기 위해서이니 모두 경이 양해해 주기 바란다."

하고, 이어 전교하기를,

"이 비답을 사관을 보내 전유하게 하라."

하였다.

## 강화 경력을 내직으로 옮기지 말도록 청하고 이어 유수에게 상경하여 교귀하라고 한 명을 환수하기를 청하는 차자[30]

請勿令江華經歷內移仍寢留守上京交龜之命箚

삼가 아룁니다. 신이 아침 경연에서 강화 경력을 내직으로 옮기는 조치의 부당함에 대해 경솔하게 어리석은 견해를 살짝 아뢰다가 미처 그 말을 마치지 못하였습니다. 그런데 방금 소보(小報)를 보니 구전(口傳)으로 경력을 옮겨 의망할 것을 재촉하셨고, 이어서 또 들으니 유수로 하여금 반드시 내일 아침까지 상경하여 교귀(交龜)하게 하셨다고 합니다. 신은 마음 가득한 의혹과 우려를 금할 수 없습니다. 아, 역적 종친의 극에 달한 죄는 신령과 사람이 함께 분노하는 바이며, 국법에 반드시 죽여야 할 바입니다. 한 가닥 목숨을 연장하여 섬에서 편히 지내도록 한 것도 이미 형률을 크게 잘못 적용한 것인데, 그 방비가 엄밀하지 못하고 규찰이 간혹 소홀함으로 인해 지난가을에는 탈출하는 변고를 초래하였습니다. 지금 생각해도 여전히 마음이 떨립니다. 이제 마땅히 앞서의 잘못을 더욱 경계하여 엄중히 방비하도록 각별히 신칙함으로써 죄수를 구금하는 방도를 다해야 할 것이니, 그 책임은 전적으로 강화 유수에게 달려 있을 뿐입니다.

지금 만약 상영(上營)[31]을 잠그고 이아(貳衙)[32]를 비운다면, 뜻밖의

30 강화……차자 : 1790년(정조14) 11월 14일에 올린 차자이다.

31 상영(上營) : 관찰사나 유수가 머무는 감영(監營)을 가리킨다.

32 이아(貳衙) : 관찰사를 보좌하는 판관이나 유수를 보좌하는 경력이 머무는 관아다.

환란이 또한 지난가을처럼 생기지 않으리라 어떻게 보장하겠습니까. 그리고 유수의 교귀를 서울에서 하느냐 지방에서 하느냐는 진실로 편의대로 맡겨 둘 뿐이니, 실로 조정에서 지휘할 일이 아닙니다. 그런데도 누차 재촉하는 전교를 내려 도성 밖까지 불러들이고자 하시니 이것은 무슨 까닭인지 알 수 없습니다. 명령이 전도되어 듣는 사람들이 놀라고 의혹하니, 신은 실로 전하를 위하여 안타깝게 생각합니다.

지난날 정처(鄭妻)의 일[33]에 대해서도 여러 사람의 의혹이 대체로 모두 그러하여 항간의 말이 지금까지 그치지 않고 있습니다. 신은 전하를 독실하게 믿는 자로서 아는 것이라고는 "성인이 어찌 나를 속이겠느냐."라는 것이지만, 그래도 한밤중에 잠을 이룰 수가 없습니다. 오늘날의 일이 또 어찌하여 신으로 하여금 지난날의 걱정을 잊을 수 없게 하는 것입니까. 전하께서는 수년간 학문에 전념하여 의리를 훤히 아니 어찌 혹시 이런 일을 조금이라도 간과하시겠습니까마는, 신이 아직 일어나지 않은 일을 가지고서 당돌히 말씀드리는 것은 많은 생각과 남모르는 걱정에서 나온 것입니다. 밝으신 성상께서는 굽어살펴 의견을 받아들여 전 강화 유수에게 상경하여 교귀하라고 한 명을 속히 거두어 주신다면 천만다행일 것입니다. 재결해 주소서.

**33** 정처(鄭妻)의 일 : 정처는 영조의 딸이자 정치달(鄭致達)의 처인 화완옹주(和緩翁主)를 가리킨다. 양자 정후겸(鄭厚謙) 및 홍인한(洪麟漢) 등과 함께 세손(世孫)의 대리청정(代理聽政)을 극력 반대하고 세손을 모해하려고 했던 죄로 1779년 강화 교동(喬桐)에 유배되었다가 1782년 파주(坡州)로 이배(移配)되었다. 1790년 9월 초에 화완옹주가 파주의 안치된 곳을 빠져나와 서울 근교까지 이르렀다가 중간에 적발되어 돌려보내지는 사건이 발생하였다.

답하기를,

"차자를 보고 경의 간절한 마음을 잘 알았다. 유수가 병으로 교체를 청하였기 때문에 올라와 도성 밖에서 교귀하도록 한 것인데, 관망하고 망설이면서 지금까지 지체하고 있으니, 신칙하는 하교를 어떻게 그만둘 수 있겠는가. 경력을 내직으로 옮기는 일에 대해서도 사정이 마침 그렇게 되었기 때문인데, 경은 어찌하여 상영을 잠그고 이아를 비운다고 말하는가. 첫째는 아랫사람의 사정을 헤아려 준 조치이고, 둘째는 노고를 위로하는 은전이다.[34] 명령이 타당하다고 말해야 옳으며 듣는 사람들이 모두 감동하였다고 말해야 옳을 터인데, 또 어찌하여 전도되었다느니 놀라고 의혹한다느니 하는가. 말미에 진달한 정처의 일은, 그 당시 경이 구대(求對)한다는 말을 듣고 말이 떨어지기 무섭게 승낙하여 곧바로 합당하게 조처하도록 하였다. 교군(轎軍)들이 가마를 돌려 되돌아간 것을 길 가던 사람치고 목격하지 않은 사람이 없었으니, 경은 그저 이대로만 믿으면 될 것이다. 경이 말하는 여러 사람의 의혹이란 어떠한 의혹이며 항간의 말이란 어떠한 말인가. 똑똑지 못한 나로서는 도무지 이해할 수 없다. 이로 보나 저로 보나 차자의 내용이 억측이 아닌 것이 없으니 나는 경을 위하여 취하지 않겠다."

하고, 이어 전교하기를,

**34** 노고를 위로하는 은전이다 : 사도시 첨정 이만운(李萬運)이 《증보문헌비고(增補文獻備考)》의 편찬을 완료하자, 정조가 노고를 치하하여 강화 경력 홍복호(洪復浩)를 구전(口傳)으로 내직에 의망하고 그 후임으로 이만운을 임명한 것이다. 《日省錄 正祖 14年 11月 14日》

"이 비답을 전유(傳諭)하라."

하였다.-파직 비망기가 권수 하 제17판에 보인다.-

## 강교로 어가를 옮기던 날에 호위 밖에서 석고대죄한 채 죄를 지은 신하로서 소회를 아뢰는 차자[35]

移蹕江郊日席藁衛外以負罪臣陳所懷箚

삼가 아룁니다. 전하께서는 어찌하여 오늘과 같은 거조를 하시는 것입니까. 신은 평소 전하를 마치 증자(曾子)가 공자(孔子)를 독실하게 믿은 것처럼 독실하게 믿어서 무릇 한 마디의 하교나 한 건의 정사에 대해서도 토를 달 것이 없다고 여겼습니다. 하지만 오늘의 일은 멍하여 무슨 이유인지 모르겠습니다. 성인(聖人)은 거짓이 없는데, 전하께서는 모화관(慕華館)에 동가(動駕)하겠다고 재삼 명하고는 거둥하는 길 위에서 홀연 어가를 돌려 곧바로 강포(江浦) 10리 밖으로 나가셨습니다. 노부(鹵簿)를 경계시키지 않아 병졸들이 다 뒤처진 상황이었음에도 대가가 어디를 향해 가려고 하는지 알지 못하였습니다. 결국에는 강창(江倉)의 차갑고 외진 곳에 임시로 장전(帳殿)을 설치하였는데, 해가 이미 저물도록 환궁이 여전히 지체되고 있습니다. 애석합니다. 성인의 거짓 없음이 과연 이와 같단 말입니까. 신이 일전에 한 통의 차자를 올려 함부로 억측한 죄를 범하자 부월(鈇鉞)과 같이 엄중한 열 줄의 비답을 내리셨습니다. 신은 두려워 떨며 처벌만을 기다리고

**35** 강교(江郊)로……차자 : 1790년(정조14) 11월 18일에 올린 차자이다. 18일 모화관으로 무사(武士)의 시사(試射)를 위해 행차하던 정조가 갑자기 용산(龍山) 별영(別營)으로 어가를 돌려 시사하고 숙영(宿營)하려고 하자, 번암이 올린 차자이다. 당시 정조는 강화에 유배되어 있던 은언군(恩彦君)을 몰래 데려와 그곳에서 만나려고 하였던 것이다. 《正祖實錄 14年 11月 18日》《日省錄 正祖 14年 11月 18日》

있었는데, 오늘의 일을 보건대 고인이 "그렇다면 제자(弟子)의 의혹이 더욱 심해집니다."[36]라고 한 경우와 불행히도 가까우니, 신은 삼가 마음이 아픕니다. 신이 죄를 지은 처지로서 감히 입을 놀릴 수 없습니다만 비상한 거조를 목격하고 애타고 절박한 심정을 이길 수 없어 극문(戟門)[37]에 와서 엎드려 만번 죽을죄를 무릅쓰고 다시 이렇게 번거롭게 아룁니다. 엎드려 바라건대 성상께서는 속히 환궁하라는 명을 내려 군주의 말이 반드시 실천되게 하고 여론이 안정되게 해 주소서. 그리해 주신다면 천만다행일 것입니다. 재결해 주소서.

답하기를,

"차자를 보고 경의 간절한 마음을 잘 알았다. 애초에 시사(試射)하고 돌아가는 길에 여기 와서 머물려고 했으니, 기다리는 바가 있어서이다. 여기에는 양식도 있고 땔감도 있으며, 군병들이 추위를 막을 도구도 아주 편리하고 적당하기 때문이다. 그런데 도중에 지체해서는 안 되는 일이 있었기에 바로 행차를 돌려 여기로 왔다. 이는 참으로 어쩔 수 없는 임시 조처 중의 임시 조처였으니, 어느 겨를에 의장(儀仗)과 호위(護衛) 같은 겉치레를 돌아보겠는가. 무릇 일을 늦게 할 것인가 빨리 할 것인가는 각각 때에 맞게 한 연후에야 비로소 잘 헤아려 중도를 얻었다고 할 수 있다. 내가 비록 부덕하지만 바라

**36** 그렇다면……심해집니다 : 맹자(孟子)가 "제(齊)나라를 가지고 왕 노릇 하는 것은 손을 뒤집는 것과 같이 쉬운 일이다."라고 하자, 제자인 공손추(公孫丑)가 한 말이다. 《孟子 公孫丑上》

**37** 극문(戟門) : 임금이 임시로 거처하는 곳의 문을 지칭한다. 옛날에 임금이 궁 밖에 나와 임시로 머물 때에 창을 꽂아 문을 세웠던 것에서 유래하였다.

는 것은 성인을 배우는 것이다. 담근 쌀을 건져 떠난 일은 왜 그리도 신속히 하였으며, 사흘을 묵고 떠난 일은 왜 그리도 천천히 하였겠는가.[38] 이 두 경우에서 성인이 때에 맞게 한 의리를 볼 수 있다. 오늘 행차할 때에 만약 엄고(嚴鼓)를 갖추고 대오를 정돈하였다면, 내가 비록 마음대로 바로 가고자 해도 갈 수 있었겠는가. 더구나 이 거조는 유람하기 위해서도 아니며 즐기기 위해서도 아니다. 심중에 반드시 간절히 맺히고 간절히 애타는 단초가 있어서 이같이 드문 거조를 한 것이다. 경은 부디 헤아려 보라."

하고, 이어 녹사(錄事)를 불러 전 좌상에게 이 비답을 전하게 하도록 명하였다.

**38** 담근……하였겠는가 : 공자가 제(齊)나라를 떠날 적에 밥을 지으려고 물에 담가 둔 쌀을 건져 가지고 황급히 떠났던 일과 맹자가 제나라를 떠나면서 사흘 동안이나 제나라 동남쪽에 있는 주(晝)라는 고을에서 머물다가 천천히 떠났던 일을 말한다. 《孟子 公孫丑下, 萬章下》

## 두 번째 차자

再箚

삼가 아뢰니다. 신이 죄를 무릅쓰고 차자를 올린 것이 비록 구구하게 충성을 다하려는 진심에서 나왔으나, 참람한 점을 논한다면 실로 결코 용서받기 어려운 죄입니다. 맨땅에 석고대죄하고 처벌을 기다렸으나 성상의 열 줄 비답이 바로 내려왔습니다. 가르침이 간곡하고 내용이 온화하였으므로 아홉 번 머리를 조아리며 재삼 읽어 보매 얼굴을 뒤덮고 흐르는 눈물을 더욱 주체할 수 없었습니다. 이어서 또 조정에 내리신 자성(慈聖)의 하교[39]를 삼가 들으니, 역적을 토죄하는 일은 국가를 염려하기 때문이고 어리석음을 깨우침은 신료들을 개도(開導)하시려는 것이었습니다. 아래 구절의 누추한 집에서 거처하시겠다는 하교에 이르러서는 반도 읽기 전에 저도 몰래 목이 메어 소리 내어 읽을 수 없었습니다. 전하께서는 어떻게 생각하시는지 모르겠습니다.

전하께서 일찍이 주공(周公)의 과실을 가지고 신에게 하교하셨는데, 관숙(管叔)과 채숙(蔡叔)의 악행이 다 드러나기 전이었으므로 주공의 잘못은 진실로 당연한 일이었습니다.[40] 관숙과 채숙이 왕실을 모

**39** 자성(慈聖)의 하교 : 1790년(정조14) 11월 18일 정조가 은언군을 만나기 위해 용산의 별영으로 행차하자, 정순왕후(貞純王后)가 내시를 보내 은언군이 강화를 건너지 못하도록 막는 한편, 언문(諺文) 하교를 내려 정조가 환궁하도록 신하들을 독려하였다. 이 하교의 말미에는 "비록 병중에 있으나 누추한 집에서 거처하여 자책하는 뜻을 표한다."라는 구절이 있다. 《正祖實錄 14年 11月 18日》

**40** 관숙(管叔)과……일이었습니다 : 관숙과 채숙은 주공과 함께 주 무왕(周武王)의

해(謀害)하는 지경에 이르러서는 그 죄를 용서할 수 없었으니, 주공이 비록 그 잘못을 스스로 짊어지고자 하였어도 끝내 할 수 없었던 것입니다. 더구나 만약 태사(太姒)[41]가 위에 계셔서 대의(大義)로 단죄하여 골육의 정을 끊으라는 하교를 누차 내렸다면 주공이 자친(慈親)의 뜻을 잘 받들었을 것이니, 이로 볼 때 적절한 시기를 넘기지 않았으리라는 것을 확실히 알 수 있습니다. 지금 역종(逆宗)[42]의 죄는 관중과 채숙보다 심합니다. 전하의 효성은 언제나 주공과 부합하고, 자성의 하교는 명백하고 엄정하여 마치 태사가 위에 계신 듯하니, 두려워하며 돌이켜 각성하고 슬퍼하며 계획을 바꾸어 속히 자성의 뜻을 따를 방도를 생각하지 않을 수 있겠습니까.

효자의 도리는 형체가 없는 곳에서도 보고 소리가 없는 곳에서도 들어서 형체와 소리가 없는 것을 오히려 보고 들을 수 있습니다. 더구나 지금 자성의 하교가 가르치는 바는 형체이고 토죄하는 바는 소리입니다. 그 형체와 소리가 온 나라 안에 밝게 선포된 것이 이처럼 이미 밝고 바르니, 전하께서 이것을 보고 이것을 들어 역종을 예전처럼 가두

동생이다. 무왕이 상(商)나라를 이기고 주왕(紂王)을 죽이고는 주왕의 아들 무경(武庚)을 세운 다음, 관숙으로 하여금 아우인 채숙, 곽숙(霍叔)과 함께 그 나라를 감독하게 하였다. 무왕을 이어 성왕(成王)이 즉위하자, 주공이 어린 조카인 성왕을 도와 섭정하였는데, 관숙과 채숙이 장차 주공이 어린 군주를 내쫓고 천자가 될 것이라는 유언비어를 퍼뜨리고 무경을 끼고 반란을 일으켰다가 성왕의 명을 받든 주공에 의해 정벌되었다. 《史記 管蔡世家》 맹자는 관숙과 채숙이 반란을 일으키기 전에 주공이 그들이 배반할 줄 모른 채 신임했던 잘못을 두고 "주공은 아우이고 관숙은 형이니, 주공의 잘못이 당연하지 않은가."라고 하였다. 《孟子 公孫丑下》

**41** 태사(太姒) : 주 문왕(周文王)의 후비(后妃)이자 무왕의 어머니이다.

**42** 역종(逆宗) : 역모죄를 범한 종실이라는 의미로, 은언군을 가리킨다.

고 어가를 돌리도록 즉시 명하신다면 위로는 자성의 마음을 위로할 수 있고 아래로는 여론을 따를 수 있을 것입니다. 전하께서는 성명(聖明)하여 머지않아 바른길로 돌아오실 것이니, 어찌 신이 말을 다 할 때까지 기다리실 필요가 있겠습니까. 신은 충정(衷情)이 억눌리고 막혀 길게 아뢸 수 없으나, 신의 몸속 붉은 피는 죽더라도 변함이 없을 것이니, 밝으신 성상께서 불쌍히 여겨 살펴 주소서. 재결해 주소서.

답하기를,

"차자를 보고 경의 간절한 마음을 잘 알았다. 경은 칠십 노인이다. 오늘처럼 찬 바람과 추위가 살을 에는 날에 지금까지 거적을 깔고 한데 있으니 너무나 지나치다. 이미 내린 차자에 대한 비답을 보고도 다시 이렇게 번거롭게 하니, 옛 대신들이 임금의 아름다움을 받들어 따르던 의리에 부끄럽지 않은가. 오늘 나의 거조가 비록 지나친 듯하지만, 허물을 보면 또한 사랑하는 마음을 알 수 있을 것이다. 성인이 말하기를 '주공의 잘못이 또한 당연하지 않은가.'라고 하였는데, 내가 본받고자 하는 것은 성인이다. 경들이 나의 뜻을 받들어 따르기 전에는 어가를 강변으로 돌리라고 명하지 않는 날이 없을 것이니, 경은 부디 헤아리도록 하라."

하고, 이 비답을 사관을 보내어 전유하도록 하였다.

## 정승의 직임을 거듭 제수한 데 대해 체차해 주기를 청하는 상소[43]

重拜相職乞遞疏

삼가 아룁니다. 신이 범한 것은 억측한 죄인데 받은 것은 가볍게 파직하는 벌이었습니다. 벌을 죄에 견주어 보면 경중이 너무 걸맞지 않은데, 이는 우리 성상께서 신을 수족(手足)처럼 여겨 일마다 곡진히 용서하고 차마 마땅히 시행해야 할 형률을 시행하지 않으셨기 때문입니다. 신이 도성 문을 빠져나와 눈물을 흘리며 잘못을 반성하고 있은 지가 이제 거의 보름이 되어 갑니다. "신의 죄는 죽어 마땅하거늘, 천왕(天王)께서는 성명(聖明)하시도다."[44]라는 고인(古人)의 구어(句語)가 실로 신의 마음을 표현해 주는 말이기에, 날마다 황공한 가운데서도 마음속으로 다행으로 여기지 않은 적이 없었습니다. 그리고 혹시라도 우리 전하께서 이번에 책임을 물어 파직한 일을 계기로 이미 배척한 신을 도성 문 안으로 다시 들어오지 못하게 하여 그동안 베풀어 주신 다시 살려 주는 은혜를 끝까지 베풀어 주신다면, 신은 죄를 지은 몸으로

**43** 정승의……상소 : 1790년(정조14) 11월 28일에 올린 상소이다.

**44** 신의……성명(聖明)하시도다 : 당나라 때 한유(韓愈)가 지은 〈구유조(拘幽操)〉에 나오는 말이다. 상(商)나라 말기에 주(紂)의 신하 숭후호(崇侯虎)가 성인의 덕을 지닌 서백(西伯) 문왕(文王)을 시기하여 주에게 참소함으로써 유리(羑里)의 감옥에 갇혔는데, 한유가 문왕의 그 당시 심경을 추리하여 말한 것이다. 깜깜한 감옥에 갇혀 억울하게 죽을 처지에 놓였으나, 오히려 자신의 부덕함을 탓하고 포악한 임금을 성스럽다고 여겼을 것이라고 하였다. 《韓昌黎集 卷1》

은혜를 입은 채 기전(畿甸)으로 몸을 싣고 물러나 얼마 남지 않은 여생을 마칠 수 있을 것입니다.

이러한 구구한 신의 소원은 신명(神明)이 굽어살피는 바인데, 정승의 직에 다시 제수하는 명이 또 어찌하여 하늘에서 내렸단 말입니까. 지금은 진실로 신의 명이 다하는 때로서, 스스로를 돌아보며 탄식하고 슬퍼할 뿐 무어라 말할 수 있겠습니까. 다만 국사(國事)로 말하자면 보상(輔相)의 직임은 국가의 흥망이 걸려 있습니다. 신이 중서(中書)에서 하는 일 없이 녹을 먹은 지 어느덧 3년이 되었습니다만, 조정의 상황은 더욱 분열되었고, 기강은 더욱 문란해졌으며, 민생은 더욱 고달파졌습니다. 심지어 낭묘(廊廟)에서 문서를 규례에 따라 응대하는 일도 모두 제멋대로여서 두서가 없습니다. 이처럼 보잘것없는 신을 일찌감치 물리쳐서 백성과 나라에 다행스럽게 하셨어야 합니다. 더구나 지금 신의 죄가 이미 드러나고 신의 직임이 이미 파직되었는데도 아주 하찮은 일인 듯 덮어 주고 이 사람이 아니면 안 될 것처럼 부르시니, 위로는 성상께서 사람을 알아보는 안목에 누가 되고 아래로는 여론이 경악하게 될 것입니다. 신이 근심하고 한탄하는 것이 어찌 단지 제 한 몸의 계책이 낭패스러워지고 방향을 잃었기 때문이겠습니까. 전하께서 다시 신을 정승의 자리에 임명한 취지를 생각건대, 신을 구차히 영광스럽게 하려는 것이 아니라, 아마도 신이 왕실에 충성을 다하여 만에 하나라도 보답할 것을 도모하리라 생각하셨을 것입니다. 어리석어 죽을죄를 지은 신의 생각으로는, 오늘날 왕실을 돕는 일로는 난역(亂逆)을 엄히 징토(懲討)하여 국가의 법도가 무너지지 않게 하는 것이 가장 중요합니다.

전하께서 비록 신이 전하를 알아주지 않는다 하여 책망하는 하교를 내리시기까지 하였으나, 신은 전하를 이해하는 심정을 어제 덧붙여 아뢰는 글에서 명백히 아뢰었습니다. 전하께서 일전에 저지른 과오는 마치 일식이나 월식과 같아서 사람들이 모두 지켜보고, 과오를 고치게 되면 사람들이 모두 우러러봅니다. 지금 조야(朝野)의 여론은 모두 일이 온당하게 귀결되어 다시는 근심할 일이 없게 되었다고 여깁니다. 하지만 전하의 깊은 마음속은 지금 여러 신하가 견지하고 있는 큰 의리를 반드시 좇아야 할 것이라 여기지 않으시고, 이전에 별도로 헤아려 두어 떨쳐 버릴 수 없는 일이 필시 남몰래 자라나는 바가 있으리라 신은 생각합니다. 만약 신이 과연 전하를 알지 못하는 자가 아니어서 남몰래 헤아린 것이 불행히도 들어맞는다면, 앞으로의 근심이 과거의 일보다 더 크지 않을는지 어떻게 알겠습니까. 신이 전일에 드린 말씀이 이미 억측한 죄를 범하였는데 지금 다시 망녕된 말이 이 지경에 이르렀으니, 신의 죄는 진실로 죽음을 면치 못할 것입니다. 하지만 전하께서 이를 계기로 통렬히 더 경계하고 두려워하여 잘못을 자주 반복하여 후회하는 지경에 이르지 않는다면, 지금 이후로는 신하들이 전하의 뜻을 제대로 받들지 않는다는 하교를 다시는 내리실 일이 없을 테니, 어찌 훌륭한 일이 아니겠습니까. 만약 혹시라도 그렇지 않아서 신이 오늘 은명(恩命)에 염치를 무릅쓰고 나아가 훗날 전하의 뜻을 제대로 받들지 않는다면, 크게는 형벌을 받고 작게는 변방에 귀양을 가서 반드시 불행할 것입니다.

신이 죽게 될 곤경은 감히 돌아볼 바가 아니나, 전하께서 거듭 베풀어 주신 은혜를 저버린 채 나랏일을 그르치고 신하의 본분을 무너뜨려 장차 하지 못하는 짓이 없을 것이니, 아무리 생각해 보아도 애초에 도성으로 들어가지 않는 것만 못합니다. 신은 바야흐로 황공한 심정과 분수에 지나친 것에 대한 부끄러움을 지닌 채 전하의 앞에서 면직을 청하면서 깊이 걱정하고 멀리 생각하시라는 뜻을 감히 올립니다. 구구하게 드린 말씀이 이 지경에 이르렀으니, 비록 어질고 자애로운 전하이지만, 어찌 감히 신의 어리석음을 살펴서 신의 죄를 용서해 주시기를 바라겠습니까.

신은 근래 겨울 추위가 혹독한 시절을 맞아 쇠약한 몸이 견디지 못하여 여사(旅舍)에서 뒤척이고 있습니다. 온갖 질병이 침범하여 앉거나 누울 때에도 다른 사람의 도움이 필요하고 기식(氣息)이 실낱같습니다. 비록 신의 현재 정황이 아니더라도 열흘 안에는 일어나 움직일 가망이 전혀 없습니다. 끝내 만약 거취에 마음을 쏟다가 다른 병증이 더해져 갑자기 일어나지 못하게 된다면, 우리 전하께서 사랑하여 살려 주고자 하는 마음으로 볼 때 필시 지금과 같이 하지는 않으실 것입니다. 이에 감히 인자하게 보살피는 하늘과 같은 전하께 눈물을 흘리며 슬피 호소합니다. 삼가 바라건대, 성스럽고 자애로운 성상께서는 불쌍히 여겨 정승의 직책을 다시 제수하라는 명을 속히 거두고 이어 전후로 신이 저지른 죄를 다스려 국사에 다행스럽게 하고 조정의 기강을 엄숙하게 하소서. 천만 진심으로 바랍니다.-서계가 권28 제19판에 보인다.-

답하기를,

"상소를 보고 경의 간절한 마음을 잘 알았다. 경은 '억측'이라는 말에 대하여 징갱(懲羹)[45]의 경계도 생각하지 않고, 도리어 자취에 기미

**45** 징갱(懲羹) : 뜨거운 국에 입을 데면 찬 나물도 불면서 먹는다는 뜻인 '징갱취제(懲羹吹齏)'의 준말로, 앞서의 잘못이나 실수를 경계하거나 두려워하는 것을 비유한다.

도 없으며 현재 일어나지도 않은 일에 대한 지나친 염려와 혼자만의 추측을 끌어다 이처럼 번거롭게 말하니, 참으로 경을 위하여 깊이 개탄한다. 경은 경이고 나는 나이니, 경은 경대로 가고 나는 나대로 갈 뿐이다. 구구한 나의 마음은 옥루(屋漏)가 저기 있는데, 어찌 많은 말을 하겠는가.[46] 상소에 덧붙여 아뢴 것이 참으로 경이 사직할 때의 말과 같으니, 몹시 염려스럽다. 조섭하기에는 여사가 불편하니, 필시 경의 집만 못할 것이다. 경은 부디 안심하여 사직하지 말고 오늘 즉시 도성에 들어온 다음, 병이 조금 낫기를 기다렸다가 나와서 숙배하도록 하라."

하고, 이어 전교하기를,

"이 비답을 데리러 간 승지에게 다시 전유하도록 하여 기필코 함께 들어오게 하라."

하였다.

**46** 구구한……하겠는가 : 내 마음에 부끄러움이 없으니 많은 말을 할 필요가 없다는 의미이다. 옥루는 방의 서북쪽 구석으로 사람의 시선이 닿지 않는 곳을 가리키는데, 자신만의 양심(良心)을 비유하는 말로 쓰인다. 《시경》 〈대아(大雅) 억(抑)〉에 "네가 네 집에 있을 때에 보니, 옥루에 있을 때에도 부끄러움이 없었네.〔相在爾室, 尙不愧于屋漏.〕"라고 한 데서 온 말이다.

## 비답을 받든 뒤에 직명을 산삭해 주기를 청하는 차자[47]

承批後乞削職名箚

삼가 아룁니다. 신의 정황으로 볼 때 어찌 성문에 다시 들어갈 수가 있겠습니까. 하지만 2경(更)에도 성문을 열어 두도록 하여 세상에 드문 은혜를 크게 베풀고 열 줄의 윤음을 전하여 예우하는 뜻을 간곡히 보이시니 신은 이에 감격하여 눈물을 흘리며 허둥지둥 명을 받들었습니다. 비록 이 몸이 신의 소유가 아니라고는 하나 어찌 돌이켜 보매 부끄럽지 않겠습니까. 더구나 쇠잔한 신의 몸이 매서운 추위를 견디지 못하기에 침상에서 연명하며 앉거나 설 때에 남의 도움이 필요한 상황이니, 관복을 갖추어 입고 조정에 나아가는 것은 시일을 기약하기 어렵습니다. 은혜를 저버리고 죄를 지은 몸으로 살아서 또한 무엇 하겠습니까.

아, 신은 전하에게 의리로는 군신(君臣)이요, 은혜로는 부자(父子)와 같습니다. 임금이 신하에 대해, 아비가 자식에 대해 불평한 마음이 있다면 꾸짖어 가르칠 적에 어찌 가려서 말하겠습니까마는, 신하나 자식 된 자는 단지 머리를 숙이고 명을 받들어 자신의 잘못을 스스로 책망해야 할 뿐입니다. 비록 그렇더라도, 꾸짖는 가르침이 혹시 이치에 조금 어긋나는 점이 있어 끝내 임금이나 아비의 덕에 누를 끼치지 않을 수 없다면, 신하나 자식이 묵묵히 내버려 두어야 옳겠습니까, 아니면 정성을 다해 다 아뢰어 기어이 허물이 없게 되고 나서야 그만두어야 합니까?

**47** 비답을……차자 : 1790년(정조14) 11월 30일에 올린 차자이다.

신은 전하께서 어제 내리신 비답을 받고 실로 두렵고 부끄러워 죽고 싶은 마음이 있었으나, 또한 한편으로 광대한 천지와 같은 전하께 유감이 없을 수 없었습니다. 보상(輔相)은 임금의 팔, 다리, 심장, 척추와 같은 존재입니다. 사람이 신체를 갖추고 있으면서 심장과 척추가 나와는 관계없다고 하고 팔다리가 나에게 속하지 않는 것이라고 하는 것은 세상에 없는 이치입니다. 전하께서 신이 상소를 통해 역종(逆宗)을 논하고 법도를 엄히 하시라고 아뢴 것에 대해 "경은 경이고 나는 나이다."라고 하교하시고, 이어 "경은 경대로 가고 나는 나대로 갈 뿐이다."라고 하교하셨습니다. 전하께서는 어째서 이러한 하교를 하신 것입니까.

옛날 고요(皐陶)가 죽이라고 하면 제순(帝舜)이 용서하라고 하여 이렇게 한 것이 두 번 세 번에 이르렀습니다. 지금의 관점으로 본다면 제순과 고요의 의견이 일치하지 않은 것 같지만, 《서경(書經)》에는 "나로 하여금 소신껏 정치를 할 수 있게 하여, 사방이 풍동하게 된 것은 바로 너의 공로 덕분이다.〔俾予從欲以治 四方風動 惟乃之休〕"[48]라고 하였습니다. 이것이 어찌 제순이 고요의 의견을 자신의 견해와 합치시킨 명백한 증거가 아니겠습니까. 더구나 용서하라느니 죽이라느니 하여 때로 의견 차이가 있는 것은 단지 오직 우연히 범한 죄와 고의로 범한 죄 따위를 따지는 데 불과하였습니다. 만약 왕실의 역적이 스스로 천벌을 범하였다면, 제순이 어찌 고요가 죽이자는 의견에 대해 "그대는 그대대로 가고 나는 나대로 갈 수 있다."라고 하였겠습니까.

이윤(伊尹)은 자신의 임금에게 고하기를 "저와 성탕(成湯)께서는 모

**48** 나로……덕분이다 : 《서경》 〈대우모(大禹謨)〉에 나오는, 순(舜) 임금이 고요를 칭찬한 말이다.

두 같은 덕을 지녔습니다.〔惟尹躬曁湯 咸有一德〕"[49]라고 하였습니다. 이것은 이윤이 스스로 한 말인데도 그 말이 이처럼 조금도 겸양이 없었으니, 어찌 임금과 신하가 같은 덕을 지닌 것이 천고의 미담이 되므로 사양하여 피할 필요가 없기 때문이 아니겠습니까. 만약 성탕과 이윤이 각자 덕을 행하여 합일되지 않았다면, 어떻게 천하를 다 소유하는 공업을 이루어 백세의 사람들로 하여금 성군(聖君)과 현상(賢相)으로 추앙하도록 할 수 있었겠습니까. 이윤은 성인이니 신처럼 중인(中人)에도 전혀 못 미치는 사람은 감히 말할 거리도 아니지만, 전하의 덕이 어찌 유독 위로 성탕에 못 미치겠습니까. 전하께서 이미 성탕의 덕이 있으시니, 마땅히 신하를 부축해 이끌어 주고 신하를 가르쳐 나아가게 해야 합니다. 그런다면 혹시라도 임금과 신하가 같은 덕을 지닐 수도 있을 텐데, 지금은 "너는 너대로 가고 나는 나대로 가겠다."라고 하면서 마치 신을 버리고 외면하는 것처럼 말씀하셨습니다. 신은 비록 족히 말할 것이 없다 하더라도 전하의 팔, 다리, 심장, 척추와 같은 신하들을 나와 관계가 없고 나에게 속해 있지 않은 것처럼 말씀하시는 것은 무엇 때문입니까.

신은 이 하교를 받든 이후로 몸 둘 바를 모르겠습니다. 집안사람들을 대하기도 부끄러운데 무슨 면목으로 버젓이 백관의 우두머리를 함부로 차지할 수 있겠습니까. 비록 앞에서 아뢴 병세가 아니더라도, 이 한 가지 일만으로도 결연히 나아가기 어려운 의리가 있습니다. 신이 만약

**49** 저와……지녔습니다 : 《서경》 〈함유일덕(咸有一德)〉에 "저와 성탕께서는 모두 같은 덕을 지녀서 능히 천심에 합당하여 하늘의 밝은 명을 받아서 구주(九州)의 무리를 소유하여 이에 하(夏)나라의 정삭(正朔)을 바꾸었습니다."라는 말이 나온다.

신의 이러한 견해를 가슴에만 품고 두려워 조용히 있으면서 끝내 군부(君父)에게 다 아뢰지 않는다면 군신과 부자의 도가 어그러질 것입니다. 이에 감히 피를 토하는 심정으로 간절히 아룁니다. 삼가 바라건대, 성스럽고 자애로운 성상께서는 신의 정승 직임을 삭탈하도록 속히 명하고 어질고 후덕한 인물을 다시 복상(卜相)하여 함유일덕(咸有一德)의 성대함을 추구하소서. 그렇게 하신다면 국가에 매우 다행이고 신민에게도 매우 다행일 것입니다. 재결해 주소서.

답하기를,

"차자를 보고 경의 간절한 마음을 잘 알았다. 경이 너무 지나치다. 심각하게 생각할 것 없다. 임금과 정승이 한 몸이라고 하지만, 대의(大義)를 가리켜 그러하다는 것일 뿐이다. 예컨대 오관(五官)과 칠정(七情)의 욕구이면서 형기(形氣)의 사사로움에서 생기는 것은 구차히 같게 만들어 합치시킬 것이 없는데도 경은 같게 만들어 합치시키려 하니, 수고롭기만 하고 효과가 없음은 아마도 거울을 뒤집어 놓고 밝게 비추게 하고자 하는 것보다 심할 것이다. 지난번 비답 가운데 두 '자(自)' 자의 말[50]에 무슨 버리고 외면하는 혐의가 있는가. '너는 너대로 가고 나는 나대로 가겠다.'[51]라는 비유는 자양(紫

**50** 두……말 : 1790년 11월 28일에 올린 상소에 대한 비답에서 정조가 "경은 경이고 나는 나이다.〔卿自卿予自予〕"라고 한 것을 가리킨다.

**51** 너는……가겠다 : 주희(朱熹)가 육구연(陸九淵)에게 답한 편지에 "아직도 그렇지 않다고 한다면 나는 나대로 가고 그대는 그대대로 가서 각기 자기가 들은 것을 존중하고 자기가 아는 것을 행하는 것이 또한 옳을 것입니다. 반드시 같아지기를 다시 바랄 수는 없겠습니다."라고 하였다. 《御纂朱子全書 卷52》

陽)과 구연(九淵)[52]이 매우 친밀하게 교제할 때에도 오히려 썼던 말이다. 한마디로 말하자면 '너무 지나치다. 심각하게 생각할 것 없다.' 라고 말해 줄 뿐이다. 경은 부디 잘 헤아려 사직하지 말고 안심하고 즉시 일어나 직무를 살피라."

하고, 이어 전교하기를,

"이 비답을 그대로 데리러 간 승지로 하여금 전유하도록 하여 기필코 함께 들어오게 하라."

하였다.

**52** 자양(紫陽)과 구연(九淵) : 주희와 육구연을 가리킨다. 육구연은 주희와 동시대 사람으로서 심즉리(心則理)와 존덕성(尊德性)을 제기하여 성즉리(性則理)와 도문학(道問學)을 주장한 주희와 대립하였으며, 훗날 양명학(陽明學)의 원조가 되었다.

## 정승의 직임을 체차해 주기를 청하는 차자[53] 신해년(1791, 정조15)

乞遞相職箚 辛亥

비답을 받든 뒤에 올린 부주(附奏)가 권28 제20판에 보인다.

삼가 아룁니다. 신하의 극악한 죄로는 임금을 저버리는 죄가 첫째입니다. 전하께서 신을 심장과 척추처럼 여기시는데도 신은 몸을 잊고 섬기지 못하였고, 신에게 세도(世道)의 책임을 맡기셨는데도 신은 지성으로 응답하지 못하였으니, 여러 가지 허물은 순(舜) 임금 궁전의 오명경(五明鏡)처럼 밝은 안목을 벗어날 수 없습니다. 어제 내리신 하교에서 진위를 밝히고 죄상을 논열한 것이 말씀마다 이치에 맞고 구절마다 모두 옳았습니다. 기록에 드문 은혜를 입은 신과 같은 자가 티끌만큼의 보답도 진실로 감히 기약하지 못하고 결국 임금을 저버리는 죄를 여지없이 드러냈으니, 성명한 전하께서 너그럽게 용서하고자 하셔도 귀신이 주벌하지 않겠습니까.

의금부에서 대명한 것은 중서(中書)의 전례를 배워서 나온 행동이 아니었습니다. 속히 죽고 싶다는 신의 탄식을 상천이 굽어살피기를 바랐으나 특별한 은혜와 남다른 돌보심이 갈수록 융숭하여 사관이 서로 이어지고 은혜로운 하교가 거듭 내렸습니다. 열 줄의 윤음은 정성스럽고 간곡하여 모두 속내를 펼쳐 보이신 것이었습니다. 구어(句語)를 지워 없애라는 하교는 신의 입장에서는 참으로 감읍할 일이지만,

**53** 정승의……차자 : 1791년 1월 10일에 올린 차자이다.

나라의 체통으로 말하자면 미물처럼 미천한 신을 위로하기 위하여 명주실 같고 동아줄 같은[54] 왕언(王言)을 삭제하였으니, 어찌 지극히 미안하면서도 매우 옳지 않은 일이 아니겠습니까.

신이 감히 명을 어기지 못하고 억지로 사차(私次)로 돌아갔는데, 두려워 떨던 터에 한질(寒疾)이 다시 찾아왔으니, 신의 명이 다한 시기인 듯합니다. 스스로를 돌아보며 탄식하고 슬퍼할 뿐 다시 무슨 말을 하겠습니까. 내일의 조참(朝參)은 신년의 대조회(大朝會)입니다. "나 때문에 그대까지 미워하진 말아야 할 텐데."[55]라는 구절을 사관으로 하여금 신에게 외어 전하게까지 하셨으니, 신의 숨이 끊어지기 전에 어찌 감히 사사로운 뜻으로 머뭇거리는 계책을 부릴 수 있겠습니까. 하지만 백관의 우두머리로서 얼굴을 들 수가 없으며, 닷새 안에 땀을 흘려 한질이 나을지는 기약하기 어려우니,[56] 관복을 차려입고 조정에

54 명주실……같은 : 《예기》 〈치의(緇衣)〉에 "왕의 말은 처음엔 실오라기 같다가도 일단 나오면 굵은 명주실처럼 되고, 왕의 말은 처음엔 굵은 명주실 같다가도 일단 나오면 동아줄과 같이 된다."라고 한 데서 온 말이다.

55 나……텐데 : 《시경》 〈제풍(齊風) 계명(雞鳴)〉에 "벌레가 날아 윙윙거리거든, 그대와 함께 꿈꾸기가 좋다네. 그렇지만 조회에 모였다가 돌아가게 된다면, 나 때문에 당신까지 미워하진 말아야 할 텐데.〔蟲飛薨薨, 甘與子同夢. 會且歸矣, 無庶予子憎.〕" 하였는데, 어진 후비가 임금을 자신의 처소에서 모시고 있으면서 날이 새려고 할 때 임금에게 빨리 나아가 조회를 보라고 채근하는 내용이다. 이 상소에서는 정조가 번암을 총애한다는 이유로 번암이 조정의 다른 신하들에게 미움을 받지 않을까 걱정하는 의미로 인용한 듯하다.

56 닷새……어려우니 : 송 철종(宋哲宗) 연간에 추호(鄒浩)가 간관으로 있을 때 철종이 황후 맹씨(孟氏)를 폐하고 현비(賢妃) 유씨(劉氏)를 황후로 책봉하자, 추호가 황후 폐립(廢立)의 잘못된 처사에 대하여 극간하다가 신주(新州)로 유배를 가게 되었다. 유배 도중에 친구인 전주(田晝)를 길에서 만나 눈물을 흘리자, 전주가 정색하고 추호를

나아갈 희망이 전혀 없습니다. 이에 감히 원하는 바를 반드시 들어주시는 하늘에게 눈물을 흘리며 슬피 호소합니다. 바라건대 성스럽고 자애로운 성상께서는 속히 신의 직임을 삭탈하고, 그동안 신이 저지른 나라 저버린 죄를 엄히 다스림으로써 신하의 분수를 책려하고 조정의 기강을 엄숙히 하소서. 재결해 주소서.

답하기를,

"차자를 보고 경의 간절한 마음을 잘 알았다. 이미 지난 일은 말할 필요가 없다. 경이 비록 아직 드러내지 못한 속마음이 있고 내가 혹시 억측한 하교가 있었다 하더라도 경이 조정에 나와서 나와 마주 대한 뒤에야 드러내지 못한 것을 드러낼 수 있고 억측한 부분에 대해서도 의혹이 풀릴 것이다. 이렇게 서로 버티기만 하면 언제 결말이 나겠는가. 더구나 신년 대조회의 기일이 하룻밤을 사이에 두고 있으니, 더욱 대관(大官)이 개인적인 사정을 말할 때가 아니다. 옛날 대신(大臣)들이 벼슬에 나오고 들어가는 것을 신중히 한 것을 가지고 말하더라도, 억지로라도 나와서 연석에 올라 사정을 다 진달한 경우를 전례에서 찾아보면 예부터 어찌 한정이 있겠는가. 내일의 일은 그야말로 나아갈 수도 물러날 수도 없는 경우라고 할 수 있다. 경은 부디 이러한 사정을 헤아려 안심하고 바로 나와 직무를 살피도

책망하기를 "그대가 간관으로서 아무 말도 하지 않고 그대로 도성에서 벼슬을 하고 있다 할지라도 한질에 걸려 땀을 내지 못할 경우에는 닷새 만에 죽을 것이다. 어찌 유독 영해(嶺海) 밖의 지역만이 사람을 죽게 할 수 있겠는가. 바라건대 그대는 이 일 정도로 자만하지 말게나. 선비가 당연히 해야 할 일은 여기에 그치지 않네."라고 하였다는 고사에서 온 말이다. 《宋史 鄒浩列傳》

록 하라."

하였다. 좌직 승지(坐直承旨)를 보내 전유하게 하고 아침이 되거든 함께 들어오되, 조정에 나올지를 우선 서계(書啓)하도록 하라고 명하였다.

# 어진도감의 상전을 사양하는 차자[57]

辭御眞都監賞典箚

삼가 아룁니다. 어진(御眞)을 10년마다 그리는 것은 우리나라의 예법이 그러한데 찬란히 계승하였으니 신민(臣民)들이 다 기뻐합니다. 더구나 망묘루(望廟樓)에 소본(小本)을 봉안해 두고[58] 부친을 추모하는 마음을 미루어 혼정신성(昏定晨省)의 예를 본받으니 배종하는 반열에 있는 신하들 가운데 누군들 감탄하지 않겠습니까.

신이 외람되이 어진 그리는 일을 감독하라는 명을 받들고 총찰(摠察)하는 정성을 조금이나마 바쳤습니다. 모사(摸寫)할 때에는 성상의 곁을 떠나지 않고 침식할 때에도 구중궁궐에 계속 있었으니, 그 책임은 막중하고 그 영광은 지극하였습니다. 색을 조화롭게 하여 칠하는 것은 화사(畫師)가 담당하였고, 의궤(儀軌)를 살펴 비교하는 일은 각료(閣僚)가 맡은 가운데 신은 종일 곁에서 묵묵히 하는 일 없이 마치 나무 인형처럼 있었으니, 조금이라도 기록할 만한 공이 어찌 있었겠습니까. 하지만 명색이 총찰이어서 결국 상을 내리셨는데, 다른 동료들보다 훨씬 큰 상이었습니다. 사복시의 상등(上等) 말을 누추한 신의 집에 내리고 외시(外寺)의 은혜로운 첩지(帖紙)가 별도로 도제조에게 내렸

**57** 어진도감(御眞都監)의……차자 : 1791년(정조15) 10월 8일에 올린 차자이다.

**58** 망묘루(望廟樓)에……두고 : 망묘루는 사도세자의 사당인 경모궁(景慕宮)에 있던 누각이다. 1791년 10월 정조의 어진을 완성하여 주합루(宙合樓)에 봉안하고, 소본은 어련(御輦)에 실어 경모궁에 배알한 다음 모든 각신(閣臣)들이 배진(陪進)한 가운데 망묘루에 봉안하였다. 《承政院日記 正祖 15年 10月 7日》

습니다. 공이 없는 몸으로 하늘로부터 중첩된 은혜를 입으니, 집안사람들은 목을 빼고 바라보고 이웃은 부럽다는 말을 전합니다. 신에게는 영광이요 세상에 드문 일이지만, 성스러운 조정에서 공을 살펴 상을 엄정히 내리는 의리가 이토록 허물어지는 것을 생각할 때 어찌 개연히 탄식하지 않겠으며, 오싹하게 두려워하지 않겠습니까.

생각건대, 신이 정승의 자리에 있은 4년 동안 전하의 신임은 더욱 두터워졌는데, 신의 행동을 평소 돌이켜 보면 성상의 은혜와 마음을 저버리지 않은 적이 없습니다. 지금 또 신 때문에 국가의 은전이 점차 하찮아지고 조정에 요행을 바라는 자들이 점차 불어난다면, 신의 죄가 더욱 어떠해지겠습니까. 이에 감히 짧은 차자를 올려 부끄러운 심정을 다 피력합니다. 삼가 바라건대, 밝으신 성상께서는 속히 내리신 명을 거두어 실정(實政)에 힘쓰고 신의 분수를 편안하게 해 주소서. 이렇게 해 주신다면 천만다행일 것입니다. 재결해 주소서.

답하기를,

"차자를 보고 경의 간절한 마음을 잘 알았다. 상전을 어찌 지나치게 사양하는가. 경은 부디 안심하고 수령하라."

하였다.

## 겨울 우레가 있은 뒤에 정승의 직임을 체차해 주기를 청하고, 이어 삼공을 갖추어 두기를 청하는 차자[59]

冬雷後乞遞相職仍請備置三公箚

삼가 아뢰옵니다. 얼마 전에 우르르하고 울렸던 소리는 우레였습니다. 10월에 치는 우레는 본래 천재(天災)에 해당합니다. 이렇게 성명한 시대를 맞이하여 하늘이 어찌 재이(災異)를 보여 준 것이겠습니까. 하지만 성상께서는 조심하고 두렵게 여겨 윤음(綸音)을 널리 반포하고, 드시는 반찬의 가짓수를 줄이고서 더하여 좋은 조언까지 구하셨으니, 위대하고도 한결같으십니다. 이에 신은 실로 경탄하였습니다. 신이 정승의 지위에 있으면서 다만 책면(策免)되었던 고사(故事)[60]를 인용하는 것으로 재이를 그치게 할 방도로 삼고, 절급한 책무에 대해서는 한마디 말도 않은 채 물러난다면 이것은 전하를 저버리는 것이니, 신이 어찌 차마 이렇게 할 수 있겠습니까.

전하께서는 15년을 하루같이 마음을 가다듬어 나라를 다스리는 데 밤낮으로 힘쓰셨습니다. 하지만 상신(相臣)을 두는 한 가지 일에 대해서만은 잊은 듯이 하시어, 삼공(三公) 중에 두 자리가 빈 지 1년이 넘었는데도 경연(經筵)에서 국사를 논의하면서 이에 대해 한 번도 격

**59** 겨울……차자 : 1791년(정조15) 10월 8일에 올린 차자이다.

**60** 책면(策免)되었던 고사(故事) : 국가적인 재이를 당하면 삼공이 왕명을 받들어 면직되었던 것을 가리킨다. 한나라 안제(安帝) 때의 태위(太尉) 서방(徐防)이 도적과 장마의 재이를 당하였을 때 자신의 책임이라 상소하여 면직되었던 고사에서 유래하였다. 《後漢書 徐防列傳》

정하는 말씀을 신은 듣지 못하였습니다. 그런데 유독 신처럼 노쇠하고 혼약(昏弱)하여 동서(東西)도 분간하지 못하는 자에게 온 나라를 맡기고 관원을 갖출 필요가 없는 것처럼 하시니, 아, 이것이 무슨 일이란 말입니까.

하늘에는 세 가지의 빛[61]이 있고, 솥에는 세 개의 다리가 있습니다. 세 가지 빛에서 두 가지를 없앤다면 하늘은 하늘이 될 수 없을 것이고, 세 개의 다리 가운데 두 개를 없앤다면 솥은 솥이 될 수 없을 것입니다. 지금 국가의 형세가 불행히도 이와 비슷합니다. 이러한 까닭에 사람들이 법을 두려워하지 않아 왕의 기강이 날로 가벼워지는데 위엄을 보이는 사람이 누가 있습니까. 조정에서 공의(公議)가 사라지는데 그것을 주관하는 사람이 누가 있습니까. 진신(搢紳)들 사이에 청렴한 풍조가 땅을 쓴 듯 없어지는데 그것을 규찰(糾察)하는 사람이 누가 있습니까. 사대부 집안에 학문하는 종자(種子)가 거의 끊어지는데 그들을 교화하는 사람이 누가 있습니까. 백성들 사이에 원망과 탄식이 자주 일어나는데 그들을 품어 주는 사람이 누가 있습니까. 유추해 보면 이와 같은 사례는 손가락으로 다 헤아릴 수 없을 정도로 많은데, 그 원인을 따져 보면 모두 정승을 갖추어 두지 않고 적임이 아닌 자에게 홀로 맡겼기 때문입니다.

옛사람이 말하기를 "이처럼 하는 것이 병이 되는 줄을 알았다면, 이처럼 하지 않음으로써 약을 삼는다." 하였습니다. 어리석은 신조차도 그 병이 이러하다는 것을 아는데, 더구나 만물에 대해 통달한 전하께서 모르실 리가 있겠습니까. 그렇다면 그것을 따라 약으로 삼는 것은

**61** 세 가지의 빛 : 해와 달과 별을 가리킨다.

단지 바꾸기만 하면 될 일인데, 어찌하여 이렇게 하지 않으십니까.

신은 감히 긴 말씀을 올리면서 전례를 인용하여 면직을 청하는 모양새를 억지로 본받지 아니하고, 오직 절급한 일을 가지고 함부로 요점만 간략하게 아뢰었습니다. 전하께서는 진실로 신의 말을 채납하여 보잘것없는 신을 속히 물리치고, 성심으로 현자(賢者)를 구하여 삼공을 갖추소서. 이와 같이 하였는데도 천재가 그치지 않고 국가의 형세가 공고히 되지 않고 풍속이 바뀌지 않고 민생이 안정되지 않는다면, 신은 망언한 죄로 주벌을 받겠습니다. 성명하신 전하께서는 유의하여 채납해 주소서. 재결해 주소서.

답하기를,

"차자를 보고 경의 간절한 마음을 잘 알았다. 하늘이 우렛소리를 크게 울려 표현하지 않고 은은하게 가르쳐 주는 듯하였는데, 부덕하고 우매한 나는 조심스럽고 두려운 마음만 간절하여 천재를 멈추게 하고 천견(天譴)에 답할 계책을 자신을 돌이켜 점검하고 있었다. 마침 경의 차자를 보건대, 적임이 아닌 자에게 홀로 맡겼다는 말로써 지나치게 스스로를 낮추고 있으니, 실질로써 하고 겉치레로 하지 않는 의리가 아닌 듯하다. 대개 왕의 기강, 조정의 공의, 청렴한 풍조, 학문의 기풍, 백성들의 근심은 바로 오늘날 시정(時政)의 잘못으로서 손을 꼽아 가며 먼저 힘을 써야 할 부분이다. 위엄을 보이고, 주관하고, 규찰하고, 교화하고, 품어 주는 방책은 정승을 맡아 보좌하는 자리에 있는 경에게 기대하는 바인데, 경은 이미 그 병폐에 대해 매우 자세히 말해 놓고 어찌하여 도리어 그 병폐를 치료하는 방법은 다른 사람에게 미루려고 하는가. 도움을 구하고 위임하는 나의 고심과 지극한 뜻에 어긋나지 않을 수 있겠는가. 나는 측신수행(側身修行)[62]의 공부를 맹렬히 할 것이니, 경도 으레 하는 사양을 그만두고 즉시 나와 사무를 보며 국사를 크게 돕도록 하라." 하였다.

**62** 측신수행(側身修行) : 임금이 천재(天災)를 만나 잠시도 몸을 편안히 두지 못하고 두려워하며 행실을 닦는 것이다. 《詩經 大雅 雲漢 序》

## 물리쳐 주기를 거듭 청하는 차자[63]
申乞斥退箚

삼가 아룁니다. 하늘이 거듭된 우레로 경계를 보이자 성상께서 두려워하여 자책하고 조언을 구하며 윤음(綸音)을 거듭 내리셨으니, 재앙을 누그러뜨리고 조화를 부르는 방도를 쓰지 않은 것이 없습니다. 어떤 신료인들 모두 마음을 다해 염려하며 만에 하나라도 부응할 생각을 하지 않겠습니까. 하지만 신은 삼공(三公)의 자리를 차지한 채 책면(策免)해 주시는 은혜를 입지 못한 처지를 생각하매 다시 진부하고 상례적인 진언(陳言)으로써 형식적인 행위를 하는 것처럼 하고 싶지 않아 입을 다문 채 시일을 보내며 평소처럼 편히 지내고 있었으니, 전하를 저버린 죄가 이에 더욱 드러났습니다. 이러한 정승이 있으니 하늘이 어찌 말 없는 견책을 내리지 않을 수 있겠습니까. 신은 근심스럽고 두려워 어찌해야 할지 모르겠습니다.

지금 삼가 사헌부가 올린 계사를 보니, 삼공이 갖추어지지 않은 것을 근심하며 한탄하였고 결국에는 '합당한 인물을 얻어야 한다〔得人〕'는 두 글자를 문제 해결의 처방으로 제시하였으니, 참으로 현재에 매우 긴요한 말이요 매우 시급한 일이라 할 수 있습니다. 신이 이에 앞서 아뢴 것도 요컨대 여기에서 벗어나지 않지만, 그래도 다 아뢰지 못한 점이 있습니다. 이번 대간의 말은 명백하고 적당하여 신의 차자에 비해 갑절이나 더 절실할 뿐만이 아닙니다. 이를 두고 "훌륭한 말은 숨겨지

**63** 물리쳐 ……차자 : 1791년(정조15) 10월 14일에 올린 차자이다.

는 일이 없다."[64]라고 칭찬해도 안 될 것이 없는데도, 어찌하여 열 줄 성상의 비답에서 "그대의 말이 공에 이를 수 있겠다."[65]라고 말씀하지 않으셨을 뿐 아니라, 불쾌한 뜻을 드러내며 반복하여 꾸짖는 하교처럼 하셨습니까.

신을 위로해 주신 하교로 말씀드리자면, 인용하고 비유한 것이 지나치기에 신이 미처 다 읽기도 전에 두려움으로 흐르는 땀이 등을 흠뻑 적셨을 뿐만 아니라, 조정의 신료들이 성인(聖人)의 천 마디 말 가운데도 한 마디 실언(失言)이 있다고 여기지 않으리라 보장할 수 없습니다. 그러니 천재(天災)가 어떻게 그칠 수 있겠으며, 인심(人心)이 어떻게 복종할 수 있겠으며, 대각(臺閣)이 어떻게 존중받을 수 있겠으며, 직언(直言)이 어떻게 채택될 수 있겠습니까.

신에게 성상께서 하시는 측신수행(側身修行)의 공부를 도울 별다른 계책이 있는 것이 아니니, 오직 대간의 요청을 받아들이시도록 전하를 위해 진달할 뿐입니다. 너무도 황공하여 감히 얼굴을 들고 나아갈 수 없는 신의 형편에 대해서는 번거롭게 말씀드릴 겨를도 없습니다. 삼가 바라건대, 다시 재삼 숙고하여 못난 신을 물리치도록 속히 명하고 어질고 덕이 있는 자를 다시 복상(卜相)하여 묘당(廟堂)의 계책이 번잡하게 되는 지경에 이르지 않게 하고 백성의 여론이 진정될 수 있게 하소

**64** 훌륭한……없다 : 순(舜) 임금이 우(禹)의 건의를 칭찬하는 말에서 나왔다. 《서경》 〈대우모(大禹謨)〉에 "진실로 이와 같다면 훌륭한 말이 숨겨지는 일이 없으며, 들판에는 버려진 현자가 없어서 만방이 다 편안할 것이다."라고 하였다.

**65** 그대의……있겠다 : 우(禹) 임금이 고요(皐陶)의 건의를 칭찬하는 말에서 나왔다. 《서경》 〈고요모(皐陶謨)〉에 "아, 너의 말이 옳다. 그대의 말이 공에 이를 수 있겠다."라고 하였다.

서. 천만 진심으로 바랍니다. 재결해 주소서.

답하기를,

"차자를 보고 경의 간절한 마음을 잘 알았다. 오늘 응대해야 할 정무(政務)가 너무 번다하여 낮부터 밤까지 밥 먹을 겨를도 없다가 겨우 밥을 먹으려 하는데 경의 차자가 또 이르렀다. 그 요점은 어제 대간에게 내린 비답으로 인하여 도리어 인혐(引嫌)의 단서로 삼은 것이었다. 경이 비록 으레 사양하는 세속의 풍조를 떨쳐 버릴 수 없더라도 어찌하여 나를 수고로운 가운데 더욱 수고롭게 하여 밥숟가락을 들지 못하게 하는가. 경이 만약 다시 문장에 '퇴(退)'라는 한 글자를 쓴다면, 이는 경이 나를 저버리는 것이다. 내 여러 말 하지 않을 것이니, 경은 모쪼록 스스로 선택하되, 사직하지 말고 안심하고 사무를 보기를 기대한다."

하였다.

## 서양의 사학을 엄히 처벌하기를 청하고 이어 홍낙안을 논하는 차자[66]

請嚴懲西洋邪學仍論洪樂安箚

삼가 아뢰옵니다. 어제 양사(兩司)가 함께 제기한 논계를 보니, 이단(異端)을 물리치는 논의가 실로 사람으로 하여금 매우 감복하게 합니다. 하지만 그 말은 오로지 홍낙안(洪樂安)이 쓴 장문의 편지를 믿을 만한 근거로 삼은 것으로, 이른바 장문의 편지는 바로 신에게 보낸 것입니다.[67] 신이 이미 그 속사정을 알고 있는 이상 어찌 침묵하고 있을 수 있겠습니까.

삼가 생각건대, 이단의 사설(邪說) 가운데 양주(楊朱)나 묵적(墨翟)[68]보다 심한 것이 어디 있겠습니까마는, 양주는 스스로 의(義)에

66 서양의……차자 : 1791년(정조15) 10월 24일에 올린 차자이다.

67 홍낙안(洪樂安)이……것입니다 : 1791년 10월경에 홍낙안이 번암에게 편지를 보냈는데, 그 편지의 요점은 천주교가 공공연히 전파되어 도성과 기호 지방의 많은 사대부들이 빠져든 것, 호서에서 교주(敎主)를 중심으로 활발하게 전파되어 장차 황건적(黃巾賊)과 백련교(白蓮敎)처럼 국가에 변란을 일으킬 가능성이 있다는 것, 조정에서 교리(敎理)만 공격하고 사람을 공격하지 않아 윤지충(尹持忠)과 권상연(權尙然)의 문제가 생겼으므로 이들을 극형에 처할 것 등이며, 권철신(權哲身)과 이윤하(李潤夏) 등이 신주(神主)를 묻고 제사를 폐지한 사실도 언급하였다. 이 편지에서 교주의 이름을 직접 언급하지 않았으나, 교주는 권철신의 동생이자 안정복(安鼎福)의 사위인 권일신(權日身)을 가리킨 것이었다. 《正祖實錄 15年 10月 23日》 홍낙안(1752~?)은 본관은 풍산(豐山), 자는 인백(仁伯), 호는 노암(魯庵)이다. 뒤에 희운(羲運)으로 개명하였다. 남인(南人)이면서 천주교에 적대적인 공서파(攻西派)에 속하였다.

가탁하고 묵적은 스스로 인(仁)에 가탁하였으니, 언제 임금이 없어도 되고 아비가 없어도 된다고 스스로 말한 적이 있었습니까. 맹자(孟子)가 변론하여 그들을 물리치지 않았다면, 그 재앙이 아비도 없고 임금도 없는 지경까지 이르도록 사람들이 쉽게 알아차리지 못했을 것입니다. 오늘날의 이른바 서양학(西洋學)은 방자하게 부모를 버리고 임금을 도외시하는 것을 하나의 정당한 의리로 삼아 세상 사람의 자식을 모조리 망치려고 하니, 그 재앙은 실로 양주나 묵적의 학설보다 백배나 심합니다. 신은 그 학설을 원수처럼 미워하여 일찍이 글을 지어 분명하게 논변하였고, 사람들을 대할 때마다 간절히 경계하였으며, 또 재작년 연석(筵席)에 나아갔을 때도 반복해 아뢰어서 영원히 그 근원을 막아 버릴 것을 바랐으니, 이는 성명한 전하께서도 기억하실 것입니다.

그러다가 이번에 홍낙안의 편지를 받고서 비로소 호남에 권상연(權尙然)과 윤지충(尹持忠) 두 자가 사판(祠版)을 태워 버린 일이 있었다는 것을 알았습니다. 심장이 놀라고 간담이 떨릴 정도였으니, 반드시 천벌을 속히 시행하고픈 생각이 어찌 홍낙안보다 못하겠습니까. 다만 이단을 물리치는 것이 가상한 일이기는 하지만, 만약 이로 인해 한층 더 젖어들고 만연하는 근심이라도 생긴다면, 이는 군자가 마땅히 경계해야 합니다. 훌륭하게도 당나라의 신하 한유(韓愈)의 말에 "그 사람을 사람답게 만들고, 그 책을 불태워 버리고, 그 거처를 민가로 만들어야 한다."[69]라고 하였습니다. 이단의 책은 응당 불태워 버려야 하고, 이단

**68** 양주(楊朱)나 묵적(墨翟) : 모두 중국 고대의 사상가이다. 양주는 극단적인 개인주의인 이기설(利己說)을 주장하고, 묵적은 극단적인 박애주의인 겸애설(兼愛說)을 주장하였다.

의 거처는 응당 민가로 만들어야 한다고 하였으나, 유독 이단을 믿는 사람들에 대해서는 그 사람을 죽이라 하지 않고 그 사람을 사람답게 만들라고 하였습니다. 이것이 어찌 한유가 이단을 물리치는 것이 엄격하지 않아서 그런 것이겠습니까. 사람이 이전의 행위를 부끄럽게 여긴다면 악인이라도 사람답게 만들 수 있으며, 사람이 태도를 바꾸고 마음을 바꾼다면 악인이라도 사람답게 만들 수 있으며, 사람이 형벌이 무서워 감히 못된 짓을 하지 않는다면 악인이라도 사람답게 만들 수 있습니다. 옛 현인이 글을 저술하여 주장을 펼쳐 스스로 새로운 사람이 될 수 있는 길을 열어 놓은 것이 또한 의미심장하지 않습니까.

지금 권상연과 윤지충의 죄가 과연 전하는 자의 말대로라면, 이는 오랑캐만도 못한 것이요 짐승만도 못한 것입니다. 이들을 사람답게 만들 수 없다면, 나라에 일정한 형벌이 있는 이상 다시 더 논의할 여지도 없습니다. 하지만 애석하게도 홍낙안의 편지는 사실을 언급하되 가려서 말하지 못하고 주제를 벗어나 제멋대로 언급한 것도 있으니, "노(魯)나라의 술맛이 나쁘자, 한단(邯鄲)이 포위를 당했다."[70]라거나 "장공(張公)이 술을 마시자, 이공(李公)이 취했다."[71]라는 경우처럼 이

**69** 그 사람을……한다 : 한유가 지은 〈원도(原道)〉에 나오는 말이다.

**70** 노(魯)나라의……당했다 : 자신의 잘못이 아닌 사건에 연루되어 뜻밖의 화를 입는 것을 말한다. 《장자(莊子)》 〈거협(胠篋)〉에 "노나라의 술맛이 나쁘자 한단이 포위를 당하고, 성인이 탄생하자 큰 도적이 일어났다."라는 말이 나온다. 한단은 조(趙)나라의 수도이다.

**71** 장공(張公)이……취했다 : 오해로 인해 다른 사람이 겪어야 할 곤란을 자신이 겪는 것을 말한다. 당나라 측천무후(則天武后) 때에 "장공이 술을 마시자 이공이 취했다."라는 속담이 세간에 떠돌았는데, 장공은 측천무후에게 총애를 받던 장이지(張易之)

는 천고에 이치가 맞지 않는 말입니다. 홍낙안은 아직 연소하여 본디 깊이 책망할 것이 없지만, 그의 말은 어찌 이처럼 근거가 없단 말입니까. 더구나 성상께서 위에 계셔서 조정이 편안하고 국내에는 시끄러운 일이 없는데도 불구하고, 장각(張角)과 백련교(白蓮教)[72] 따위의 말을 장황하게 끌어대 사람을 두렵게 하며 마치 국가의 환란이 당장 눈앞에 닥칠 것처럼 하였으니, 비록 이단을 급히 배척하려는 마음에 말을 제대로 헤아려 하지 못했다 하더라도 유독 세상의 민심이 쉽게 놀라고 의혹할 것은 생각지 않았단 말입니까.

지금 그가 쓴 편지가 온 세상에 두루 퍼져 대각의 계사에서는 심지어 '급서(急書)'라고까지 말하였으니, 이것은 홍낙안이 스스로 초래한 것입니다. 대개 사학(邪學)은 본래 당연히 통렬히 미워하고 엄히 처벌하여 종자(種子)를 퍼뜨리지 못하게 해야 하지만, 만약 모종의 의도를 가지고 상관없는 사람에게까지 제멋대로 영향을 미친다면 필시 세도(世道)의 근심이 될 것입니다. 그러므로 일전에 홍낙안 무리들이 통문(通文)을 돌렸을 적에 그 내용에 군더더기 말이 있다는 것을 듣고는

형제를, 이공은 당나라 왕실을 비유한 말이라고 한다. 《朝野僉載 卷1》

**72** 장각(張角)과 백련교(白蓮教) : 장각은 후한(後漢) 말기의 도사(道士)이다. 부적과 주술로 병을 치료하고 태평도(太平道)라고 칭하고서 신도들을 규합하여 머리에 황색 두건을 쓰고 반란을 일으켰으므로 당시 이들을 황건적(黃巾賊)이라고 불렀는데, 뒤에 관군의 토벌로 궤멸되었다. 백련교는 남송(南宋) 때에 불교의 미륵 사상과 민간 신앙이 결합되어 생겨난 민간 종교이다. 창세주인 무생노모(無生老母)가 이 세상에 미륵을 보내 자신의 흩어진 자녀들을 거두어들여 '진공가향(眞空家鄉)'이라는 천국에 귀의시키고 평화로운 천년 왕국을 인간 세계에 실현한다는 믿음을 가졌다. 이러한 백련교의 미륵불 신앙은 서민층에게 쉽게 수용되어 종교적 비밀 결사가 조직되었는데, 원나라 말기 홍건적의 난과 청나라 때 백련교도의 난은 모두 이들이 일으킨 것이다.

신은 자식에게 이름을 삭제하게 하였다가, 다시 글을 고쳐서 권상연과 윤지충만을 꾸짖었다는 것을 듣고는 다시 자식에게 함께 이름을 기록하게 하였습니다. 한 번은 이름을 삭제하게 하고 한 번은 이름을 기록하게 한 것에 대해 신은 스스로 대략 권도(權度)가 있다고 여기니, 또한 이것으로써 우리 전하께서 양단(兩端)을 잡아 그 중도를 쓰시는 정사를 돕지 않을 수 없습니다.

그러므로 이에 감히 아룁니다. 전하께서는 엄하게 대처하고 밝게 살펴 어느 한쪽으로 치우치지 않는 정치를 밝히소서. 생각건대, 신은 외람되이 정승의 자리만 차지한 채 인심을 선하게 하지 못하고 정학(正學)을 배양하지 못하여 인륜의 변고로써 청명한 교화에 누를 끼치게 하였습니다. 만약 세상을 가다듬으려고 한다면 꾸짖고 신칙하는 것을 마땅히 신으로부터 하셔야 합니다. 삼가 바라건대, 속히 신의 상직(相職)을 체차하고 이어 엄한 벌을 내려 풍교(風敎)를 바로잡고 사적인 분수를 편하게 해 주소서. 이렇게 해 주신다면 천만다행일 것입니다. 재결해 주소서.

답하기를,

"차자를 보고 경의 간절한 마음을 잘 알았다. 경은 소보(小報)에서 어제 대간의 계사에 대한 비답을 보았는가? 이단이란 비단 노자(老子), 불가(佛家), 양주, 묵적, 순자(荀子), 장자(莊子), 신불해(申不害), 한비자(韓非子)의 경우뿐만 아니라, 제자백가의 수많은 글 가운데 정경(正經)과 상도(常道)에서 조금이라도 어긋나고 선왕(先王)의 법언(法言)이 아닌 것은 모두 여기에 해당한다. 그러므로 공자 시대에는 사설(邪說)이 제멋대로 유행하는 것이 맹자 시대처럼 심한 지경까지는 이르지 않았다. 맹자는 이단을 홍수나 맹수, 난신(亂臣)이나 적자(賊子)처럼 배척하였으나, 공자는 다만 그 폐해만을 범범하게 말하였으니, 이는 살았던 시대가 같지 않기 때문이고 처지를 바꾼다면 필시 모두 그렇게 할 것이다. 지금 사람들은 소인의 심보를 가지고 성인의 마음을 헤아려 《서경(書經)》의 〈탕서(湯誓)〉와 〈태서(泰誓)〉처럼 여유로움과 각박함에 각각 차이가 있는 듯이 여기니, 공자가 진짜 이단에 아직 들어가지는 않았던 부류의 제자백가까지도 오히려 이단의 명목을 처음으로 만들어 교훈을 제시하고 미리 막았다는 사실을 너무도 모른다고 할 수 있다. 《논어(論語)》의 본지(本旨)가 어찌 《맹자(孟子)》의 호변장(好辨章)[73]보다 더욱 엄하고 더욱 심하게 이단을 배척하지 않은 적이 있었는가. 더구나 지금은 공자, 맹자의 시대와 일천 수백 년이나 떨어져 있으니, 드러내어 밝히고 물리쳐 제거하는 책임이 우리 소자(小子)들에게 있지 않겠는가.

내가 항상 연신(筵臣)에게 말하기를 '서양학을 금하려고 한다면 먼저 피관잡기(稗官雜記)부터 금하고, 패관잡기를 금하려고 한다면 먼저 명말 청초(明末淸初)의 문집부터 금해야 한다.' 하였다. 대개 근본을 바로잡는 것이 오활하고 느슨한 것 같지만 힘을 발휘하기는 쉽고, 그 말단을 구제하는 것이 비록 절실해도 성공하기는 어려우니, 지금 내가 금하려고 하는 것이 반드시 근본을 바로잡는 데에 일조가 안 된다고는 할 수 없다. 만약 공자가 지위를 얻어 도를 행하여 제자백가의 학설이 경전(經傳)과 함께 유행할 수 없게 했다면, 맹자가 어찌 수고롭게 많은 말을 하여 당시 사람들에게 변론을 좋아

**73** 호변장(好辨章) : 《맹자》〈등문공 하(滕文公下)〉 제9장을 가리킨다.

한다는 기롱을 받았겠는가.

마침 경의 차자로 인하여 대간의 계사에 대한 비답에서 미처 다하지 못했던 심정을 다시 거듭 밝혔다. 경은 묘당에서 계책을 세우는 자리에 있으니, 부디 명말 청초의 문집과 패관잡기 등과 같은 여러 책을 물이나 불 속에 던져 폐기하는 것이 합당한지에 대해 여러 재신(宰臣)과 충분히 강구하도록 하라. 그리고 이것이 만약 명령으로 시행하기 불편하여 꺼려진다면, 연경(燕京)에 가는 사행(使行)이 잡서(雜書)를 구매하는 행위를 금하도록 거듭 천명해야 할 것이니, 경의 생각은 어떠한가?

이른바 서양학의 고질적인 폐단에 대해 경은 차자에서 심지어 '그 학술을 원수처럼 미워하여 글을 지어 분명히 논변하고 사람을 마주 대해서는 깊이 경계하였다.'라고 했으면서도, 경이 진작 인심을 바로잡고 성학(聖學)을 밝히지 못했다고 도리어 스스로 인책하니, 참으로 지나치고도 지나친 것이다. 내가 군사(君師)의 지위에 있으면서 오히려 사전에 제대로 인도하여 교화가 행해지고 풍속이 아름다워지도록 하지 못하였으니, 경에게 무슨 책임이 있겠는가. 경에게 무슨 책임이 있겠는가.

또 홍낙안 무리의 사적인 편지 가운데 한두 군데 비유를 취한 구절을 어제 대계(臺啓)에서 과연 보았는데, 사방에서 듣고서 의혹을 일으킬까 염려되었으므로 구서(具書)[74]로 반하(頒下)하지 말고 즉시 고치도록 하였다. 연소한 신진(新進)들이 말만 잘하는 병통을 경은 어찌 줄곧 가만히 놔두는가. 이것이 도리어 경에게 개탄스럽게

**74** 구서(具書) : 사실과 내용을 다 갖추어 쓴 글을 가리키는 듯하다.

여기는 점이다. 그 밖의 것은 조정에 나오는 날 면대하여 토의할 것이니, 경은 부디 안심하고 사직하지 말고 즉시 나와 사무를 보라."
하고, 이어 전교하기를,
"이 비답을 사관을 보내 좌의정에게 전유하게 하라. 대신의 차자는 일의 체모가 얼마나 중요한데, 신패(申牌)[75] 뒤에 정원에 도착한 것을 다른 공사(公事)와 함께 들여 날이 저물어서 가져다 보고 촛불을 켜고 비답을 내리게 하였으니, 해당 사알은 먼저 태거(汰去)하고, 즉시 품달하지 않은 승선은 엄하게 추고하라."
하였다.

**75** 신패(申牌) : 신시(申時) 즉 오후 3시에서 5시 사이를 가리킨다.

## 종묘서의 관원들과 발계한 헌신에게 아울러 견파를 시행하기를 청하는 차자[76]

請廟署諸員及發啓憲臣幷施譴罷箚

삼가 아룁니다. 신이 어제 2경에 종묘서(宗廟署)의 수복(守僕)이 와서 아뢴 보고를 통해 비로소 태실(太室)의 동지(冬至) 향례(享禮)를 4경 2점에 거행했다는 사실을 알고서 너무도 놀랍고 두려운 마음을 이길 수 없었습니다. 왕조의 제향은 본래 성법(成法)이 있어 지속(遲速)과 진퇴는 감히 논의할 수 있는 사항이 아닙니다. 무릇 향사(享祀)를 할 때에는 금루(禁漏)가 3경 1점을 알리면 향관(享官)들이 기침(起寢)하라는 호창에 맞추어 일어나 일제히 세수하고 빗질하며, 3점에 이르면 반열을 이루어 자리로 나아가 시각이 되기를 기다리다가 주시관(奏時官)이 4경 1점을 알리면 들어가 제사를 봉행합니다. 만약 기침을 제때에 하고 반열을 제때에 이루었다면 정시(正時)를 어기고자 해도 어길 수 있었겠습니까. 이것에 대해 수복에게 힐문하였더니, 수복이 헌관의 기침이 조금 늦어졌고 국을 마시느라 걷기 어려워 이 지경에 이르렀다고 대답하였습니다.

아, 무엇보다 엄숙한 것이 종묘의 예법이고 무엇보다 근엄한 것이 제향의 절차이니, 《시경》에는 "신명이 이르는 것을 헤아릴 수 없다."[77]

76 종묘서의……차자 : 1791년(정조15) 11월 29일에 올린 차자이다.

77 신명이……없다 : 《시경》 〈대아(大雅) 억(抑)〉에 "네가 방 안에 있을 때를 보건대, 거의 옥루에 부끄럽지 않게 할지니, 밝지 않기 때문에 나를 보는 이가 없다고 말하지

라고 하였습니다. 지금 헌관이 재계하지 못하여 정시의 제향에 차질을 초래하였으니, 이는 실로 이전에는 듣지 못한 변고입니다. 우리 성상께서 엄숙하고 공손히 두려워하시며 아침저녁으로 마음을 졸이는 일들이 모두 선왕을 향사하는 여러 예절에 있는데, 종묘 안에서 이토록 지극히 온당치 못한 행위가 있었습니다. 그 원인을 궁구해 보면 모두 신처럼 어리석은 자가 도제조의 직임을 맡아 예법으로 통솔하지 못한 까닭이니, 삼가 바라건대 성상께서는 먼저 엄한 처벌을 내려 무너진 법도를 엄숙히 하소서.

헌관 이의행(李義行)에 대해서는 이미 유배를 명하셨으니 다시 논할 것이 없습니다만, 종묘서의 관원들은 즉시 수복으로 하여금 정식(定式)에 의거하여 합문에 달려가 고하도록 하지 않다가 대감(臺監 사헌부 감찰)이 정과(呈課)하고 헌신(憲臣)이 발계한 뒤에야 비로소 성상께 주달하였으니, 그들이 완전히 가리고 덮은 죄과를 벌직(罰直)하게 하는 것과 제식(祭式)을 송습(誦習)하게 하는 것으로 감단(勘斷)하고 말아서는 안 됩니다. 모두 직책을 견파(譴罷)하는 것을 결코 그만둘 수 없습니다. 발계한 헌신은 단지 파직하는 것으로 헌관을 논단하여 물렁하게 처리한 잘못이 없지 않으니, 역시 견파를 명하는 것이 마땅할 듯합니다. 재결해 주소서.

답하기를,

말라. 신명이 이르는 것을 헤아릴 수가 없거늘, 하물며 신명을 싫어할 수 있겠는가.〔相在爾室, 尙不愧于屋漏. 無曰不顯, 莫予云覯. 神之格思, 不可度思, 矧可射思?〕"라고 하였다.

"차자를 보고 경의 간절한 마음을 잘 알았다. 경은 어찌하여 '예법으로 통솔하지 못하였다.'라고 하는가. 나의 진실한 뜻이 만약 신하들에게 믿음을 주고 감동시켰다면 어찌 이의행 같은 자가 방자하게 죄를 범할 수 있었겠는가. 관례(官隷)들이 1점에 맞추어 제사를 거행했다는 말도 믿을 수 없는 것이었으니, 이것이 지금껏 소름이 끼치는 까닭이다. 사실을 감춘 죄는 여러 관원이 똑같은데, 이미 당일에 해당 관원은 파직하였으니, 여러 관원은 추고하고 사헌부 대신(臺臣)의 일은 그대로 시행하겠다. 경은 부디 안심하고 사직하지 말고 사무를 보라."

하고, 이어 전교하기를,

"이 비답을 사관을 보내 전유하게 하라."

하였다.

# 번암집

## 제25권

## 소차 6
疏箚 六

## 김상철의 죄명을 탕척하고 김우진에게 돌아와 장사 지내도록 한 명을 도로 거두기를 청하는 상소[1]

請還寢金尙喆罪名蕩滌宇鎭歸葬之命疏

삼가 아룁니다. 전하께서는 무엇 때문에 근래 이다지도 지나친 거조를 하십니까? 승정원과 삼사(三司)의 신하들이 복합(伏閤)하여 쟁론하고 모든 경재(卿宰)와 많은 관리가 서로 번갈아 상소를 올려서 울부짖고 있으며 아래로는 여러 관사의 하례(下隷)들과 뒷골목의 서민들에 이르기까지 모두 깜짝 놀라 허둥대며 서로 고하여 근심하고 탄식하는 소리가 분명하니 인심과 윤기(倫紀)가 참 가관입니다.

그러나 유독 신은 금오(金吾)에서 머리를 조아리며 두렵고 떨려서 오히려 피눈물로 쓴 상소 한번 올리지 못하였습니다. 묵묵히 입을 다문 채 날짜만 보내어 마치 천지의 엄정한 의리가 장차 신을 벌하리라는 것도 모르는 듯하였으니, 비록 일반 관료라고 해도 죄가 죽음으로도

1 김상철(金尙喆)의……상소 : 1791년(정조15) 12월 16일에 올린 것이다.《承政院日記 正祖 15年 12月 16日》김상철은 영조 때 영의정을 지내고 1781년 기로소에 들어간 뒤 영중추부사가 되었다. 김우진(金宇鎭)은 1786년 이조 참의로 있으면서 조시위(趙時偉)를 천거하였고, 완풍군(完豐君) 이담(李湛)의 역모에 연루되어 추국(推鞫)을 받고 제주도에 위리안치되었으며, 아버지 김상철도 삭탈관작되었다. 그후 1791년 12월 14일 김상철이 죽자, 정조는 김상철의 죄명을 씻어 주고 김우진을 석방하여 장사 지내게 하라는 비망기를 내렸다. 이 비망기가 내리자 승지와 각신 등 대부분의 신하들이 반발하여 청대(請對)를 하였으며, 옥당과 양사가 각각 연명으로 계사를 올려 김상철에게 추율을 시행하고 김우진을 법대로 처형하기를 청하는 등 매우 시끄러웠다. 이 상소는 이즈음에 올린 것이다.

갚지 못할 것인데 하물며 대관(大官)으로 불리는 자야 말할 것이 있겠습니까. 하늘을 우러러보고 땅을 굽어보매 너무도 부끄러워 살아도 죽은 것만 못합니다. 이에 석고대죄하며 감히 옥중에서 상소하는 규례를 본받아서 눈물을 삼키며 말씀을 올리니 오직 성상께서 살피시기 바랍니다.

아아, 나라가 나라인 까닭은 형정(刑政)이 있기 때문입니다. 형정이 없는데도 천하 국가를 다스릴 만하다면 순 임금과 우 임금이 무엇 때문에 고통스럽게 다섯 가지 등급의 형벌을 써서 다스리라고 했겠습니까. 징토하지 않는데도 난신적자(亂臣賊子)가 생기지 않게 할 만하다면 공자께서 무엇 때문에 고통스럽게 《춘추》를 지으셨겠습니까. 이와 같은 의리는 심오하여 알기 어려운 것이 아닙니다. 무릇 사람이라면 모두 알고 또 모두 말하는 것입니다.

하물며 우리 성상께서는 몇 년간을 학문에 전념하여 궁리(窮理)와 격물(格物)의 모든 이치를 거의 다 터득하였으니 무릇 마땅히 천토(天討)를 시행해야 할 곳에 어찌 작은 것 하나라도 놓치시겠습니까. 그런데 이제 내리신 비망기[2]를 보건대 모든 신하가 기대하고 바라는 바와는 실로 서로 같지 않은 점이 있으니 그 까닭이 무엇입니까? 전하가 김상철(金尙喆)에게 살아서는 그 원상(院相)의 자리를 온전히 지키도록 해 주고 죽어서는 그의 죄명을 씻어 주고자 하시는 것은 단지 원상이기 때문입니다. 그러나 신의 생각에 그의 죄가 세상이 끝나도록 가득하여

**2** 이제 내리신 비망기 : 1791년 12월 14일에 내린 비망기이다. 원상 김상철의 죄명을 탕척하고 대신에 대한 예장(禮葬)으로 거행하며, 아들 김우진을 특별히 풀어 주어 즉시 돌아와 장사 지내게 하라는 내용이다. 《日省錄 正祖 15年 12月 14日》

절대 용서받아서 안 되는 까닭은 진실로 '원상' 두 글자에 있습니다.

대신(大臣)의 직책에 있는 이라면 그 누가 나라와 함께 휴척(休戚)을 같이하지 않겠습니까만 그중에서도 원상은 더욱 특별한 점이 있습니다. 그 특별하게 되는 점은 바로 왕실에 마음을 두어서 생사를 같이하여 마땅히 하지 못할 것이 없기 때문입니다. 아, 저 김상철은 좌고우면하면서 아무도 몰래 지휘한 것을 지금 대략 헤아릴 수 있습니다. 계사의 초고를 작성하여 한번 시험해 보는 계책을 이루고자 하였으니 김상철이 모주(謀主)가 아니라면 누가 몰래 혼사를 주장하였을 것이며,[3] 불측한 모의(謀議)를 남몰래 키웠으니 김상철이 그들의 소굴이 되지 않았다면 어째서 역적 김우진(金宇鎭)을 자식으로 삼고 역적 구선복(具善復)을 사돈으로 삼았겠습니까.[4] 그 빈틈없이 준비한 바가 모두 화심(禍心)을 품은 것이니 나라에 삼척법(三尺法)이 있는 까닭은 바로 원상을 처벌하기 위해서입니다. 따라서 더욱더 다른 사람에 비하여 벌을 배로 쓰지 않아서는 안 된다는 것이 명백합니다.

더욱이 김우진의 천 가지 요사스러운 짓과 만 가지 악행은 책으로 써도 다 쓰기 어려울 것인데 그 아비에 대해서는 법전을 덮어 버리고

**3** 김상철이……것이며 : 김상철이 완풍군 이담의 혼사를 주관한 것을 말한다. 《정조실록》 10년 12월 14일 기사에 "양사에서 아뢰기를 '예로부터 난역이 한없이 많았지만 어찌 김우진 같은 자가 있었겠습니까. 그는 흉악한 김상철의 아들로서 은밀히 역적 구선복과 인척이 되는 점에 힘입어 뚜렷이 역적 이담의 혼인을 주관하였습니다.' 하였다."라고 하였다.

**4** 김우진(金宇鎭)을……삼았겠습니까 : 구선복은 김상철과 사돈으로, 김상철의 서자이자 김우진의 서제인 김영진(金寧鎭)이 바로 구선복의 사위이다. 《承政院日記 正祖 10年 12月 16日》

역적 구선복과는 흉심(凶心)을 함께하며 밤낮으로 추진한 것이 오로지 국맥(國脈)을 몰래 옮기는 데에 있었습니다. 마침내 역적 구선복이 승복한 이후에는 그 또한 더 이상 감출 수가 없어서 드디어 "훗날을 기약한 것이다.〔顧瞻他日〕"[5]라는 말로 국정(鞫庭)에서 평문(平問)할 때 실정을 자백하였습니다.

아아, 《춘추》의 법에, 신하는 임금에게 거역함이 없으니 거역하면 반드시 죽인다고 하였습니다. 그러니 훗날을 기약한 것이라는 흉악한 공초가 어찌 다만 거역하여 죽이고 마는 데 그치겠습니까. 그런데도 먼 바다 섬에 유배를 보내어 사죄를 감해 주라는 명령이 한밤중 창졸간에 있었습니다. 왕법은 펴지지 않고 여론이 들끓은 지가 이제 몇 년이 되었는데, 오늘날에 이르러 완전히 풀어 주고 돌아와 장사를 지내라는 명령이 갑자기 내릴 줄 누가 생각이나 했겠습니까.

아아, 국법은 전하만의 법이 아니며 실로 400년 동안 왕부(王府 의금부)에서 공평하게 적용해 오던 법입니다. 전하께서 비록 느슨히 해서는 안 되는 곳에 느슨히 한다고 하더라도 대신과 삼사가 있으며, 형관과 도신이 있습니다. 그 누가 기꺼이 전하의 명령을 받들어 행하여 흉적인 두 부자가 아버지는 죄가 씻기어 예법대로 장례가 치러지고 아들은 유배지의 가시나무 울타리가 거두어져서 풀려나 서울로 돌아오도록 하겠습니까. 비록 엄한 전교가 날마다 내리고 죄벌과 파직이 계속되더라도 결단코 그렇게는 될 수 없다는 것을 알고 있습니다.

**5** 훗날을 기약한 것이다 : 김우진이 구선복 등과 어울린 것에 대해 "후일을 생각하는 계획에서 나온 것으로, 이른바 후일이란 뭇 불량한 무리들이 뜻을 얻었을 때를 말합니다."라고 자백하였다. 《正祖實錄 10年 12月 10日》

이와 같은 때에 상하가 서로 한 치도 양보하지 않으니 크게는 왕법이 거의 무너지고 작게는 조정이 안정되지 않을 것입니다. 성명(聖明)한 전하께서 어찌 깊이 생각하지 않고 환히 깨닫지 않으십니까. 삼가 바라니, 천 번에 한 번 있을 이런 실수를 조속히 바로잡아 김상철의 죄를 씻어 주고 김우진에게 돌아와 장사 지내게 하라는 명을 즉시 거두어 난적으로 하여금 징계되고 두려워하게 하소서. 아울러 승정원과 삼사가 입은 죄벌을 또한 모두 거두어 주어 성덕을 빛나게 하며, 이어 바로잡지 못한 신의 죄를 징치하여 조정의 기강을 엄숙히 하고 신의 사의(私義)를 편안히 해 주신다면 천만다행이겠습니다.

답하기를,

"상소를 살펴보고 잘 알았다. 옛날의 대신은 반드시 임금의 아름다움을 받들어 순종하였는데, 지금의 대신은 임금의 잘못에 영합하려고 하니 이렇게 하고도 제왕을 보좌하여 널리 잘못을 바로잡았다고 말해서야 되겠는가. 비록 이번의 처분이 없다고 하더라도 경처럼 대관의 반열에 있는 이들은 죄인을 보고 수레에서 내려 눈물을 흘리는 대우(大禹)의 인애(仁愛)와 그물을 열어 새를 풀어 준 은탕(殷湯)의 은택으로 임금을 개도하여 반드시 감동하도록 하는 것이 바로 옛날 대신이 임금을 섬기는 도리였다.

그런데 근일 경등의 거조는 옛날 대신의 처사와 비교할 때 과연 모자란가 모자라지 않는가. 과연 석연한가 석연하지 않은가. 더구나 조정에서 보는 바는 바로 체모인데 대명(待命)을 하는데 비답을 받기도 전에 상소를 올려 일을 말하고, 상소를 올렸는데 비답을 받들기도 전에 나가서 빈계(賓啓)를 올리니, 고금천지에 이런 체모가 있다는 말을 들어 보지 못하였다.

아아, 체모라고 하는 것이 어찌 단지 오늘날 조정의 체모일 뿐이겠는가. 바로 예로부터 내려온 불변의 기강인데, 경은 이제 경 한 사람의 손으로 무너뜨리고 깎아 내며 어지럽히고 흐릿하게 만들 것인가. 경이 장차 무슨 면목으로 나를 대하려는가. 이에 공경하는 예법은 더 이상 돌아볼 겨를이 없는 것인가. 경에게는 곧 파직의 법을 시행하겠다."

하고, 이어 전교하기를,

"이 비답을 비변사 낭청을 시켜서 가서 전해 주게 하라."

하였다.

## 김우진을 의금부로 잡아들이기를 거듭 청하는 차자[6] 임자년 (1792, 정조16)

申請宇鎭拿致王府箚 壬子

삼가 아룁니다. 날씨가 온화하니 신령이 어가를 보호하여 원침(園寢)에 전알(展謁)하여 효도를 너끈히 펴시었습니다. 돌아오시매 성상의 체후가 더욱 강건해져 넓은 들판에 가득한 백성들이 한목소리로 송축하였습니다. 더욱이 경하드리며 다행으로 여기는 신의 마음이야 한량이 있겠습니까.

삼가 신이 외람되이 아헌관(亞獻官)의 명첩을 받들고 먼저 수원의 새 도회지로 달려갔습니다. 그러나 쇠잔해진 뼈와 파리해진 몸이 추위의 위세를 감당하지 못하여 하루아침에 병이 심해졌습니다. 난여(鸞輿)가 원침에 이르렀는데 실낱같은 목숨을 어찌하지 못하고 끝내 침상에서 떨어져 버려 잠꼬대처럼 목에서 나오는 소리는 차라리 죽는 것이 낫겠다는 말뿐이니 더 이상 무슨 말씀을 드리겠습니까. 하루 이틀쯤 지나자 간신히 깨어났는데 객지에서 귀신이 되는 것이나 면해 보려고 억지로 왔을 때의 길을 찾았습니다. 이틀을 들것에 실려 오는데 한강까지 오기도 어려웠습니다. 천신의 병이 열배나 심해져서 고통으로 울부짖는 소리에 길가의 사람들이 모두 놀라니 부득이 부축을 받아 용호(龍湖)[7]에 있는 낡은 정자로 들어갔습니다. 돌이켜 보니 이런 위급한 병을

6 김우진을……차자 : 1792년 1월 29일에 올린 것이다.

7 용호(龍湖) : 용산호(龍山湖)를 가리키는 것으로 보인다. 지금의 용산이다.

가지고 무릇 어찌 거듭해서 도성의 문을 들어갈 도리가 있겠습니까. 멀리서 궁궐을 바라보며 그저 눈물만 흘릴 뿐이었습니다.

오호라, 신이 비록 숨만 붙어 있는 송장에 불과하지만 한 가지 사그라지지 않는 것은 모두 나라를 걱정하는 생각뿐입니다. 신이 수원에 있을 때 죄인 김우진(金宇鎭)이 잡혀서 기호(畿湖)의 경계에 이르렀다는 소식을 들었습니다. 어제 또 비국의 공사(公事)로 인하여 제주목의 등보를 보니 역적 김우진이 바다를 건너 육지로 왔다고 하였는데, 과연 이미 많은 날이 흘렀습니다. 노정(路程)으로 말하자면, 기호의 경계는 서울로부터 100여 리밖에 되지 않는데 그 사이에 지난 날짜가 마치 4, 5일이 된 듯하니, 비록 느릿한 걸음으로 천천히 오는 사람이라도 결단코 100여 리 길을 가는 데 4, 5일이 걸릴 리가 없습니다. 하물며 극악한 역적을 잡아오는 데 어찌 다만 길을 두 배로 빨리 오는 규례를 따르는 정도에 그치겠습니까. 그런데 그들을 뒤따라온 자들에게 물어보니 모두 죄인을 잡아오는 것을 보지 못했다고 말했으며, 도성으로부터 온 자들에게 물어보니 모두 죄인이 잡혀와서 갇혀 있다는 것을 듣지 못했다고 하였습니다. 이에 신의 의혹이 더욱 커졌으니 만약 죄인이 땅을 뚫고 들어갔다고 한다면, 천하에 어찌 이런 이치가 있겠습니까. 만약 성지(聖旨)로 중로에 고의로 죄인을 놓아주었다고 의심한다면, 성세에 어찌 이런 일이 있겠습니까. 그럴 이치도 없고 이럴 일도 없는데 죄인의 모습이 보이지 않으니 백번을 생각해 봐도 끝내 이해하지 못하겠습니다.

어리석은 신은 죽을죄를 지었지만, 가만히 생각해 보면, 전하께서 평소 조처하신 것이 대체로 사랑하는 마음이 위엄을 능가하여 국가의 기강이 날로 무너지는 데 이르렀습니다. 심지어 이미 죄를 자백하였지만 미처 처형하지 않은 지극히 요망한 역적까지도 오히려 망설이며 미결(未決)의 상태에 두어 오늘날 많은 신하의 의심을 사니, 이는 반드시 위태로운 결과를 초래하는 거조가 되지 않는다고 장담하지 못할 것입니다. 말이 이에 이르니 가슴이 찢어지는 듯합니다.

삼가 바라건대, 전하께서는 분명한 교지를 내려 중외(中外)의 의혹을 풀고 의금부를 엄히 신칙하여 속히 잡아들여서 마땅한 형률을 결단코 시행하여 나라의 법도를 엄정히 하도록 하소서. 신은 병으로 일어나지 못하니 조정에 나아가지 못하고, 이 역적을 단지 이 정도로 처벌하고 그만두어서는 안 되는 천지의 의리를 아프게 아뢰되, 다만 한 장의 차자로서 초솔히 논열하여 죽음으로 간쟁하는 옛사람의 의리에 부치니 나라의 은혜를 저버린 것이 매우 큽니다. 또한 바라건대 속히 신에게 위벌을 내려 신하로서의 직분을 면려하신다면 천만다행이겠습니다. 재결하여 주소서.

답하기를,

"차자를 살펴보고 경의 간곡한 마음을 잘 알았다. 연이어 의관의 서계(書啓)를 접하고 이어서 경이 올린 차자의 내용을 보건대, 경의 병이 이처럼 오랫동안 낫지 않고 있으니, 어찌 대단히 걱정스러운 마음을 금할 수 있겠는가. 김우진의 일에 대해 논열한 것은, 경의 말이 종종 너무 지나친 곳이 있다. 경은 원로(元老)로서 어찌하여 소배(少輩)들의 날카로운 기질과 습속을 본받는 것인가. 내가 남몰래 경을 위하여 탄식한다. 대체로 반드시 법대로 처단하는 것은 처단하는 것이고, 법을 굽혀 용서해 주는 것은 또 그것대로의 의미가 있는 것이다. 한번 죄를 심문한 뒤에 융통성을 발휘하려고 한 것이 당초의 본뜻이었으나, 압송해 오는 행차가 공교롭게도 숙소의 바로 앞 참(站)에서 마주치게 되었으므로 우선 기호의 경계로 도로 압송해 두게 하고, 그다음에 길을 우회하여 장단(長湍)에 보내도록 명한 것이다. 형편상 부득이한 점이 있었으니, 경은 모쪼록 마음을 편히 하고 사직하지 말며 몸을 조리하는 데 더욱 유념하라. 병이 조금이라도 차도가 있거든 즉시 다시 길에 오르도록 하라."

하고, 이어 전교하기를,

"이 비답을 사관을 보내 전유하게 하고 다시 어의(御醫)를 보내 병세를 살피도록 하라."

하였다.

## 대신과 여러 신하가 계속하여 쟁론하고 있는 것을 조속히 윤허해 주기를 청하는 차자[8]

請亟允大臣諸臣爭執之論箚

삼가 아뢰니다. 신이 가슴속의 혈기가 끓어올라서 죽음을 무릅쓰고 한 장의 차자를 올렸습니다. 그러나 병중에 생각이 거칠고 흐리멍덩하며 말은 제대로 가려 쓸 줄 몰랐는데도 성상의 비답은 간곡하고 정녕하였습니다. 먼저 개탄한다는 뜻을 보이고 이어 조섭하도록 여가를 허락하였으니 황공하고 감격스러워 몸 둘 바를 몰랐습니다. 이어 삼가 전교가 내려온 것을 보니, 신이 올린 차자의 내용에 대하여 억측이라고 유시하셨습니다.

무릇 신자(臣子)로서 감히 군부의 처사에 대하여 억측하여 말을 한 것은 그 죄범을 논하자면 형구(刑具)도 오히려 가벼울 터인데 신이 마침 실낱같은 목숨이 끊어질 듯하여 사구(司寇)에게 몸을 맡기지도 못하고 그렇다고 감히 침상에 누워 있지도 못하여 석고대죄하고 있을 뿐이니 더 이상 무슨 말씀을 드리겠습니까.

다만 생각건대, 신이 지금 죽기를 기다리며 이렇게 근심과 울분을 품은 채 묵묵히 입을 다물고 죽는다면 살아서는 마땅히 불충한 신하가 될 것이고, 죽어서도 당연히 눈을 감지 못하는 귀신이 될 것입니다. 이 어찌 임금께 충성을 다하는 의리이겠습니까. 죽음을 앞두고 그 말이 착하다는 격언이야 비록 감히 바라지 못하지만 왕께서 고치기를 축원

**8** 대신과……차자 : 1792년(정조16) 2월 1일에 올린 것이다.

하니 오직 전하께서는 가엾게 여겨 주소서.

아아, 전하께서는 무엇 때문에 오늘날과 같은 일을 하신 것입니까. 신이 일찍이 전하의 한 말씀 한 명령에 대해 명료하여 의심이 없다고 생각하였습니다. 무릇 신이 헤아린 것도 이치이고, 전하께서 따르신 것 또한 이치입니다. 이치로써 이치를 징험한다면 부절처럼 들어맞아서 문제가 없을 것이 분명합니다. 그런데 어찌해서 오늘날의 일은 불행히도 크게 상반되는 것입니까. 전하께서 시험 삼아 생각해 보시기 바랍니다. 만약 천년 후의 선비가 오늘날의 일을 논한다면, 상신(相臣 김상철)의 아들(김우진)로서 병사를 거느리는 적(구선복)과 결탁하여 몰래 두마음을 먹고 하지 못하는 짓이 없었으며, 국정(鞫庭)에서 추문할 때는 또한 감히 숨기지 않고 '타일(他日)' 두 글자[9]를 말하여 스스로 자백하였으니 어찌 한순간이라도 살려 두겠습니까. 그런데도 오히려 법을 굽혀서 그 목숨을 살려 주었으니 그가 장차 나라에 법이 있다고 하겠습니까, 아니면 나라에 법이 없다고 하겠습니까.

나라에서 대간(臺諫)의 의론(議論)보다 중요한 것이 없습니다. 그런데 전하께서는 이미 윤허하여 따르셨으면서도 의금부에서 위리(圍籬)를 거두고 잡아와서 기내(畿內)에 이르자 대신이 알지 못하게 하고 삼사가 알지 못하게 하며, 또 경재와 백관이 알지 못하게 하여 단지 밀지(密旨)를 내려 풀어 주어서 살던 곳으로 돌려보내게 하니 장차 나라에 법이 있다고 하겠습니까, 없다고 하겠습니까. 대신들이 혹 대궐로 와서 청대를 하고 혹 경재들을 이끌고 빈계(賓啓)를 하려 한 것은 대의로 보아 그만두어서는 안 되기 때문이며, 승지와 각신과 옥당과

9 타일(他日) 두 글자 : 276쪽 주5 참조.

대각이 복합(伏閤)하여 간쟁한 것은 직분상 마땅히 그래야 하기 때문입니다.

그러나 우레와 같은 위엄으로 갑자기 진노하시어 엄한 하교를 거듭 내려 대신에게는 제대로 성토하지 않았다는 지적을 피하려 한 것으로 죄목을 정하고 복합한 여러 신하에게는 모두 책임을 물어 파직하는 법을 시행하였으니, 공성(孔聖)께서 군주가 나라를 잃게 할 만한 것으로 지목하신 "오직 내 말을 어기지 않는 것이 즐겁다."라고 한 경계는 생각할 겨를조차 없었습니다. 이렇게 하였으니 사람들이 장차 성세의 일이라고 하겠습니까, 아니면 성세의 일이 아니라고 하겠습니까. 오직 우리 전하께서는 모르는 이치가 없고 모르는 일이 없으니 시험 삼아 신이 위에서 말씀드린 몇 가지를 마음속 깊은 곳에서 두 번 세 번 더 생각하소서. 만약 신의 말이 취할 만하다고 생각되면 대신을 비롯하여 여러 신하가 원통하고 분하여 얼굴을 핏빛으로 물들이며 아뢴 청을 윤허하여 저 요사스러운 역적을 잡아다가 통쾌히 왕법대로 처벌하시고, 만약 신의 말이 이치에 마땅하지 않다고 생각되면 신을 내쳐 물리치고 신의 죄를 널리 알려서 망언한 사람의 경계로 삼으소서.

신이 한결같이 4, 5일을 앓고 있어 몸을 움직일 수가 없습니다. 대신들의 뒤를 따라서 한목소리로 힘써 성토하지 못하고 몸을 강교(江郊)에 맡긴 채 점차 사그라들고 있으니 땀도 내지 못하고 죽는 것이 조만간의 일일 뿐입니다. 어의(御醫)가 명을 받고 연일 방문하니 영예와 은총이 이르매 온 동네가 감동하였습니다. 신하의 도리로 가슴에 있던 말을 숨김없이 아뢴 것이 비록 은혜에 감격하여 나왔지만 고요히 조섭하시는 가운데 다시금 번거롭게 하였으므로 병상에 엎디어 두려운 마음뿐이니 죽을죄를 지은 것입니다. 재결하여 주소서.

답하기를,

"차자를 살펴보고 잘 알았다."

하고, 어제 내린 전교를 주서를 시켜서 베끼어 보내도록 하였다.

## 약원의 세 제조를 즉시 차출하고 이어 진찰을 허락하기를 청하는 차자[10]

請藥院三提調卽爲差出仍許診筵箚

삼가 아룁니다. 옥후가 편찮으시어 조야가 근심하고 황망해하니 신이 비록 병석에서 신음하고 있지만 한 가닥 초조한 마음은 감히 한순간도 풀어지지 않습니다.

삼가 생각해 보니 공자께서 삼가신 바는 재계와 전쟁과 질병이었습니다. 이른바 삼간다고 하는 것은 아직 병에 걸리기 전으로 때맞추어 침소에 들고 기상하고, 시절에 맞게 음식을 들어서 한(寒), 서(暑), 조(燥), 습(濕), 풍(風), 화(火)의 육기(六氣)가 멋대로 스며들지 못하게 하는 것입니다. 그러나 병에 걸리면 반드시 집안 대대로 내려오는 경험이 풍부한 의원을 불러다가 부(浮), 침(沈), 지(遲), 삭(數), 허(虛), 실(實)의 육맥(六脈)을 보게 하여 여러 가지 약물로 증세에 알맞게 써서 병이 낫는 효험을 거두는 것일 뿐입니다.

공자가 비록 대성인이지만 스스로는 궁벽하여 아래에 있는 사람에 지나지 않는다고 여겼는데도 오히려 병에 대해서는 이렇게 조심하였는데, 하물며 전하의 한 몸은 종묘와 사직, 자전(慈殿 정순왕후(貞純王后))과 자궁(慈宮 혜경궁(惠慶宮) 홍씨(洪氏))이 의지하는 바이며, 억조창생이 매여 있는 바이니 과연 그 얼마나 중대하겠습니까. 여러 가지 정무를 보시느라 근심하고 수고로운 나머지 건강이 잘못되었으니 며칠 동

**10** 약원(藥院)의……차자 : 1792년(정조16) 2월 9일에 올린 것이다.

안이나 종묘사직과 자전, 자궁, 그리고 만백성이 또한 그 얼마나 걱정하고 근심하였겠습니까. 들어가 진찰하고 약을 의논하는 것을 한순간도 멈추어서 안 되니, 이는 정례(情禮)와 의분(義分)으로 볼 때 마땅한 바입니다. 그런데 약원의 도제조가 여러 날이 되도록 차임되지 않았으니 나라의 체모로 볼 때 매우 온당하지 않습니다. 더구나 삼가 듣건대 어제 또 제조와 부제조를 체직하고 아울러 의관과 하속 들을 쫓아내 대궐의 곁에 얼씬거리지도 못하도록 하였다고 하니, 내국(內局)이 얼마나 중요한 자리인데 밤중과 아침에 텅 비어 사람이 없습니다.

아아, 전하께서 평소 조처하신 것들은 오직 공자를 배우고자 하였을 뿐인데 유독 질병을 조심하라는 한 가지 일에 대해서는 배우지 못하였을 뿐만 아니라 도리어 반대로 하는 것은 무슨 까닭입니까. 신이 밤새도록 초조한 마음에 눈을 붙이지 못하고 날이 새도록 부축을 받아 앉아 있었습니다. 삼가 죽음을 무릅쓰고 대궐 문에 나아가 옥계(玉階)의 한쪽을 빌려서 신의 가슴속 가득한 충정을 말씀드리려 하였습니다. 단지 대명하고 있는 처지이므로 의리상 신하의 직분을 놓아 버려서는 안 될 뿐만 아니라 기침으로 창자가 뒤집혀서 목구멍이 막히는 듯하며, 머리가 어찔어찔하여 머리채가 뽑혀 나가는 듯하고, 다리는 덜덜 떨려 쓰러질 듯하여 반걸음을 떼는 데도 옆에서 부축하고 앞에서 끌지만 전혀 움직이지를 못하므로, 이에 감히 정신을 추슬러서 눈물로 짧은 차자를 올립니다. 삼가 바라건대 성명께서는 손바닥을 뒤집듯 생각을 돌려 약원의 세 제조를 즉시 차출하고 의관과 하속 또한 전체를 대령하라 명하여 즉시 진찰하도록 하고 마땅한 탕제를 의논하여 올리게 하여 대성인의 질병을 삼가는 방도를 극진히 하소서. 천만번 혈성으로 기원합니다. 재결하여 주소서.

답하기를,

"차자를 살펴보고 경의 간곡한 마음을 잘 알았다. 모름지기 경은 염려하지 말라."

하고, 이어 전교하기를,

"이 비답을 사록(司錄)에게 패(牌)를 보내어 전유하게 하라."

하였다.

# 건강을 지키고 역적을 토벌하여 두 가지 모두 마땅함을 얻기를 청하는 상소[11]

請保嗇懲討兩得其宜疏

삼가 아룁니다. 성상께서 질병을 얻으시니 조야가 초조하고 황망합니다. 이제 약원에 내리신 비지(批旨)를 통해서 비로소 조금 나아졌다는 유시를 받들자 온 나라에 소식이 전해져서 기뻐하는 소리가 우레처럼 울려 퍼지니 구구한 신의 기쁨을 어떻게 형용하겠습니까.

생각해 보니, 신이 근일에 처신한 것을 두고 비록 신하의 직분을 망각한 행동이라고 해도 신은 실로 스스로 해명할 말이 없습니다. 근래 성상의 옥후가 편찮으신 지 이미 며칠이 지났습니다. 황천이 몰래 돕고 조종이 보우하여 내일이면 그 병이 나을 것을 분명하게 알고 있습니다. 하지만 나라의 체모로 보자면 약원은 마땅히 모두 숙직해야 하고, 약제는 마땅히 증상에 맞아야 하며, 문후를 살피는 일은 마땅히 하루 종일 해야 하는데, 어찌하여 성상께서는 평상심을 잃고 준엄한 하교를 날마다 내려 세 제조들을 체차하고 궐원이 있는데도 채우지 않아 약원이 텅 비었으며 여러 의관을 물리쳐서 감히 가까이하지 못하여 탕제는 빠지고 직숙을 설행할 수 없게 하며 문후를 으레 감히 행하지 못하게 하신단 말입니까. 하루 이틀 아무 일도 없는 듯 편안하게 보내고 있으니 이는 실로 약원이 있은 지 400년 이래 없었던 일입니다.

신과 같은 이는 대신의 자리에 있으며 병으로 거의 죽을 지경이라

**11** 건강을……상소 : 1792년(정조16) 2월 10일에 올린 것이다.

어떻게 움직일 수가 없는데, 대명하는 가운데 올린 차자의 비답이 또 내려오지 않으니 오직 나라를 근심하는 눈물만이 침석으로 흘러내릴 뿐입니다. 그러나 끝내 대궐의 계단에 머리를 부수어 전하의 마음을 돌리지 못하였으니, 돌아보건대 그 마음은 매우 슬프고도 고통스러우며 그 처지는 신하 된 자라면 마땅히 이와 같지는 않을 것입니다. 이에 신이 밤낮으로 바라는 바는 오직 아무것도 모르게 눈을 꼭 감는 것일 뿐이었습니다.

김우진(金宇鎭)의 일을 조용히 조섭하는 때에 감히 번거롭게 어지러이 말씀드리고 요란하게 강변하지 못하는 것은 형세상 진실로 그럴 수밖에 없지만, 이 일을 아무 말도 없이 마침내 그만두어서야 되겠습니까. 이 역적의 천만 가지 요망함과 만 가지 악독함은 이루 다 손꼽을 수가 없습니다. 그가 당시 상신(相臣)의 아들로서 성상께서 발탁해 주시는 은혜를 입어 벼슬과 부귀에 무엇이 부족하다고 도리어 몰래 다른 마음을 품고서 천위(天位)를 옮기려고 일을 꾸민다는 것입니까. 그 비밀스러운 바가 매우 주도면밀하여 스스로 사람과 귀신이 절대 헤아리지 못하리라고 여겼지만 필경 겉으로 드러나서 진흙 속의 개싸움보다 더 잘 보일 것입니다. 이는 조사한 다음에야 그런 것도 아니고, 가만히 헤아려 본 뒤에야 그런 것도 아닙니다. 요사스러운 심보와 간사한 마음이 저절로 그 입으로 뱉어 내는 것이니 이는 대개 지하에 있는 귀신들이 이미 죽이기를 논의하여 저 김우진으로 하여금 그 실정을 숨길 수 없도록 한 것입니다.

나라가 생긴 이래 하늘의 토벌이 없었다면 모르겠지만 하늘의 토벌이 있었으니, 통쾌하게 나라의 형벌을 써서 바로잡아서 당세의 인륜을 붙잡아 일으키고 후대의 난적을 징치하지 않아서야 되겠습니까. 바다 멀리 섬에다 가시울타리를 만들어 귀양을 보낸 것은 실로 매우 잘못된 처벌이었는데, 전하께서 겉으로는 대계(臺啓)를 따르시다가 잡아오는 중도에 일부러 그 길을 돌려서 돌아가 장사 지내라는 명분으로 저 김우진을 집으로 보내어 마치 예전의 적소(謫所)로 돌려보내듯 하였습니다.

아아, 이것이 무슨 일이란 말입니까. 조정의 신하들이 혹은 차자를 올리고 혹은 상소를 올려서 거의 승정원에 넘치는 것은 바로 윤기(倫紀)가 있는 사람이라면 그만두어서는 안 되기 때문입니다. 승정원에서 내치고 받들어 올리지 않는 것도 오히려 말이 안 되는데 수문장이 막아서며 들이지 않는 것은 어찌 더더욱 성세에 있어서는 안 될 일대 변고가 아니겠습니까. 신이 이에 전하가 계신 대궐의 계단에 머리를 부수어 전하의 마음을 감동시켜서 돌리지 못하였으니 신의 직분은 깡그리 사라졌습니다. 신 또한 스스로 죄를 알고 있으니 사방의 기롱과 의론을 돌아보건대 어떻게 벗어나겠습니까. 이미 조금 나아졌다는 하교를 받들매 감히 여전히 입을 다물고 묵묵히 있을 수 없고, 대명하는 처지에서 마음대로 대궐에 들어가서는 안 되겠기에 이에 감히 남의 등에 업혀서 조방(朝房)으로 나아가 감히 짧은 글월로 충심을 아룁니다. 그 마음이 절박하니 그 울음이 애절합니다. 허락을 얻지 못한다면 비록 부월(斧鉞)로 위협하고 혹독한 형벌을 더한다고 하더라도 한 발짝도 물러서고 싶지 않습니다.

삼가 바라니, 성명께서는 지극히 무거운 국체를 진념하고 간절한 신의 말을 살펴 약원의 제조를 즉시 뽑으라 명하고 연석으로 들어와 진찰하는 것을 허락하며 마땅히 올려야 할 약제를 의논하여 정하게 하소서. 그런 다음에 또 대신(大臣)과 삼사(三司)를 들어오라 명하여 한 나라의 공론을 채택하고 지극히 엄한 국법을 굽히지 않으신다면 옥체를 지키는 도리와 역적을 토벌하는 의리가 모두 그 마땅함을 얻을 것입니다. 그렇게 된다면 비록 신은 천만번 죽더라도 여한이 없을 것입니다. 어리석은 신의 충성된 마음이 격하여 말을 가릴 줄 모르니 더욱 죽을죄를 지었습니다.

답하기를,

"상소를 살펴보고 경의 간곡한 뜻을 잘 알았다. 경의 이 상소에 대하여 어찌 혹여라도 비답을 내리겠는가. 그러나 지난번 이미 조금 나아지면 불러 만나 보고 잘 헤아려서 처리하겠다고 하교한 적이 있고, 이제 또 경이 대궐에 왔으므로 내가 억지로 일어나 세수하고 머리 빗고서 경과 삼사를 만나 보려 한다. 그때 연석에서 하교가 있을 것이니 경은 모름지기 안심하고 연석으로 들어오라."

하고, 이어 전교하기를,

"이 비답을 승지를 보내어 전유하게 하되 대명하지 말라고 일체 전유하고 이어 명소패(命召牌)를 전하게 하라."

하였다.

## 정승의 직임을 체차해 주기를 청하는 상소[12]

乞遞相職疏

삼가 아뢰니다. 신이 나이 칠순이 된 지 이미 3년입니다. 정력으로 보자면 일을 만날 때마다 방금 전에 한 것도 돌아서면 잊어버려 제대로 꿰고 있는 것이 없습니다. 재주로 말하자면 조금도 남들과 같은 점이 없는 데다 더욱이 이미 늙고 혼미하니 말할 것이 있겠습니까. 그러니 무거운 짐을 지고 있어 간절히 좌의정에서 해면되기를 바라는 것은 자신을 위해서가 아니라 실로 국사를 위해서입니다. 수년 이래 외로이 삼정승의 자리에 있으며 군국 기무의 책임을 미룰 데가 없었으니 부득이 힘써 어려움을 무릅쓰고 일을 맡지 않을 수가 없었습니다. 그러나 그사이에 벼슬에서 풀려나려는 간절하고 급박한 마음은 무엇으로도 비유할 것이 없었습니다.

참으로 다행히도 동료 상신들이 새로 뽑히어 묘당의 일을 맡길 곳이 있게 되었습니다. 마침 신이 정성을 다하여 체직을 허락받으려 하니 하늘 같은 성상께서 불쌍히 여기는 마음에 거의 허락할 듯하였습니다. 그러나 구구한 신은 성상을 사모하는 마음에 머뭇거리며 우선 대명하고 있었는데, 어제 내린 전교로 말미암아 비로소 대각에서 탄핵한다는 말이 있다는 것을 알았습니다. 원래의 상소는 도로 돌려주었기 때문에 볼 수가 없었지만, 대개 성상의 하교로 미루어 보면 얼마나 이를 갈며 짓밟고 비난했는지를 알 만합니다.

**12** 정승의……상소 : 1792년(정조16) 2월 13일에 올린 것이다.

아아, 역적 김우진(金宇鎭)을 사람마다 반드시 죽일 수 있기를 바라는 것은 윤기(倫紀)가 있는 자라면 누군들 그렇지 않겠습니까. 신이 지난 열흘 동안에 세 번 차자와 상소를 올린 것은 다만 천지의 의리가 그렇다는 것을 밝힌 것일 뿐만 아니라 삼가 피눈물로 역적을 토벌하는 의리에 스스로를 부친 것입니다.

무릇 지금 사람들 중에는 도끼로 목을 친 사람이 없었습니다. 그렇다면 대신(臺臣)이 징토한 것은 곧 말과 글로 한 것이며, 신이 징토한 것 또한 말과 글로 한 것입니다. 그런데 유독 대신이 말과 글로 한 징토만을 진정한 징토라고 여기고 신이 말과 글로 한 징토는 진정한 징토라고 해서는 안 된다는 것입니까. 삼가 신은 너무도 의아스럽습니다.

비록 그렇다고 하더라도 대각이 열심히 묘당을 논척(論斥)한 것은 실로 성인이 다스리는 세상의 아름다운 일입니다. 신은 그런 공격을 받고 기뻐할지언정 어찌 감히 이것 때문에 마음에 조금이라도 불만을 가져서 출처를 결단하겠습니까. 다만 신이 젊은 시절에 당나라 신하 백거이(白居易)의 문집을 읽었는데, 늙은 재상을 기롱하는 시[13]에 "구부정한 모습으로 대궐 문을 드나드네."라고 하고, 또 "늙어 죽어 가는 마당에 자손들 걱정이라."라고 하였습니다. 신은 이 시를 볼 때마다 그 절묘하게 그려 낸 것에 대하여 즐거워하지 않은 적이 없었으며, 또한 덩달아 부끄러워지곤 하였는데, 신이 스스로 이런 지경이 되어 오늘날에 이르러 남들로부터 이렇게 많은 모욕을 받을 줄은 미처 생각하지 못하였습니다.

**13** 늙은……시 : 원시의 제목은 〈불치사(不致仕)〉이다. 즉 예법에 규정된 70세가 되었는데도 치사(致仕)하지 않는 것을 기롱한 백거이의 시를 말한다.

삼가 생각해 보니, 성상께서 임어하신 이래 예로써 나라를 다스려 예가 아니면 보지도 듣지도 않고 예가 아니면 움직이지도 말하지도 않는다는 사물(四勿)의 교화에 조야가 모두 감복하였습니다. 이제 신이 청하는 바는 신의 말이 아니라 바로 성인의 말씀이며, 나아가 성인의 말씀이 아니라 바로 천지 만물의 이치에 따른 예법으로 원래 그럴 수밖에 없는 것입니다. 이것을 가지고 말씀드리자면 모든 일 하나하나를 예법에 따르시는 전하께서 유독 나이에 따라 치사(致仕)하려는 요청에 대하여 허락을 내리지 않을 리는 결단코 없으리라는 것을 신은 알고 있습니다.

더구나 신은 신하가 임금을 섬기다 말이 쓰이지 않으면 떠난다고 들었습니다. 신이 역적 김우진의 일에 대해 도중에 놓아주니 마음이 놀라고 뼈가 떨린다고 힘써 말씀드렸지만 전하는 신의 말을 듣지 않으셨으며, 나라의 형정을 바로잡지 않아서는 안 된다고 힘써 말씀드렸지만 전하는 신의 말을 듣지 않으셨습니다. 도성의 가까운 섬에 이배(移配)하는 것은 논의할 만한 일이 아니라고 힘써 말씀드렸지만 전하는 신의 말을 듣지 않고 마침내 금오랑을 시켜 교동(喬桐)으로 압송하게 하라는 명을 내리셨습니다. 이는 전하께서 이름은 보상(輔相)이지만 신이 드리는 말씀은 저 멀리 있는 사람들이 지껄이는 소리처럼 대하는 것이 이처럼 하나하나가 분명합니다. 이런데도 신이 만약 떠나지 않는다면 신은 무슨 얼굴로 책 속의 고인을 다시 대하겠습니까.

이에 감히 부끄러움을 머금고 수치를 참으며 천지 부모와 같은 전하에게 속을 다 드러내어 말씀드립니다. 삼가 바라건대, 자애로운 성상께서는 신이 예법을 끌어와 치사하는 심정을 생각하고 분연히 떠나야 하는 의리를 살펴 조속히 신의 직책을 삭탈하고 이어 신이 전후로 망녕된 말씀을 올린 죄를 다스려 만물이 제자리를 얻게 하고 조정의 기강을 엄정히 하소서. 그리하신다면 천만다행이겠습니다.

답하기를,

"상소를 보고 경의 간곡한 뜻을 잘 알았다. 경의 이 상소가 나라를 내 몸처럼 여겼다고 하겠는가, 아니면 그리하지 않았다고 하겠는가. 만약 사심(私心)은 잊어버리고 오직 공심(公心)만 있는 옛날의 대신(大臣)이 이런 경우에 처한다면 도적에게 무기를 빌려주고 식량을 싸 주는 이런 일은 절대 하지 않을 것이다. 어찌 거듭하여 경을 위해 개탄하지 않겠는가. 경이 신하로서 임금을 섬길 때 말을 들어주지 않으면 떠나가는 의리를 언급하며 끌어다가 원칙으로 삼았다. 또 상소 가운데서 들어주지 않는 세 가지 사항을 논열(論列)하였으니, 이것이야말로 경이 틀린 생각에서 벗어나지 못한 것이다. 경은 《중용》 구경장(九經章)의 정문(正文)을 보았는가. '대신을 공경하는 것〔敬大臣〕'이 비록 중요하지만 그래도 '혈족을 친히 여기는 것〔親親〕' 보다는 아래에 있다.

근일의 처사가 일반적인 격례에 어긋났다는 것을 모르지 않지만, 연전에 있었던 은언군(恩彥君)에 관한 일이면 반드시 하나하나 모호하게 하고자 한 것은 입장을 바꾸어 생각해 보면 당연하다. 또 저절로 친소(親疏), 선후(先後), 피차(彼此)의 차이가 있는 것인데 말이 쓰이지 않으면 떠나간다고 해서야 되겠는가.

남의 허물을 찾으려고 기를 쓰는 사람들의 말은 더 이상 제기할 필요가 없다. 그날 여러 신하를 연석에서 만날 때 경과 우상이 함께 연석에 나왔고 함께 연석의 하교를 들었으며, 함께 움직였고 함께 아뢰었으며, 물러나라고 명하자 또 함께 나란히 걸어서 나갔다. 천천히 나갔다고 한다면 두 상신이 똑같이 천천히 나간 것이며, 천천히 나가지 않았다고 한다면 또한 두 상신이 똑같이 천천히 나가지 않은 것이다. 좌상과 우상의 가운데에서 한쪽을 버리고 한쪽을 취하는 사람들은 자신의 사심이 아니라면 무엇이겠는가. 우상은 동료들과 처의(處義)를 동일하게 하고 어묵(語默)을 동일하게 하였으니, 어찌 혹여라도 함께 들어왔다가 달리 물러나겠는가. 지금 진찰하는 자리에서 중신(重臣)의 말을 들으니 우상이 정말로 이 때문에 불안하여 조만간 차자를 올려서 관직을 그만두려 한다고 한다. 이와 같은 때에 조정의 모양새와 나라의 일이 마땅히 어떠해야 하는지 번거롭게 되풀이할 필요가 없다. 경은 모름지기 깊이 헤아려 보라.

또 경이 나이를 이유로 치사를 하고자 하였는데, 단지 절대 때가 아닐 뿐만이 아니라 경이 나와서 정무(政務)를 보기 시작한 것이 치사하는 나이에 이른 후[14]이니 이로부터 계산해 보면 예경(禮經)에서 말한 치사 기한을 어느 때나 채우게 될는지 모르겠다. 나는 언제나 고인들이 80세 이후에 치사했던 것으로 경에게 기대하였으니, 경의 이 요청은 아마 논의 대상에 해당되지 않을 것이다. 우선 모두 제쳐 두도록 하라. 경이 비록 굳게 고집하고 완고하게 거절하고 싶겠지만, 필시 그 청을 이룰 수 없는 부분이 있을 것이다. 상소를 올리는 것은 당장에 그만두고 즉시 나와서 나랏일을 보도록 하라."

하였다.

**14** 경이 나와서……후 : 번암이 우의정이 된 것은 69세였으며, 좌의정이 된 것은 70세, 그리고 영의정이 된 것은 74세였다.

## 도당 회권 후에 동료 상신의 차자로 말미암아 처분을 내리기를 청하는 차자[15]

都堂會圈後因僚相箚乞降處分箚

삼가 아뢰닙니다. 신이 걸맞지 않은 자리를 더럽힌 지가 지금 이미 5년째입니다. 구구한 마음이야 뼈가 가루가 되도록 은혜를 갚고 싶지만 재주는 없고 지식은 짧아서 성상의 교화를 도와 물정(物情)을 평온하게 하지 못하니 어찌하겠습니까.

아아, 도당 회권은 나라의 큰 정사입니다. 신은 형편이 비참하고 고통스러우며 병이 오래도록 깊으니 어찌 감히 이 자리에 끼어들겠습니까. 그러나 재촉하는 전교가 거듭 내려오매 감히 여러 번 어기지 못하여 억지로 관복을 찾아 입고 죽을힘을 다하여 회권하는 자리로 달려갔으니 이것이 망녕된 것입니다.

권점을 치는 모임에서 당시의 형세를 헤아리지 못하고, 그렇다고 뜻을 굽혀 남을 따르지도 못해서 문제가 겹겹이 생기도록 하였으니 이것이 망녕된 것입니다.

두 전조(銓曹)의 당상(堂上)은 직접 자신이 권점을 행하고도 며칠 있다가 갑자기 외잡(猥雜)한 광경을 눈으로 직접 보았다고 말하니, 애초에 눈으로 직접 보았는데 손은 무엇 때문에 권점을 한다는 것입니까. 한 사람의 몸으로 손이 눈을 따르지 않았으니 이것이 과연 무슨 이치입니까. 신은 본래 성품이 치밀하지 않아서 내 마음처럼 남을 믿습

**15** 도당……차자 : 1792년(정조16) 4월 6일에 올린 것이다.

니다. 그래서 물러난 뒤에 이렇게 말할 줄은 미처 생각하지 못했으니 이것이 또한 망녕된 것입니다.

하물며 동료 상신은 너그럽고 도량이 넓은 사람으로 신과 더불어 공경히 마음을 합쳐 일하려는 뜻을 가지고 있었으니, 만약 신의 일 처리가 마땅하였더라면 어찌 어제와 같은 차자를 올리는 데 이르렀겠습니까. 신은 이에 백 가지 부스럼과 천 가지 종기가 드러나 스스로 가리지 못하니 오직 스스로 반성할 뿐입니다.

신이 일전에 사람들의 말이 나온 것에 대해서 어찌 한번 차자를 올려 스스로 잘못을 논열하여 충심을 다하고 싶지 않았겠습니까. 그러나 조정의 큰 체모를 염려하여 머뭇거리며 며칠을 보냈습니다. 이제는 죄과가 더욱 드러나니 의리에 맞도록 처신하는 것을 더 이상 늦추지 못합니다. 남들과 똑같이 묵묵히 있으며 사대부의 염치를 내버려서는 안 됩니다. 한번 물러나는 의리가 금석처럼 단단하여 이에 감히 먼저 짧은 차자를 올려 우러러 처분해 주시기를 청합니다. 삼가 바라건대 자애로운 성상께서는 신이 가진 의정의 임무를 조속히 삭탈하라고 명하고 이어 전야로 물러나서 남은 생을 마치도록 허락하소서. 천만번 혈성으로 축원합니다. 재결하여 주소서.

답하기를,

"차자를 살펴보고 경의 간절한 뜻을 잘 알았다. 내가 이미 전적으로 맡겼으니, 경은 비록 비방하는 말이 날마다 이르고 헐뜯는 글이 상자에 가득하더라도 모두 마땅히 저절로 일어났다가 저절로 사라지도록 내버려 두어야 한다. 이런 일들은 내버려 두면 저절로 해결된다.

기왕의 여러 가지 일로도 신물이 날 지경인데 도당록(都堂錄)의 일로 또 트집 잡을 꼬투리 한 가지가 더해졌다. 경이 이 도당록에 참여한 것이 어찌 즐거이 한 일이겠는가. 재촉하는 하교가 밤새 내리자 힘써 어려움을 무릅쓰고 응한 것이니, 경으로 하여금 낭패하게 한 것은 경의 잘못이 아니다. 그런데 경은 어찌하여 '망녕[妄]'이란 한 글자를 중언부언하면서 이처럼 지나치게 자신을 비하하는가.

동료 상신이 운운한 일은 경에게 별다른 뜻이 없는 듯하다. 다만 전조 당상의 상소는 참소하려는 의도가 있다는 의혹을 참으로 면하기 어려울 것이다. 경이 이른 바 손이 눈을 따르지 않았다고 운운한 것에 대해서는 저들도 반드시 스스로 해명할 말이 없을 것이다. 이렇든 저렇든 간에 조정의 분위기는 평온한 것을 귀하게 여기니, 젊은 신진들의 예리한 기세는 경들이 마땅히 그때그때 진정시키는 데 달려 있으니 그들이 멋대로 소란을 일으킬 수 없도록 해야 할 것이다. 그런데 지금 이와는 반대로 어제는 우상의 차자가 나오고 오늘은 좌상의 차자가 올라오니, 어제저녁부터 오늘 오전까지 좌상의 차자에 대답하고 우상의 차자에 답변하였다. 임금의 명을 받들고 돕는 신하로서 함께 경건하고 공손한 자세로 화합하는 의리가 참으로 이와 같은 것인가. 내가 가만히 경들을 위하여 부끄럽게 여긴다. 바라건대 속히 차자 올리는 일을 중단하고 즉시 일어나서 나랏일을 살피라."

하고, 이어 전교하기를,

"사관을 보내어 이 비답을 전유하게 하라."

하였다.

## 유성한을 국문하기를 청하는 차자[16]

請訊鞫柳星漢箚

삼가 아뢰옵니다. 인심은 날로 나빠지고 인륜은 날로 무너져서 결국엔 유성한(柳星漢)의 상소[17]가 나오게 되었습니다. 아아, 그가 비록 서캐같이 하찮은 미물이지만 유독 그만이 전하의 조정에 서서 전하의 녹봉을 먹은 자가 아니라는 것입니까. 이에 감히 인륜을 없애 버리고 공공연히 패악한 입을 멋대로 놀려서 성상을 두려워하는 마음이 한 푼어치도 없으니 이는 실로 조정의 변괴이며 성세의 난적입니다. 신은 이에 차마 눈을 뜨고 볼 수가 없으며 입을 열어 말할 수가 없어 오직 분한 눈물만 쏟아집니다. 차마 볼 수 없고 차마 말할 수 없는 까닭에 또 차마 붓에 먹을 적시어 논핵하여 흉악한 속내를 부수지 않는다면 이는 바로 우리 임금을 저버리는 것이니 신하로서 분수가 아닙니다. 신이 어찌 그렇게 하겠습니까.

**16** 유성한(柳星漢)을……차자 : 1792년(정조16) 4월 30일에 올린 것이다. 이 차자는 《정조실록》, 《승정원일기》, 그리고 《일성록》에 모두 실려 있는데, 각각 그 내용에 많은 차이가 있다. 특히 문집에 수록된 차자가 오히려 많이 생략되어 있는 점이 특이하다.

**17** 유성한(柳星漢)의 상소 : 당시 정언이었던 유성한이 1792년 4월 18일에 올린 상소를 말한다. 이 상소에서 그는 정조가 경연에 자주 나오지 않는 것은 일차적으로 신하들의 학문이 부족해서이지만 여러 신하에게 모두 취할 만한 점이 있으니 조금의 도움이 되지 않는다고 할 수 없는데, 경연에 자주 나오지 않으니 무슨 특별히 은미한 의도가 있어서 그런 것이냐고 물었다. 또 무슨 의도가 있다고 하더라도 경연을 폐하는 것은 마치 목이 멘다고 음식을 안 먹는 것과 같다며, 지엽적인 문제로 본질을 흐려서는 안 된다고 간언하였다. 《承政院日記 正祖 16年 4月 18日》

대개 그 상소의 말들은 번득번득 바뀌어 숨바꼭질하듯 언뜻언뜻 보이니 비록 모두 쉽게 이해하지는 못하였지만 그 맥락을 찬찬히 따져보면 위 단락에서 "특별히 은미한 의도가 있다."라고 한 것이 어찌 위로 지극히 공경해야 할 곳을 범한 것이 아니겠습니까. "목이 멘다고 음식을 먹지 않는다."라고 한 것이 또한 어찌 막중한 자리를 일부러 핍박한 것이 아니겠습니까. '은미한 의도〔微意〕'라는 두 글자야 그가 본래 스스로 허탄한 말을 만든 것이지만, '목이 멘다'는 등의 말은 무함과 핍박이 단지 성궁(聖躬)에 미칠 뿐만이 아닙니다. 말이 이에 이르니 간담이 어찌 떨리지 않을 수가 있으며, 마음이 어찌 문드러지지 않을 수가 있겠습니까. 신은 병으로 누워 있으며 모든 상념이 재처럼 식어 버렸지만 가슴에는 충성을 품고 손에는 의리를 잡고 있어 분발하여 자신을 돌보지 않는 마음은 끝내 사그라지지 않으니, 이에 감히 피눈물로 호소합니다. 삼가 바라건대 성상께서는 조속히 유성한을 신문하고 해당하는 형벌을 통쾌하게 시행하여 인륜을 바로 세우고 국법을 엄히 하신다면 천만다행이겠습니다.

얼마 전 전 장령 유숙(柳潚)의 상소[18]는 겉으로는 비록 유성한을 논척한다고 하면서도 그 내용을 보면 본 상소에 대해서는 한마디도 제기하지 않고, 애석하게 여기어 보호해 주는 작태가 여지없이 드러났으며, 참새를 쫓는 새매처럼 가차없이 주벌하려는 마음이라고는 전혀 볼 수

**18** 유숙(柳潚)의 상소 : 유숙은 1792년 4월 27일 상소를 올려 "일전에 전 정언 유성한의 상소는 겉으로는 임금의 잘못을 바로잡는다는 명목을 내걸었지만 속으로는 현혹시키는 계책을 이루려고 하여 말이 자못 의아스럽고 자취가 몹시 경망스러웠으니, 이것이 어찌 임금이 싫어하는 안색을 하는데도 간쟁하고 덮어 숨기지 않아야 하는 의리가 있는 것입니까."라고 하였다. 《正祖實錄 16年 4月 27日》

가 없었습니다. 이를 엄하게 바로잡지 않는다면 어떻게 대간(臺諫)의 풍모를 진작시켜 명의(名義)를 천양하겠습니까. 신은 유숙에 대하여 조속히 사판에서 삭제하는 법을 시행하는 것이 마땅하다고 생각합니다. 재결하여 주소서.

답하기를,

"차자를 살펴보고 경의 간절한 뜻을 잘 알았다. 유성한의 일은 경이 차자에서 한 말이 바로 전에 나온 대간의 말에 비할 정도가 아니다. 경의 의견이 비록 이와 같으나 어제 대간에 대한 비답[19] 가운데 내가 말을 만들어 널리 보인 것은 정언(正言)이라는 그 관명이 아까워서일 뿐만이 아니다. 그 본래의 마음을 자세히 살펴보면 결코 꼭 그렇지만은 않을 것이니[20] 시골 사람의 어리석은 소치로 귀결시키는 것이 또한 옳지 않겠는가. 말미에 유숙의 일을 진달하였는데, 그는 새로 대각에 들어온 사람이니 어찌 깊이 비난할 것이 있겠는가."

하고, 이어 전교하기를,

"이 비답을 사관을 보내어 전유하게 하라."

하였다.

**19** 어제……비답 : 1792년 4월 29일 헌납 박서원(朴瑞源)의 계사에 대한 비답을 말한다.

**20** 꼭……것이니 : 대본에는 '似必然'으로 되어 있다. 《정조실록》 16년 4월 29일 기사에 근거하여 '似'를 '非'로 바로잡아 번역하였다.

## 윤구종과 유성한의 소굴을 엄정하게 조사하기를 거듭하여 청하는 차자[21]

申請九宗星漢嚴覈窩窟箚

삼가 아룁니다. 금일 조정의 신하가 어찌 이리도 의리에 캄캄하다는 것입니까. 저 경묘(景廟 경종)께서는 4년 동안 임어한 군부(君父)이고 선세자(先世子 사도세자)께서는 14년 동안 정사를 처리한 저군(儲君)입니다. 동토에 사는 백성들의 할아버지나 아버지치고 누군들 경묘의 조정에서 신하가 아니었던 사람이 있으며, 크든 작든 누군들 선세자의 앞에서 북면하지 않은 사람이 있습니까. 불행하게도 진신들 사이에서 문호가 갈려서 나라를 보호하는 것보다 자신을 이롭게 하는 것을 급하게 여기고 임금을 높이는 것보다 자신의 당파를 보호하는 것을 중요하게 여깁니다.

경묘 때는 곧 윤구종(尹九宗)처럼 극도로 패역한 자는 감히 신하가 아니라는 말을 멋대로 내뱉었으며, 선세자에 대해서는 흉악한 역적 유성한(柳星漢)은 "목이 멘다고 음식을 먹지 않는다."라는 말로 은연중에 위로 핍박을 하였습니다. 아아, 우리나라가 비록 작지만 예의를 지키고 의리를 따르는 것으로 천하의 존중을 받은 지 이미 천여 년입니다. 그런데 지금에서 보자면 장차 오랑캐와 금수의 나라로 돌아가는 지경을 면하지 못할 것입니다. 충신과 지사 들이 어찌 뼛속까지 아파하며 절치부심하지 않을 수가 있겠습니까.

21 윤구종과……차자 : 1792년(정조16) 윤4월 17일에 올린 것이다.

무릇 신하 된 이는 임금에게 충성하는 것이 그의 마음이듯 임금에게 반역하는 것 또한 그의 마음입니다. 마음은 하나일 뿐이니 한 사람의 마음이 여기에는 충성하면서 저기에는 반역하는 것은 천하에 없는 일입니다. 이것으로 말하자면 경묘에게 신하 되기를 거부한 자가 어찌 선대왕(先大王 영조)에게 충성하겠으며, 선세자에 대해서 거짓된 말을 퍼트린 자가 어찌 우리 전하를 사랑하며 높이는 마음을 가지겠습니까. 윤구종과 유성한은 그 역적이 된 상황은 비록 다르지만 그 마음은 일맥상통하니 나라에서 역적을 다스리는 법이 한쪽에는 엄정하고 한쪽에는 느슨해서는 안 되는 것이 분명합니다.

우리 전하께서 천성이 지극히 인자하여 사람 살리는 것을 우선시하시니 스스로 하늘의 그물 속으로 들어가는 흉악한 무리에게 비록 법에 따라 사형을 시행하지 않을 수는 없었지만 그 처리하는 사이에는 통쾌하지 못한 점이 있었습니다. 비록 유사 이래 처음 보는 김하재(金夏材)와 같은 흉역일지라도 오히려 그 일당의 뿌리를 뽑아내지 않았으니, 그 결과 윤구종과 유성한의 무리들이 꼬리를 물고 일어난 것입니다. 윤구종과 유성한이 비록 아비 어미를 잡아먹는 올빼미와 같은 못된 새의 뱃속을 가지고 있지만 저자는 본래 한미하고 미천한 부류일 뿐입니다. 진실로 그 일당의 소굴에서 보고 익히지 않았다면 뭔가 믿는 구석이라도 있는 듯 어디 감히 눈을 시퍼렇게 뜨고 저토록 흉악한 말을 이토록 거침없이 내뱉는다는 것입니까. 지난날 우상이 일당의 소굴을 뿌리까지 파헤치자고 말씀드린 것은 진실로 급선무가 무엇인지를 아는 말입니다.

근일에 조정의 신하들이 한입으로 성토하는 일은 모두 윤구종의 반역에 대한 것으로 유성한에 대해서는 마치 잊어버리고 내버려 둔 것

같습니다. 신은 모르겠습니다만, 선세자에 대한 반역이 경묘에 대한 반역만 못해서 그런 것입니까. 윤구종은 제대로 형을 받아 죽기도 전에 갑자기 지레 폐사하였으니 하늘과 땅은 물론 귀신과 사람의 울분이 천고에 맺혀 있지만, 그나마 국문할 만한 놈은 오직 유성한이 있을 뿐입니다. 만약 처음처럼 하루 이틀 늦추다가는 왕법은 이를 따라 땅을 쓴 듯이 사라져 버릴 것입니다. 설령 법을 쓴다고 해도 일당의 소굴을 뿌리까지 조사하지 않고 이전처럼 고식적으로 한다면 비록 유성한이 복주된다고 해도 장차 몇 명의 유성한이 나와서 눈썹을 휘날리며 의기양양하게 다닐지 모르겠습니다. 이렇게 된다면 의리가 밝아질 날이 없을 것이니 어찌 마음이 아프지 않겠습니까.

신은 어제 아픈 몸이라도 끌고 나가 역적을 토벌해야 한다는 의리 때문에 억지로 일어나 죽을힘을 다해 대궐에 나아갔습니다. 흐리멍덩한 정신은 마치 연무 속에 있는 듯하고 떠듬떠듬한 말은 이어지지도 않으니 끝내 의리에 대하여 통렬히 말씀드릴 수가 없어 성상의 뜻을 힘써 되돌리지 못하였습니다. 대관(大官)이 이 모양인데 다른 관리가 오히려 무슨 말을 하겠습니까. 파하여 돌아온 뒤에 천한 질병이 더욱 심해지니 오직 저승사자가 오기만을 기다릴 뿐입니다. 다시 일어나 조정에 나가기를 바랄 수 없으니 가슴을 때리는 충분을 가누지 못하여 짧은 차자를 받아쓰게 하여 우러러 성상의 귀를 더럽힙니다.

삼가 바라건대 성상께서는 의리가 얼마나 중요한지를 깊이 생각하고 신의 말이 망녕되지 않음을 살펴 조속히 국청을 열고 유성한을 잡아들이라고 명하소서. 그리하여 그 정상을 끝까지 신문하고 그 일당의 소굴을 엄정히 파헤쳐 통쾌하게 나라의 형정(刑政)을 바로잡으소서. 의리가 온 하늘에 밝게 걸리어 흉도를 조금이나마 두려워하게 하신다면 종사에 큰 다행이며 신민의 큰 다행입니다. 재결하여 주소서.

답하기를,

"차자를 살펴보고 경의 간절한 뜻을 잘 알았다. 의리가 어두워졌기 때문에 경이 의리를 밝히기 위하여 차자를 올려 시비를 가리느라 선대왕(先大王)의 마음과 소자(小子)[22]로서 나의 마음이 슬픈 것에 대해서는 미처 생각할 겨를이 없었다. 이 점은 비지(批旨)에서 언급하여 답할 정도로 가벼운 내용이 아니다. 아래 단락의 형정에 대한 한 조목으로 말하자면, 윤구종은 즉시 신문하였으면서도 유성한은 신문을 늦춘 것은 느슨히 한 것도 아니며 고식적으로 한 것도 아니다. 말로는 그 의미를 다 설명하지 못하니 모름지기 이치로 미루어 보기를 바란다. 경은 안심하고 조섭하여 병이 나으면 즉시 일어나 나랏일을 살피도록 하라."

하고, 이어 전교하기를,

"사관을 보내어 전유하게 하라."

하였다.

**22** 소자(小子) : 정조가 자신이 사도세자의 아들이라는 의미로 쓴 말이다.

# 황단의 망배례를 중지하기를 청하는 차자[23]

請寢皇壇望拜禮箚

삼가 아뢰옵니다. 방금 소보(小報)를 통해서 내일 망배례를 직접 거행하겠다고 명하셨다는 것을 알았습니다. 명나라에 대한 감회와 선왕의 뜻을 잇는 효도에 대하여 무릇 모든 신료가 어찌 감탄하지 않겠습니까. 다만 생각해 보면 마침 이달을 맞아 성상의 사모하는 마음이 새롭기만 한데 근래 차마 거론할 수도 없고 차마 읽어 볼 수도 없는 상소들이 날마다 책상에 가득 쌓여 가니 억지로 붓을 들고 대답을 하느라 격후(膈候)가 편하지 않으셨습니다. 신은 항상 근시들을 통해서 편찮으시다는 말을 전해 들을 때마다 이루 다할 수 없이 걱정이 됩니다. 이런 때 거처를 옮기어 재계하시고 황단에 나아가 예를 거행한다면 건강을 해치는 일이 없을 수 있겠습니까. 성인께서 예법을 제정할 때 중요한 점은 역량에 맞도록 하는 데 있습니다.

삼가 바라건대 성상께서는 직접 거행하겠다는 명을 조속히 중지하여 건강을 지키는 방도를 극진히 하고 신민들의 바람에 부응하시기를 삼가 천만번 기원합니다. 신은 병으로 자리에 누워 있어 움직일 수가 없으니 애초에 깨끗이 재계하러 나갈 수가 없습니다. 다만 임금을 사랑하는 정성으로 망녕되이 차자로 말씀드리니 그 죄과를 논한다면 마땅히 큰 견책을 받아야 합니다. 또한 원컨대 조속히 위명을 내려 여러 관료를 경책하소서. 삼가 재결을 바랍니다.

**23** 황단(皇壇)의……차자 : 1792년(정조16) 5월 9일에 올린 것이다.

답하기를,

"차자를 살펴보고 경의 간절한 마음을 잘 알았다. 병으로 억지로 일어나기도 어렵거나 비가 내려 큰 나무가 잠기는 정도가 아니라면 어찌 거행하려고 하다가 곧바로 그만두어 내 한 몸만 편하려 한다는 혐의를 돌아보지 않겠는가. 망배례에 삼가는 것, 나를 받들어 생각하는 것, 영의정을 도와서 보좌하는 것은 병석에 있어도 문제가 없으니 경은 모름지기 안심하고 사양하지 말며 조섭하도록 하라."

하고, 이어 전교하기를,

"이 비답을 사관을 보내어 좌의정에게 전유하게 하라."

하였다.

# 어영청 도제조를 사직하는 차자[24]

辭御營都提調箚

삼가 아룁니다. 신이 깊은 병으로 정신이 흐려져서 오직 병석에 누워 있을 뿐입니다. 긴 여름 무더위에도 창문조차 열지 못하는데 도리어 일어나 조정에 나아가 여러 업무를 보는 것을 논할 수 있겠습니까. 고과(考課)는 왕조의 커다란 정사인데 여러 관서의 고과를 한결같이 대행하게 하고, 빈대(賓對)는 군국(軍國)의 기무를 계획하는 것인데 매번 정해진 날짜가 될 때마다 병 때문에 참석하지 못한다고 아룁니다. 힘을 다하여 반열로 나가되 하지 못하는 자는 그만두게 하니 이는 일반 관리도 오히려 그렇거늘 하물며 대신(大臣)으로 불리는 자야 말할 것이 있겠습니까.

우리 성상께서 해가 뜨기도 전에 기침하시어 일념으로 치세(治世)를 이루고자 16년을 하루처럼 하였습니다. 그런데 오랫동안 신이 자리를 비운 까닭에 국사가 점점 난잡해지니 이것이 어찌 작은 일이겠습니까. 현재 신을 물리쳐 내치고 어질고 덕 있는 사람을 다시 뽑는 것보다 급한 일이 없는데, 성상께서는 한결같이 은혜롭게 용서하시니 좌의정의 무거운 임무가 거의 고식적으로 묶어 두는 자리가 되었습니다. 하루 이틀 지나다 마침내 반년이 되었으니 신은 부끄러워 땀이 그치지 않고 침식조차 편하지 않습니다. 그런데 어찌하여 근래 며칠 이래 사역원과 어영청을 겸하여 맡으라는 명을 거듭 내려 마치 공무를 보고 있는 대신

**24** 어영청……차자 : 1792년(정조16) 6월 25일에 올린 것이다.

을 예우하여 임용하듯이 하십니까. 이에 성조(聖朝)의 자세하게 밝히는 정사가 극도로 어그러지게 되었습니다. 더구나 영문(營門)의 제조는 중첩하여 제수할 수 없으니, 이는 선조(先朝) 때의 정식(定式)으로서 이미 법으로 정해진 것입니다. 여러 동료 상신이 이 규례를 끌어와 간곡하게 아뢰어서 그때마다 윤허를 받은 것은 참으로 이 때문입니다. 이미 중첩해서 제수한 까닭에 여러 동료 상신에게는 사직을 허락하여 주셨으니, 신의 이 임무가 비록 빈자리를 채우기 위해 받은 것이지만 중첩해서 제수된 자리이므로 함부로 응해서는 안 된다는 점은 신과 여러 동료 상신이 동일합니다. 공법(公法)으로 헤아려 보건대 어찌 감히 하루라도 편안하겠습니까. 정신이 오래도록 혼몽하여 몇 줄의 짧은 차자조차 제대로 엮을 수가 없습니다. 이제야 비로소 간절한 마음으로 말씀드립니다.

삼가 바라건대 자애로운 성상께서는 조속히 신이 맡은 상신의 직임을 체차하여 나라의 일을 다행스럽게 하고 사역원과 어영청의 도제조 역시 바로 해면하여 공공의 격식을 보존하고 개인의 분수를 편안하게 해 주소서. 그리하신다면 천만다행이겠습니다. 재결하여 주시기 바랍니다.

답하기를,

"차자를 살펴보고 경의 간절한 마음을 잘 알았다. 중서(中書)의 자리가 근력으로 하는 자리는 아니다. 병중에 자리에 누워서도 도를 논하는 것은 이미 옛사람들이 말하였는데 무엇 때문에 사양하는가. 사역원의 일은 시취(試取)를 한결같이 미루고 있으니 관계되는 바가 간단하지 않다. 조금 기다렸다가 서늘한 가을이 되거든 즉시 거행하도록 하라. 군문(軍門)의 일을 겸하여 맡는 것은 격례가 곧 그렇고 낙점한 것도 또한 빈자리를 채우기 위해서이니 어영청 도제조의 자리는 지금 우선 뜻에 따라 해면한다."

하고, 이어 전교하기를,

"사관을 보내어 전유하게 하라."

하였다.

## 예식에 빠져서 대죄하는 차자[25]

闕禮待罪箚

삼가 아룁니다. 신이 대궐에서 떨어져 있은 지가 이제 몇 달이 되었습니다. 구구한 신의 작은 정성은 밤낮없이 가슴에 맺혀 있습니다. 이번에 태실(太室)과 비궁(閟宮 경모궁(景慕宮))에서 가을 전알의 예를 거행했습니다. 인정으로나 예법으로나 배행하여 호종하는 것은 신에게 중요한 일입니다. 하물며 신은 막 묘궁(廟宮)에서 대죄하고 있으니 도제조로서 급히 달려가 곁에 있지 않을 수가 없습니다. 크게 힘을 내어 혼미한 정신을 수습하여 병든 몸에 의관을 갖추고 공경히 반열로 나아가려 하였는데, 갑자기 어제 한열(寒熱)이 번갈아 일어나고 설사가 이어졌습니다. 한낮부터 밤새도록 밥알 하나 입에 대지 못하고 자리에 누워서 남이 부축해 주지 않으면 일어나 앉을 방도가 없었습니다. 이런 병증으로 비록 남의 등에 업혀서 나아가 벌벌 기어 반열에 나가고자 하여도 형편상 진실로 어찌할 수가 없었습니다.

생각해 보니 신이 중서(中書)의 직무를 폐한 것도 실로 만번 죽어도 그 죄를 갚지 못할 것인데, 이제 어가를 호종하는 상례(常禮) 또한 이처럼 자력으로 하지 못하니 애초에 신하의 직분을 다할 가망이 없습니다. 삼가 임금을 섬길 날이 짧은 것을 스스로 비탄하며 잠꼬대 같은 헛소리로 차자를 얽어 우러러 성상의 귀를 더럽힙니다. 삼가 바라건대

**25** 예식에……차자 : 1792년(정조16) 7월 12일에 올린 것이다. 이날 정조는 태묘(太廟)와 경모궁에 나아가 전배(展拜)하였는데, 번암은 여기에 참석하지 못하였다.

성상께서는 조속히 위벌을 내려 신하로서 직분을 수행하지 못한 자들의 경계로 삼으소서. 재결하여 주시기 바랍니다.

답하기를,

"차자를 살펴보고 경의 간곡한 마음을 잘 알았다. 어제 들으니 경이 반드시 일어나 반열에 나온다고 하였는데 방금 올라온 차자를 보고서야 병이 있는 줄 알았으니 너무도 염려가 된다. 오늘 태묘와 경모궁의 가을 전알은 경등의 노환(老患)으로 동서의 반열이 모두 비게 되었고, 다만 태묘의 반열에는 영돈녕부사 1인이 나와서 참여하였으니 만백성이 우러르는 자리에서 체면이 진실로 적잖이 구차해졌다. 그러나 일의 형편이 마침 그렇게 된 것일 뿐인데 어찌 이렇게도 지나치게 사양하는가. 가을 더위가 삼복보다 심하니 평소의 배 이상 조섭에 신중해야 병이 나을 수 있을 것이다. 경은 안심하고 조섭하며, 시원해지기를 조금 기다렸다가 비궁당(匪躬堂)의 모임에 나오도록 하라."

하고, 이어 전교하기를,

"사관을 보내어 전유하게 하라."

하였다.

## 사직하는 차자[26]

辭職箚

삼가 아룁니다. 침원(寢園)에서 예가 거행되고, 어가가 방울을 울리며 천천히 돌아왔습니다. 공경히 은명을 받아 혹 먼저 가고 혹 뒤에 와서 길을 끼고 선비와 백성 들이 기뻐하며 서로 축원했다는 말을 들으니, 기뻐하고 축원하는 신의 마음을 어찌 말로 형용할 수 있겠습니까.

이어 생각해 보니, 신은 마땅히 떠나야 할 때 떠나지 않고 자리를 더럽히며 구차하게 남아 있어 염치와 관련된 일이 이 때문에 날마다 발생합니다. 대신(臺臣) 김희순(金羲淳)의 상소를 비록 그 전문은 보지 못했지만 내리신 전교를 보면, 신이 지난날 연석에서 호서(湖西)

**26** 사직하는 차자 : 1792년(정조16) 9월 17일에 올린 것이다. 이에 앞서 9월 14일 지평 김희순은 윤영희의 석방과 관련하여 번암이 윤영희를 비호했다고 비판하였는데, 이 차자는 이것에 대한 응답이다. 번암은 9월 5일 희정당(熙政堂)에서 인견할 때 "윤영희가 수사(水使)의 명령을 받들지 않은 것은 비록 고집하는 바가 있기 때문이라고 하더라도 기운을 낮추어 말을 부드럽게 하지 못하여 체면을 잃었으니, 이것은 윤영희의 과실입니다. 이항림(李恒林)이 체통을 지키고자 하여 장계를 올려 논감(論勘)한 것은 본디 기개가 있는 사람의 일이라고 할 수 있습니다. 그러나 상의 하교에서 이항림을 마치 힘센 것을 두려워하지 않는 사람처럼 여기고 계시나, 윤영희가 이름은 비록 경악지신(經幄之臣)이지만 오늘날 세력이 없어 업신여기기 쉬운 사람으로 윤영희보다 더한 사람이 없을 것입니다. 이로써 말하자면 이항림이 체통을 높이려고 한 일은 소중한 일이라고 하더라도 무방하겠으나 공이 있는 사람으로 대우하는 것은 분수에 벗어나는 일인 듯합니다."라고 하였다.《正祖實錄 16年 9月 5日》이 말은 이항림을 기절이 있는 사람으로 평가해서는 안 된다는 뜻이다. 그런데 김희순은 윤영희를 경악지신이라고 지칭하였다는 이유로 비판한 것이다.

곤수(閫帥)의 일로 말미암아 윤영희(尹永僖)에게는 이야기할 만한 강직함이 없다고 말한 것을 가지고 붙들고 늘어질 재료로 삼아 말한 것입니다. 그러니 신의 말이 마땅히 죄가 되는지 여부는 공론에 부칠 뿐이며 신이 스스로 많은 말을 할 필요가 없습니다. 다만 대신의 뜻이 만약 정말로 힘써 비판하려는 데서 나왔다면 신이 비록 도량이 좁은 사람이지만 즐거이 듣는 바가 어찌 이명연(李明淵)의 상소 중에 나온 말[27]에 부응하지 않겠습니까. 비록 그렇지만 신이 분수에 넘치게 백관의 우두머리로 있으며 보잘것없는 신의 한 몸이 대간의 상소와 옥당의 차자에서 비판과 찬양의 사이를 들락날락하여 거의 일과가 되고 말았으니, 또한 매우 수치스럽습니다.

이에 감히 짧은 차자로 호소합니다. 삼가 바라건대 자애로운 성상께서는 사람들의 말에 응하여 신의 분수를 편안하게 해 주소서.

개성 유수의 회천(回薦)을 지금 이미 모두 받았습니다. 마땅히 천거를 완료하여 들여야 하는데 신이 감히 대신(大臣)으로 자처할 수 없으니 어찌 감히 묘천(廟薦)의 일을 감당하겠습니까. 신의 형편으로 말미암아 관리하는 무거운 임무를 여러 날 비웠으니 이는 더욱 신의 죄입니다. 아울러 바라건대 조속히 위벌을 내리소서. 재결하여 주시기 바랍니다.

답하기를,

**27** 이명연(李明淵)의……말 : 정언 이명연이 1792년 9월 15일에 올린 상소에서, 전 지평 김희순이 번암을 논척한 데 대해 번암이 필시 즐거이 들었을 것이라고 말한 것을 가리킨다. 《日省錄 正祖 16年 9月 15日》

"차자를 살펴보고 경의 간절한 뜻을 잘 알았다. 일찍이 듣건대 옛날 훌륭한 상신이 말하기를 '무릇 나라에 충성하려는 마음을 가진 자가 나의 과실을 부지런히 책망해 주어야만 성공할 수 있으며 또 까치발로 그 효과를 기다릴 만하다.' 하였다. 옛사람들이 국정에 부지런하여 충성스러운 걱정을 받아들이고 부지런히 책망하는 것을 좋아하였으니, 세속의 상신들이 자신의 너그럽지 못한 점을 보여 주는 것과는 이처럼 크게 상반된다. 경의 차자 속의 말을 보니 또한 경의 넓은 도량을 충분히 알겠다. 경이 이미 태연하게 대응하였으니 시끄럽게 떠드는 소리가 경에게 무슨 누가 되기에 천거하는 일을 사양하는 것인가. 경은 안심하고 사직하지 말며 즉시 일어나 국사를 살피라."

하고, 이어 전교하기를,

"이 비답을 사관을 보내어 전유하게 하라."

하였다.

## 판중추부사 박종악의 차자로 말미암아 정승의 직임을 체차해 주기를 청하는 차자[28]

因判府事朴 宗岳 箚乞遞相職箚

삼가 아룁니다. 신이 삼가 원임 상신의 차자를 보니 온 마음이 부끄러워 몸 둘 곳이 없습니다. 생각해 보니, 신은 수년 이래 묘당에 혼자 있으면서 연석에 나가 주선한 것이 없고 일을 만나 상의한 것이 없으며, 그동안 아뢰어 청한 바와 아침저녁으로 바라는 바는 오직 솥의 세 발처럼 삼정승에 빠짐이 없는 것이며, 금구(金甌)처럼 삼천리강토가 잘 보존되는 것입니다. 참으로 다행스럽게 명철한 성상께서 상신을 세우라 명하시니 이에 국사는 기댈 곳이 있게 되고 신의 한 몸은 동료를 가지게 되어 공적으로나 사적으로나 더없이 기쁘고 다행스러웠습니다. 그런데 이제 상신의 차자는 무엇 때문에 나왔습니까?

아아, 같은 조정에 있을 때는 비록 일반 관료라도 만약 서로 헐뜯어 댄다면 그 악덕이 과연 어떠하겠습니까. 신이 비록 불초하지만 자리가 모든 사람들이 우러러보는 곳이니 어찌 차마 동료 상신을 헐뜯을 생각을 했겠습니까. 또한 남을 헐뜯는 것은 대개 무엇을 하기 위해서 하는 것입니다. 그러나 신이 좌상으로서 우상을 헐뜯는다고 하여 신에게 무슨 이득이 있어 일반 관료도 하지 않는 일을 굳이 한다는 것입니까. 동료 상신의 말에 구차하게 동조하지 않았다고 한 말[29]은 진실로 신의

**28** 판중추부사……차자 : 1792년(정조16) 9월 26일에 올린 것이다.

**29** 동료……말 : 1792년 9월 25일 박종악이 올린 차자에서 "다만 신은 동료 상신의

마음에 꼭 맞았습니다.

비록 태평했던 요순 시대로 말하더라도 직(稷)과 설(契)의 말이 같은 적이 없었고, 아래로 내려오면서 한(漢)・당(唐)・송(宋)에 이르러서도 소하(蕭何)와 조참(曹參), 방현령(房玄齡)과 두여회(杜如晦), 한기(韓琦)와 부필(富弼)은 모두 세상에 드문 명재상이라고 칭송되었지만, 들어가 임금에게 고하고 나와서 국사를 도모할 때, 가부를 말하는 것이 어찌 일찍이 한입에서 나오는 것처럼 의론이 같은 적이 있었습니까. 그래서 송나라 신하들의 말에 "대전(大殿)에 들어가서는 구차히 동조하지 않았고 대전을 나와서는 화기(和氣)를 잃지 않았다."라고 하였습니다. 동료 상신이 구차히 동조하지 않으려 했던 것이 이미 고인의 격언에 맞았으니, 보잘것없는 신이 소망이 어찌 '화기를 잃지 않았다〔不失和氣〕'는 네 글자에 있지 않았겠습니까.

사신의 일에 대해 우연히 신의 미혹된 견해를 아뢴 것은, 신이 이미 그 사람을 시험해 보고서 그 우열을 논한 데 지나지 않을 뿐인데, 어찌 입에서 나오는 대로 지나가며 한 말을 가지고 면전에서 배척한다고 의심할 줄 생각이나 했겠습니까.[30] 이는 모두 신이 하는 말마다 틀리고,

마음과 뜻이 본래부터 미덥지 않아서 의논을 할 때 구차하게 동조하지 않았으며 그로부터 비난을 받아 쌓여 온 것이 오래되었습니다."라고 하였다. 《承政院日記 正祖 16年 9月 25日》

**30** 사신의……했겠습니까 : 1792년 9월 25일 박종악이 올린 차자에서 "하물며 사신의 일과 관련되어 아뢴 몇 가지 조목으로 문득 면전에서 배척을 받으니, 신이 비록 불초하지만 또한 일찍이 삼정승의 자리를 채우고 있었는데 동료 상신의 사이에 이토록 경시를 당하니 모두 신이 스스로 반성해야 할 점입니다."라고 하였다. 《承政院日記 正祖 16年 9月 25日》 사신의 일로 면전에서 배척을 받았다고 한 것은 그 내용이 9월 19일 입시 기사 마지막 단락에 보인다. 《承政院日記 正祖 16年 9月 19日》

하는 일마다 흐릿하여 동료 상신에게 조금도 신뢰를 얻지 못한 소치로, 가만히 생각해 보면 모두가 신의 죄이니 오히려 무슨 낯으로 다시 군부(君父)의 앞에 나아가 거듭 조정의 자리를 차지하겠습니까. 이에 감히 짧은 차자로 호소합니다. 삼가 바라건대 자애로운 성상께서는 조속히 신의 직책을 체차하고 이어 신의 죄를 다스려 조정을 안정시키고 천한 신의 분수를 편안하게 해 주소서. 그리해 주신다면 이루 다할 수 없는 다행이겠습니다. 재결하여 주시기 바랍니다.

답하기를,

"차자를 살펴보고 경의 간곡한 뜻을 잘 알았다. 어제는 판부사가 경의 일로 인의(引義)하고 오늘은 경이 판부사의 말로 인하여 면직을 구하니, 이러고도 조정이 안정되겠는가. 판부사가 먼저 시작하지 않았다면 어찌 경이 대응하여 거론했겠는가. 이 때문에 판부사에게 개탄스러운 마음이 들어 그때 비답에서 대략 훈계하는 말을 했던 것이다. 경 또한 허물이 있으면 고치고 없으면 힘써야 한다는 경계에 더욱 힘써서 대전을 나와서는 화기를 잃지 않았던 고인의 두터운 풍속을 본받도록 하라. 이것으로 내가 경을 격려하고 책망하니, 경은 모름지기 이 뜻을 알고서 안심하고 직무를 보살피라."

하고, 이어 전교하기를,

"이 비답을 사관을 보내 전유하게 하라."

하였다.

## 도성 문 밖에서 석고대죄하며 위명을 내리기를 청하는 상소[31]

席藁都門外乞降威命疏

삼가 아뢰니다. 신하로서 극악한 죄는 임금을 저버리는 것보다 큰 것이 없습니다. 무릇 임금과 신하가 생긴 이래로 폐백을 바치어 윗사람을 섬기는 사람이 한 번이라도 이 죄를 범하면 실로 용서하지 않았습니다. 하물며 신 같은 자가 차마 우리 임금을 저버린다면 국가의 형정으로 볼 때 결단코 백배 더 무거운 형률을 쓰지 않아서는 안 됩니다.

생각해 보니 신이 연전에 만났던 상황은 실로 만번이라도 꼭 죽게 된 형세로 결단코 살아날 만한 길이 한 줄기도 없었습니다. 그런데 목에 머리가 붙어 있은 지 거의 6, 7년이 되었습니다. 오직 우리 성상께서 마음과 힘을 다하여 교화를 베풀어 구덩이에서 울부짖는 가운데 건져 내어 웅장한 대궐의 고굉(股肱) 같은 임무로 발탁하시니 이는 실로 유사 이래 듣지 못한 일입니다.

5년 동안 상신으로 두시며 예우가 더욱 도타웠으니 일을 맡겨서는

**31** 도성……상소 : 1792년(정조16) 12월 4일에 올린 것이다. 앞서 9월 5일 희정당 인견 시에 번암은 이항림과 윤영희의 사건에 대해 이항림의 처벌을 주장하였는데, 이로 인하여 지평 김희순으로부터 탄핵을 받아 9월 17일에는 이에 대해 변명하는 차자를 올린 바 있다. 그리고 정조는 11월 9일 번암을 방면하였고, 그때 내린 전교에서 "또 생각해 보면, 안면이 있어서 생긴 정 때문이든 사정에 치우쳐서이든 따질 것 없이 그의 본심에 '거짓이 없음〔无妄〕'을 내가 이미 훤히 알고 있다. 그렇지 않다면 당초에 왜 그렇게 급급히 처분을 내려서 일이 크게 벌어지지 않게 만들었겠는가. 첫째도 그의 마음을 알기 때문이고 둘째도 그의 마음을 알기 때문이었다."라고 하여 번암에 대한 굳은 신뢰를 여러 신하 앞에서 공표하였는데, 이 상소는 그 전교에 대한 응답으로 올린 것이다.

부열(傅說)이 되길 기대하셨고, 만나서는 어수(魚水)처럼 서로 맞았습니다. 옛사람이 "의리는 비록 군신 사이지만 은혜는 부자와 같다."라고 한 것이 바로 오늘날 신을 두고 한 말입니다. 전하께서는 이렇듯 신을 의지하시는데 신이 만약 전하를 저버리기를 어렵지 않게 여겼다면 이는 바로 하늘이 무너져도 떨어지지 않을 윤기(倫紀)가 여기에서 끊어지는 것입니다. 죽이고 또 죽이더라도 어찌 족히 그 죄를 조금이나마 갚겠습니까.

그런데 전하께서 분명하게 임금을 저버린 줄 아시면서도 임금을 저버린 죄에 대한 벌을 내리지 않고 단지 삭출(削黜)하여 부처(付處)하는 지극히 가볍고 지극히 혈후한 법으로 대충 처벌하셨습니다. 우러러 전하의 깊은 의도를 생각해 보니 필시 '내가 이미 그를 다시 살려 주었는데, 오늘에 이르러 시종일관 키우고 보살피는 천지와 같은 은혜를 완성하는 데 해가 되지 않도록 장차 죽을 목숨인 그를 또 용서해 준 것이다. 그러나 이런 의도를 숨기고 말하지 않는다면, 이는 내가 마음을 미루어 그를 대했던 전날의 본의가 아니다.'라고 생각하여 이에 크게 하교를 내려서 미혹한 신을 지극히 정치(精緻)하게 깨우치신 것입니다.

아, 사람이 옆집 아이들에 대해서는 비록 그들의 잘못을 보더라도 반드시 모두 혀가 닳도록 꾸짖지는 않지만, 자기 자식이 잘못을 하면 반드시 엄정한 낯빛과 준절한 말씨로 마음껏 꾸짖으며 용서하지 않습니다. 이것이 어찌 자기 자식을 옆집 아이들만큼 사랑하지 않아서 그런 것이겠습니까. 참으로 책망하지 않는 것이 그를 내치는 것이고 책망하는 것이야말로 지극한 정리이기 때문입니다. 이것으로 보자면 신이 매우 불초하여 우리 전하를 저버렸지만 지극히 어질고 성스러운 전하께서는 신을 자식처럼 대하기를 전날과 마찬가지로 하셨습니다.

그러니 신은 은혜를 머금고 영예를 이고서 마치 낙원으로 달려가듯 서해의 귀양길에 나갔습니다. 기전(畿甸)에서 100여 리쯤 되는 곳에 이르자 압송하던 관원이 소매에서 밀지(密旨)를 꺼내 받들어 보고서는 귀양길을 그곳에서 멈추었습니다.[32] 이는 물에 빠진 자를 꺼내 뭍에 올려 준 것이고, 뼈만 남은 자를 먹여 살을 붙여 준 것과 다를 바가 없습니다. 이런데도 만약 신에게 다시 도성의 문으로 들어갈 마음이 생긴다면 어찌 사람의 도리라고 하겠습니까. 죽어 장단(長湍)의 산에 묻히더라도 또한 충분하다 할 것입니다. 그런데 채 몇 달도 못 되어 완전히 석방한다는 명이 하늘로부터 내리고, 계속하여 완전히 석방하는 것으로도 부족하여 직첩을 주며, 직첩을 주는 것으로도 부족하여 거두어 서용해 주고, 서용해 주는 것만으로도 부족하여 그날로 중추부에 도로 부직(付職)하라고 명하여, 마치 대신(大臣)을 대우하여 규례에 따라 응당 해 주어야 할 것처럼 하셨습니다. 신이 어찌 감히 이런 일이 있을 줄을 생각이나 했겠습니까. 황량한 객점(客店)에서 안절부절못하면서 다만 따르는 종복과 함께 두 손 모아 천지에 감축하니, 감격의 눈물이 천 갈래로 흘러내릴 뿐이었습니다.

뜻밖에 사관이 명을 받들어 별유(別諭)를 전한 것이 두 번 세 번이나 되었으니, 모르겠습니다만 군신간에 이렇게 힘써 면려하고 이렇게 융

**32** 기전(畿甸)에서……멈추었습니다 : 1792년 10월 14일 번암이 처음 유배지로 떠날 때 정조가 압송하는 도사(都事)에게 비밀 봉서(封書)를 내리면서 장단부(長湍府)에 도착하면 열어 보라고 하였는데, 도사가 장단에 도착하여 열어 보니 "지금 날씨가 이렇게 추우니 도착하는 즉시 그곳에 부처하고 돌아오라."라는 밀유(密諭)였다. 그래서 도사가 번암을 장단부에 부처하고 돌아간 일이 있었다. 《正祖實錄 16年 10月 14日》

숭히 예우한 일이 옛날에도 있었습니까? 경기 감사가 길에서 맞이하고 차사원이 말과 마부를 데리고 오니, 이에 신은 떨리고 두려워 혼이 나간 듯 안정하지 못하였습니다. 시간이 지나서야 스스로 마음에 말하기를 "전후로 내리신 성상의 신칙하는 하교는 진실로 너를 옥으로 만들어 주겠다는 뜻에서 나온 것이니 남들의 입에 오르내린 구설과는 비교해서는 안 된다. 이제까지 사실이 아닌 망측한 말들이 마치 물에 빠진 사람에게 돌을 던지듯 끝 간 데 없이 나왔지만, 이에 대해서는 아무런 대꾸도 하지 않는 것이 마땅하니 어찌 감히 죄지은 것만을 심히 인책하여 마치 의리를 자처하듯이 하는 것인가."라고 하였습니다.

이에 병든 몸을 끌고서 밤낮없이 길에 올랐습니다. 서울 가까운 곳에서 기숙(寄宿)하여 하룻밤을 조섭하며, 조금 기운이 나기를 기다려서 도성의 문 밖에 이르러 엎드리니, 대전(大殿)의 상서로운 구름이 여전하고 장락궁(長樂宮)의 종소리도 완연하였습니다.[33] 고개 들어 우러르매 부모 같은 성상이 바로 곁에 계신지라 비록 당장에 가루가 되어 죽은들 더 이상 무슨 여한이 있겠습니까. 오직 이 천한 몸의 병이 추위를 만난 이래 달로 더하고 날로 심해져 등허리는 시려서 사지가 덜덜 떨리고 무릎은 저려서 반걸음도 떼지 못합니다. 오랜 날을 이불에 파묻혀 정신은 있으나 몸은 식지 않은 시체입니다. 병세가 이와 같으니 머리를 조아려 사은숙배하며 한번 청광(淸光)한 성상을 뵙고자 한들

**33** 장락궁(長樂宮)의 종소리도 완연하였습니다 : 장락궁은 한(漢)나라 때 장안(長安) 미앙궁(未央宮)의 동쪽에 있던 궁궐로 태후가 거처하던 곳인데, 이곳에 종을 걸어 두는 종실(鍾室)이 있었다고 한다. 여기서는 대비전 즉 혜경궁 홍씨를 가리키는 말로, 혜경궁이 안녕하다는 것을 알았다는 의미이다.

이생에서는 단연코 가망이 없습니다. 생각이 이에 이르니 쏟아지는 비통한 눈물을 이기지 못합니다.

비록 그렇지만 이는 신 한 사람의 개별적인 입장에서 말씀드린 것일 뿐입니다. 국법으로 따지자면 임금을 저버린 죄는 끝내 용서해서는 안 되며, 명령을 소홀히 한 데 대한 주벌은 늦추어서는 안 됩니다. 이에 감히 여차(旅次)에서 석고대죄하며 피눈물로 상소를 올립니다. 삼가 바라건대 명철한 성상께서는 신이 전후로 지은 죄과에 대하여 엄히 처벌하여 죄지은 자가 요행히 빠져나갈 수 없게 하소서. 그리하신다면 국사에 크게 다행일 것입니다.

신이 이에 더욱 가슴에 맺혀 끝내 풀리지 않는 것이 있습니다. 신이 만약 말을 하지 않은 채 갑자기 죽고 만다면 이는 스스로 신의 마음을 밝히지 못하는 것이고, 성상의 전교 가운데 신의 마음을 안다고 두 번씩이나 하신 말씀[34]이 장차 한 세상의 이목에 드러나지 않게 될 것입니다.

아아, 원래 윤영희(尹永僖)의 죄명은 애초에 역적 신기현(申驥顯)과 관련되었습니다. 따라서 신은 누구보다 먼저 역적 신기현을 성토한 사람으로 절통하게 미워하는 마음이 다른 사람의 갑절은 더했습니다. 당일 빈대할 때 여러 재신(宰臣)의 마음이 바로 신의 마음이며, 여러 재신의 말이 곧 신의 말입니다. 다만 신의 믿음이 너무 지나쳐서 마음이 말에 드러나지 않아 마침내 신을 의심하는 논란이 연석에서 번갈아 나오게 되었습니다. 《서경》에 이르기를 "하늘이 내린 재앙은 오히려 피할 수 있지만 자신이 만든 재앙은 피할 수가 없다."라고 하였습니다. 신이 스스로 만든 것이니 오히려 누구를 원망하겠습니까. 마음이란

**34** 성상의……말씀 : 322쪽 주31 참조.

보이지 않는 물건입니다. 지난번 성상께서 해와 달을 합한 것 같은 명철함으로 빠짐없이 세상을 비추시지 않았다면 신의 본심이 처음부터 이토록 징트에 엄정했다는 것을 누가 알았겠습니까. 신기현이야말로 바로 오늘날의 주동자입니다.

삼가 성상의 유지를 읽어 보니 군주와 상신은 한 몸이라고 하셨습니다. 그렇다면 임금이 상신에 대하여 어찌 하고 싶은 말이 있는데도 금령에 걸려서 그만두는 일이 있겠습니까. 아아, 성상의 가르침이 참으로 훌륭합니다. 임금이 상신에 대하여 애초에 금령으로 얽는 것이 마땅하지 않으니 상신이 임금에 대하여 어찌 남김없이 말해서는 안 될 이치가 있겠습니까.

신이 이재간(李在簡)을 징토한 것은 그가 신기현을 사주하여 흉소를 올리게 하였기 때문인데, 당시는 역적의 모의가 매우 비밀스러워서 확실한 증거들이 오히려 밖으로 드러나지 않았습니다. 그런데 오늘 신기현이 의금부에 자수하였으니 이것은 신기현이 한 것이 아니라 천도(天道)가 그렇게 만든 것입니다. 그 이유는 다음과 같습니다. 이재간은 도역(島逆 은언군)에 대하여 두마음을 품고 있는 자입니다. 신기현을 사주한 것으로 미루어 보자면 그와 더불어 역모를 빈틈없이 꾸민 것이 어찌 신기현 한 사람에 그치겠습니까. 그런데 귀신이 그를 먼저 잡아가서 그 소굴이 파헤쳐지기 전에 신기현이 입을 다물고 죽어 버렸다면 흉소를 내도록 사주한 것 말고 나머지는 탄로시킬 수 없었을 것입니다. 지금 다행히 신기현이 자수하였으니 정절을 속속들이 캐물을 수 있는 길이 환히 열린 것인데 어찌하여 의금부의 신문은 일찍이 따로 문목(問目)을 만들지 않고 대충대충 형신하여 끝내 버리려고만 하는 것입니까. 필경 벌을 결단하더라도 해도(海島)에 정배하는 데 불과할 것이니 이것이 어찌 도역과 궁흉(窮凶)의 연결된 맥락을 캐내는 방법이겠습니까. 신이 한스러워하는 점은 하늘의 도는 밝고 밝아 그로 하여금 스스로 나타나게 하였는데 사람들의 방법은 헐후하여 끝까지 사실을 밝혀내지 못하고 게다가 금령이라는 두 글자로써 이 일을 거론조차 할 수 없도록 한 것이니, 천하에 어찌 이런 일이 있습니까. 다시 바라건대 전하께서는 신의 말을 노망이라 생각하지 마시고 크게 성단(聖斷)을 내려 역적 신기현을 잡아들여 국청을 설치하고 엄중히 신문하여 뿌리와 줄기를 끝까지 조사해서 군군신신(君君臣臣)의 윤기를 바로잡으소서. 신은 황공하고 두려워 몸을 웅크린 채 눈물을 쏟으며 몹시 분한 마음을 이기지 못합니다.

답하기를,

"상소를 살펴보고 경의 간곡한 마음을 잘 알았다. 마음은 바로 신명(神明)이 깃든 집이다. 따라서 마음과 마음이 통하면 마치 촛불로 비추고 거북으로 점친 듯이 환하게 서로의 마음을 알게 되며 넓디넓은 천지간이라도 바로 탁자를 사이에 둔 듯이 가까워지기 마련인데 하물며 나와 경의 사이야 말할 것이 있겠는가. 벽해가 상전이 되고 천지가 천백번 바뀌어도 지금의 내가 바로 옛날의 나이고 옛날의 경이 바로 지금의 경이니 모든 것이 마음 하나로 귀결될 뿐이다. 오직 그 마음을 알기에 대우도 마음에 연유한 것이고 책망도 마음에 연유한 것이니 세상에 눈 밝은 사람이 있어 나와 경의 사이를 본다면 평소에 모든 일이 잘 처리되던 때는 버려두고 마땅히 여러 가지 어려움이 닥쳤을 때 경과 나의 관계가 얼마나 깊은지 또 얼마나 정성스러운지를 생각할 것이다. 그러니 대관의 출처가 숫자나 채우는 일반적인 신하와는 같지 않다고 말하지 말라. 머리와 팔다리는 일체가 되어 서로 의지하고 경과 나의 마음은 서로 통하여 넓디넓은 천지간이 마치 탁자를 사이에 둔 듯 가까울 것이다. 일개 하찮은 선비도 자신을 알아주는 사람을 위하여 한 몸 아까워하지 않거늘 경이 차마 담 하나를 사이에 두고 무엇인가 지키겠다고 옹졸하게 굴 것인가. 보내온 소장에서 이러니저러니 장황하게 늘어놓으니 속되고도 속되다. 당당한 대인들의 비난을 받을까 걱정된다. 신기현이니 윤영희니 하며 차례대로 거론하여 끄집어내어 애초에 금령을 설치한 옛날 일까지 미치니 그것은 더더욱 반드시 그렇게 할 필요가 없는 일이었다. 내 많은 말은 하지 않을 것이니 경은 모름지기 모든 것을 쓸어버리고 즉시 마음을 바꾸어 앞에서 고심하고 뒤에서 힘쓰는 나의 성의에 보답하도록 하라."

하고, 이어 전교하기를,

"이 비답을 사관을 보내어 전유하게 하고 본초(本草)는 가지고 가서 전해 주게 하라."

하였다.-11월 25일 장단(長湍)에 부처되었다가 석방된 뒤에 창릉점(昌陵店)에 머무를 때 직첩이 환수되었는데, 당시의 비망기는 권수 하 제18판에 있다. 12월 1일 서용하여 서추(西樞)에 붙이라는 전교가 내렸으며, 2일 돈면하는 전교가 내렸는데, 모두 권수 하 제19판에 나온다. 같은 날 경기 감사 서정수(徐鼎修)가 장계를 올려 판부사의 영접과 출발을 아뢰니, 회유(回諭)하기를 "대신의 자리는 비록 체차하라고 명하였지만, 경과 차사원은 그대로 머물러 있다가 함께 오라." 라고 하였다. 또 전교를 내렸는데 권수 하 제20판에 있다. 두 번 올린 서계는 모두 본집 권28 제21, 23판에 있으며, 상소하여 비답을 받든 후의 전교는 권수 하 제20판에 나온다. 세 번 올린 서계는 모두 권28 제23, 24판에 나온다.-

## 지중추부사에 명한 데 대해 숙배하며 소매 속에 가지고 가서 연석에서 올린 차자[35]

西樞肅命袖進筵席箚

삼가 아룁니다. 천지와 군신이 생긴 이래 가장 엄중한 것은 임금의 기강과 신하의 직분입니다. 임금으로서 그 기강을 잃어버리면 그 나라를 망치는 것이고 신하로서 그 직분을 무너뜨리면 그 가족을 죽이는 것입니다. 이는 변하지 않는 이치입니다. 그런 까닭에 대성(大聖)인 공자께서 《시경》과 《서경》은 산정(刪定)했을 뿐이지만 오직 《춘추》 한 책만은 술작(述作)하시어 임금에게 거역하면 반드시 죽이는 의리의 엄정함을 확립하여 난신적자(亂臣賊子)가 두려워하게 하였습니다. 진실로 이처럼 하지 않는다면 나라가 어지러워지고 망하는 것을 구할 방도가 없으며 군신간에 커다란 윤기(倫紀)가 설 자리가 없으니 경계하지 않아서야 되겠으며 두려워하지 않아서야 되겠습니까.

아아, 전하께서는 오늘날을 어떤 시기라고 생각하십니까? 거의 10년간 음기가 엉기어 얼음처럼 굳어져 커다란 화를 빚어내는 흉적들이

**35** 지중추부사에……차자 : 1792년(정조16) 12월 8일 연석에서 공개된 것이다. 번암은 은언군 이인이 역적이라는 강경한 입장을 고수하고 있었고, 이에 따라 장문의 차자를 올려 은언군을 처단할 것을 요청하였으나 정조가 이를 거부하였으므로 이 차자는 받아들여지지 않았다. 그러자 번암이 판중추부사 제수에 따른 숙배를 이유로 인견하였을 때 이 차자를 공표하게 된 것이다. 그래서 제목에 소매 속에 넣고 가서 올린 차자라고 하였다. 정조의 명에 따라 신하들이 있는 가운데 연석에서 승지 이익운(李益運)이 읽었다.《正祖實錄 正祖 16年 12月 8日》

영명하신 전하를 시기하고 종사를 위태롭게 만들려고 하였으니 그 죄가 하늘에 가득합니다. 전하께서 등극하신 이래 무위(武威)가 아닌 덕화(德化)로써 권문세가의 흉악한 괴수들을 모조리 뿌리 뽑아 승평(昇平)을 누리신 지 거의 20년이 되어 갑니다. 어리석은 이들은 모두 나라 안에 근심이 없다고 말하지만 유독 신은 장차 일어날 화란을 이미 일어난 것보다 화급하게 여기고, 아직 드러나지 않은 기미를 이미 드러난 것보다 참혹하게 생각하니, 지금은 실로 충직한 뜻을 가진 선비라면 뱃속은 근심으로 끓고 가슴은 고통으로 아파서, 낮에 밥 먹고 밤에 잠자는 것조차 잊어버리는 때입니다.

아아, 화란의 근원은 바로 이인(李裀 은언군) 그 사람입니다. 분수에 없는 자리를 엿보는 마음을 가졌으니 역적 이담(李湛 완풍군)이 그 아들이고, 온전히 보호해 준 은혜를 잊어버렸으니 흉도들을 모았습니다. 무릇 왕실의 지친으로서 몰래 불궤(不軌)를 도모하니 그 자취가 분명하여 가려지지가 않았습니다. 그런데도 하나는 자신의 집에서 죽고 하나는 가까운 섬에 안치되었으니 당당한 나라의 국법이 모조리 쓸려 나갔다고 말해도 지나치지 않을 것입니다. 군정(群情)은 날로 의구심을 더해 가고 국세는 날로 위태로워질 것이 불을 보듯이 분명합니다. 홍국영(洪國榮)과 송덕상(宋德相)이 서로 도와 가장 먼저 화를 빚고 그다음에 역적 조시위(趙時偉)가 은밀히 추진하였으며, 역적 정후겸(鄭厚謙)이 화응하였으니 이 일들 중에 어느 것이 뼈가 떨리고 쓸개가 요동치는 일이 아니겠습니까. 그중에 가장 요사스러운 김우진(金宇鎭)은 수상의 아들로서 매우 깊이 결탁하였고, 역적 구선복(具善復)은 훈련대장의 임무를 맡고 있으면서 깊은 밤에 치밀하게 준비하였으니 이때야말로 종사의 존망이 바로 한 호흡 사이에 있었습니다.

만약 그때 황천에 계신 조종께서 성상의 안위를 묵묵히 돕지 않았다면 어찌 오늘날이 있을 수가 있었겠습니까. 그런데도 전하께서 공(公)으로 하지 않고 사(私)로 하며, 의(義)로 하지 않고 은(恩)으로 하여 오로지 감추고 숨기며 덮으셨습니다. 대개 화근이 그대로 살아 있게 해서 마침내는 요망하고 참혹하기 그지없는 역적 이재간(李在簡)이 가만히 좌우를 돌아보다가 감히 공공연하게 멋대로 절의를 세운다고 떠들기까지 하게 된 것입니다.

아아, 이재간은 본래부터 있어 온 다른 죄악들이 하늘과 땅에 차고 넘칠 뿐만 아닌데, 신이 당시에 정승의 자리에 있으면서 눈앞의 불길을 잡는 데 급하여 신기현(申驥顯)을 사주한 일에 대해서만 매가 참새를 쫓듯 온 힘을 다하여 공격하였을 뿐 능히 하늘의 주벌을 시행하지 못하고 귀양 가는 길에 지레 엎어져 죽게[36] 내버려 두었으니, 이것은 신의 죄입니다. 그런데 대개 그들이 모인 소굴은 첫째도 역적 이인이고 둘째도 역적 이인입니다. 어찌하여 전하께서는 그들을 감추고 숨기며 덮을 뿐만 아니라, 혹은 도망쳐서 도성으로 돌아와 종적을 감추며 멋대로 출몰하게 하거나 혹은 강변으로 돌입하여 굴레를 벗어나 감히 친근한 데 가까이하도록 하시는 것입니까.

민심은 솥처럼 끓어서 안정되지 않았는데 다행히 우리 자성(慈聖 정순왕후)께서 대의를 통찰하고 우리 종묘와 나라를 부지하여 언문으로 하교를 한번 반포하시니 위험을 바꾸어 안정을 만들었습니다. 팔도의 백성들이라면 누군들 기뻐하지 않겠습니까. 그런데 어디에서 온 독한

**36** 귀양……죽게 : 이재간은 유배되는 도중 과천에서 객사하였다. 《正祖實錄 13年 10月 28日》《青城雜記 卷4 醒言》

악귀가 일개 신기현을 꾸며 내어 감히 '마음대로 했다〔專輒〕'는 두 글자로 정신(廷臣)까지 논박하여[37] 뚜렷하게 입각(立脚)할 계책을 쓰니 천하의 변괴 중에 무엇이 이보다 크겠습니까. 하물며 그의 가까운 인척들이 역적 이인에게 직접 연결되어 있어 나오고 들어가는 모든 일을 본래 역적 이재간으로부터 지시를 받았으니, 그가 달가운 마음으로 죽음도 불사하여 절의를 지키며 머리를 감춘 채 사주를 받은 것은 명약관화합니다. 그날에 신이 했던 말은 바로 길거리에서 공공연히 떠돌던 것으로 선견지명이라고 할 것조차 없습니다. 그러나 천도가 매우 밝아서 오늘에 이르러 그로 하여금 자백하게 만들어 명백하게 지시받았다고 하니, 아아 하늘을 속이겠습니까. 사람을 속이겠습니까.

다만 이 일이 거듭 발론되어 공론이 과연 사실로 입증되었으니, 당초 사주를 받았을 때 허다한 모의와 허다한 정황, 그리고 전후로 파당(派黨)을 지은 자가 누구인지, 그리고 끝내 조처한 것이 이렇고 저렇고 하였으니, 끌어내어 조사할 만한 것은 틀림없이 있는데, 어찌하여 전하께서는 문목(問目)을 내게 하지 않고 곧바로 유배의 형벌을 시행하여 서둘러서 마무리 지어 버리려고만 하십니까? 아니라면 명철하신 전하

**37** 신기현을……논박하여 : 이때 정순왕후가 언서(諺書)로 엄한 분부를 내려 은언군을 배소(配所)로 압송토록 하자, 중관(中官)이 자전(慈殿)의 하교를 받들어 정조에게 품달하지 않은 채 곧장 대신에게 전하였고, 영의정 김익(金熤) 등이 자전의 뜻을 받들어 포도대장과 금부 당상으로 하여금 이인을 배소에 압송하게 하였다. 《正祖實錄 13年 9月 26日》 이에 정조는 강화도로 가서 유숙하며 항의성 시위를 벌였지만 정순왕후는 정조에게 당장 돌아오라 하였고, 9월 29일에 정조는 창경궁으로 돌아와 머물렀으며, 10월 은언군은 다시 강화도로 유배되었다. 이럴 즈음 정언 신기현은 10월 14일에 상소를 올려, 정조에게 보고도 하지 않은 채 정순왕후의 명에 따라 은언군을 압송한 금부 당상 등의 행위를 '전첩(專輒)'이라고 논박하였다. 《正祖實錄 13年 10月 14日》

께서 그것이 필경에는 역적 이인과 밀접히 연관된 것으로 귀결되리라고 헤아리고 이렇게 미리 조처하시는 것입니까? 그렇다면 전하의 마음은 단지 사은(私恩)만을 알고 공법(公法)은 생각하지 않은 것이니 이 때문에 신이 한밤중에 가슴을 치며 비분강개하여 한번 죽음을 무릅쓰고 쟁집하려는 것입니다.

비록 그렇다고 하더라도 만약 신기현 하나에 그친다면 신의 걱정은 진실로 필시 이에 이르지는 않을 것입니다. 지난번 이광운(李匡運)의 공초에서 확실하게 지적하였는데도[38] 뱀처럼 서리고 지렁이처럼 엉킨 파당들은 한 번도 캐물어 사실을 밝혀내지 않았습니다. 심지어 흉악한 송익로(宋翼魯)도 긴밀하게 서로 연결하여 올빼미가 울면 승냥이가 화답하듯 서로 통하였지만 한 번도 뿌리 뽑아 다스리지 않았습니다. 조정은 청명한데 도리어 혜성(彗星)과 패성(孛星)처럼 요사스러운 기운을 뿜고, 군국(郡國)은 편안하고 조용한데 도깨비처럼 수없이 출몰하여 일개 도를 맡아 다스리면서 역적에게 음식이나 거마를 제공하기도 하고, 대장의 자리에 걸터앉아 방자하게 폐고된 무리들을 끌어들이기도 하였습니다. 이것만 해도 이미 깊은 근심과 끝없는 걱정인데 거기에다 또 산속에서 형적을 숨기고 바닷가에서 무리를 불러 모으는 것처

**38** 지난번……지적하였는데도 : 이광운은 용인(龍仁)의 유학(幼學)으로서 1787년 1월 24일에 복주된 사람이다. 이광운은 자신의 척족인 판의금부사 김종정(金鍾正)을 찾아가서 자신이 지은 상소를 보여 주었는데 그 내용에 "5월과 9월 이후에 국가가 위급하게 된다.", "세자를 세워 대통을 잇게 하라.〔立承大統〕" 등의 이른바 흉언(凶言)이 들어 있었다. 작년 5월은 바로 문효세자(文孝世子)가 죽은 때이며 9월은 번암이 역적으로 몰린 때이다. 그러자 김종정이 이를 고변하였고, 정조는 친국을 하여 자복을 받은 뒤에 복주하였다. 여기서 확실하게 지적했다는 것은 '입승대통' 네 글자를 가리킨 것이다. 《正祖實錄 11年 1月 25日》

럼 캄캄한 가운데 잠복한 화기(禍機)가 거의 100명이나 되는 신기현을 만들어 낼 것입니다. 그런데 전하께서는 오솔길을 가지고 그들의 종적을 찾아내고 실마리를 따라서 그 본색을 끌어내어 크게 토벌하여 요사스러운 기운을 통쾌하게 쓸어내 버리기를 끝내 기꺼이 하지 않으셨습니다. 이는 역시 성상께서 저들의 맥락이 역적 이인에게 맞닿아 꿰여 있는 것을 염려하여 한결같이 비호하신 것일 뿐입니다.

전하께서 시험 삼아 생각해 보소서. 이제 한창 성명하신 전하께서 위에 계시어 은혜와 혜택이 강물처럼 흘러넘치는데, 똑같이 하늘로부터 천성을 얻은 저들이 무엇 때문에 애써 반역을 하는 것입니까? 국가를 배신하고 의리를 원수처럼 보는 무리들이 기대어 믿고 가지고 놀면서 기화(奇貨)로 삼는 것이 모조리 역적 이인의 몸 하나에 있기 때문입니다. 역적 신기현이 옥으로 가서 스스로 자백하니 이것이 얼마나 다행스러운 큰 기회이고 큰 관건인데, 조정에 있는 신하들이 근원을 막고 머리를 타도하여 피를 뿌리며 진심을 토로했다는 이야기는 듣지 못했습니다. 이렇게 하여 처리한 후에 금령에 맡겨도 되는데 국문하여 다스리는 즈음에 어찌하여 충성으로 분개하는 신하가 하나도 없는 것입니까. 전하의 조정이 진실로 한심합니다. 이러니 훗날 변고가 일어나면 누구를 믿겠습니까.

신이 머리가 허옇게 세어 죽을 나이에 전하께서 다시 살려 주시는 은혜를 입어 나라를 위해 한번 죽기를 소원하니 신명께서 곁에서 지켜보고 있습니다. 다만 몸은 노둔하고 정신은 혼미하여 5년간을 의정부에 있으며 터럭만큼도 보탬이 없었습니다. 오직 힘쓴 것은 신하의 분수를 지키는 것이고, 읽은 것은 《춘추》입니다. 돌아보건대 지금 충역(忠逆)이 갈리는 것이 손바닥을 가리키듯 분명한데 진실로 털끝만큼이라도 신기현의 주변에 서로 관계되어 있다면 맹세컨대 팔이라도 끊어 내어 오직 그 더러운 것이 조금이라도 묻을까 두려워할 것입니다. 이렇게 평소에 스스로를 면려하였으니 진실로 전하께서 신의 본심을 굽어 살피지 않으신다면 연석에서 망발한 죄를 무엇으로 갚겠습니까. 특별한 은혜는 거듭 내리는데 몸은 말을 듣지 않습니다. 도성의 문 밖으로 와 엎드리니 병으로 허황해지는 생각을 떨쳐 버릴 수가 없습니다. 일전에 올린 한 상소는 엉성하고 어수선하여 우러러 전하의 귀에 들리게 하기에는 너무도 부족하였으니 두렵고 부끄러워 죽고만 싶은데 이 한 몸 숨길 곳이 없습니다.

비록 그렇지만 신은 이제 곧 죽을 목숨입니다. 주상의 형세가 고단하고 위태로운데 화의 근본은 아직 제거되지 않은 상황을 눈으로 보면서 그대로 묵묵히 있으며 한 몸 버리고자 하지 않는다면 이는 나라를 저버리는 것이니 이런 귀신은 황천에서도 역시 용납되지 않을 것입니다. 그래서 망녕되이 커다란 의리를 한 몸에 지고서 가슴에 있는 혈성(血誠)을 모두 토해 내어 짧은 차자를 엮었습니다만 금령이 아직 거두어지지 않아 올릴 길이 없습니다. 이에 감히 소매에 넣고 연석에 나왔습니다. 삼가 바라건대, 성상께서는 위로는 나라를 맡긴 조종의 무거운 뜻을 생각하고 아래로는 미천한 신의 충정 어린 고심을 살펴 조속히 역적 이인을 율에 따라 처단하라는 명을 내리시고, 이어 의금부로 하여금 조속히 신기현을 잡아들여 역당들을 모조리 색출하여 조속히 뿌리를 뽑아 400년 종사를 영원히 태산 반석 위에 단단하게 올려놓으소서. 천만번 혈성으로 기원합니다. 재결하여 주시기 바랍니다.-차자를 처리하지 않은 채 놔두고 비답을 내리지 않았다.-

## 병조와 수문장에게 소차를 막도록 한 명을 환수하기를 청하는 차자

請還收騎曹與門將沮遏疏箚之命箚

삼가 아룁니다. 천하의 어리석고 아둔한 자 중에 누가 신보다 더하겠습니까.

신은 우리 전하의 호천망극한 은혜를 차마 저버리고 스스로 재앙을 만들어 용서받을 수 없는 죄를 짓고도 오히려 배를 갈라 마음을 밝히지도 못한 채 엄한 견책이 내린 지 얼마 되지 않아 예전처럼 살아서 돌아왔습니다. 그런데도 이름이 조정의 벼슬아치 가운데 끼어 있으니 이것이 그 첫 번째 어리석고 아둔한 점입니다.

그러나 주상의 형세가 고단하고 위태하며 화기(禍機)가 헤아리기 어려운 것을 눈으로 보고는 가슴속 혈성을 모두 쏟아 내어 죽음을 앞둔 자의 마지막 당부를 써서 올렸는데 전하께서는 여전히 한가한 마음으로 즉시 윤허하지 않으셨습니다. 용안을 지척에 두고 어리석은 충심은 배나 격렬한데도 궁전의 돌계단에 머리가 바수어지도록 다투어야 하는 것도 깨닫지 못한 채 오히려 그 자리에서 가루가 되어 죽지 못하고 남의 등에 업혀 집으로 돌아와 여전히 먹고 마시니 이것이 그 두 번째 어리석고 아둔한 점입니다.

이런 어리석고 아둔한 자는 감히 벼슬아치의 반열에 끼어 있어서도 안 되는데 도리어 어떻게 다시 논열하여 거듭 죽을죄를 범할 수 있겠습니까. 그러나 신의 한 줄기 우국충정은 아홉 번 죽더라도 후회가 없으니 감히 비답을 받들지 못한 처지에 아무것도 숨기지 않는 신하 된

자의 충심으로 모두 말씀드립니다. 신이 비록 보잘것없지만 나무꾼의 하찮은 말이라도 버리지 않는 성인으로서 또한 한결같이 으레 다 알고 있다는 듯한 표정을 내보이시는 것은 마땅하지 않으니 오직 성명께서는 밝게 살피시기 바랍니다.

아아, 성문이 열리면 언로가 닫히며, 성문이 닫히면 언로가 열린다[39]는 말은 천고에 더할 수 없이 비통한 말입니다. 옛날 우순(虞舜)의 덕은 하늘처럼 커서 능히 이름을 붙여 형용하지 못하였습니다. 그러나 그 요점을 논하자면 '네 대문을 활짝 연다〔闢四門〕'는 세 글자에 지나지 않습니다. 지금 전하께서 신의 차자 한 장으로 말미암아 병조와 수문장에게 금령을 어긴 소차는 막아서 들이지 말라고 명하시기까지 하여 손에 소차를 가진 사람은 애초에 대궐 근처에 감히 얼씬도 하지 못하게 하니 이것이 무슨 일이란 말입니까. 우리 전하께서 하신 평소의 정령과 정책은 요순이 아니면 본받지 않았는데 어리석은 신은 죽을죄를 짓더라도 요순의 세상에는 이런 일이 없었다고 단언합니다. 훗날 국사(國史)에 우순은 사대문을 열었지만 전하는 사대문을 닫았다고 쓴다면 과연 얼마나 성덕에 누가 되겠습니까. 신이 전일에 올린 차자는 비록 글투는 극히 거칠고 졸렬하지만 그 의리는 《춘추》이며 그 내용은 국론이니 애초에 숨기거나 감출 만한 일이 아니었습니다. 그런데 차자를 안에 두고 내리지 않으시니 팔방은 따질 것도 없이 하루 종일 조정에

**39** 성문이 열리면……열린다 : 송나라 흠종황제(欽宗皇帝)가 금(金)나라 군사가 쳐들어오면 성문을 닫고 자주 구언하는 조서를 내렸지만, 일이 조금 완화되면 암암리에 언자(言者)를 억눌렀기 때문에 당시에 이런 속담이 있었다. 《御批歷代通鑑輯覽 卷82 宋欽宗皇帝》

나와 있는 신하조차도 그 내용이 무엇인지, 거기서 요청한 것이 무엇에 근거한 것인지 알지 못합니다. 우러러 생각건대 전하께서는 화란의 괴수로 하여금 하늘 가득 죄를 짓지 않게 하고 사람들의 이목에 오르내리지 않게 하려는 깊은 마음에서 이렇게 구차하게 미봉하는 일을 한 것입니다.

비록 그렇지만 만백성이 하늘로부터 받은 본성은 전하께서 능히 바꿀 수가 없으며, 길거리에 와글와글한 수많은 입은 전하께서 능히 막을 수가 없습니다. 이런 점에서 말하자면 전하의 이 일은 미봉하려는 방책에도 보탬이 될 것이 없으나 국체를 손상하고 사람의 마음을 놀라게 한 것은 한둘로 헤아리기 어렵습니다. 이와 같은 사리는 손바닥을 보이는 것과 같이 쉽습니다.

삼가 바라건대 성명께서는 조속히 수문장에게 내린, 소차를 막으라는 명령을 환수하고 이어 신이 전에 올린 차자를 내리고 중외에 반포하여 즉시 용단을 내리고 흔쾌히 허락을 하여 왕법을 펼 수 있게 하고 국세를 다시 공고하게 하소서. 천만번 혈성으로 기원합니다.

신은 마땅히 죽어야 하는데도 목숨을 건져 거듭 성문에 들어가 한번 대궐에 나아갔으니 만족하여 여한이 없습니다. 그러나 스스로 모든 것을 버린 처지에 전하의 잘못을 바로잡아 구하고자 하는 정성을 올리자니 마음은 고통스럽고 뜻은 처연합니다. 그러니 불쌍히 여기는 마음으로 살펴 주시기 바랍니다. 재결하여 주소서.-비답이 없었으며, 녹사(錄事)를 불러들여 도로 전해 주게 하였다.-

번암집

제26권

소차 7
疏箚 七

## 화성의 유수영에 있으며 영의정을 사직하는 상소[1] 계축년 (1793, 정조17)

在華城留營辭領議政疏 癸丑

삼가 엎드려 아룁니다. 여러 날 재계하신 나머지 성상의 체후가 미령하시어 탕제를 연이어 들이는데, 신은 마침 유수영(留守營)에 머물러 있느라 여러 대신의 뒤를 따라 우러러 성상의 끝없이 사모하는 마음을 위로드리지 못하고 가슴에 맺혀 고통스러운 신의 진정을 아뢸 수가 없었으니, 한편으로 근심스러운 마음으로 전하를 사모하고 한편으로

1 화성(華城)의……상소 : 사도세자에 대해서는 언급하지 말라는 정조의 금령을 정면으로 어긴 상소로, 1793년 5월 28일에 올린 것이다. 번암은 1793년 1월 12일 수원부 유수에 제수되었다. 정조는 1월 12일 도성을 출발하여 수원에 도착한 후 특별히 번암을 수원부 유수에 제수한 후 소견하였다. 이때 정조는 "옛날에는 관직을 만들고 사람을 뽑았는데, 이번에는 사람을 뽑고 나서 그 사람을 위하여 관직을 만든 것이라 할 만하다."라고 하여 특별한 신뢰를 표방하였다. 이로부터 얼마 후 번암은 정조의 엄격한 금령을 어기면서 사도세자의 문제를 거론하였다. 이 상소에 대하여 정조는 온건하게 책망하는 비답을 내리면서 그것이 공개되지 않도록 봉함하여 돌려주었지만 번암은 비답을 전한 사관을 통해 또다시 부주(附奏)하여 강고한 주장을 폈다. 이 때문에 상소는 조정에 공개되었고, 좌의정 김종수(金鍾秀)가 강력하게 번암을 비판하였다. 정조는 30일 숙배하는 번암을 성정각(誠正閣)에서 소견하고 사죄(死罪)라고 크게 책망하는 한편 그를 비판하는 신료들에 대하여 그가 늙어서 노망났기 때문이라고 비호해 주었다. 그러나 6월 1일 좌의정 김종수와 교리 어용겸(魚用謙)이 상소하여 탄핵하였고, 이에 따라 정조는 6월 4일 번암과 김종수를 파직하였다. 그리고 16일에는 번암과 김종수를 판중추부사에 붙이고 22일에는 홍낙성(洪樂性)을 영의정으로, 김희(金憙)를 우의정으로 삼았다. 그리고 8월 8일 이른바 금등서(金縢書)를 반시하였는데, 이 일은 바로 이 상소에서 기인한 것이다.

죽을죄를 지었습니다.

이어 생각해 보니 신은 다만 하늘 같은 전하의 덕을 저버리고 끝을 알 수 없는 구덩이로 스스로 뛰어든 자일 뿐입니다. 무릇 작년 겨울 엄한 견책[2]이 있은 이후로 다시 불러 주신 은혜는 각골난망이며 허물을 고치는 방도는 오직 자폐(自廢)하는 것뿐입니다. 그래서 마치 고치에 갇힌 듯 집에 틀어박혀 보통 사람으로 자처하지 않으려 하였는데, 이에 전하께서 다시 살려 주는 우악한 은혜가 갈수록 더욱 융숭하고 정성스러워져서 화성 유수(華城留守)에 제수하는 명이 화성에 거둥하시는 길에 공경히 엎드려 있는 즈음에 문득 내려왔으며, 행궁에서 불러 보실 때 마치 무릎을 맞대듯 가까이하고 간곡한 말씀으로 은유(恩諭)를 내려 더욱 특별히 진심을 보이셨습니다. 이에 어찌 당나라와 송나라 이후에 처음 있는 관직에 만번 죽어 마땅한 신이 천번 생각해도 가당치도 않은 벼슬자리라고 하여 사양하고 도망칠 생각을 하겠습니까.[3]

감격하여 한없이 쏟아지는 눈물을 훔치며 억지로 한 영(營)의 임무

**2** 작년……견책 : 1792년 9월 5일 희정당(熙政堂)에서 인견할 때 번암은 이항림(李恒林)과 윤영희(尹永僖)의 사건에 대해 이항림의 처벌을 주장하였다. 이로 인하여 지평 김희순(金羲淳)으로부터 탄핵을 받아 9월 17일에는 이에 대해 변명하는 차자를 올렸으며, 여러 신료의 논척을 받았으므로 10월 8일 정조는 부득이 번암을 삭탈관작하여 문외출송하였고, 이어 10월 12일 장단부에 부처하였다가 11월 9일 방면하면서 내린 전교에서 정조는, 번암의 '거짓이 없음〔无妄〕'을 내가 이미 훤히 알고 있다고 하여 일정한 신뢰를 표한 일이 있다.

**3** 당나라와……하겠습니까 : 정조는 당시 수원 부사를 유수로 승격한 뒤 장용 외사(壯勇外使)와 행궁 정리사(行宮整理使)를 겸임하게 하고 판관을 두어 보좌하게 하였다. 그리고 번암을 임명하면서 위인설관(爲人設官)한 것이라고 하였다. 《日省錄 正祖 17年 1月 12日》

를 살핀 다섯 달 동안 한결같이 조심하고 조심하며 조금이라도 은혜에 보답할 수 있기를 바랐지만 재능은 평범하고 힘은 약하며 정신 또한 혼미해져서, 기근 든 백성을 위하여 정사에 힘쓰느라 식사조차 제때에 못하시는 성상의 근심을 조금이나마 풀어 드리지 못하였으니 마침내 신의 죄과는 결코 요행이 없을 것입니다. 그런데 영의정에 제수하는 은혜로운 명령이 또 어찌하여 이런 즈음에 내린단 말입니까. 처음 들었을 때 신은 너무도 놀라서 환청을 들었나 의심하였고, 조금 후에는 두렵고 떨려서 오장이 모두 무너져 내렸습니다.

아아, 지극히 명철하고 지혜로운 전하께서 갑자기 이렇듯 크게 잘못 헤아린 명을 내리시리라 누가 생각이나 했겠습니까. 신이 일찍이 의정부를 맡은 지 다섯 번 해가 바뀌었습니다. 전하께서 신을 고굉처럼 여기고 심복같이 보셨지만 신은 전하께 털끝만큼도 보은하지 못하였습니다. 남들의 비난은 구름처럼 모이고 신의 명예는 날로 무너졌으니, 이것은 전하께서 훤히 아시는 바입니다. 그러나 좌의정과 우의정은 그래도 영의정에 기대어 직무를 완수할 만하지만 영의정 같은 경우는 사직의 안위와 백성의 휴척이 모두 그 한 몸에 매여 있으니 나라에서 중요하게 여기는 것이 무엇이 이보다 더하겠습니까.

생각해 보니 신은 황혼의 남은 해가 점점 기울어 이제 다만 한 마디가 남아 있을 뿐입니다. 인간 세상의 온갖 일이 모조리 잊혀서 때때로 무슨 말을 하거나 생각을 이야기하면 비록 가족이라도 대부분이 신의 노망을 몰래 비웃습니다. 하물며 천승의 나라에서 엄연하게 백관의 우두머리가 되어 팔방에서 어지러이 모이는 업무에 응한다는 것이 말이 되겠습니까. 결코 그럴 이치가 없다는 것을 잘 알고 있습니다. 그런데 어제 내린 별유를 받들고 보니 동아줄처럼 뚜렷한 말씀에 영의정을 어렵고 신중하게 뽑아야 한다는 뜻을 반복하셨으며, 뜻을 기울인 것이 세 번뿐만이 아니었습니다. 전하께서는 처음부터 어렵고 신중히 해야 한다고 말씀하셨으니 실제로도 그렇게 해야 하는데, 이번에 신을 뽑은 것은 어찌하여 이토록 어렵고 신중하게 하는 것과는 반대됩니까.

이에 신은 개탄스럽고 실망스러운 마음이 없을 수 없어 가만히 그 까닭을 궁리해 보니 이는 모두 신의 목숨이 얼마 남지 않았기 때문입니다. 스스로를 돌아보며 비통한 마음을 더 이상 어떻게 말씀드리겠습니까. 비록 그렇지만 지금 드리는 말씀은 모두 신의 흐리멍덩한 본색과 늙고 병든 실상에 대해서 우러러 아뢴 것일 뿐입니다. 작은 지조를 지켜서 영의정에 제수하시는 명령에 응하여 한 발짝도 움직여서는 안 되는 이유는 따로 있습니다.

신은 나라를 위해 죽기를 바라는 사람입니다. 죽을 날을 앞에 두고 마음속에 품고 있는 말을 더 이상 하지 못한 채 끝내 천고에 눈을 감지 못하는 귀신이 되는 것은 차마 하지 못할 일입니다. 이에 감히 두려움을 잊고 모두 말씀드리려고 하니 오직 전하께서는 척연(惕然)한 마음으로 굽어살피시기 바랍니다.

무릇 나라가 나라인 까닭은 오직 의리가 있기 때문입니다. 그러니 의리가 펼쳐지면 그 나라가 다스려지고 의리가 막히면 그 나라가 어지러워지니 이것은 반드시 식견이 있어야만 아는 것이 아닙니다. 무릇 하늘을 이고 땅을 밟는 세상의 모든 사람들이 이치가 이렇다는 것을 누가 모르겠습니까. 아아, 오늘날의 국가는 겉으로 보기에는 성명께서 임어하시어 온 나라가 편안하니 치세라고 하여도 진실로 마땅합니다. 그러나 그 안을 들여다보면 마땅히 펼쳐져야 할 의리가 막힌 지 벌써 18년이 되었습니다.

신이 지난 기유년(1789, 정조13) 원침(園寢)을 옮길 적[4]에 우리 성상께서 흘린 눈물이 소맷자락을 적시며 피로 변하여 점점이 붉어지는 것을 보았습니다. 일찍이 옛날 책에 '피눈물〔血淚〕'이라는 두 글자가 있는 것은 알았지만 눈으로 보지는 못하였는데, 군부의 소매에서 직접 그 일을 차마 보았으니 아아, 하늘이 무슨 연고로 그렇게 한 것입니까. 신은 전하께서 지존인 제왕으로서 몸소 증자(曾子)와 민자건(閔子騫)의 효도를 행하고 계시다는 것을 알고 있는데, 진실로 하늘에 사무치는 지극한 원통함과 아직도 풀지 못한 채 가슴에 맺혀 있는 억울함이 아니라면 속눈썹을 타고 흘러내리는 눈물이 어찌하여 진짜 핏물로 변하는 데 이르겠습니까.

그러나 전하의 깊은 마음속에 서리고 서린 통한을 누르고 눌러 의리가 크게 천명되지 않도록 한 것은 역시 은인자중(隱忍自重)하고 인통함원(忍痛含怨)하며 고심(苦心)하신 전하의 성덕(盛德)에서 나왔습니다.[5] 그러나 선대왕(先大王 영조)께서 거괴(巨魁)가 누구인지 전하를 위하여 이름을 거론하여 가르쳐 주고, 또 몰래 이간질한 궁액(宮掖)을 은미한 뜻으로 가리켜서 알려 주셨습니다. 아아, 당시 간흉(奸凶)들이

**4** 기유년……적 : 1789년 서울 휘경동에 있던 사도세자의 묘소인 영우원(永祐園)을 수원 현륭원(顯隆園)으로 옮긴 것을 말한다.

**5** 역시……나왔습니다 : 대본에는 '亦由於我殿下隱忍含茹之苦心盛德'으로 되어 있다. 1793년 5월 28일 《일성록》과 《정조실록》의 기사에는 "단지 혹시라도 선대왕의 성덕에 털끝만큼이라도 관계됨이 있을까 염려하셨기 때문입니다.〔只以或慮毫末之有關於先大王盛德也〕"로 되어 있다. 아마도 《번암집》을 편찬하면서 약간의 변개가 있었던 것으로 추정된다. 대략 변개된 이유를 추론하면 "선세자(先世子)"라고 하여 사도세자에 대한 직접적인 언급이 있는데 이것 때문으로 생각된다.

참소하고 무함하였는데 그중에도 재물과 여색으로 날조하고 사냥과 원유(遠遊)로 꾸몄으니 그 죄가 진실로 하늘에 닿겠지만 전하께서는 일이 선조(先朝)에 관계된다고 하여 꾹 참고 말씀하지 않으신 것은 그래도 말이 될 만합니다.

신이 거의 10년간 속을 썩이고 뼈에 사무치도록 살고 싶지 않았던 것은 바로 간흉들이 세상천지에 차마 말하지 못할 일로 무함했지만 신은 아직도 울분으로 배를 가르고 원통함으로 간을 꺼내어 분명하게 변파해서 천하 만세에 알리지 못했기 때문이니 어찌 절박하지 않겠습니까. 전하께서는 차마 듣지 못하겠다고 하여 마침내 듣지 않으시고 신은 차마 말하지 못하겠다고 하여 끝내 말하지 않으니, 그 때문에 사람들이 만약 전하의 마음과 신의 마음을 자신의 마음으로 삼아서 감히 문제를 제기하지 못하고 그 일에 대해서는 차마 쓰지 않는다면 이는 천하 만세로 하여금 모두 감히 문제를 제기하지 못하고 차마 말하지 않는 의리로 인식시키는 것입니다. 이는 진실로 동호지필(董狐之筆)[6]처럼 진실한 사관(史官)이기는 하지만, 신의 어리석음은 죽을죄를 짓는 것입니다. 삼가 간흉의 악은 숨어 드러나지 않고 그 악을 세상에

**6** 동호지필(董狐之筆) : 동호는 춘추 시대 진(晉)나라 사람이다. 진나라 영공(靈公)이 조둔(趙盾)을 죽이려고 하자, 조둔이 달아나다가 국경을 넘기 전에 조천(趙穿)이 영공을 시해했다는 소식을 들었다. 그래서 돌아왔지만 조천을 토벌하지는 않았는데, 동호가 "조둔이 그 임금을 시해했다.〔趙盾弑其君〕"라고 기록했다. 즉 임금을 시해한 역적을 토벌해야 할 책임이 있는 자가 토벌하지 않았으므로 그 임금을 시해했다고 기록한 것이다. 당시 정조는 사도세자의 죽음에 대하여 언급하지 못하도록 금령을 내렸는데, 사도세자를 죽게 만든 자를 토벌하지 못하게 하는 것은 그 책임이 정조에게 있다는 것이다. 이 때문에 '동호지필' 네 자는 한때 흉언으로 취급된 적이 있다.

천명하는 일은 적막하여 들리지 않을 것이니 백대 후에 장차 무엇을 가지고 증거로 삼겠습니까. 신이 생각이 이에 이를 때마다 깊은 밤에 너무도 비통하여 목이 막혀 울어도 소리가 나지 않았는데, 효심이 지극한 전하께서 어찌 생각이 이에 미치지 않을 리가 있겠습니까.

신이 외람되이 수원의 유수영을 맡고부터 한침(漢寢)의 의관(衣冠)이 매우 가까워[7] 구령(緱嶺)의 생학(笙鶴)[8]이 보이듯 하니 우러러 의지한 나머지 늘 처연한 생각이 들었습니다. 며칠 전에 기신제를 거행하는 반열에 신도 달려가 참석하였습니다. 촛불은 일렁이고 솔숲에 바람 소리 처연한 속에서 무릎을 꿇고 절을 올리는데 어렴풋이 그 모습이 보이는 듯하고 아련하게 그 음성이 들리는 듯하며 숙연한 탄식 소리가 나는 듯하였습니다. 이에 신은 울음을 삼키며 마음속으로 '선세자(先世子 사도세자)를 직접 섬겼는데 늙어도 죽지 않아 원침(園寢)에서 주선하니 이런 경우가 미천한 나 말고 다시 몇 사람이나 있겠는가. 당시의 일을 직접 눈으로 보아 세자의 원통함을 분명하게 알고 있는데 오히려 좌고우면하면서 어물어물하고 있었다. 지난여름 한 번 소를 올린 후에 마침내 더 이상 속마음을 드러내지 못하고 평소처럼 시간만 보내고

**7** 수원의……가까워 : 한침의 의관은 사도세자의 현륭원을 가리키는 말이다. 한(漢)나라 때 왕릉 곁에 침전(寢殿)을 지어 왕이 평소에 사용했던 일용 도구들을 생전처럼 꾸며 두었던 데서 유래하였다. 여기서는 번암이 수원 유수로서 사도세자의 현륭원을 자기가 직접 모시고 있었음을 비유한 것이다.

**8** 구령(緱嶺)의 생학(笙鶴) : 사도세자의 혼령을 신선에 빗대어서 한 말이다. 구령은 구지산(緱氏山)의 산봉우리이고 생학은 신선이 타고 다닌다는 학 이름인데, 주 영왕(周靈王)의 태자 진(晉)이 구지산에서 신선이 되어 학을 타고 천상으로 올라갔다는 고사에서 온 말이다. 여기서는 번암이 사도세자에 대한 충심이 얼마나 깊은지 그가 자신의 눈에 보이듯 어른어른한다는 말이다.

있으니 이는 선대왕(先大王 영조)께 받은 끝없는 은혜와 보살핌을 저버린 것이고 우리 전하께서 다시 살려 주신 큰 은덕을 저버린 것이며, 또한 스스로 지켜 온 일편단심도 저버린 것이니 이제 죽어 황천에 가면 무슨 말로 우리 선대왕께 말씀드리며 무슨 말로 우리 선세자를 위로하겠는가.'라고 되뇌었습니다.

이렇게 생각하자 굳게 결심하게 되었습니다. 신이 만약 선세자의 무고함이 깨끗하게 씻기고 역적의 토벌이 크게 행해지기 전에 다시 관복을 찾아 입고 조정의 반열에 선다면 이는 의리를 잊고 부귀를 누리는 것입니다. 전하께서 신을 영의정에 발탁하신 것이 어찌 신을 부귀하게 만들어 주고 싶어서이겠습니까. 장차 신으로 하여금 반드시 의리로 마음을 지키고 임금을 섬겨 한세상을 의리의 궤범(軌範) 속으로 넣게 하기 위해 그리하셨을 것입니다. 만약 그렇다면 신이 전하를 섬기는 바가 이 커다란 의리를 버리고 다시 어디에서 손을 빌리겠습니까.

신이 지난 12월에 용서를 받고 풀려나 돌아와서는 충심(衷心)으로 상소를 올리고 섬돌에 머리를 부수며 간쟁하였습니다. 그때 조정에 있으면서 옆에서 지켜보기만 한 신료 중에 신더러 미치광이요 어리석은 자라고 하지 않는 자가 거의 없었습니다. 그러나 신은 한결같이 사직을 위해 진심으로 심사원려하였고, 흉도들이 넘보지 못하도록 그 조짐을 막았습니다. 전하께서 이재간(李在簡)과 신기현(申驥顯)의 일에서 신에게 선견지명이 있다고 인정하셨지만, 신은 뒷날 사람들이 신의 지금 이 말을 보는 것이, 또한 전일에 전하께서 신이 말한 것을 보는 것과 같지 않을까 삼가 걱정됩니다. 만약 그렇다면 신이 국가에 대해 예견해 보건대 매우 불행해질 것입니다.[9] 어찌하여 전하께서는 신의 말을 건성으로 듣고 하나도 따르지 않아 신이 도무지 쓸데없는 근심에서 벗어나지 못하고 전전긍긍하며 날을 새우게 만드시는 것입니까. 신이 그제 부주(附奏)[10]에서 말씀드린, 구구한 신의 마음이 꼭 잡고 지킨 것이란 바로 이 두 가지 의리[11]입니다. 왕께서 그것을 행하시기를 신은 날마다 바라고 있습니다.

다만 근래의 일로 보자면 전하께서 윤기(倫紀)와 의리(義理)를 깨고 무너뜨리는 일을 어렵지 않게 여기시어 천지간에 극악무도한 지친(至親)과 인척(姻戚)이 모조리 관을 털고 인수(印綬)를 차서 사적(仕籍)에 가득합니다. 더욱이 신이 괴이하게 생각하는 것은 세력이 없으면서 모역을 하면 8, 9촌에까지 연루되는데, 세력이 있어 모역을 하면 국법

**9** 전하께서 이재간(李在簡)과……것입니다 : 번암이 이재간과 신기현에게 역심이 있다고 하였는데 그대로 드러나자 정조가 선견지명이 있다고 하였다. 지금 은언군(恩彦君) 이인(李䄄)을 제거하라는 번암의 말을 정조가 듣지 않고 있으니 만약 뒷날 은언군이 역모를 꾸민다면 훗날 사람들이 번암에게 선견지명이 있다고 할 것이고, 그 말은 곧 은언군이 역모를 일으켰다는 것이니 나라가 매우 불행하다는 뜻이다.

**10** 그제 부주(附奏) : 정조는 1793년(정조17) 5월 26일 복상하여 번암을 영의정으로, 김종수를 좌의정으로 삼고 각각 별유를 내렸다. 번암이 그 별유를 전한 사관 홍낙유(洪樂游)를 통해 올린 부주에 "신이 비록 늙어 정신이 흐리지만 아직 한 가닥 숨이 남아 있으니 어찌 한번 조정에 나아가서 영상의 자리에 만분의 일도 가당하지 않은 실상을 우러러 진달하고 물러나서 시골로 돌아가 죽고 싶지 않겠습니까마는, 구구한 신의 마음이 꼭 잡아 지키고 놓쳐서는 안 되는 것이 있습니다. 이것은 몇 줄의 부주로 말씀드릴 만한 것이 아니므로 삼가 마땅히 유수부 처소로 돌아가서 엎드려 성심을 다하여 모두 아뢰겠습니다."라고 하여 이 상소에 대하여 미리 언급하였다. 《承政院日記 正祖 17年 5月 26日》 따라서 이 상소의 본 목적은 사직이 아니라 바로 은언군의 제거라는 것을 알 수 있다.

**11** 두 가지 의리 : 하나는 역적 은언군의 제거이고, 하나는 선세자인 사도세자를 위한 설원(雪冤)이다.

에 따라 잡혀오는 것 말고는 비록 3, 4촌이나 사위, 동서로서 아주 긴밀하게 연결된 자라도 연루되지 않을 뿐만 아니라 혹여 좋은 벼슬을 주지 못할까 걱정합니다. 천하의 역적질은 똑같은데 국가에서 징치하는 바는 차이가 있는 까닭은 무엇입니까? 이는 모두 전하께서 커다란 의리가 판가름 나는 갈림길에서 끝내 머뭇거리며 통쾌하게 전형(典刑)을 시행하려고 하지 않기 때문입니다. 그런 까닭에 처리하는 일마다 윤기가 날로 무너져 이런 지경에 이르게 되었으니 여기가 바로 충신과 지사 들이 통곡하며 눈물을 쏟는 곳입니다.

옛날 사람은 자신의 말이 쓰이지 않는데도 떠나지 않는 것을 신하의 큰 수치로 여겼습니다. 말이 크고 중요하기로는 의리만 한 것이 없습니다. 신은 명색이 대신으로서 위에서 말씀드린 두 가지 커다란 의리를 가지고 군부 앞에 나아가 아뢰었으나 마침내 반 푼도 받아들여지는 실상이 없었습니다. 이제 벼슬이 올라 영의정의 자리에 이르렀다고 하여 꼭 잡고 지킨 것을 흔들고 고쳐서 편안하게 명을 받든다면 신하된 자로서 이보다 큰 수치가 없을 뿐만 아니라 세도와 국가에 해가 되는 것이 어떠하겠습니까. 신이 벼슬에 걸맞지 않은 실상과 늙고 병든 상태는 오히려 부차적인 일입니다. 오직 이 커다란 의리가 심장을 꿰뚫고 있으니 신의 말이 받아들여진다면 나아가겠지만 받아들여지지 않는다면 이 의리를 가슴에 안고 황천으로 돌아갈 뿐입니다.

이에 감히 피눈물로 상소를 엮어서 머리 들어 눈물로 호소합니다. 삼가 엎드려 바라건대 천지 부모인 성상께서는 애긍히 여기고 굽어살펴 신에게 새로 제수한 상신의 직책을 체차하여 신의 작은 지조를 온전히 지키게 하고 이어 신의 말을 채택해 의리가 크게 밝혀지게 하신다면 비록 죽어도 산 것과 같으리니 마음과 혼백은 날듯이 기뻐서 무어라 해야 할지 모를 것입니다. 신은 대궐을 바라보며 성상을 그리매 간절하고 두려운 마음을 이루 다 견디지 못하겠습니다.

답하기를,

"상소를 살펴보고 경의 간절한 뜻을 모두 알았다. 경이 상소에서 '구구한 신의 마음이 꼭 잡고 지키는 것은 이 두 개의 의리입니다.……' 라고 하였는데 첫 번째 사항은, 즉 차마 들을 수도 없고 말하지도 못할 말이다. 지난해 이달(5월) 22일에 구전으로 하교를 내릴 적에 눈물 섞인 먹물에 붓을 적셔 울음을 머금고 입으로 부르는데, 한참 동안 숨이 막혔다가 겨우 소생한 일을 경은 앞자리에 있으면서 눈으로 직접 보았다. 대저 그때 한번 유시한 것은 나의 본의를 분명하게 보이기 위해서가 아니라, 그렇게 한 다음에야 천하 만세에 길이 할 말이 있겠기 때문이었다. 한 번도 감히 하지 못할 말을 하였으며, 차마 하지 못할 말을 하였는데, 나같이 어리석은 사람이 그 일을 오늘날 다시 제기해서야 되겠는가. 경도 그날 이후로 감히 다시 꺼내지 못하고 차마 다시 꺼내지 못하였으니, 그것은 경이 곧 몰랐던 것을 알고 깨닫지 못했던 바를 깨달아 나의 마음을 경의 마음으로 삼았기 때문이다.

두 번째 사항은 또한 나라의 금령에 속한 것이다. 덧붙여 진술한, 널리 등용하여 크게 탕평한 폐단[12]에 대해서는 생각을 더듬어 자세히

**12** 널리……폐단 : 번암이 앞에 언급한, 세력이 있는 자들이 역적질을 해도 그와 함께 했던 사람들을 등용한 것에 대해서 비판한 부분을 정조가 표현한 말이다. 정조가 폐단이라고 표현한 것을 보면 번암의 비판을 일정 부분 인정한 것이다.

답할 여가가 없다.

아아, 내가 너끈히 잘하는 것이 참으로 없지만, 아는 바는 천경지의(天經地義)요 지키는 바는 삼강오륜(三綱五倫)이니 스스로 부끄러움이 없으며 남이 알아주기를 바라지도 않는다. 말이 여기에 미치니 피가 솟아오르는 것을 스스로 금하지 못하겠다. 경이 들으면 아마도 경 또한 두려워하고 놀랄 것이다. 경은 모름지기 잠시도 지체하지 말고 즉일로 상경하라."

하였다. 이어 전교하기를,

"이 비답을 사관을 보내어 전유하게 하고 원래의 상소는 봉하여 돌려주라."

하였다.-영의정에 특별히 제수하고 내린 돈유(敦諭)는 권수 하 제23판에 있다.

○ 금등(金縢)을 보여 줄 때의 연설(筵說)은 권수 하 제24판에 있다.-

## 원릉에서 배제한 후에 하사한 말을 사양하는 차자[13]

元陵陪祭後辭錫馬箚

삼가 엎드려 아뢰옵니다. 어가(御駕)가 새벽에 출발하여 찬 이슬을 밟고 원침(元寢)에 제사를 거행하니 성상의 사모하는 마음 끝이 없었습니다. 또 몸소 여러 능침을 살펴보며 진시(辰時)부터 오시(午時)가 지나도록 옥체의 수고로움은 돌아보지 않으셨습니다. 그러니 반열에 있는 신료들과 호가하는 군교들 모두 서로 돌아보며 누군들 "훌륭하도다, 우리 임금이여. 효도하며 사모하기에 효도하며 사모함이 법도가 되도다."라고 하지 않았겠습니까. 아아, 사계절 속절없이 100년을 돌아 선왕의 생신날이 다시 닥쳤으니 신처럼 늙어도 죽지 않고 항상 황천에서 선대왕 모실 날만 기다리는 자가, 다행히도 우리 성상의 사랑이 견마 같은 신에게 미치는 은혜를 입어 특별히 아헌관의 임무를 맡기셨습니다. 신은 정자각(丁字閣) 앞에서 절 올리고 꿇어앉아 받들어 술잔을 올리니 불현듯 집경당(集慶堂)에서 하루에 세 번 탕제를 올리며 시병(侍病)하던 때처럼 느껴져서 영광스럽고 감격스러운 나머지 목이 메어 어찌할 수가 없었습니다. 탄신하신 지 100년이 되는 해 탄신하신 이달에 외람되이 신이 바로 이 임무를 맡았으니 성상께서 옛날에 특별히 보살펴 주던 것을 생각했는데 이에 성상께서 도리어 대궐 마구간의 빛나는 말을 신에게 내려 마치 신이 무슨 공로나 있는 것처럼 하시니

**13** 원릉(元陵)에서……차자 : 1793년(정조17) 9월 8일 올린 것이다. 정조는 9월 4일 영조의 능인 원릉으로 가서 친제를 올렸다. 친제 때 아헌관이던 영중추부사 번암에게 반숙마(半熟馬) 1필을 하사하였는데, 이에 대해 올린 차자이다.

이게 무슨 일인지 신은 모르겠습니다.

아아, 신의 한 몸은 은혜가 아니면 있을 곳이 없고 은혜가 아니면 일할 것이 없으며, 하루도 은혜가 아닌 날이 없고 한시도 은혜가 아닌 때가 없는데, 지금 또 이런 은혜를 내리시니 또한 신의 의리로 보아 편안히 받기 어렵습니다. 이치상 즉시 한번 차자를 올려 황공한 뜻을 갖추어 말씀드리고 아울러 도로 거두도록 명하시기를 청해야 하는데 공교롭게도 며칠 전부터 독감에 걸려 정신이 혼미하고 말을 제대로 못해서 가슴속 간절한 마음을 드러낼 방법이 없었습니다. 하루 이틀 지나는 사이 상으로 받은 분수에 넘친 말이 본래 제 것인 양 되었으니 이는 또한 신의 죄입니다. 이제야 비로소 간신히 정신을 추스르고 외람되이 진정한 마음으로 아뢰니다. 엎드려 바라건대 먼저 분수에 맞지 않는 은사(恩賜)를 거두고 이어 인사를 게을리한 신의 죄를 다스리시어 상전을 신중히 함으로써 신하의 분수를 엄정히 하소서. 재결하여 주시기 바랍니다.

답하기를,

"차자를 살펴보고 경의 간곡한 마음을 모두 알았다. 경이 헌관의 반열에 참석한 일이 어찌 공연히 한 것이겠는가. 경이 올린 차자의 내용을 보니 더욱 내 마음이 감격스럽다. 그러나 말을 내린 것은 경을 위해서가 아니요, 곧 그 예법을 무겁게 여겼기 때문으로 나의 뜻을 부친 것인데 경은 어찌 사양하는가. 안심하고 받으라. 경은 병을 잘 조리하고 있는가? 바라건대 더욱 잘 조리하라."

하였다. 이어 전교하기를,

"이 비답을 사관을 보내어 전유하게 하라."

하였다.

## 김종수가 상소하여 비난한 것에 대하여 변백하고 아울러 엄한 견책을 청하는 상소[14] 갑인년(1794, 정조18)

辨金鍾秀疏詆乞被威譴疏 甲寅

삼가 엎드려 아룁니다. 신이 중신 정민시(鄭民始)의 소본을 얻어 보고 처음으로 방귀전리(放歸田里)한 죄인 김종수가 상소하여 지난번 정청(庭請)과 달사(達辭)[15]를 올린 일에 대하여 비난한 것을 알았습니다. 신은 놀랍고 두려워 그 비난한 의도가 무엇인지 살펴보지 못하였습니다. 계속하여 비지와 따로 내리신 전교를 보니 본성을 상실한 것에 대해 불쌍히 여기고 의리와 분수를 엄정하게 붙잡아 세우시어 서릿발

14 김종수(金鍾秀)가……상소 : 1794년 1월 30일에 올린 것이다.

15 지난번 정청(庭請)과 달사(達辭) : 정조는 1794년 1월 1일 경모궁에 작헌례를 행하고 13일 현륭원에 작헌례를 행하였다. 이때 정조의 애도가 극도로 지나쳐서 거의 실신하는 지경에 이르렀는데 20일에 다시 경모궁에 전배하여 애도하자 시원임 대신들이 이를 말리기 위해 어머니인 혜경궁(惠慶宮) 홍씨(洪氏)에게 세 차례 정청하여 경모궁의 전알을 중지시킬 것을 요청하였다. 이때 올린 글이 여기서 언급한 달사이다. 그 내용 중에 정조가 현륭원에서 전알할 때 애도가 지나쳐 거의 실신할 지경에 이르자 "대신이 정조를 업으려고까지 하였다.〔大臣至欲親負〕"라는 등의 말이 있었다. 당시 김종수는 이에 참석하지 않았는데 1월 24일 상소를 올려 "빈청의 달사 중에 직접 전하를 업었다는 한 구절은 이 무슨 말입니까.〔賓廳達辭中, 大臣親負一句, 是何言也?〕"라는 말이 조보에 있다고 하며 거짓을 꾸며 임금을 속인다고 비난하였다. 그러자 그 조보 기사를 쓴 정민시가 죄를 청하는 상소를 올렸고, 이를 계기로 정조는 전교를 내려 이른바 금등서에 대해 김종수가 흔쾌히 수긍하지 않은 정상을 엄하게 질책하는 한편 이번 건에 대해서도 비난하면서 김종수를 삭탈관직하고 방귀전리하도록 명하였다.《正祖實錄 18年 1月 1日, 13日, 20日, 24日, 29日》

처럼 엄한 주벌이 윤음에 삼엄하게 벌려 있었습니다. 받들어 읽고 돌려 보낼 때 단지 그 상소에서 김종수의 복심이 모조리 드러난 것이 기쁠 뿐만이 아니었습니다. 지금 이후로 임금의 기강이 하늘처럼 더욱 높아져서 윤상(倫常)이 영원히 땅에 떨어지지 않을 것입니다. 신이 비록 상소에 거론되기는 하였지만 신 자신의 혐의는 적고 나라를 위한 복은 크니 전하의 처분에 어찌 흠탄(欽歎)하고 감복(感服)하지 않을 수가 있겠습니까.

아아, 달사의 글에 초를 잡은 것은 중신(重臣)이 비록 이미 스스로 말했으나 저 상소의 창끝은 신이 홀로 받아야 할 듯합니다. 다른 사람이 신을 대신하여 비난받는 것을 다행으로 여기며 신은 감히 편안하게 있을 수 없습니다. 하물며 스스로 인책하는 상소에서 일의 체모를 돌아보는 것을 위주로 하고 그 속에 감추어진 교묘한 의도를 깨부수는 말이 한마디도 없다면 신이 평소에 멸사(滅私) 순국(殉國)하겠다고 망녕되이 자부한 것이 이에 이르러 깨끗이 없어지고 말 것이니 신은 또한 차마 이렇게 할 수는 없습니다.

그 상소의 숨겨진 뜻은 중신이 대부분 변파하였지만 그중에 "다소 잘못하였다.〔多少做錯〕"라는 한 구절은 그 말이 어떻게 바뀔지 예측하기 어렵고 "거짓을 꾸며 임금을 속였다.〔飾詐罔上〕"라는 말은 그 창끝이 신에게 닿아 있으니 신은 이에 죽음을 무릅쓰고 밝히지 않을 수 없습니다. 무릇 이른바 잘못을 했다는 것은 혹 의도가 천리에 마땅하지 않거나 예절이 조정의 의절과 맞지 않는 것입니다. 당시의 일이 천리에 비추어 보았을 때 과연 마땅하지 않은 점이 있었습니까, 아니면 조정의 의절에 상고해 보았을 때 맞지 않는 부분이 있었습니까? 천리에도 조정의 의절에도 진실로 마땅하고 진실로 맞는다는 것을 분명하게 안다면 이것과는 별도로 무슨 잘못[做錯]이 그 속에 들어 있겠습니까. 이처럼 감추지 않겠다는 의지에 이처럼 감히 말한다는 기풍으로 유독 이 일만은 명확하게 지적하고 확실하게 논박하여 그 마음을 통쾌하게 하지 않고 우선 속속들이 들추어내지는 않겠다는 등의 말[16]로 마치 하고 싶은 말을 다 하지 못하고 입속에서 얼버무리는 것처럼 하는 것입니까. 신이 실로 아둔하여 그 까닭을 깨닫지 못하겠습니다.

하물며 "거짓을 꾸며 임금을 속였다."라는 말은 신이 더욱더 의아합니다. 대개 잘못을 꾸며서 임금을 속이는 자들은 하나같이 반드시 임금이 미처 보지 못한 것을 가지고 꾸며서 속입니다. 만약 그날 일로 말하자면, 이미 시간이 어느 정도 흘렀는데 이제 다시 붓끝에 올려 차마 슬픔을 일으키고 싶지 않습니다만, 대개 그 실정은 창졸간에 허둥대느라 어찌할 바를 몰랐던 것에 지나지 않으니 이는 실제로 성상께서 직접 보신 것이며 여러 사람이 눈으로 함께 본 것입니다. 거짓을 꾸미려 한들 어떻게 꾸밀 수가 있겠으며, 임금을 속이려 한들 무슨 수로 속이겠습니까.

그 또한 어찌 이를 모르겠습니까. 하지만 정신을 쏟는 것이 오직 신 한 사람을 죽이는 데 있는 까닭에 그 말이 순서도 없고 맥락도 없다

**16** 우선……말 : 김종수는 1794년 1월 24일에 올린 상소에서 "아, 경모궁에 거둥할 때 조정 신하들의 거조는 비록 전하의 마음을 돌리는 데 간절하였고 제때에 손을 써야만 했기에 창졸간에 미처 두루 생각할 겨를이 없었던 나머지 그리된 것인 듯하나, 결국에는 다소간 잘못하는 것을 피하지 못하게 되었습니다. 그러나 신이 어찌 감히 뒤미처 그 일을 제기하면서 하나하나 들추어내어 거듭 전하의 귀를 어지럽히겠습니까."라고 하였는데, 이 말이 마치 무슨 큰 잘못이라도 있는 것처럼 들린다는 뜻이다.《正祖實錄 18年 1月 24日》

는 것을 스스로 알지 못한 것입니다. 그러나 이번 이 일은 다만 그 가지가 어지러이 드러났을 뿐이니 그 뿌리가 무성할 것을 생각하니 뼛골이 떨려서 신은 진실로 나라가 장차 어떤 지경에 이를지 모르겠습니다. 신은 이제 머지않아 땅에 묻힐 것인데 앞날이 걱정되니 어찌 감히 눈을 감고 죽겠습니까.

아아, 신이 외람되게 백관의 우두머리로 있으면서 혼란되고 틀린 일이 많아 내각(內閣)의 각신(閣臣)들은 대신해서 공격을 받았고 여러 동료는 끌어다 자신의 허물로 삼았으니 신의 잘못이 너무 크다고 하겠습니다. 신이 무슨 얼굴로 다시 조정의 대신들을 대하겠습니까. 이에 짧은 글월을 아뢰어 신의 간곡한 마음을 모두 드러내니 삼가 바라건대 성명께서는 속히 형벌을 내려 신의 분수를 편안하게 해 주신다면 천만다행이겠습니다. 신은 지극히 두렵고 황공한 마음을 이기지 못하겠습니다.

답하기를,

"상소를 살펴보고 경의 간절한 뜻을 모두 알았다. 침원(寢園)에서 아뢴 말[17]은 경과 영상(領相)이 누가 먼저라고 할 것도 없이 서로 입에서 튀어나온 것이니 비록 그 당시 정신으로도 오히려 기억하고 있다. 따라서 달사(達辭)에서 거짓을 꾸몄다고 말한 것은 당연히 경과 영상이 그에 해당된다. 지금 난보(爛報 조보(朝報))에 잘못 썼

**17** 침원(寢園)에서 아뢴 말 : 1794년 1월 13일 현륭원에 전알할 때 정조에게 업히라고 아뢴 것을 말한다. 당시 영의정 홍낙성과 영중추부사인 번암이 말한 것이다. 《正祖實錄 18年 1月 13日》

다고 하면서 업히라고 청했는지 아니면 직접 업었는지는 따지지도 않고, 격기(膈氣)가 이제야 조금 내려갔는데, 이런 상황에도 전혀 어렵지 않게 반복해서 비난하니 이것이 진실로 무슨 마음인가. 하지만 경등에게야 무슨 인책할 만한 단서가 있겠는가.

또한 내 마음에 의혹이 있는 것은 곧 그 상소의 위 단락에 있는 정청을 한 일이다. 대개 그 당시 정청에 대해서 내가 잘못이라 여기고 또 지나치다고 생각하였다. 하지만 내가 만약 그것에 대하여 잘못이라고 말을 하거나 글에 썼다면 양쪽 모두 하나도 다치지 않게 하고 싶다는 뜻을 어찌 어제의 하교 가운데 은미하게 언급하였겠는가. 경등이 이것을 가지고 인책하는 것은 더욱 옳지 않다. 경은 그 사람에 대해서 배려해 주어야 할 의리가 없는데 경의 상소를 보면 완곡하여 모를 드러내지 않았으니 최근 남을 각박하게 대하는 폐풍(弊風)을 흔쾌하게 씻어 냈다고 할 만하니 매우 가상하다. 바라건대 마음을 편히 하고 사직하지 말라."

하였다. 이어 전교하기를,

"이 비답을 사관을 보내 전유하게 하라."

하였다.

## 진전에서 예를 행하는 것을 우선 중지하기를 청하는 차자[18]

請姑寢眞殿行禮箚

엎드려 아룁니다. 삼가 신이 아침에 약원에 내린 비지를 보니 격기(膈氣)가 아직 내려가지 않아 성상의 체후가 편치 않으시다고 하니 구구한 신의 초조하고 절박한 심정을 어찌 다 말할 수 있겠습니까. 남전(南殿)[19]에서 예를 거행하는 것이 내일 아침으로 예정되어 있습니다. 신이 비록 우매하지만 어찌 성상께서 애태우며 새벽을 기다리고 있다는 것을 모르겠습니까. 그러나 이번에 행할 예는 날짜를 변경해서는 안 되는 일반적인 제향과는 차이가 있습니다. 조금 늦추거나 앞당겨도 예법에 해가 없습니다. 더구나 힘을 헤아려서 예를 행하라는 것은 옛날의 가르침에 분명하게 나와 있습니다. 비록 일반 서민이라도 오히려 그런데 옥체가 혹 손상될 것을 염려하지 않고 억지로 행하여 "폐하께서는 비록 스스로를 가볍게 여기신다 해도 폐하의 부왕과 모후께서는 어떠하시겠습니까."라고 한 한(漢)나라 신하 원앙(爰盎)의 경계를 어기는 것이 옳겠습니까. 재계하는 날이 연달아 있는 것은 마땅히 염려할 바가 아닙니다만, 경모궁의 대향(大享)이 있은 후에 다시 길일을 택하는 것이 인정으로 보나 예법으로 보나 실로 합당합니다. 엎드려 바라건대 재삼

18 진전(眞殿)에서……차자 : 1794년(정조18) 2월 2일에 올린 것이다.

19 남전(南殿) : 남부(南部) 훈도방(薰陶坊)에 있던 남별전(南別殿)으로, 태조, 세조, 원종, 숙종의 어진(御眞)을 봉안하였고 뒤에는 영조, 순조의 어진도 함께 봉안하였다. 1690년(숙종16)에 영희전(永禧殿)으로 개칭하였으며, 어진을 봉안하여 진전이라고도 불렀다. 《東國輿地備考 卷1 壇廟 永禧殿》

생각하여 속히 내일 동가하겠다는 명령을 중지하신다면 천만다행이겠습니다.

저녁 이후 병세의 차도를 보고 조정하겠다고 이미 비답으로 전교를 내리셨으니 신들이 마음속으로 우러러 바라는 것이 오직 이에 있습니다. 대궐의 종소리가 장차 울리려고 하는데 여전히 아무런 말씀이 없으시니 더욱더 마음은 이루 말할 수 없이 타들어 가서 감히 신의 황공한 처지를 돌아보지 못하고 죽음을 무릅쓰고 차자를 올려서 깊은 밤 번거롭게 해 드리니 더욱 죽을죄를 지었습니다. 재결하여 주시기 바랍니다.

답하기를,

"차자를 살펴보고 경의 간절한 마음을 잘 알았다. 듣자니 주렴과 휘장이 이미 깨끗이 준비되었다고 한다. 이제 와서 어떻게 뒤로 물리겠는가."

하였다.

## 고양에 부처되었다가 석방된 후에 고관에 달려가지 않아 대죄하는 차자[20]

高陽付處蒙宥後不赴考官待罪箚

삼가 엎드려 아룁니다. 신은, 죄는 크고 은혜는 무거운데 잠깐 귀양을 갔다가 곧바로 풀려나 다시 도성 문에 들어와 대궐을 바라보니 마치 천안(天顔)이 바로 앞에 계신 듯하여 감격스럽고 기쁜 마음 가슴속에 배나 더합니다. 비록 오늘 당장 죽는다고 하더라도 더 이상 무슨 여한이 있겠습니까. 이런 즈음에 삼가 내일 전강(殿講)에 명관(命官)으로 명을 받들었습니다. 신은 병석에서 놀라 벌떡 일어나 "임금이 명하여 불렀으니 어찌 감히 수레가 준비되기를 기다리겠는가."라고 하였습니다. 그러나 천천히 생각해 보니, 전날 뵙기를 청했을 때 끝내 허락을 받지 못하였는데, 지금 명관으로 부르시니 이는 전하께서 대신(大臣)으로서 신을 대접하는 것이 아니라 단지 신으로 하여금 명을 받들어 하교를 따르게 하려고만 하시는 것입니다.

나라가 대신의 자리를 설치한 것이 어찌 부질없는 일이겠습니까. 무릇 대신의 임무로는, 가장 크게는 사직의 안위가 달려 있고, 그다음으로는 삼공(三公)에 궐원이 있으면 그때그때 보완하니 문서를 정리하고 때맞춰 재물을 출납하는 것은 모두 소소한 일에 속할 뿐입니다. 하물며 입이 있어도 말하지 못하고 손이 있어도 쓰지 못하면서 한갓 명을 받들어 하교에 따르는 것만이 공손함인 줄 안다면 이는 다만 사령

**20** 고양(高陽)에……차자 : 1794년(정조18) 4월 24일에 올린 것이다.

(使令)의 직책일 뿐이니 국가가 대신의 자리를 설치하여 장차 어디에 쓰겠으며, 대신이 된 사람 또한 어찌 이른바 "고(觚 모난 그릇)에 모가 없다면 그게 고(觚)이겠는가."라는 성인(聖人 공자)의 기롱에 부끄럽지 않겠습니까.

신이 아무리 불초한 사람이라고는 하지만 돌아보건대 그 직책이 대신입니다. 붉은 충정(忠情)이 끓어오른 나머지 이제 이미 마음속에 자리하였으니 만약 신에게 숨김없이 모든 것을 다 말하도록 허락하신다면 어찌 감히 가슴을 열고 충정을 내어 신하의 직분을 다하지 않겠습니까. 그런데 근래에 하교가 지엄하니 신이 비록 향안(香案)의 앞으로 달려 나가더라도 하고 싶은 말을 하지 못한 채 가슴을 억누르며 물러나오게 될 것입니다. 이렇다면 명색이 대신으로서 이런 때를 당하여 들판의 허수아비 같은 고관(考官)의 우두머리가 되고 말 것이니 위에서 이른바 종사를 부지하고 궐석을 보완하는 책임이 진실로 이와 같겠습니까.

대신은 도(道)로써 나아가고 물러나니 도가 펴지지 않으면 몸이 나가서는 안 되는 것입니다. 이에 감히 짧은 차자를 올려 신의 죄를 아룁니다. 엎드려 바라건대 성상께서는 속히 형벌을 내려 신이 명령에 태만히 한 죄를 바로잡아 여러 신료를 경책하여 주소서. 재결하여 주시기 바랍니다.

답하기를,

"차자를 살펴보고 경의 간절한 마음을 모두 알았다. 도에 어찌 두 갈래가 있겠는가. 나는 본래 천하의 대도(大道)를 따르는데 경이 이를 따르지 않고 도리어 치욕스럽게 여기니, 이런 지경에 오면,

나는 앞으로 나가는데 그대는 멀리 있다는 말밖에 더 이상 무슨 말로 가르치겠는가. 내가 전(殿)에 임한 지가 이미 몇 시간이 지났고 경이 맡은 고관은 결코 융통하기도 어렵다. 우선 승지를 보내어 이런 상황을 전할 뿐이다."

하였다. 이어 전교하기를,

"이 비답을 승지를 보내어 전유하게 하니 승지와 함께 들어오라."

하였다.-서계를 올린 것이 다섯 차례인데 모두 권28의 제27, 28, 29, 30, 31판에 있다.-

## 훈련대장을 책임을 물어 파직하기를 청하는 차자[21]

請訓將譴罷箚

엎드려 아룁니다. 신이 방금 훈련도감 천총의 망통(望筒)에 대해 내리신 전교를 보고 참으로 황공한 마음을 금할 수가 없었습니다. 신이 경재(卿宰)로 있을 때부터 듣기를, 각 영(營)의 도상(都相)이 크고 작은 군임(軍任)을 뽑을 때마다 해당 영의 대장(大將)과 서로 각축하여 혹 체통이 손상되기까지 한다고 합니다. 신이 이런 일이 있을 때마다 옳지 않다고 생각해 왔는데, 근년 이래 불초한 신이 빈자리가 생겨서 외람되이 도상의 직임을 맡으며 무릇 군임을 의망할 때 한결같이 장신(將臣)에게 일임하고는 전혀 의심을 두지 않았습니다. 이는 대개 군임은 본래 장신의 소관일 뿐만 아니라 혹 이로 인해 체통을 세우는 데 방해가 될까 염려했기 때문입니다.

어제 천총의 망통을 정서해 와서 보여 주는데 이전처럼 잠시 훑어보고 애초에 유의하지 않았습니다. 지금 전교를 받들고 나서, 비로소 이광섭(李光燮)의 죄[22]가 실로 나라 안에서 더불어 같이 살아서는 안 되는데 사면으로 말미암아 풀려났으니 이는 소인(小人)의 커다란 행운

**21** 훈련대장을……차자 : 1794년(정조18) 6월 21일에 올린 것이다.

**22** 이광섭(李光燮)의 죄 : 이광섭이 1793년 5월 충청도 병마절도사로 재직하고 있을 때, 청주(淸州) 덕평(德坪)에 사는 전 부사 구순(具純)의 집에 도둑이 든 사건을 제대로 처리하지 못하여 원지(遠地)로 유배되는 벌을 받았는데, 이듬해 1월 12일에 풀려났고, 이어 6월 1일에는 혜경궁 홍씨의 육순을 기념하여 대사면령을 내렸을 때 죄명을 탕척받았다. 《日省錄 正祖 17年 5月 12日・6月 13日, 18年 1月 12日・6月 1日》

이라는 사실을 알았습니다. 군문의 직임에 어찌 임명할 사람이 없을까 걱정하겠습니까. 그런데도 이런 사람으로 성급하게 의망하여 향안의 앞에 올렸으니 해당 대장의 행위가 어찌 몹시 무엄하지 않습니까. 태산 같은 성인의 도량으로 비록 그대로 두고 죄를 물으려 하지 않으시지만 나라의 기강을 엄정히 하고 훗날의 폐단을 막는 도리로 볼 때 그대로 두어서는 안 됩니다. 신은 훈련대장 서유대(徐有大)에게 속히 책임을 물어 파직하는 법을 시행하는 것이 마땅하다고 생각합니다.

신이 명색이 도상인데 이런 일들을 제대로 검찰하지 못하여 마침내 성상께서 번거롭게 하교하시도록 하였습니다. 신이 어두워서 하는 일마다 제대로 하지 못하는 실상이 이에 더욱 분명하게 드러났습니다. 엎드려 바라건대 속히 형벌을 내려 자리만 지키는 신하들을 면려하고 신의 분수를 편안하게 해 주소서. 재결하여 주시기 바랍니다.

답하기를,

"차자를 살펴보고 경의 간절한 뜻을 모두 알았다. 망통에 써서 내린 하교는 경에게 화를 낸 것이 아니다. 다만 경이 해당 영(營)을 아울러 관장하고 있기 때문에 그런 것이다. 해당 장수(將帥)에게 책임을 물어 파직하는 것을 그만두어서야 되겠는가. 어제 선혜청 당상을 서용하지 않을 경우, 또한 장수의 직임이 자주 교체되는 폐단을 염려하여 월봉(越俸)으로 고쳐 써서 내렸던 것이다.[23] 하물며 저 삼군의

**23** 선혜청……것이다 : 선혜청 당상은 정민시(鄭民始)를 가리킨다. 정민시는, 1794년 6월 20일 전라도 장흥(長興)과 보성(寶城)의 대동세를 싣고 오던 배가 해미현(海美縣)에서 치패된 사건으로 인하여 월봉 7등에 처해졌는데, 이는 파직하고 서용하지 않는

사명(司命)으로 불리는 직임이야 말할 것이 있겠는가. 먼저 월봉의 법률을 시행하였으니 경은 안심하고 사직하지 말라."

하였다.

경우에 해당하는 것을 경감하여 처분한 것이다. 정민시가 선혜청 당상과 더불어 장용영 제조, 총융사의 직임을 겸하여 맡고 있으므로 이렇게 명한 것이다.《日省錄 正祖 18年 6月 20日》

## 도감의 도제조를 체직해 줄 것을 청하는 차자[24] 을묘년(1795, 정조19)

乞遞都監都提調箚 乙卯

엎드려 아룁니다. 삼가 신이 들으니, 오늘 윤대(輪對)에 입시했을 때 훈련도감 종사관 최소(崔爔)가 더할 수 없이 흐리멍덩하게 행동하여 지엄한 하교를 초래하였고, 심지어 해당 영의 대장을 함사(緘辭)로 엄하게 추고하라는 명까지 내렸다 합니다. 신은 이에 두렵고 떨려서 몸 둘 바를 모르겠습니다.

대개 신과 최소는 이전부터 서로 알고 지내는 사이로, 그가 소싯적에 승상시(陞庠試)에 오를 정도로 재명(才名)이 있었던 것을 아꼈고, 벼슬길에 올라서는 수령을 거치면서 모든 일 처리에 조리가 있었던 것을 기뻐하였습니다. 근년에는 그가 빈한한 삶을 견디며 세태에 영합하지 않는 것을 좋아하였습니다. 그러나 비록 서로 아는 것이 신과 같더라도 10년간을 거의 찾아오지 않았으니 신이 아는 것이라고는 다만 평소에 현명했던 최소입니다. 이 때문에 종사관에 자리가 나자 신이 정말로 최소가 합당하다고 생각하여 해당 대장에게 통고하였던 것입니다. 그런데 그가 의망되어 낙점을 받자 만나기를 요청하였고, 며칠 전에 비로소 그가 찾아와 신이 보았습니다.

그런데 질문을 하여도 그가 제대로 답변하지 못하였고 그가 말을 하는데 신은 그것을 알아듣지 못하였습니다. 신은 지금의 최소가 옛날의

24 도감(都監)의……차자 : 1794년(정조18) 12월 23일에 올린 것이다.

최소와는 전혀 다른 것을 괴이하게 여겨 다른 사람에게 물어보았습니다. 그랬더니 십수 일 전 중풍을 맞아서 비록 조금 차도가 있지만 아직 좋아지지 않았는데, 공역에 감히 병이 있다고 말하지 못하여 억지로 일어나 부임했다고 합니다. 신이 한편 놀랍고 한편 근심스러워 속으로 생각한 것은 있었지만, 어찌 그런 상태로 성상이 계신 바로 앞에 나아가 관리로서 수치를 끼칠지 생각이나 했겠습니까. 신료들을 신중하게 뽑으라는 것은《서경》에서 가르친 바인데 신이 외람되이 도제조의 자리에 있으며 이렇게 직임을 감당하지 못하는 사람을 뽑아 의망하게 하여 우러러 성조에서 모든 인재를 알맞게 사용하는 정치에 누를 끼쳤으니 모든 것이 신이 일마다 제대로 처리하지 못한 죄입니다. 그리고 마침내는 그 죄가 해당 대장에게 옮겨졌는데도 신은 편안하게 그대로 있으니 이 또한 용서받기 어려운 신의 죄입니다. 이에 감히 짧은 차자로 죄를 자백하니 엎드려 바라건대 성명께서는 속히 신을 삭직하여 관방을 깨끗이 하고 신료들을 면려하신다면 천만다행이겠습니다. 재결하여 주시기 바랍니다.

답하기를,

"차자를 살펴보고 경의 간곡한 뜻을 모두 알았다. 가장 엄숙한 것이 연석의 체모이니 음서로 올라온 말직의 하찮은 자가 매우 놀랍게도 패려한 행동을 하였기에 그를 의망한 해당 장수에게 가볍게 경책하는 뜻을 대략 보인 것이다. 지금의 최소가 옛날의 최소가 아니라는 것을 일찍 알았다면 어찌 쥐 잡으려다 독 깬다는 경계[25]를 무심코

**25** 쥐……경계 : 일개 훈련도감의 종사관을 하나 내치려다 중요한 인물인 번암을 잃게 되었다는 비유이다.

지나쳐서 경으로 하여금 차자를 올려 인책하는 지경에 이르게 하였겠는가. 대개 그 사람은 대단히 흐리멍덩하며, 신료를 신중히 가리지 않은 것에 대해서는 경에게 개탄스러운 점이 없지 않다. 그러나 작은 일이니 경은 안심하고 나랏일을 보라."

하였다.

## 조참을 그만두기를 청하는 차자[26]

請寢朝參箚

삼가 엎드려 아룁니다. 사직단에서 풍년을 기원하매 전하의 정성이 하늘에 닿았습니다. 매서운 한파는 꺾이어 제사가 무사히 끝이 났습니다. 신이 외람되이 배제(陪祭)하는 반열에 끼었으니 흠모하는 마음을 이루 다 말할 수 없습니다. 다만 그날 재전(齋殿)에서 가까이 모시며 엎드려 뵈니 성상의 음성이 쉬고 감기는 낫지 않으셨습니다. 밤늦게 어가를 돌린 끝이라 구구한 신의 걱정은 날이 다 지나도록 풀어지지 않았습니다. 그런데 조참과 차대를 하겠다는 명이 어찌하여 또 내린 것입니까.

신은 진실로 전하께서 밤낮없이 나랏일을 근심하여 스스로 만족하지 않고, 이 새해를 맞이하여 만물이 소생하는데, 사대문을 활짝 열고 백관을 맞아 나라의 계책을 강구할 것을 염두에 두고 계시다는 것을 알고 있습니다. 다만 생각해 보니 근년 이래 묘당의 빈대(賓對)가 하루도 빠진 적이 없고, 신료의 접견으로 일이 없는 날이 거의 없었습니다. 신이 보기에 전하의 다스리는 방법은 날마다 조참하는 것이라고 해도 지나치지 않을 것입니다. 어찌 반드시 대궐 문 높은 곳으로 추위를 무릅쓰고 아침 일찍 거둥하시어 병을 조심하라는 성인의 경계를 하찮게 여긴 다음에야 비로소 조참을 하였다고 말하겠습니까.

더구나 그날은 바로 상호도감(上號都監)이 전궁(殿宮)의 밖에서 습

**26** 조참을……차자 : 1795년(정조19) 1월 10일에 올린 것이다.

의(習儀)를 하는[27] 날입니다. 당상과 낭청 등 여러 신하는 형세상 반열로 달려가 모여서 우러러 예가 끝나는 것을 본 다음에야 비로소 돌아와 의정부로 나아갈 수 있습니다. 그런데 예모(禮貌)를 익히다 보면 시간이 또한 반드시 많이 늦게 됩니다. 돌아보건대 지금의 경례(慶禮)가 얼마나 중요하고 큰 행사입니까. 앉은뱅이도 모두 일어나고 모든 백성이 환호하고 있습니다. 그런데 그 예모를 익힐 때 속으로는 마음을 바쁘게 먹고 겉으로는 대충 하는 모습을 드러내어 천천히 안정되게 해야 하는 예법에 흠결이 있게 되고 일이 전일하게 진행되지 않는다면 마음을 두 갈래로 써서는 안 된다는 교훈을 어기는 것이 아니겠습니까. 전하께서 비록 성궁(聖躬)을 돌보시는 데 스스로 살필 겨를이 없다 하더라도 만약 중요한 의전(儀典)을 더욱 깊이 생각한다면 신의 말이 끝나기도 전에 척연히 후회하며 깨닫게 되실 것입니다.

신이 외람되이 제조에 임명하는 명을 받아 하는 일마다 흐리멍덩하고 하는 짓마다 거칠고 소홀히 하여 엄한 하교를 자초하였으니 머리를 조아리고서 처분을 기다립니다. 따라서 마땅히 스스로 대신으로 자처해서 망녕되이 아뢰어서는 안 되는데, 어리석은 신의 간절한 충심을 스스로 막지 못하여 죽음을 무릅쓰고 짧은 차자를 올립니다. 엎드려 바라건대 성명께서는 특별히 조참과 차대를 하겠다는 명을 거두어 더욱 조섭에 유의하시기 바랍니다. 이어 일마다 잘못한 신의 죄를 다스려

**27** 상호도감(上號都監)이……하는 : 1795년 1월 16일에는 왕대비인 정순왕후(貞純王后)에게 존호를 올리고, 17일에는 경모궁으로 가서 장헌세자와 자궁(慈宮)인 혜경궁 홍씨에게 존호를 올렸다. 이는 장헌세자, 즉 사도세자와 혜경궁 홍씨의 환갑이 되는 해이기 때문이다. 그리고 이해에 수원의 화성으로 가서 회갑연을 올렸다. 습의는 이 행사를 위해 사전에 예행연습을 하는 것이다.

신료들을 경책하고 신의 분수를 편안하게 해 주신다면 천만다행입니다. 재결하여 주시기 바랍니다.

답하기를,

"차자를 살펴보고 경의 간절한 뜻을 모두 알았다. 대례 전의 틈나는 날은 내일뿐이다. 내일 이후로 21일까지는 매일 수응할 일이 있으므로 밖에서 습의하는 날에 조참을 겸행하는 것은 대개 부득이해서이다. 경이 막중하고 막대한 경례의 습의를 시간이 너무 늦어진 후에 다급한 마음으로 설렁설렁 하면, 마음을 두 갈래로 써서는 안 된다는 교훈을 어기는 것이라고 말하였으니 세수(歲首)의 조참은 비록 빠트려서는 안 되지만 본래 경중의 차이가 있으니 특별히 청한 바를 허락하겠다. 내일 조참과 차대는 그만두라.

이번에 도감에서 거행하며 지체되는 절차가 많았다. 오늘은 곧 수정전(壽靜殿)의 여관(女官)들이 사습의(私習儀)를 하는 날이니 이른바 여집사라고 하는 무리들이 찬창(贊唱)하는 소리가 얼마나 작은지 벙어리 같았으며 아울러 홀기도 미리 준비하지 않아서 여러 낭청을 의금부로 잡아다 처리하는 일까지 하였다. 경등이 제대로 감독하지 못한 책임에 대하여 가만히 개탄하면서 경등이 받아들이고 사례할 것이라 생각했는데, 어찌 스스로 이렇게 인책하는 말을 하는가. 지나치다. 안심하고 나랏일을 살피라."

하였다. 이어 전교하기를,

"이 비답을 상호도감의 도청 낭청(都廳郎廳)으로 하여금 도제조에게 전유하게 하라."

하였다.

## 존호를 올리는 예가 끝난 후 하사한 말을 사양하는 차자[28]

上號禮成後辭錫馬箚

삼가 엎드려 아룁니다. 하늘이 우리 동방을 도우사 큰 운이 창대하여 오경(五慶)[29]이 새해에 함께 모였으며 삼책(三冊)[30]을 길일에 친히 올렸습니다. 이런 일은 역사에 드무니 그 기쁨이 온 세상에 넘칩니다. 더구나 신은 외람되이 도상(都相)의 자리에 있어 나아가 금옥으로 만든 책보(冊寶)를 받들었고 물러나 화산(華山)과 숭산(嵩山)처럼 되시기를 축원드리니 기쁜 마음이 남들보다 만배나 더하였습니다.

이어 생각해 보니 신은 조금도 남들 같지 못하며 게다가 이미 많이 늙었습니다. 애당초 도감에서 총괄하는 임무에 의망하는 것이 마땅하지 않았는데 이에 전하께서 신의 육신이 오히려 관리의 숫자는 채울 만하다고 여겨 신을 들어서 도상을 주셨습니다. 신은 이에 감히 늙어서 혼미하다는 말씀을 드리지 못하고 오직 천 년에 한 번 오는 경사를 만나 조금이나마 정성을 바치는 것을 다행으로 여기고 영광으로 여기

**28** 존호를……차자 : 1795년(정조19) 1월 20일에 올린 것이다.

**29** 오경(五慶) : 다섯 가지 경사로, 첫째는 정조가 즉위한 지 20년이 된 것이고, 둘째는 왕대비 정순왕후가 51세로 망육(望六)이 되어 존호를 가상(加上)한 것이며, 셋째는 사도세자, 즉 장헌세자에게 존호를 가상한 것이며, 넷째는 혜경궁 홍씨에게 존호를 가상한 것이며, 다섯째는 혜경궁이 환갑이 된 것을 말한다.《承政院日記 正祖 18年 12月 13日》

**30** 삼책(三冊) : 정순왕후, 사도세자, 혜경궁에게 존호를 올린 책을 말한다.《承政院日記 正祖 18年 12月 13日》

며 달려 나가 명을 받들었습니다. 그 일이 잘 끝나게 된 것은 실로 낭청과 장인 들이 또한 전하의 지극한 효성에 감동하여 마음을 다하여 일한 결과이지 신이 어찌 털끝만큼이라도 기록할 만한 공로가 있겠습니까.

그런데 대례(大禮)가 끝나자마자 안구(鞍具)를 갖춘 말을 먼저 신에게 내리니 진실로 전하께서 경사를 아름답게 만드시고자 하는 마음이 다함없는 것을 알았습니다. 따라서 그 은혜가 과한지 적당한지 묻지도 않고 심지어 이렇게 지나치게 큰 상을 내리시니, 신이 사양하거나 받는 도리로 볼 때 도리어 어찌 감히 공도 없이 편안하게 받겠습니까. 생각해 보니 신의 한 몸이 먹는 것도 임금님이 주셨고 입는 것도 임금님이 주셨습니다. 하루 종일 황공하고 감격하여 감히 스스로 편안하지 못한데도 오히려 매번 감히 사양하지 못하는 것은 번거롭게 해 드리는 것이 두렵기 때문입니다.

이제 이 은전(恩典)은 이미 상으로 이름이 붙여졌습니다. 이른바 상이란 공이 있는 자는 보답하지 않아서는 안 되고 수고한 자는 보상하지 않아서는 안 됩니다. 이름을 돌아보고 그 뜻을 생각할 때 신은 한 푼도 비슷한 점이 없습니다. 사양하는 말이 으레 하는 인사에 가깝다고 하더라도 사양마저 그만둔다면 이는 염치를 모르는 것입니다. 이에 감히 짧은 차자로 대략 아뢰어 우러러 충심을 아룁니다. 삼가 엎드려 바라건대 내린 명령을 속히 거두어 상전(賞典)을 무겁게 하고 신의 분수를 편안히 해 주소서. 재결하여 주시기 바랍니다.

답하기를,

"차자를 살펴보고 경의 간절한 뜻을 모두 알았다. 옥첩(玉牒)과 금장

(金章)을 길일에 직접 올렸으니 경들보다 기쁘고 다행한 마음이 만 배나 크다. 경은 정력이 남들보다 뛰어나 등용하여 도감을 총괄하는 임무를 맡긴 것이다. 그 일이 순조롭게 이루어진 것은 실로 오직 경등이 진심으로 애쓴 결과이다. 상등의 안구마(鞍具馬)가 먼저 경에게 미친 것은 또한 경사를 아름답게 하려는 마음에서 나왔다. 상이라 이름하였으나 상이 노고에 걸맞지 않으니 이처럼 사양하는 말은 경이 말한 으레 하는 인사에 가깝지 않겠는가. 도로 거두라는 말은 하지 말고 다만 마음을 편히 하는 것이 옳을 것이다."

하였다. 이어 전교하기를,

"이 비답을 사관을 보내어 전유하게 하라."

하였다.

## 우의정에 다시 제수한 것에 대하여 사직하는 상소[31]

重拜右議政辭職疏

삼가 엎드려 아룁니다. 신은 은혜로운 제수를 받든 이후로 오장이 놀라고 떨려서 하루 종일 미치광이처럼 지내며 실로 어떻게 해야 할지 몰랐습니다. 대개 신의 몸은 아직 물러나지 않았지만 마음은 이미 물러난지 오래입니다. 사람은 마음이 주인이고 몸은 그다음이니 진실로 마음이 물러나면 몸이 물러나고 물러나지 않고는 참으로 논할 것조차 없는 것입니다.

지금 은명(恩命)이 내리매 처음의 생각을 굳게 지켜서 이 마음을 저버리지 않는 것이 가장 좋은 출처의 의리가 된다는 것을 분명하게 알고 있습니다. 다만 다시 생각해 보니 신의 몸이 꿈틀거리며 움직여서 오히려 지금 숫자나 채우고 있는 것도 모두 전하께서 내리신 것입니다. 신이 비록 완악하고 어리석지만 그래도 떳떳한 본성을 갖추고 있는데 평소에 임금을 그리는 정성이 어찌 견마만도 못하겠습니까. 이 때문에 매번 연석으로 달려 나갈 즈음에 우러러 옥음이 처음 내리는 것을 들으면 속으로 몰래 기뻐하는 마음을 스스로 어쩌지 못하였습니다. 물러나올 때는 분명하게 내일 다시 들어온다는 것을 알면서도 절하고 물러나오는 것을 짐짓 느릿느릿하게 하여 마치 오랫동안 떨어지는 양 망연자실하였으니 몹시 섭섭하여 머뭇거리는 마음이 의당 어떠하였겠습니까.

중추부는 한만한 부서이니 진실로 여유롭게 있을 만합니다. 그러다

31 다시……상소 : 1795년(정조19) 1월 28일 올린 것이다.

보니 전하께 나아가지 못하는 날이 많았습니다. 이제 의정의 임무로 부르고 그대로 두지 않으시니, 신의 마음에 걸맞지 않은 자리에 오른 것을 부끄럽게 여겨서 성상을 우러러 뵙게 된 것을 스스로 다행스럽지 않게 여길 겨를이 어찌 있겠습니까. 하물며 전하께서 신이 용렬하여 취할 것이 없는 것을 모른 채 이제 거의 여든에 가까운 늙은이를 끝내 버리지 못하고 다시 보상(輔相)의 반열에 두셨습니다. 그 뜻이 혹 간사한 무리를 조금이나마 솎아 내고 패려한 습속을 약간이나마 바로잡는 데 있으니, 기대하고 면려하는 뜻이 별유에 넘쳐흘렀습니다.

신이 이에 죽음을 불고하는 마음으로 도모하지 않는다면, 이는 신의 집안을 돌아보는 생각은 무겁게 하고 왕실을 위해 몸과 마음을 다하는 의리는 가볍게 한 것입니다. 신이 어찌 차마 이렇게 하겠습니까. 다만 또 생각해 보니, 전하께서 신을 높이고 총애하며 예를 갖춰 대우하는 것은 신에게 사사로이 하신 것이 아니라 대개 한 푼이라도 국은(國恩)에 보답하라고 면려하신 것인데 돌아보니 신은 곧 늙고 어두워 아무것도 살피지 못하는 사람일 뿐입니다. 몸뚱이는 이전처럼 억지로 움직이고 걸음도 그럭저럭 걸어서 앉은뱅이에 이르지 않았으므로 일전의 비지에 정력이 남들보다 낫다는 하교가 있기까지 하였습니다. 그러나 그 가운데 하는 일마다 잊어버리고 하는 말마다 두서가 없으니 집안사람들은 민망해하고 오랜 친구들은 웃어 버리고 마는 것을 전하께서는 살피지 못하신 듯합니다.

지금 이미 늙어 버린 나무가 겉으로 보기에는 뿌리와 줄기, 가지와 잎새가 멀쩡한 듯하지만 그 안을 살펴보면 진액은 마르고 벌레가 파먹어서 만약 바람이 한번 지나가면 하릴없이 땅에 엎어질 것입니다. 신은 의관도 챙기지 못하고 죽을 날만 기다리고 있으니 아침에 저녁 일을 꾀하지 못하는 것과 무엇이 다르겠습니까. 의정부에 있으며 병을 요양하는 것도 옛사람이 오히려 안 된다고 하였는데 도리어 시체가 움직이고 고깃덩이가 걸어가서 그 사이에 정사를 의논한다는 것이 가당하겠습니까. 더욱이 이전에 이미 시험하여 아무런 공효(功效)가 없었던 것을 보자면 더 할 말이 없습니다. 요순 같은 임금을 만났으니 전적으로 맡기지 않은 것도 아니며 5년 동안 의정부에 있었으니 오래 맡기지 않은 것도 아닙니다. 그런데도 국사는 거의 날마다 잘못되고 조정은 벼슬 탐하는 것을 부끄러워하지 않으며 민생의 곤궁함은 날로 심해지고 풍속은 남김없이 무너졌습니다. 심지어는 관가(官家)를 조롱하는 적도(賊徒)들이 간악한 무리들과 결탁하여 궁성에 굴을 판 여우나 사직에 몸을 숨긴 쥐새끼처럼 웅크리고 있으며 하늘도 속일 수 있고 사람도 속일 수 있다고 하면서 남몰래 거짓을 퍼뜨렸으니, 이 모든 것이 하나같이 성덕에 누를 끼친 것으로, 이는 하루아침에 생긴 변고가 아닙니다. 당시에 신이 의정으로 있으며 위엄은 그들을 외복(畏服)시켜 그치게 하기에 부족하고 지혜는 그들을 때려 부수기에 부족하여 몰래 자라나고 속으로 커지게 만들어서 오늘에 이르러 그 소굴이 저절로 탄로 나게 된 것입니다.

이러니 재상이 있다 한들 나라에 무슨 보탬이 되겠습니까. 그 나머지 일마다 그르친 것은 우선 제쳐 두고 이 일만 가지고 보더라도 신의 죄는 중벌을 받기에 합당하며 옛날 의정을 하며 그르친 몸으로 다시 의정을 맡는 것은 옳지 않습니다. 지금 전하께서 정치의 모양새가 처음 마음먹었던 것과 많이 어긋난 것에 탄식하며 밤새도록 잠 못 이루고 걱정하신 나머지 호령을 발하여 백관이 면목을 일신하도록 하였습니다. 그러나 인사(人事)는 마땅히 한 시대의 오랜 명망을 가진 사람을 엄격하게 선발하여 바로잡고 구제하는 책임을 맡겨야 하는데, 도리어 신처럼 본래 임무를 감당하지 못할 자로 선발하여 맡김에 전혀 어려워하거나 조심하지 않으셨으며, 책임 지워 면려한 것은 조정을 삼대(三代)보다 높여서 악은 물리치고 선은 드러내며 도탄에서 건져 내어 난세를 건너게 하라는 것이었습니다. 그러니 전하의 이 하교가 수레를 북쪽으로 향하게 하고서는 남쪽으로 가자고 하는 것에 가깝지 않겠습니까.

이는 일반적인 관례에 따라 형식적으로 사양하는 말이 전혀 아닙니다. 지금의 사리로 볼 때 단연코 이렇습니다. 신이 반드시 먼 곳으로 귀양 가려 하고 감히 조정에 나가려 생각하지 않는 것은 자신을 위해서가 아니라 바로 국가를 위해서입니다. 아아, 신의 거취는 이전의 처지에서 말씀드리자면 차마 나가지 않을 수 없고, 향후를 보고 말씀드리자면 정말 나가서는 안 되는 것입니다. 신이 이에 이 두 가지를 놓고 백번을 생각해 보고 번뜩하며 깨우친 바가 있습니다. 즉 이전의 처지는 은혜이며 이후의 문제는 의리입니다. 옛날 한(漢)나라 광무제(光武帝)가 풍이(馮異)에게 의리로는 비록 군신간이지만 은혜로는 부자간이라고 하였습니다. 신이 전하에게도 실로 군신간이자 부자 사이이니 은혜로나 의리로나 무슨 차이가 있겠습니까. 그러나 전하는 신의 임금이고 신은 전하의 신하입니다. 성인이 이미 군신간에는 의리를 주인으로 삼아 만고에 밝게 걸어 놓았으니 이에 은혜가 의리를 가려서는 안 된다는 것이 확정되었습니다. 신은 이미 나아갈 수 없는 의리로 가슴속에 결정하였으니 전하께서 또한 어찌 신이 하나의 '의(義)' 자 얻는 것을 완성하지 못하게 하시겠습니까.

선조(先朝)에서 정식(定式)으로 삼은 이후로 의정부에서 그것을 준수하지 못하는 사람이 없지 않았습니다. 신이 비록 감히 일을 바꾸어 번거롭게 말씀드리지 못합니다만 황공하고 불안한 마음을 더욱 형언할 수 없습니다. 이에 감히 다급한 목소리로 애처로이 천지 부모이신 전하의 앞에 호소합니다. 삼가 엎드려 바라건대 속히 신의 직임을 체차하고 어질고 덕스러운 상신으로 다시 뽑아 국세(國勢)가 그를 기대어 공고해지게 하고 신이 그로써 조금 편안할 수 있게 하신다면 천만다행이겠습니다.

답하기를,

"상소를 살펴보고 경의 간절한 마음을 모두 알았다. 내가 경을 뽑은 것은 기상(氣象) 때문이다. 꺾이지 않았고 사그라들지도 않았다. 굽힐 때도 이미 이와 같았으며 날릴 때도 또한 그러하였다. 어찌 일찍이 벼슬을 하고 말고를 가지고 그 기개를 바꾼 적이 있던가. 참소하는 자가 성공하지 못한 것이 내가 명철하기 때문이 아니며 험난한 길이 곧 평평해진 것이 나의 힘이 아니다. 애초에 경을 공격한 것이 사리에 맞지 않았고 거리에서 수군대며 속으로 비방한 것이 진실로 경을 두고 아부한 것이 아니었다. 정승에 임명하던 날 길가의 사람들이 통쾌하게 보았으니 내가 경을 등용한 것은 다만 인정에 따른 것이다. 대개 지금 시대가 이런 기상이 없는 까닭에 모두들 이런 기상에 굶주렸을 뿐이다.

일찍이 한겨울 엄동설한에 이불을 껴안고 손을 호호 부는 노인네의 꼴이라고 저열한 세속의 모양새를 비유한 적이 있는데 경은 기억하는가?[32] 모든 장수가 용감한 나라도 없고, 모든 병사가 용감한

**32** 일찍이……기억하는가 : 1791년(정조15) 10월 9일 번암에게 내린 비답에서 "이른

나라도 없다. 비록 쇠북을 울리고 병장기를 번득이며 함성 소리와 함께 순식간에 공격하여 성을 다투고 땅을 다툴 필요는 없다고 하더라도 세속을 진작하고 사람을 흥기시켜서 사람마다 하지 말아야 하는 것이 무엇인지를 알게 해야 하니, 탐욕스러운 자는 염치를 알게 하고 유약한 자는 일어서게 하며 웅얼거리는 자는 명료하게 말하게 하고 맥이 풀려 흐물흐물한 자는 변하여 똑바로 서게 하여, 무너진 풍습과 무디어진 기상이 하루아침에 확 바뀌어서, 기상에 굶주리던 자가 굶주리지 않고 조정을 옛날 삼대보다 높게 올려놓는 것은, 내가 단 한마디로 말하자면 기상이니 이 기상이 장수가 되는 것이다.

그렇다고 기상을 조장하면 도리어 해가 될 것이니 급하게 하지도 말고 너무 느긋하게 하지도 말며 모든 것을 구비하려 하지도 말고 한쪽으로 치우치거나 기대지 않으면서도 이기려고 힘쓰지도 않아야 한다. 이렇게 하면 처음에는 뻣뻣하여 합쳐지기가 어렵지만 마침내는 탕탕(蕩蕩)한 것으로 모두 돌아올 것이니 이때서야 처음의 뜻이 이루어지고 너끈하게 일은 완성될 것이다. 이렇게 되면 내가 하고 싶은 대로 정치를 해도 마치 물이 쏟아지듯 힘써 하지 않아도 모든 일이 자연스레 이루어질 것이니, 이 책임이 돌아보건대 고굉지신(股肱之臣)의 반열에 있는 경등과 무관하겠는가. 경은 즉시 생각을 바꾸어 날마다 나를 도울 생각을 하라."

하였다.-1월 26일 거듭해서 우의정에 제수하는 전유는 권수 하 제33판에 보인다. 서계는 권28 제32판에 있다.-

바 사대부들의 꼴이 꼭 엄동설한에 따뜻한 방에 있으며 갖옷을 껴입고 손을 호호 불며 추위에 떠는 병든 노인 같다."라고 하여 당시 사대부들이 기절(氣節)이 없다고 비판하였다.《日省錄 正祖 15年 10月 9日》

## 홍억의 배소를 옮기기를 청하는 차자[33]

請移洪檍配所箚

엎드려 아룁니다. 이제 삼가 듣건대 극변(極邊)에 찬배(竄配)한 죄인 홍억의 배소가 의주(義州)로 정해져서 이제 막 입계되었다고 합니다. 기로사(耆老社)에 들어간 신하로서 일에 임했는데 혼미하고 잘못하여 스스로 죄과를 불러들였으니, 형률은 비록 극변으로 보내는 것이지만 좋은 곳으로 가려 보내는 것이 조정에서 관대한 정사를 베푸는 데 해가 되지는 않을 것입니다. 다만 생각해 보니 홍억이 일찍이 의주 부윤을 거쳤습니다. 그러므로 홍억은 의주에서 바로 읍선생(邑先生)입니다. 읍선생으로서 본주에 찬배되는 것은 백성들이 모두 놀라워할 뿐만 아니라 일의 체모로 볼 때 우습게 될 혐의가 있습니다. 죄인이 유배지에 거처하는 것도 여러 가지 문제가 생길 단서가 많으니 신은 실로 그것이 옳은지 모르겠습니다.

근래 조정의 습속이 오로지 체면치레만을 일삼아서 전례를 따르기만 할 뿐 힘써 바르고 합당하게 만들어 나가지 않아서 점점 기강이 해이해졌습니다. 이 일이 비록 사소하지만 아무 말 하지 않고 그대로 두어서는 안 됩니다. 홍억의 배소를 속히 옮겨 정하라고 명하시고,

**33** 홍억(洪檍)의……차자 : 1795년(정조19) 2월 6일에 올린 것이다. 2월 4일 당시 형조 판서였던 홍억은 홍낙현(洪樂鉉)을 석방하라는 사령 전교(赦令傳敎)에서 제멋대로 홍낙현의 이름을 빼 버린 잘못을 범하였으므로 삼화부(三和府)에 유배하는 벌을 받았다가 2월 15일에 풀려났다. 《正祖實錄 19年 2月 4日》《日省錄 正祖 19年 2月 6日, 15日》

의금부의 해당 당상에게는 책임을 물어 파직하는 법을 시행하여 습속을 경책하는 것이 마땅하다고 생각합니다. 재결하여 주시기 바랍니다.

답하기를,

"차자를 살펴보고 경의 간절한 뜻을 모두 알았다. 배소를 옮기는 문제는 서로 상의하지 않았는데도 생각이 같다고 이를 만하다. 해당 금오 당상을 책임을 물어 파직하는 일은 아뢴 대로 시행하겠다."

하였다. 이어 전교하기를,

"이 비답을 사관을 보내어 전유하게 하라."

하였다.

## 도헌 권유가 상소한 이후에 사학의 엄금을 널리 신칙할 것을 청하는 차자[34]

都憲權裕疏後請申禁邪學箚

엎드려 아룁니다. 신이 망녕되이 마음대로 하는 죄를 범하였는데 도리어 특별하고 우악한 말씀을 내리시는 계기가 되었습니다. 지신(知申 도승지)에게 이미 함께 오라고 하고 이어 은혜로운 글을 가져다 전하라고 명하셨으니 이것이 어찌 죄를 지은 천신(賤臣)이 받들어 감당할 만한 것이겠습니까. 이 몸이 신의 몸이 아니며 수레가 준비되기를 기다리지 말아야 하는데 다만 묵묵히 잘못을 생각하니 가서 뵐 면목이 없으며, 천한 신의 병이 마침 심해져서 돌아눕는 것조차 다른 사람의 도움이 필요해서 이제까지 대궐에 나아가 형벌을 내려 주기를 청하지 못하였습니다. 땅에 엎드려서 두려워 떨리는 가슴에는 하늘 같은 전하에

34 도헌(都憲)……차자 : 1795년(정조19) 7월 8일에 올린 것이다. 이달 4일 권유는 "지난달에 포장(捕將)이 세 놈을 때려 죽였는데, 이들은 사학(邪學)의 무리라고 합니다. 비록 대신이 연석(筵席)에서 여쭌 뒤 포장을 지휘하여 그렇게 하였다고는 하나 이는 심상하게 볼 변고가 아닐뿐더러 비밀스럽게 감춰 둘 일도 아니니, 그 근본 원인을 끝까지 추궁하여 전형(典刑)으로 분명히 바로잡음으로써 사람마다 이 사실을 알게 하고 사람마다 성토(聲討)할 수 있게 하는 것이 참으로 마땅할 것입니다. 그런데 그만 아무도 모르는 한밤중에 급히 서둘러 잡아 죽이면서 마치 단서가 탄로 날까 두려워하여 입을 막고 자취를 엄폐하려는 것처럼 하였으니, 이것이 무슨 의도이며 이것이 무슨 법이란 말입니까."라고 상소하여 포도대장은 직접 언급하고 번암은 에둘러 언급하여 그들이 무엇을 감추는 것처럼 논핵하였다. 《正祖實錄 19年 7月 4日》 이 차자는 이에 대해 변백한 것이다.

대한 그리움이 맺혀 있습니다.

이런 즈음에 삼가 도헌 권유의 소본을 보니 포도청을 논핵한 내용입니다. 그 소본에서 "대신으로서 연석에서 품달하여 지휘한 자"라고 한 것은 바로 신을 가리킨 말입니다. 세 놈의 죄가 죽이더라도 용서되지 않는다고 청한 것은 단지 사학(邪學)이 인륜을 무너뜨리기 때문만이 아닙니다. 화인(華人 중국 사람)이 와서 가르친다고 거짓으로 칭하고 어리석은 백성을 미혹시키니 헤아릴 수 없이 요망하고 악독하여 결단코 한순간도 백성들 사이에 끼어 있게 해서는 안 되기 때문입니다. 그래서 신이 마침내 이것으로 연석에서 경계하였고, 포도청으로 하여금 간악한 무리들을 엄정히 조사하도록 한 것입니다. 이어 형조에 넘겨 법대로 처단하게 했는데 어찌 그 세 놈이 죽기를 좋아하고 살기를 싫어하여 곤장을 엿처럼 달가워하며 입을 꼭 다물고 말 한마디 하지 않은 채 의기양양하게 나란히 죽을 줄 생각이나 했겠습니까.[35] 지레 엎어져

**35** 세……했겠습니까 : 세 놈이란 바로 사학 죄인(邪學罪人) 지황(池潢), 윤유일(尹有一), 최인길(崔仁吉)을 가리킨다. 1794년(정조18) 12월 3일 중국 소주(蘇州) 사람으로서 신부가 된 주문모(周文謨)는 윤유일과 지황의 안내를 받아 4월에 변복(變服) 차림으로 몰래 우리나라에 와서 서울 북촌, 즉 지금의 종로구 계동 아래 최인길의 집에 숨어서 서교(西教)를 전파하였는데, 이 모임에 참석한 진사 한영익(韓永益)이 이석(李晳)에게 고하고 이석은 번암에게 고하였으며 번암은 정조에게 알렸다. 이에 정조는 포도대장 조규진(趙奎鎭)에게 명하여 체포하도록 하였는데 주문모는 피신하였고 지황, 윤유일, 최인길 등 3인은 체포되어 1795년 6월 28일에 장살(杖殺)되었다. 이후 주문모는 이런 위험에도 불구하고 여주(驪州), 고산(高山), 공주(公州), 온양(溫陽), 내포(內浦), 남포(藍浦) 등 지방을 순회하며, 정약종(丁若鍾), 황사영(黃嗣永) 등과 서교를 전파하다가 신유박해 때 새남터에서 군문효수되었다.《正祖實錄 19年 7月 4日》《茶山詩文集 卷16 自撰墓誌銘》이 사건이 번암에게 중요한 것은 이때 죽은 사람들이 대부분 기호 남인들이었기 때문에 그 옥사가 만연될 경우 번암에게도 혐의가 미치기 때문이었다.

죽어 버린 것이 절통하고 분한 것은 신의 마음이 도헌의 마음과 한 번도 같지 않은 적이 없었습니다. 따라서 동료 상신들이 합석한 가운데 이 사실을 빠트림 없이 말하여 분통한 뜻을 표했던 것입니다. 그런데 이제 비밀스럽게 감추었다고 의심하는 것은 다만 당시 사실의 속내를 알지 못해서 그런 것일 뿐입니다. 그러나 대각(臺閣)에 이런 언론이 있는 것은 실로 맑은 조정에서 없어서는 안 됩니다. 신이 어찌 감사한 마음으로 받아들이지 않겠습니까.

아아, 세속은 점점 혼탁해지고 사람은 보고 배울 것이 없게 되었습니다. 이른바 일개 사학이 어리석은 무리들을 그르쳐서 장차 아버지를 아버지로 여기지 않고 자식을 자식으로 여기지 않는 지경에 이르게 할 것이니 그 성인의 교화에 누가 되는 것이 단지 홍수나 맹수의 해로움에 그치지 않을 것입니다. 대사헌의 상소에서 청한, 중외에 신칙하고 특별히 더욱 규찰을 강화하여 완전하게 맑아지기를 기약하는 것은 실로 세교를 부식하는 뜻에서 나왔으니 이것에 의하여 시행하는 것을 결단코 그만두어서는 안 됩니다.

그러나 이렇게 인심이 혼탁한 때를 당하여 향당의 사이에서 몰래 원수를 맺은 자들끼리 갑이 을을 가리켜서 저 사람이 사학을 했다 하고 을이 갑을 가리켜서 저 사람이 사학을 했다고 하지 않을지 어찌 알겠습니까. 이것을 몰래 남을 해치거나 함정에 빠트리는 계책으로 삼는다면 향촌에서 일어날 소요가 장차 어떤 지경에 이를지 알지 못할 것입니다. 그래서 신이 도헌의 말이 나오기 전에 중외를 규찰하시라고 청하려 하였는데 막상 생각이 여기에 미치자 우선 미루고 있던 차에 지금 도헌이 먼저 청하였으니 그의 말을 따르지 않아서는 안 될 것입니다. 그리고 그에 따른 지엽적인 폐단은 또한 마땅히 엄정하게 신칙해야 한다는 점을 아울러 유념해 주시기를 바랍니다.

도헌의 상소가 나온 후에 신이 즉시 소를 올려서 한번 일의 상황을 말씀드렸어야 하는데 정신이 혼미하여 몇 줄의 글을 쓰는데도 제대로 엮어 내지를 못합니다. 이제야 비로소 짧은 차자를 올려 스스로를 인책하니 태만히 한 데 대해 속히 주벌을 내려 신하의 분의(分義)를 면려하소서. 재결하여 주시기 바랍니다.

답하기를,

"차자를 살펴보고 경의 간절한 마음을 모두 알았다. 도헌이 상소에서 한 말에는 의외의 뜻이 있는데도[36] 경은 그렇지 않다고 하지 않았을 뿐만 아니라, 심지어 '대각의 이런 언론은 실로 맑은 조정에 없어서는 안 될 일이니 신이 어찌 감사하게 받아들이지 않겠습니까.……' 하였다. 나라에 대해 충성하고 걱정하는 자가 단지 나의 허물을 부지런히 책망해 주기만 해도 성공했다고 할 만하니 이런 대신이라면 나는 까치발을 하고 기다리겠다고 한 옛날 대신의 말[37]과 표리를

**36** 의외의 뜻이 있는데도 : 권유가, 번암이 혹 사교에 연루되어 죄수들의 입을 틀어막느라고 빨리 죽여 버린 것이 아닌가 의심하는 뜻을 상소에서 은근히 비쳤기 때문에 이렇게 말한 것이다. 이에 대해 정조는 비답에서 "말뜻을 보면 은연중에 대신(大臣)을 핍박하고 있는데 경은 어찌 이 일을 제대로 알지도 못하면서 이렇게 말하는가. 그때 대신이 연석에서 깨우쳐 준 것은 그들을 형조에 넘겨 처단하고 다른 사람들과 함께 기시(棄市)하여 다른 이들을 징계하고 훗날을 경계할 것을 도모하자는 것이었는데, 필경에 미처 이송하지 못하였으니, 이것이 어찌 조금이라도 입을 막고 자취를 덮어 버리려 한 것에 가깝겠는가."라고 하였다. 《日省錄 正祖 19年 7月 4日》

**37** 옛날 대신의 말 : 《제갈량집(諸葛亮集)》 권2 〈권장사근공기궐교(勸將士勤攻己闕敎)〉에 나오는 내용이다. 옛날 대신이란 제갈량을 가리킨다. 정조가 번암을 제갈량에

이를 만하다. 이미 그 아량에 감탄했고 다시 그 공심(公心)에 탄복했다. 그가 이런 경을 몰랐으니 또한 얼굴을 붉히며 부끄러워하기에도 겨를이 없을 것이다.

사학이 백성을 그르치는 폐단이, 아버지를 아버지로 여기지 않고 임금을 임금으로 여기지 않으며 지아비를 지아비로 여기지 않는 것이니, 결국에는 역적이 되고 도둑이 될 것이다. 반드시 크게 소탕한 뒤에야 그들이 그만둘 줄을 알게 될 것이니 소탕하고 나서 알게 하는 것보다는 미연에 방지하는 것이 훨씬 낫지 않겠는가. 경이 몇 년 전에 글을 지어 배척하였고,[38] 이제 또 연석에서 아뢰어 주별하게 하였다. 그 폐해를 홍수와 맹수에 비유하면서 완전히 깨끗해진 후에야 그만두겠다고 기약하였는데 내가 이것으로 기약을 하니 경 역시 이것으로 대응하라. 한 달 만에 효험이 있을 것은 반드시 마땅하고 분명하여 속이기 어려울 것이다.

혹여 한갓 소요만 생겨나게 하고 도리어 백성들이 서로 고발이나 하는 폐습을 열어 놓는다면 그것은 상황에 알맞은 조처가 아닐 것이다. 이는 경의 말이 더욱 완전하고 좋다. 한성부의 행회(行會)[39]에서

빗대어 언급한 것이다.

**38** 경이……배척하였고 : 1791년(정조15) 10월 윤지충(尹持忠)과 권상연(權尙然)이 천주교를 믿어 조상의 신주를 태운 일에 대해 홍낙안(洪樂安)이 번암에게 편지를 보내 이들을 강하게 성토하였다. 이에 대해 번암은 정조에게 10월 24일에 차자를 올려 사학(邪學)을 배척하되 그 무리를 잡아들이는 일은 신중히 해야 한다고 아뢰었다. 《正祖實錄 15年 10月 24日》

**39** 한성부의 행회(行會) : 1791년 7월 4일 대사헌 권유의 상소에 대한 비답에서 정조는 한성부에 분부하여 세 사람의 성명과 범죄 사실을 방방곡곡에 효유(曉諭)하도록

그 내용을 어떻게 했는지 모르겠다. 아침 연석에서 한성부 판윤에게 물어보려고 했는데 여러 공무에 대응하느라 미처 하지 못하였다. 마침 경의 차자를 보니 내 마음과 부절을 합친 듯 맞았다. 어찌 경의 말과 같지 않겠는가. 말미에 붙인 한마디는 지나치니 안심하고 안심하라."

하였다. 이어 전교하기를,

"이 비답을 사관을 보내어 전유하게 하라."

하였다.

하여 감히 다시 범하는 일이 없게 하겠다고 말하였다.《日省錄 正祖 19年 7月 4日》
세 사람은 지황, 윤유일, 최인길이다.

# 이조 판서의 천거에 따라 정승의 직임에서 체차되기를 청하는 차자[40]

因吏判薦望乞遞相職箚

엎드려 아룁니다. 어제 이조 참판이 판서의 천망(薦望)을 영의정에게 받아서 좌의정에게 가서 보여 주고 돌아서 신에게까지 왔습니다. 신이 그것을 다 보고 나서 참판에게 "서호수(徐浩修)가 수년 이래 이름이 정안(政眼)[41]에 든 적이 있는가?"라고 하니 "들지 않았습니다."라고 하였습니다. 그래서 신이 "이조 판서가 얼마나 중요한 직책인데 몇 년을 의망하지 않아서 벼슬길을 막았던 인물을 갑자기 중요한 자리에 의망하는가? 아마도 공론이 허락하지 않을 것이니, 나는 다만 그를 빼는 것이 마땅하고, 그가 들어갈 만하다고 생각하지 않는다."라고 하였습니다. 그러나 참판이 "그렇다면 당연히 이것을 영의정에게 알려야 하겠습니다."라고 하고는 즉시 인사하고 갔습니다. 오후가 지나서야 이조의 아전을 시켜 와서 말을 전하게 하기를 "영상이 듣고는 '이 일은 이번

**40** 이조……차자 : 1795년(정조19) 10월 8일에 올린 것이다. 내용은 이조 판서의 의망 규례에 대한 것이지만, 실은 서호수가 이조 판서에 의망되는 것을 당시 우상이던 번암이 반대한 것이다. 서호수는 서명응(徐命膺)의 아들이자 서명선(徐命善)의 조카이다. 서명응은 1761년(영조37) 5월 8일 대사성(大司成)으로 사도세자가 관서(關西)에 간 일을 지적하고 그를 부추긴 자들의 처벌을 주장하는 상소를 맨 처음에 올린 일이 있다.《英祖實錄 37年 5月 8日》이와 관련하여 번암은 이에 대해 사도세자의 무고를 주장하고 있었으므로 입장이 엇갈린다고 볼 수 있다.

**41** 정안(政眼) : 관원들의 임명과 해임 등을 기록한 문서, 즉 정목(政目)을 말한다.

에 중한 자리에 의망하는 것과는 차이가 있다.'라고 말했다고 하면서 재촉하는 하교가 여러 번 내려 망통을 이제 막 정서해서 들였습니다. 이렇게 되었다는 것을 고합니다."라고 하였습니다.

아아, 참으로 뜻밖입니다. 국조 400년에 과연 이와 같은 일이 있었습니까. 신이 삼가 듣건대 이조의 규례는 의망하여 천거하는 것을 비록 영의정이 주관하기는 하지만 그의 동료 상신 중에 혹 누구는 의망에 들어가는 것이 마땅하지 않다고 하면 의론이 합치되기 전에는 비록 정승의 우두머리라 하더라도 오직 마음대로 의망을 완결 지을 수가 없으니 이는 바로 금석지법(金石之法)입니다. 신이 비록 참으로 불초하지만 의정의 직임이 한 몸에 매여 있습니다. 의망할 때 애초에 운운한 바가 있었는데 영의정이 반드시 그럴 필요가 없다고 하였으니, 전조의 당상으로서 천망을 받은 이는 다만 마땅히 다시 이것을 가지고 신에게 와서 말해 비록 열 번을 왕복하더라도 타당하게 합치된 다음에야 상에게 올릴 수 있는 것입니다. 지금은 그렇게 하지 않아서 일이 끝난 뒤에 천천히 통보하였으니 다시 말할 바가 있어서 말하려 해도 이미 미칠 수가 없습니다.

신이 늙고 병들어 눈은 침침하고 귀가 어두워서 다시 상신에 뽑힌 지가 거의 1년이 되어 가는데도 일찍이 한 번도 비변사의 좌기(坐起)와 빈대(賓對)에 달려간 적이 없었으니 감히 정승의 직임으로 자처하지 못하는 것은 성명께서 이미 굽어살펴 모두 알고 계십니다. 일체의 묘당 논의에 참여하거나 알고 싶지 않지만, 한 줄기 어리석은 충심(忠心)에 아홉 번 죽더라도 후회하지 않습니다. 일이 평소 신이 지키던 것에 관계가 있으므로 차마 눈을 감고 입을 다물지 못하였으니 중서(中書 의정부)의 오래된 규례가 끝내 잿더미로 돌아간다면 오히려 무슨 얼굴로 스스로 삼공의 반열에 걸터앉아 있겠습니까.

이에 감히 차자를 올려 부끄럽고 부끄러운 마음을 아뢰니다. 엎드려 바라건대 자애로운 성상께서는 속히 신을 삭직하여 상부(相府)의 체통을 높이고 필부의 지조를 온전하게 지켜 주신다면 천만다행이겠습니다. 신이야 말할 가치조차 없지만 금석지법이 신으로 말미암아 무너져서는 안 됩니다. 신은 해당 이조 참판에게도 책임을 물어 파직하는 벌을 내려야 하며, 서호수를 이조 판서의 의망에서 속히 빼내라고 명하여 의리를 엄중하게 하셔야 한다고 생각합니다. 재결하여 주시기 바랍니다.

답하기를,

"차자를 살펴보고 경의 간절한 마음을 모두 알았다. 삼상(三相) 가운데 이미 갑론을박이 있었으니 결론이 나기를 기다렸어야 하는데, 그리하지 않고 망통(望筒)을 써서 들인 참판의 일은 큰 잘못임을 면하지 못할 것이다. 책임을 물어 파직하는 것은 아뢴 대로 시행하겠다. 서호수를 의망에서 빼내는 일에 대해서는 나는 그렇지 않다고 본다. 무릇 의리라는 것은 단계나 절차에 있지 않다. 오직 이것이냐 저것이냐가 있을 뿐이다. 재계하며 머물던 날 저녁에 눈물을 훔치며 말씀을 선포하여, 천하를 포용할 만한 큰 도량을 천명하고, 자손을 위해 계책을 내는 아름다운 모범을 드날리셨으니, 그 당시 새벽녘에 있었던 일들이 바로 어제처럼 뚜렷하다.[42] 이런즉 서호수는 바뀐 것

**42** 재계하며……뚜렷하다 : 정조가 세손으로 있을 때 영조의 처분을 받은 것을 매우 분명하게 기억하고 있다는 말로 보인다. 즉 사도세자의 문제에 대해서는 더 이상 거론하

이 없으니, 태학의 유생(儒生)으로서 상소하여 아직 임금이 읽지도 않은 상태 이전의 경우[43]에 해당한다고 할 것이다. 진실로 언급할 만한 단계나 절차가 있다면 병신년(1776) 당초에 또한 어찌 서호수 부자에 대하여 막지 않았는가.[44] 윤허하지 않는다. 경은 모름지기 안심하여 사직하지 말고 나랏일을 돌보라."

하였다. 이어 전교하기를,

"이 비답을 사관을 보내어 전유하게 하라."

하였다.

지 말라는 분명한 지침을 영조로부터 받았을 당시의 모습을 표현한 것으로, 서명응의 친자인 서호수는 사도세자와 관련이 없으니 이 역시 거론하지 말라는 뜻으로 보인다. 1764년(영조40) 2월 20일 영조는 왕세손을 데리고 선원전(璿源殿)에 알현한 후에 재전(齋殿)에 나아가서 신하들에게 선원전에서 선왕에게 고한 내용을 선유(宣諭)하였다. 그 내용은 사도세자를 죽인 일에 대해서는 더 이상 거론하지 말 것이며, 만약 이 문제를 다시 제기하는 자는 역적으로 다스린다는 것, 세손을 효장세자(孝章世子)의 후손으로 삼는다는 것 등이다. 《英祖實錄 40年 2月 20日》

**43** 태학의……경우 : 무슨 의미인지 분명하지 않다. 다만 서호수의 아버지 서명응은 사도세자와 일정한 관련이 있을 수밖에 없지만, 서호수는 그것과 무관하다는 것을 비유하여 한 말로 보인다.

**44** 병신년……않았는가 : 병신년은 정조가 즉위한 1776년을 말한다. 이해 3월 5일 영조가 죽은 후, 즉시 김상로(金尙魯)를 역률로 다스리고, 이른바 문녀(文女)라고 하는 숙의(淑儀) 문씨(文氏)의 작호를 삭탈하였으며, 4월에는 정조의 집권을 훼방한 홍인한(洪麟漢), 정후겸(鄭厚謙)을 유배 보내고, 홍지해(洪趾海) 일당을 처단하였다. 7월에 홍인한, 정후겸, 심상운(沈翔雲)을 죽이고, 8월에 토역 교문을 반포하여 사도세자와 관련해서는 더 이상 문제 삼지 않고, 그와 관련해서는 말하지 말 것을 지시하였다. 다시 말해서 사도세자와 관련해서는 이미 이때 모두 처단하였는데, 그때도 문제 삼지 않은 서명응 부자를 왜 지금에 와서 문제를 삼느냐는 말이다.

## 허적을 복관하라는 명을 중지하기를 청하는 차자[45]

請寢許積復官之命箚

삼가 엎드려 아룁니다. 신은 평소에 성상께서 정령을 내리거나 시행하시는 조처들이 모두 조금도 흠잡을 것이 없다고 삼가 생각하였습니다. 이는 신이 감히 하늘을 엿보거나 바다를 헤아려서 그런 것이 아닙니다. 저 하늘이란 이치의 주인이며 성인이란 이치를 따라서 하늘과 합체가 된 자입니다. 이치로 미루어 보면 성인의 일에 헤아리지 못할 어떤 것이 있겠으며 또한 무슨 흠잡을 일이 있겠습니까. 그런데 어찌하여 어제 허적(許積)을 복관하라는 명이 이치의 밖에서 나와 신으로 하여금 놀랍고 두려워 성인의 일에 의혹을 갖게까지 하시는 것입니까. 이에 신은 말하지 않을 수 없습니다.

무릇 허적이 죽은 이유에 대해서 신은 다음과 같이 알고 있습니다. 하나는 체부(體府)를 설치한 것 때문이고 하나는 역적 자식[46]이 역적 종실[47]과 촘촘히 연결되었기 때문입니다. 어제 삼가 정원에 내린 계사의 비답을 보니 체부의 전말에 대해서는 성상의 유시에 모두 갖추어져 있었으니, 애초에 정신(廷臣)이 전고(典故)에 어둡다고 책망하며, 거듭하여 책상머리에 상고할 만한 책이 있다고 하셨습니다. 신은 전하께

45 허적(許積)을……차자 : 1795년(정조19) 10월 13일에 올린 것이다.

46 역적 자식 : 허적의 아들 허견(許堅)을 가리킨다.

47 역적 종실 : 인평대군(麟坪大君)의 아들인 복창군(福昌君) 이정(李楨), 복선군(福善君) 이남(李柟), 복평군(福平君) 이연(李㮒), 즉 삼복(三福)을 가리킨다.

서 말씀하신 상고할 만한 책이 무엇인지는 모르겠습니다만 그 책이 설사 진실로 상고할 만하다 하더라도 역적 허견이 이정(李楨), 이남(李柟)과 결탁하여 종사를 위태롭게 하려고 모의한 기록은 반드시 하나의 책에만 실려 있지 않을 것입니다.

신이 듣건대 당시에 문정공(文正公) 허목(許穆)이, 허적의 서얼자(庶孼子) 허견의 하는 짓이 무상하여 그 죄가 하늘을 덮는다고 허적의 면전에서 엄한 말로 직접 성토하기를 끝이 없도록 하였습니다. 당시에 허적은, 자신은 국정을 담당하는 수상으로서 대의로써 결단하여 의연히 자식을 죽여 옛날 석작(石碏)이 자신의 아들 석후(石厚)가 임금을 죽이고 진(陳)나라로 도망가자 진나라 임금으로 하여금 아들을 죽이게 한 것처럼 하지 못하여, 끝내 불궤한 역모가 자신의 집으로부터 빚어 나오도록 만들어 놓고도 집에 있으면서 알지 못했다고 하니, 신은 믿지 못하겠습니다. 그의 공사(供辭) 가운데 "역적 견을 자식으로 두었으니, 만번 죽어도 아깝지 않습니다.〔有子賊堅萬死無惜〕"라는 여덟 자는 스스로 말한 단안(斷案)이 이와 같습니다. 나라에 법이 없다면 그만이지만 만약 법이 있다면 이와 같은 단안으로 연좌(連坐)의 형률까지 아울러 100년이 지난 지금에 탕척해 주고, 죄안에 아무런 흠결이 없다고 작질을 예전처럼 해 준다면 참으로 이것은 이웃 나라에서도 알게 해서는 안 될 일입니다.

신은 진실로 지극히 인자하고 높은 덕을 갖춘 우리 성상께서 비록 그늘진 벼랑이나 깊은 골짜기라도 반드시 어진 바람과 은혜로운 비로 덮어 주시려 한다는 것을 알고 있습니다. 마침 올해 들어 전하의 마음에 느낀 바가 있어 이런 전혀 이치에 맞지 않는 일을 하셨지만, 대소 신료들이 마음속으로 몹시 놀라고 눈이 휘둥그레져서 혹은 말로 아뢰고 혹은 글로 써서 마음을 돌이키시기를 바라는 것은 천리로 볼 때 진실로 당연합니다. 전하께서 이에 만약 "법도에 맞는 말을 따르지 않을 수가 있겠는가."라고 말씀하지 않으신다면 이는 바로 이치를 따르지 않고 오직 자신의 뜻만을 따르는 것이니 실로 평소에 전하께 바라던 바가 아닙니다. 엎드려 바라건대 전하께서는 재삼 생각하여 속히 허적을 복관하라는 명을 거두어서 왕법을 엄정히 하고 인륜을 바로 세우신다면 천만다행이겠습니다. 재결하여 주시기 바랍니다.

답하기를,

"차자를 살펴보고 경의 간곡한 마음을 모두 알았다. 경의 이름이 삼상(三相)의 차자에 들어가 있지 않기에 경은 너끈히 나를 깊이 이해하고 나의 마음을 진정 헤아려서 무리를 좇아 파란을 일으키는 데 끼는 일은 기꺼이 하지 않을 것이라 생각했는데, 때마침 경의 차자가 이어 들어왔다. 그런데 그 내용이 도리어 삼상보다 심하여 그를 공격하기를, 석작이 한 것처럼 하지 못하여 마침내 불궤한 역모가 자기 집으로부터 빚어 나오게 만들어 놓고도 집에 있으면서 몰랐다고 하니 경은 믿지 못하겠다고 운운하면서, 이어 어제의 처분을 이웃 나라에도 알려지게 해서는 안 되는 것으로 만들어 버렸다.

아, 애석하다. 경은 이제 늙어 머리가 하얗게 세었는데 어찌 옛날의 습성에 얽매여 이런 색목(色目) 속의 말만 하면서 임금의 뜻을 받들어 펼칠 방도는 조금이나마 생각하지 않는가. 삼상에게 내린 비답에서 이미 언급하였거니와 경이 오늘 한 말은 바로 고 상신이 옛날에 하던 말이다. 고 상신이 이것 때문에 성조(聖祖)로부터 여러 번 엄한 분부를 받고는 도성의 문 밖으로 쫓겨나 황망하게 고향으로 돌아갔다. 성조가 계셨을 당시에 일이 성조와 관련되는지라 오히려 형벌이 조금이라도 형평성을 잃을까 봐 처분이 또한 이와 같았던 것이다. 더구나 나는 모든 일을 판단할 때 성조의 마음을 내 마음으로 삼아 반드시 아름다움을 성조에게 돌려서 성조를 빛내고자 곧 어제의 처분을 한 것이다. 그 일의 성격으로 보아 감히 말할 수 없고, 도리로 보아 감히 제기할 수 없는 정도가 어찌 고 상신이 차자로 논하던 시기에 비하겠는가. 그런데도 경은 조금도 진중하거나 주저하지 않고 도리어 갑자기 한껏 기를 돋우고 퍼부어 대니 대공지정(大公至正)하여 억만년 후까지 영원히 당당하게 전해질 나의 거조를 이치에 어긋나는 것으로 돌려놓았다. 이것이 정녕 무슨 말이며 이것이 진정 무슨 심보인가. 삼가 경을 위하여 결코 받아들이지 않겠다."
하였다.

## 뇌성의 재이로 말미암아 면직을 청하는 차자[48]

因雷異乞免箚

삼가 엎드려 아룁니다. 오늘 새벽의 뇌성과 번개가 친 재이(災異)는 또한 무엇 때문에 모든 것이 고요한 겨울에 발생했습니까. 우러러 생각건대 아침에 기침하며 놀라셨을 마음이 마땅히 어떠했겠습니까. 신은 황공하고 매우 걱정스러운 마음 금할 수 없습니다. 최근 들어 겨울 우레가 치지 않은 해가 거의 없었지만, 인심은 대수롭게 여기지 않고 편안하여 이것이 정상적인 이치가 아니라는 것을 너끈히 아는 사람이 거의 없습니다. 주자가 이에 대해 한 말이 있으니 "겨울 우레와 가을 눈이 때때로 있으니 마침내 사람들이 괴이하게 여기지 않게 되었다."라고 하였습니다.

아아, 오늘날의 일이 불행하게도 이와 닮아 있습니다. 재이를 돌려서 상서(祥瑞)로 옮길 방도를 신이 마음을 다하여 생각해 보았으나 아둔하고 졸렬하여 끝내 어떻게 조처해야 할지 모르겠습니다. 그런데 방금 사관(史官)이, 스스로를 책망하고 감선(減膳)하라는 하교를 받들어 가져와서 엄숙하게 보였습니다. 하교에는 위대한 《주역》 가운데 열다섯 괘의 단사(彖辭)와 상사(象辭)와 효사(爻辭)를 두루 거론하면서 반복해서 서로 징험하였습니다. 그리하여 정령과 조처 중에 어떤

**48** 뇌성의……차자 : 1795년(정조19) 10월 17일에 올린 것이다. 이날 우레가 치고 우박이 내리자 정조는 재이를 자책하여 3일 동안 감선하라는 명과 함께 구언 교서를 내렸다. 이 차자는 그에 따라 올린 것이다.

것이 순리가 되고 어떤 것이 이치에 어긋나는지를 두루 물어보면서 마침내 걸언(乞言)으로 하교하셨습니다. 훌륭합니다, 성인의 말씀이여. 재이를 돌려서 상서로 옮기는 기틀은 다른 데 있는 것이 아니라 바로 여기에 있습니다.

비록 그렇지만 신은 본래 《주역》에 어두운 사람입니다. 괘상(卦象)을 보고 점을 치는 경우 진실로 감히 억측으로 말을 만들어 우러러 성상의 밝으신 하문에 답하지 못합니다. 설령 신이 한두 가지 지적하여 아뢸 만한 것이 있다 하더라도 이는 과거에 응시하는 거자(擧子)가 시험관의 물음에 대하여 조목조목 대답하는 정도에 지나지 않을 뿐이니 사실로 대답하고 꾸미지 않는 것이 어찌 이와 같겠습니까. 신은 우선 이는 그대로 두고 전하께서 매일매일 실제로 처리하시는 민생의 긴절한 일을 가지고 전하를 위하여 말씀드려도 되겠습니까.

신이 삼가 일찍이 전하의 정령과 시책은 하늘의 법칙에 부합되지 않는 것이 없다고 생각하였습니다. 지금 하늘이 전하에게 경고를 보여 반드시 크게 분발하고 진작하게 하려고 하니, 그 뜻이 진실로 전하로 하여금 백척간두(百尺竿頭)에 서서 다시 진일보(進一步)하게 하려는 데 있지 않겠습니까. 저 백척간두에 서서 한 걸음을 앞으로 내딛는 것은 고원난행(高遠難行) 같은 특별한 일이 아닙니다.

무릇 천하 만물에 이치 없는 것이 없으며, 천하만사에 이치 없는 일이 없습니다. 임금이 만사에 대응하고 만물과 만날 때는 오직 그 이치가 있는 곳을 연구하여 힘써 실천하는 것을 귀중하게 여길 뿐입니다.

무릇 임금은 마음을 바루고 몸을 닦아 황극(皇極)을 세워서 천하로 하여금 그들의 마음을 모두 외복(畏服)시키되 강(剛)함이나 유(柔)함으로 각각 그 마땅함에 따라서 하니, 신하들 중에 몰래 권세를 훔쳐

가지고 사심(私心)을 멋대로 부리는 자가 없을 것입니다. 이것이 마땅한 이치입니다. 임금이 마음을 비우고 간쟁을 받아들여 천하의 언론이 막히지 않게 하면 혹 몰래 편당을 이루어 사심을 부리는 자들은 배척하여 물리치더라도 진실로 안 될 것이 없습니다. 혹여라도 그 왕법이 느슨해질까 인륜이 장차 무너질까 걱정하며 간쟁하기를 그치지 않는 자는 포상하고 등용하여 국세(國勢)를 공고히 하소서. 이것이 마땅한 이치입니다. 임금이 몸소 검약하여 안으로는 부고에 곡식은 묵어서 붉어질 정도로 쌓고 동전은 쓰지 않아 꿰미가 해질 정도로 모아서 수재와 한재 그리고 뜻밖의 재앙에 대비해야 하고, 밖으로는 주군(州郡)을 규찰하여 감히 가렴주구의 탐욕을 부리는 습관에 빠져들지 못하게 하여 백성들이 편안하게 살도록 해야 합니다. 이것이 마땅한 이치입니다.

이런 따위의 일들은 이루 헤아릴 수 없이 많습니다만, 아침부터 저녁까지 돌아보고 생각하여 미루어 넓혀 가는 것은 오직 임금의 한 마음이 어떻게 분발하고 진작하느냐에 달려 있으며, 그 요체는 보상(輔相)을 신중하게 간택하여 그로 하여금 돕고 받들게 하여 임금이 바라는 대로 다스리게 하는 데 있을 뿐입니다. 이제 전하께서 위에서 아뢴 이치의 마땅한 바에 정말로 마음을 다하신다면 무엇 때문에 상신을 두는 데 소홀히 하여 심지어 신처럼 불초한 사람이 삼공의 반열에서 숫자만 채우고 있는데도 내쳐서 버리지 않으십니까.

신이 일전에 차자 한 통을 올려서 왕법을 높이고 국시를 정하는 것을 망녕되이 스스로 맡았는데 비지(批旨)에는 가르침이 매우 준절하였습니다. 신에게 색목(色目)의 습성이 있다고 의심하며 입에 거품을 물고 퍼부어 댄다고 말씀하시니 신은 너무도 황공하고 부끄러웠습니다. 이치상 의당 성문으로 나가 대명하여, 비지로 하교하신 말씀 중에 고 상신이 했던 것처럼 했어야 했습니다. 그러나 그렇게 하는 것이 도리어 무단히 은혜와 예우를 바라는 것이 될까 염려하여 마치 아무것도 깨우치지 못한 것처럼 편안하게 비지를 받들었습니다. 상신이 이처럼 하였으니 하늘이 어찌 경고를 보이지 않겠습니까.

엎드려 바라건대 전하께서는 더욱 맹렬히 반성하여 여러 신하가 우러러 답한 것 중에 신기한 것들은 버리고 반드시 진실한 마음과 실용적인 정치에 힘써[49] 자애로운 하늘의 마음을 기쁘게 하소서. 또한 원컨대 신을 내치고 어질고 덕 있는 사람으로 다시 뽑아 상신으로서의 직무를 다할 수 있게 하신다면 나라의 일에 매우 다행이겠습니다. 재결하여 주시기 바랍니다.

답하기를,

"차자를 살펴보고 경의 간절한 마음을 모두 알았다. 어찌하여 백척간두에서 진일보하라고 하는가. 하학(下學)에 어두운데 하물며 상달(上達)이야 말할 것이 있겠는가. 돌아보건대 내가 도(道)를 향한 일념으로 부지런히 하지 않은 것이 아니다. 공자 같은 성인의 도는 어떻게 구체적으로 그려 낼 수가 없으니, 위를 쳐다보고 아래를 내려다보면서 한갓 차근차근 올라가는 것으로는 도에 도달하지 못한다는 탄식만 있다. 자공(子貢)의 담장[50]에도 오히려 미치지 못하니 때

**49** 여러……힘써 : 정조가 구언 교서를 내리면서 《주역》의 열다섯 괘의 단사나 효사를 가지고 인용하였기 때문에 신기한 답변은 버리고 오직 실용적인 것만을 주목하라고 주문한 것이다.

**50** 자공(子貢)의 담장 : 자공이 공자와 자신을 비유하여 자신은 몇 자 정도 되는 담장이어서 그 안을 엿볼 수 있지만 공자는 그 높이가 몇 길이나 되기 때문에 문을 통해

때로 자신을 점검함에 낙담하여 얼굴을 들지 못한다. 이 때문에 다스림에 백성이 호응하여 따르지 않고 가르침도 뜻대로 되지 않는다. 하늘은 위에서 노하고 백성은 아래에서 곤궁하며 온갖 재앙이 눈앞에 넘치고 근심과 걱정으로 마음을 태우니 소강(小康)의 세상이라도 만들어 보려 하지만 역시 쉽지 않다. 첫째도 내가 부덕한 탓이요 둘째도 내가 부덕한 소치이니 경에게 무슨 잘못이 있겠는가, 경에게 무슨 잘못이 있겠는가. 그런데도 경이 인책하여 자신의 허물로 삼는데, 나는 책면(責勉)하는 문구(文具)나 본받으려 하니 내 마음에 부끄럽다는 것을 불현듯 깨달았다. 사직하는 바는 마땅히 윤허하지 않는다. 경은 모름지기 안심하고 나랏일을 돌보라."

하였다.

들어가지 않으면 그 안을 볼 수가 없다고 말하였다. 자신의 학문 수준이 매우 낮다는 것을 표시한 말이다. 《論語 子張》

## 계복할 때 병세를 아뢰고 면직을 청하는 차자[51]

啓覆時陳病乞免箚

삼가 엎드려 아룁니다. 신이 지금 엎드려 듣건대, 내일 계복(啓覆)하라고 명하셨습니다. 성상께서 마음 편히 쉴 겨를이 없이 여러 일에 걱정하고 힘쓰고 계시니 신은 실로 우러러 흠탄스럽기 그지없습니다. 삼가 생각해 보니 계복은 나라의 큰일이므로 반드시 영의정이 주재해야 하며 마침 영의정의 자리가 비어 있는 때를 만나거나 형편상 영의정이 억지로 나오기 어려운 경우에는 좌의정과 우의정이 번갈아 가면서 거행하는 것 또한 전례가 없지 않습니다. 지금 영의정과 좌의정이 모두 병으로 묘당에 나올 수 없고 그다음 차례는 바로 신입니다. 신의 도리와 분수로 볼 때 어찌 감히 늙고 병들어 정신이 흐리멍덩하다고 하여 사양하고 달려가지 않아서 거듭하여 자리나 차지하고 있다는 비난을 듣겠습니까.

신의 등허리가 서늘해지는 천한 질병은 이미 수십 년 된 고질병으로 겨울의 한기를 만날 때마다 약속한 듯이 발병합니다. 며칠 전부터 초겨울 추위가 갑자기 매서워지자 병이 다시 심해져서 솜옷과 털옷을 겹겹이 껴입어도 덜덜 떨며 이가 마주치는 소리가 입에서 나오는 것을 막지 못하였습니다. 거기다 감기까지 겹쳐서 일어나 움직일 수가 없습니다. 비록 죽을 한 모금이라도 마실라치면 이불 속에서 손을 들고 굽혀서 입에 대고 마니 이런 병세로는 비록 죽음을 무릅쓰고 달려 나가려 해도

**51** 계복(啓覆)할……차자 : 1795(정조19) 10월 21일에 올린 것이다.

전혀 가망이 없습니다.

아아, 이런 심한 추위를 만나서도 성상께서는 수고로움도 돌아보지 않고 반드시 몸소 외전에 임어하여 대벽(大辟)을 판결하시는데 신이 병으로 인사를 보지 못하는 탓에 나라의 큰일이 중지되어 시행되지 않게 한다면 신의 죄가 마땅히 어떠하겠습니까. 이에 감히 잠꼬대 같은 소리로 차자를 써서 우러러 숭엄하신 전하를 번거롭게 합니다. 엎드려 바라건대 속히 신의 의정의 직명을 삭직하고 어질고 덕 있는 사람으로 다시 뽑아서 나랏일이 잘못되지 않게 하여 신의 분수를 조금 편안하게 해 주신다면 천만다행이겠습니다. 재결하여 주시기 바랍니다.

답하기를,

"차자를 살펴보고 경의 간곡한 뜻을 모두 알았다. 조심하는 바가 이미 이와 같은데 억지로 해서야 되겠는가. 세 의정이 모두 참석하지 않으니 계복은 정지하도록 해당 조에 분부하였다. 경은 모름지기 안심하고 조섭하라."

하였다. 이어 전교하기를,

"이 비답을 사관을 보내어 전유하게 하라."

하였다.

## 병에 대해 아뢰고 면직을 청하는 차자[52]

陳病乞免箚

엎드려 아룁니다. 신이 미천한 몸으로 천한 질병에 걸린 지 이미 30일 하고도 며칠이 지났습니다. 병석을 뒹굴며 신음하고 있으니 어찌 감히 다시 세상 사람이 되기를 바라겠습니까. 거의 죽으려다 소생하여 지금에 이른 것 또한 하나의 괴이한 일입니다. 오직 우리 성상은 신에게는 부모인지라 깊이 걱정하는 말씀을 연석에서 여러 번 하고 약물을 내려 보내는 것이 실로 일반적인 격식에서 벗어났으니 비록 죽어 구천에 가더라도 마땅히 은혜를 입고 영광을 받은 귀신이 될 것입니다. 감격의 눈물이 줄줄 흐르니 어찌 한시라도 이부자리가 마를 날이 있겠습니까.

지난 며칠 동안 배 속에서 멋대로 움직이며 부딪히고 찌르는 기운은 비록 조금 가라앉았지만 그 병의 성격을 보면 장차 신의 몸뚱이와 더불어 끝까지 가서 몸과 함께 녹아 없어질 것이니 이 병은 의술이 미칠 수가 없습니다. 이제 병이 잠복하고 있는 것이 매우 분명하니 혹은 가슴으로, 혹은 배로 틈을 타서 가며 혹은 왼쪽으로, 혹은 오른쪽으로 멋대로 병이 들어가서 가로로 오이만 한 것이 누워 있는 듯하며 갑자기 뾰족해질 때는 마치 밤톨과 같아서 때때로 찍찍거리는 소리를 냅니다. 그 병의 재주가 솔개가 날개 치듯 돼지가 달려가듯 맹렬하니 누가 막겠습니까. 마음을 졸이며 전전긍긍하면서 오직 미음으로 연명하고 있습니다.

**52** 병에……차자 : 1795년(정조19) 12월 12일에 올린 것이다.

설사 신이 죽음을 무릅쓰고 공소(公所)에 나간다 해도 만약 길 가운데에서 불시에 병이 발작하면 형편상 급히 민가로 들어가게 될 터인데, 의정으로서 옛날부터 어찌 이렇게 체면이 서지 않는 일이 있었겠습니까. 오늘 이후로는 날마다 혹은 달마다 나누어 병이 발작하는 사람이 되었습니다. 중궁전의 탄일이 하루 앞으로 다가왔으나 신의 이런 병세로는 달려 나가 안부를 여쭐 가망이 전혀 없으니 인정과 예법, 의리와 분수가 모두 무너지게 되었습니다. 이런 신이 살아서 또한 무엇을 하겠습니까.

또한 관리를 고과하는 것은 나라의 커다란 정사이니 밤낮으로 힘써 신칙하는 하교를 여러 번 내리셨습니다. 무릇 모든 관사가 분주히 전하의 뜻을 받들어 펴고 있는데 신이 관장하고 있는 아문은 신이 유고한 까닭에 전연 업무를 폐하고 물리치니 나라의 체면으로 논해 볼 때 작은 일이 아닙니다. 위로는 예법을 빠트렸고 아래로는 일을 못 했으니 이 중에 하나만으로도 용서받기 어려운데 하물며 두 가지 경우야 말해 무엇 하겠습니까. 이에 감히 짧은 차자를 올려 스스로 논죄합니다. 엎드려 바라건대 자애로운 성상께서는 속히 신의 의정의 직함 및 여러 아문의 도제조의 직임을 삭직하여 신으로 하여금 조금 편안하도록 해 주고 국사가 적체되지 않도록 해 주신다면 천만다행이겠습니다. 재결하여 주시기 바랍니다.

답하기를,

"차자를 살펴보고 경의 간절한 마음을 모두 알았다. 경의 질병은 다만 조심하지 않았기 때문이다. 밥을 내치고 약밥을 먹었으니 이것이 어찌 여든에 가까운 노인이 깊은 밤 공복에 먹을 것인가. 따라서 약밥이 똘똘 뭉쳐 꼭 끼어 있어서 멋대로 움직이며 부딪치고 찌르니 담증(痰症)과 체증이 기승을 부리는 것은 곧 형세상 그럴 뿐이다. 이제부터는 더욱 음식을 절제하는 데 유념하여 영상의 웃음거리가 되지 않도록 하라. 체증을 다스려서 내려보내는 즈음에 쉽게 몸이 노곤해지고 상하니 만약 열흘 정도 조섭을 하면 원기가 회복될 것이다. 문후하는 반열에 참석하지 못하고 포폄하는 자리에 나아가지 못한다고 하여 어찌 지나치게 겸양하고 사양하는가. 다시 바라건대 마음을 편히 하고 차도가 있기를 기다려 조정으로 나오라."

하였다. 이어 전교하기를,

"이 비답을 사관을 보내어 전유하게 하라."

하였다.

## 거듭 병든 상태를 아뢰고 면직을 청하는 차자[53]

申控病狀乞免箚

엎드려 아룁니다. 옛날에 대신으로 이름하는 직책은 근력으로 하는 것이 아니라고 하였습니다. 이는 대신의 경우 귀중하게 여기는 일은 도를 논하고 나라를 경영하는 재주를 안으로 쌓아 두어 밖에 펼치는 것이니 근력은 논할 만한 것이 아니라는 말입니다. 그런데 후세에 이것을 구실로 삼아서 임금이 대신을 돈면할 때에 반드시 대신은 근력으로 하지 않는다고 하고, 아래에서 편의를 도모하는 자들 또한 반드시 대신이 어찌 근력을 일삼겠느냐고 합니다.

무릇 도를 논하고 나라를 경영하는 대신의 일은 사람마다 너끈히 할 만한 것이 아니지만, 그렇다고 근력으로 공경히 하는 예[54]까지 아울러 폐해 버린다면 이는 다만 지각이 없는 하나의 흙 인형일 뿐입니다. 그런 대신을 장차 어디에다 쓰겠습니까.

아아, 신의 질병은 신이 자초한 것입니다. 엎드려 일전의 비답을 읽어 보니 순순히 타이르고 깨우치시는 것이 마치 부모가 어리석고 미욱한 어린 자식을 가르쳐 인도하듯이 하였으니 땅에 머리를 조아리며 부끄러워 죽고만 싶었습니다. 비록 그렇지만 그 약밥이 병이 되어 이미 옆구리 근처 배꼽의 아래에 있으며 아침저녁으로 틈을 타서 발작

**53** 거듭……차자 : 1795년(정조19) 12월 26일에 올린 것이다.

**54** 근력으로 공경히 하는 예 : 번암이 신병으로 중궁전의 탄일에 하례를 올리지 못하였기 때문에 이렇게 말한 것이다.

하는 것은 의원에게 보일 필요도 없이 아는 것입니다. 이 때문에 음식과 관계되는 것은 조금이라도 삼켜서 넘기면 하루 종일 밤새도록 괴로워 미칠 지경이니 하루에 마시는 것은 미음 약간뿐입니다. 죽에 의지하여 살아가니 비록 옛말이지만 한순간도 버티지 못할 것처럼 기식(氣息)이 차가운 것을 어떻게 면할 수가 있겠습니까.

신이 스스로 점검해 보니 안으로는 실로 무지몽매하여 아무것도 없으니 비록 백집사(百執事)라 하더라도 신이 도를 논하고 나라를 경영하는 상신의 임무에는 맞지 않는다는 것을 분명히 알고 있는데, 하물며 만인(萬人) 중에 한 명으로 의망하는 것이야 말할 것이 있겠습니까. 오직 이 미천하고 늙은 것이 비록 여든에 가까워졌지만 그나마 있는 근력에 기대어 조정의 반열에 달려 나가서 천고에 없는 특별한 지우(知遇)에 조금이나마 보답하려고 했습니다. 그러나 불행하게도 질병에 걸려 이번 생에서는 다시 일어나 사람답게 되지 못할 것이니 더 이상 무슨 말을 하겠습니까.

그런데도 대신의 직임은 근력으로 하는 것이 아니라고 스스로 핑계대며 빈대(賓對)에도 나가지 않고 비변사의 좌기(坐起)에도 달려가지 않았으며 배반(陪班)에도 참석하지 않았으니, 이러고도 임금의 녹을 먹고 삼공의 반열에 이름을 올려놓는다면, 이는 진실로 흙으로 빚은 인형일 뿐입니다. 어찌 성대한 세상의 수치스러운 일이 되지 않겠습니까. 하물며 얼마 전 좌의정이 체직을 허락받았는데 신의 자리가 그다음이니 규례에 따라 올라갑니다. 의리와 분수로 볼 때 진실로 마땅히 나가서 사은숙배해야 하며, 기곡제(祈穀祭)를 친히 행하는 것은 매우 커다란 예로서 전하께서는 몸소 임하여 서계(誓戒)하시고 백관들은 급히 달려 나가야 하니 일의 체모로 보아 나아가 압반(押班)해야 합니다. 하지만 신이 정신은 혼미하고 다리는 떨려서 이런 모양으로 나아가 무릎 꿇고 절을 올릴 가망이 만무합니다. 그러니 신이 하루라도 이 직책에 있어서는 안 되는 것이 이에 결정 났습니다.

따라서 감히 짧은 차자를 올려 천지 부모 같은 전하의 앞에 호소합니다. 엎드려 바라건대 자애로운 성상께서는 속히 신이 띠고 있는 의정의 직임을 삭직하고 이어 예를 빠트린 죄를 다스려 무너져 가는 기강을 엄정히 하고 죽음이 가까운 이 목숨을 편안하게 해 주시기를 천만 혈성으로 기원합니다. 재결하여 주시기 바랍니다.

답하기를,

"차자를 살펴보고 경의 간절한 뜻을 다 알았다. 근일 날씨가 고르지 않으니 세전에는 우선 밖에 나오기 어려울 것이다. 경은 모름지기 안심하고 조리하라."

하였다. 이어 전교하기를,

"이 비답을 사관을 보내어 전유하게 하라."

하였다.

## 유하원의 일로 파직되자 곧바로 용호로 물러나 견책하는 벌을 청하는 상소[55] 병진년(1796, 정조20)

因柳河源事罷職旋仍屛出龍湖請譴疏 丙辰

엎드려 아룁니다. 신이 은혜를 무시하고 나라를 저버린 것이 이제까지 어찌 끝이 있었습니까. 이번 일은 그 죄를 가려서는 안 되며, 그 의도를 용서해서는 안 됩니다. 신이 삼가 생각해 보니 우리 전하께서 등극한 이후로 정령(政令) 하나하나가 어느 것이든 선왕의 뜻을 잘 계승(繼承)하고 선왕의 일을 잘 계술(繼述)하지 않은 것이 없으며, 조상을 받들 때 조심하고 조심하여 더욱더 선왕의 마음을 내 마음으로 삼는 것을, 위로는 신료들로부터 아래로는 여항의 백성들까지 누군들 모르겠습니까. 하물며 신은 선왕을 가장 가까운 자리에서 모셨으니 지난날에 보고 느낀 것이 어떠했겠으며, 전하께는 가장 많은 사랑과 지우(知遇)를 받고 있으니 오늘날에 공경히 따라야 하는 것이 어떠하겠습니까.

지난번 재랑(齋郞)을 엄중히 처분하신 것[56]은 바로 중히 여기는 바를

55 유하원(柳河源)의……상소 : 1796년(정조20) 2월 24일에 올린 것이다.

56 재랑(齋郞)을……것 : 헌납 유하원을 흑산도에 정배한 일을 가리킨다. 영릉 별검(寧陵別檢)으로 있던 이주석(李周奭)은 재소(齋所)에 있으면서 사사로이 소를 잡고 여승을 불러다가 놀았는데 그 일이 발각되어 거제부로 유배되었다.《正祖實錄 20年 1月 14日》 이에 대해 1796년 1월 15일 사간 최중규(崔重圭)가 이주석에 대해 의율(擬律)하면서 연한을 한정하지 않는 물한년(勿限年)의 조목은 일반적인 죄수에게 적용하는 것인데 이와 같이 패역한 자에게 적용해서는 안 된다고 하면서 빼 버리기를 주장했다가 의율이 격례에 어긋난다 하여 정조의 윤허를 받지 못하였다. 사실 최중규는 가중 처벌을 하기 위하여 '물한년' 세 글자를 빼자고 했는데, 정조는 '물한년' 세 글자는 가중 처벌을 하기

위해서이며, 선왕을 깊이 본받기 위해서이니 신이 어찌 성상의 뜻이 있는 바를 알지 못하겠습니까. 사석에서 말을 주고받을 때, 시임 대신(時任臺臣)에게 해서는 안 될 말을 하여, 끝내는 이미 발계(發啓)한 것을 정계(停啓)하려고까지 하였습니다. 사실 신의 본의는, 원래의 계사의 말이 더각이 임금에게 고하는 문체로서 흠결이 있는 것이 개탄스러웠고 베껴 전하는 것이 달갑지 않아 그렇게 한 것에 지나지 않습니다. 비록 그렇지만 신의 말이 없었다면 대신(臺臣)들이 어찌 반드시 정계해야 한다고 간쟁했겠습니까. 이것으로 말하자면 비록 신이 대신에게 권유하여 그렇게 된 것이라고 해도 신은 마땅히 사양하지 말고 자복해야 합니다. 어찌 감히 스승과 제자 간의 의리는 서로 해서는 안 될 말이 없다고 하여 그 사이에 스스로 용서할 수 있겠습니까. 《서경》에 "하늘이 만든 재앙은 그래도 피할 수가 있지만 스스로 만든 재앙은 도망칠 수가 없다."라고 하였으니, 이것은 바로 신을 두고 한 말입니다. 하물며 성상의 말씀은 뒷날의 폐단에까지 심려가 미쳤으며[57] 말씀

위한 조항으로서 최중규가 이를 잘 몰랐다고 지적하였다.《日省錄 正祖 20年 1月 15日》 그러자 이해 2월 12일에 헌납 유하원이 최중규의 의율이 격례를 어겼으니 논계를 정지해야 한다고 주장하였는데, 이에 대해 정조는, 유하원이 이주석의 죄를 징계하고 율명을 고치려는 데에 뜻이 있었다 해도 '논계를 정지한다.〔停啓〕'라는 두 글자를 처음 꺼낸 이상 그의 의도가 오로지 논계를 정지하는 데 있음은 쉽게 알 수 있다고 하면서 유하원을 엄히 처리하였다.《日省錄 正祖 20年 2月 12日》 이를 두둔한 번암도 파직하였다.

**57** 성상의……미쳤으며 : 정조가 1796년 2월 18일에 사간 박서원(朴瑞源) 등이 번암의 삭출을 요청하자 그에 대해 내린 비답에서 "이주석에 대한 전계(前啓)를 정지할지 연속해서 논계할지에 대해 사제 간의 친분이 있는 시임 대간과 시임 대신이 사석에서 문답한 것은 오히려 훗날의 폐해에 관계된 것이 크다고 생각한다."라고 하여 이렇게 언급한 것이다.《日省錄 正祖 20年 2月 18日》

은 지엄하고 의리는 발라 백세를 가르칠 만하니 신은 진실로 법대로 죄를 받아야 할 뿐입니다.

삼사의 계사가 처음에는 비록 삭출(削黜)하는 것으로 말했으나 절차에 따라 더하기를 청하였으니 어찌 단지 먼 곳으로 귀양 보내고 말 뿐이겠습니까. 신은 놀랍고 두려워 강교(江郊)로 물러나 하루 종일 기다리는 것은 오직 은혜를 무시하고 나라를 저버린 죄에 마땅한 처벌뿐이었습니다. 그런데 이번에 성상의 도량이 하늘처럼 넓고 특별한 은혜는 더욱 두터워 이미 올라간 계사를 잠시 윤허하였다가 잠깐 시행했던 죄벌을 바로 거두셨습니다. 중서(中書)의 직명을 예전처럼 그대로 주고 대내(大內)의 어부(御符)도 전과 같이 다시 돌려 전해 주셨습니다. 신이 받은 따뜻한 하교는 더더욱 이 세상에서는 볼 수 없는 것이었습니다. 신이 어떤 사람이기에 감히 천고에 없는 이런 은혜로운 예우를 감당하겠습니까. 명을 듣자 눈물은 줄줄 흐르고 너무 놀라 얼이 빠진 듯하였지만, 한 가닥 정신만은 오히려 완전히 없어지지 않았습니다.

엎드려 생각해 보니 전하께서 대신(臺臣)을 지엄하게 처분하신 것은 전하께서 소중하게 여기는 바[58]를 위해서이며, 이어 신을 처분한 것 또한 소중하게 여기는 바를 위해서입니다. 그런데 이제 신에게 며칠이 지나지도 않아서 도리어 이런 특별한 처벌과 용서를 번갈아 하시니 형정(刑政)이 손상되는 것은 우선 논하지 않는다고 하더라도 나라의 체모로 볼 때 어찌 크게 온당하지 않은 점이 없겠습니까. 신은 생각이 이에 미치자 신칙하는 하교가 여러 번 내리고 사관들이 문 앞에서 서로

**58** 소중하게 여기는 바 : 선왕(先王)을 말한다.

지키고 있다 하더라도 결단코 감히 아무 일도 없는 듯이 다시 성문으로 들어가지 않으리라 다짐했으니 이것이 어찌 단지 신 일신의 염치를 지키기 위해서이겠습니까.

그저께 영상과 우상이 대궐에 나아가 청대(請對)하였는데,[59] 신은 이 일이 종사를 억만년 반석 위에 올려놓는 대책(大策)에 관계된다는 것을 모르지 않았지만 오히려 아무 일도 없는 듯이 집에 있었습니다. 따라서 동료 상신의 뒤를 따라 구구한 신의 축원의 정성을 올릴 수가 없었으니 멀리 성상이 계신 곳을 바라보매 살아도 죽는 것만 못하며, 오랜 병석 끝에 정신이 떨리고 상하여 마음속의 정성을 드러낼 몇 줄의 글 또한 엮어 내지 못하였습니다. 이제 비로소 천지 부모와 같은 전하께 눈물로 호소합니다. 엎드려 바라건대 자애로운 성상께서는 신의 의정의 직함을 삭직하고 신이 마땅히 받아야 할 벌을 의논하여 나라의 법도가 무너지지 않게 하고 여러 신료가 조심할 줄 알게 하시기를 천만 혈성으로 기원합니다.

답하기를,

"상소를 살펴보고 경의 간절한 뜻을 모두 알았다. 첫 번째 유지와 두 번째 유지 그리고 계사에 붙인 여러 비답은 모두 내가 깨우쳐 주고 싶은 것을 가르쳐 준 것이다. 대개 경을 돈독히 지우(知遇)하는 까닭에 경에 대한 바람이 깊고, 경을 극진히 아는 까닭에 경에 대한

59 영상과……청대(請對)하였는데 : 1796년(정조20) 2월 22일 영의정 홍낙성(洪樂性)과 우의정 윤시동(尹蓍東)이 예조 당상과 함께 원자(元子)에게 책봉례(冊封禮)를 속히 거행하도록 청하였다. 《日省錄 正祖 20年 2月 22日》

책망이 간절하다. 다른 사람에게는 용서해 줄 만하고 마땅히 너그럽게 하여 탓할 필요도 없고 비난할 것조차 없는 일도, 경에게는 개탄하고 원망하며 또 혀를 차며 탄식하여, 공경하는 예법이 손상되는 것도 간혹 미처 돌아보지 못하고 하교의 내용이 박절해지는 것도 제어하지 못하였다. 오로지 믿는 마음으로 정성스럽게 하지 않았지만 후세에 지금의 일을 볼 때 내가 경과 더불어 군신간의 지우를 이루었다는 것을 아마 알 수 있을 것이다. 그러나 겉으로 드러난 것을 훑어보고 안다고 여기는 세속의 하류의 관점에서 보자면 지난 일들은 바람 없이 일렁이는 물결처럼 그 이유를 알 수가 없을 것이며, 마치 뜻을 함께할 벗이 없는 듯 나는 나대로 경은 경대로 황급하게 제 갈 길로 가 버린 것처럼 보일 것이다. 그러나 이는 나와 경의 관계를 전혀 알지 못하는 얕디얕은 소인의 내심(內心)이니, 경은 모름지기 경을 이해하는 나의 마음에 더욱 공감하여 오늘 당장 집으로 돌아가라."

하였다.

번암집

제27권

소차 8
疏箚 八

## 무지개의 변고로 말미암아 면직을 청하는 차자[1]
因虹變乞免箚

삼가 엎드려 아룁니다. 신이 병석에 엎어져 신음하고 있는 가운데 관상감의 소식을 얻어 보았는데, 음홍(陰虹 흰무지개)이 해를 꿰는 변고가 있었습니다. 오호라, 무슨 까닭으로 이런 변고까지 생긴 것입니까.

삼가 생각건대 우리 성상께서 임어하신 20년 동안 성인(聖人)의 뜻을 더욱 면려하고 치세를 바라는 마음 한층 간절하여 동이 트기도 전에 기침하고 밤이 깊을 때까지 힘든 줄 모르시니 이는 제왕의 훌륭한 법도입니다. 다만 한스러운 것은 조정에 인재가 드물어 성상의 뜻을 받들어 펼쳐서 커다란 치세(治世)로 올리기에 부족하다는 점입니다. 그러나 만약 이로 인하여 재이(災異)를 불러들였다고 한다면 그것은 또한 지나치다고 할 것입니다. 어찌하여 하늘의 경고가 갈수록 간곡한 것입니까. 작년 겨울 우레로 두려운 마음이 아직도 풀리지 않았는데 올봄에는 꽃이 피지 않았으니 이는 책에 없는 일로 상서(祥瑞)라고 하기에는 마땅하지 않습니다. 그러나 무지개가 해를 꿰는 일은 음기(陰氣)가 존엄한 태양을 침범한 것이니 이는 재이이며 어찌 작다고 하겠습니까.

우리 성상께서 공경히 항상 감시하는 하늘을 섬겨서 형체 없는 것을 보듯 소리 없는 것을 듣듯 효자가 부모를 섬기는 것보다 더욱 정성스레

1 무지개의……차자 : 1796년(정조20) 3월 26일에 올린 것이다.

하시는데 이제 응당 나타나야 할 상서는 없고 도리어 재변(災變)이 불려 오니, 전하의 마음이 두렵고 두려운 것이 다시 어떠하겠습니까. 신은 밤새도록 서성거리며 실로 어찌할지를 몰랐습니다. 이런 즈음에 삼가 시원임 대신들은 와서 대령하라는 하교를 받들었습니다. 대성인(大聖人)께서 편안히 쉴 겨를도 없이 신료들에게 도움을 구하는 뜻이 참으로 훌륭하기도 합니다. 신은 실낱같은 목숨이 사그라지기 전에 어찌 기어서라도 대궐로 나아가 우러러 옥음을 듣고 엎드려 신의 작은 정성이나마 아뢰고 싶지 않겠습니까. 다만 신이 평소에 배 속에 덩어리가 들어 있는 병을 앓고 있는데, 최근에 와서 아무 때나 발작을 합니다. 한번 발작하면 밤새도록 쓰다듬고 문질러도 진정되지 않으며 하루 종일 약을 먹어도 효험이 없습니다.

이것이 그 형세이니 병이 발작한 것에 의심이 없습니다. 가장 곤란한 것은 잠시라도 고의(袴衣)에 허리띠를 매면 즉시 가슴과 배가 막히고 답답하여 거의 미친 듯이 소리를 지르며 펄쩍펄쩍 뛰고 싶을 정도로 견디기 어렵습니다. 그러니 관복을 갖추고 대궐로 나갈 가망은 결단코 없습니다. 본래 그렇지 않았다면 며칠 전 친림(親臨)하여 행한 서계(誓戒)가 얼마나 성대한 예식인데 신이 감히 달려 나가 반열에 참석하지 않았겠습니까. 그런데 이제 또 이번의 재변이 놀랄 만한 일이고 성지(聖旨)는 받들어야 한다는 것을 전혀 모르는 듯 아무 생각 없이 멍청하게 있었습니다. 병상에서 뒤척이며 거동할 수가 없으니 나라에 떳떳한 법이 있는데 신이 어찌 모면하겠습니까.

삼가 엎드려 생각해 보니, 바야흐로 당금에 의리는 밝아지지 않고 기강은 떨쳐지지 않으며 온 나라의 천만 가지 일에 병이 들지 않은 것이 없습니다. 그중에서 가장 걱정스럽고 정말로 근심스러운 것을 논하자면 신이 구차하게 의정의 숫자를 채우고 있는 것일 뿐입니다. 무릇 상신에 적임자를 얻으면 그 나라가 편안하고 적임자를 얻지 못하면 나라가 위태로우니 그 중요함이 과연 어떠합니까. 그런데 이제 중병에 정신까지 흐리멍덩하여 전혀 일을 보지 못하는 이런 하나의 폐물로서 의정의 이름을 빌리고도 어렵게 여기고 조심하지 않았습니다. 그르치는 것은 성상의 두터운 은혜와 특별한 대우이고 무너뜨리는 것은 조정의 작위(爵位)입니다. 이러한 상신을 두었으니, 어질고 자애로운 하늘이 경고하는 것은 진실로 당연한 이치입니다. 책서(策書)를 내려 면직하는 것은 옛날의 규례로 비록 형식적인 조문이라 해도 서한(西漢)은 상고 시대와 가까우니 가장 본받을 만합니다. 오직 바라건대 전하께서는 모든 일을 하실 때 더욱 '성(誠)' 한 글자로 일을 해 나가 상천(上天)의 뜻에 답하시기 바랍니다. 신처럼 쓸모없는 자는 물리치고 오직 어질고 덕 있는 사람을 상신으로 뽑는 것 또한 성(誠)에 힘쓰는 것 중의 한 가지 급선무입니다.

신이 비록 전하의 앞으로 나아간다 하더라도 드리고 싶은 말씀은 이에 지나지 않습니다. 엎드려 바라건대 편히 누워 있는 신의 죄를 감처하여 신이 현재 가지고 있는 직책을 삭탈하시기 바랍니다. 이로써 조정의 기강을 엄정히 하신다면 국사의 다행이겠습니다. 재결하여 주시기 바랍니다.

답하기를,

"차자를 살펴보고 경의 간곡한 뜻을 모두 알았다. 모든 것이 나의 부덕으로 말미암았으니 경이야 무슨 잘못이 있겠는가. 오늘 참석하지 못한 것을 지나치게 인책하지 말고 경은 안심하고 더욱더 상신으로서 해야 할 일에 힘쓰라."

하였다.

## 병에 대해 아뢰고 면직을 청하는 차자[2]

陳病乞免箚

삼가 엎드려 아룁니다. 사람이 병에 걸려 한창 앓을 때는 고통으로 사람 구실을 하지 못하다가 다행히 병이 좀 나으면 날마다 조금씩 소생하여 마침내 더 이상 아프지 않은 완전한 사람이 됩니다. 정히 생각해 보니 병으로 아픈 것이 본래 이런 과정을 거쳐서 나았습니다. 그런데 지금 신의 병은 딱딱하게 뭉친 것이 옆구리 아래 배꼽 옆에 자리를 잡고 틀어 앉아 하루 열두 시간을 발작하는데 아무리 신이 신의 몸을 주관하고 있지만 또한 언제 발작하여 갑자기 비명을 지르며 엎어질지 알지 못합니다. 이 때문에 문을 닫고 얼굴을 찡그리며 마치 부둣가의 사공이 조수가 들어오는 시간을 기다리듯, 객사의 주인이 손님이 올 때를 기다리듯 하고 있습니다. 사람들이 보고서 병이라고 한다면 일어나 앉아서 웃으며 말한 때도 있고 병이 아니라고 한다면 대개 하루도 편안히 보내는 날이 없으니 결론을 말하자면 병으로 폐인이 된 것은 분명합니다. 신의 이번 생이 또한 진실로 고통스럽지 않겠습니까.

생각건대 신이 맡고 있는 분수에 넘치는 직책은 바로 고굉(股肱)과도 같이 임금을 보필하는 임무입니다. 특별히 성상께서 노인을 우대하는 은전을 베풀어 빈대(賓對)와 비변사의 좌기(坐起)는 모두 참석하지 말라고 허락해 주셨습니다. 그러니 신이 지금까지 몸뚱이를 온전히 보전한 것은 바로 전하의 은덕입니다. 오직 갈아도 없애 버릴 수 없는

2 병에……차자 : 1796년(정조20) 4월 27일에 올린 것이다.

것은 주상을 그리워하는 일념이니 하늘 위의 대궐을 자나 깨나 그리워 합니다. 지금 이문(吏文)을 제술하는 일로 편전에 친림하여 명관(命官)을 뽑는데, 성상의 낙점이 잘못하여 신에게 미쳤습니다. 어찌 죽음을 무릅쓰고 달려 나가 우러러 성상을 뵙고 조금이나마 꼭 맺혔던 마음을 풀고 싶지 않겠습니까.

그러나 신이 위에서 아뢴 병의 상태는 단연코 털끝만큼이라도 더한 것이 없습니다. 백번을 생각해 봐도 일어나 움직일 방도가 없습니다. 이에 감히 황공하여 어쩌지 못하는 정상(情狀)을 차자로 열거하여 올립니다. 삼가 바라건대 자애로운 성상께서는 속히 신이 맡고 있는 상신의 직책을 삭탈하여 제왕의 일이 오래도록 비지 않도록 하고 이어 신이 전후로 결례한 죄를 다스려 나라의 법도를 엄정히 하며 천한 신의 분수를 편안히 해 주신다면 천만다행이겠습니다. 재결하여 주시기 바랍니다.

답하기를,

"차자를 살펴보고 경의 간곡한 마음을 모두 알았다. 경은 사직하지 말고 안심하고 조리하라."

하였다. 이어 전교하기를,

"이 비답을 사관을 보내어 전유하게 하라."

하였다.

## 동료 상신이 엄한 하교를 받은 것 때문에 면직을 청하는 차자[3]

因僚相嚴教乞免箚

삼가 아룁니다. 방금 엎드려 들으니 여러 시원임 대신이 어제 대궐에 모인 일로 오늘 아침 연석에서 성상의 하교가 매우 지엄하여 모두 성 밖으로 나갔다고 하니 신은 놀랍고 두려운 마음 금하지 못하였습니다.

어제 동료 상신들이, 강화 유수가 올린 장계가 사람들을 의혹스럽게 하니 조방(朝房)에 모여서 서로 의논하지 않아서는 안 되겠다는 뜻으로 편지를 써서 신에게 보내왔습니다. 그러나 신은 마침 적병(積病)[4]이 다시 발작하여 일어나 움직일 방도가 없어 그 뒤를 따라갈 수가 없었습니다. 그런데 오늘 바로 어제의 회합으로 말미암아 동료 상신들이 이런 지엄한 하교를 받들었습니다.

신이 만약 그들과 동일하게 인의(引義)하고자 했다면 직접 달려 나가지 않았으니 거취를 그들과 동일하게 해서는 안 됩니다. 만약 아무 일 없는 듯 집에 있고자 했다면 신이 지키는 의리가 동료 상신들과

**3** 동료……차자 : 1796년(정조20) 5월 2일에 올린 것이다. 이 차자는 은언군(恩彦君) 이인(李䄄)의 문제와 관련이 있다. 1796년 4월 29일 경기 감사 김문순(金文淳)이, 은언군 이인이 서울로 들어오는 기미를 파악하고 이에 관해 시급하게 아뢰고자 청대(請對)하였는데, 정조가 그에 대해 의금부로 잡아다 신문한 뒤 내려보내라고 명하고는, 조관(朝官) 한 사람도 궁궐에 난입하지 못하게 조처한 일을 말한다.《日省錄 正祖 20年 4月 29日》《正祖實錄 20年 4月 29日》

**4** 적병(積病) : 배 속에 무엇이 뭉쳐서 얹힌 듯한 체기를 느끼는 병이다.

조금도 다를 것이 없으니 천한 질병 때문에 자리에 참석하지 못하였다고 하여 어찌 이것이 족히 용서받을 만한 단서가 되겠습니까.

스스로 생각해 보니 신의 형편이 진퇴유곡에 빠져서 어찌할 바를 모르겠습니다. 이에 감히 다급한 목소리로 우러러 호소합니다. 엎드려 바라건대 성상께서는 속히 신이 띠고 있는 상신의 직책을 삭탈하여 신의 마음을 편안히 해 주며 여러 동료를 경책하여 주시기 바랍니다.

이어 생각해 보니 강화도의 방비는 얼마나 엄밀히 해야 하는 것입니까. 무릇 단속하고 차단하는 것과 관련된 모든 일을 한 부(府)의 내에서 오직 중군(中軍)에 의지하고 있습니다. 하물며 상영(上營)이 비어 있는 때[5]는 방비하는 데 더욱 털끝만큼이라도 소홀하고 태만한 것이 용납되지 않습니다. 듣자니 중군 김선(金璿)이 이런 즈음에 마치 자기의 일과는 무관한 것처럼 수수방관하였다고 합니다. 놀랍고 통탄할 일로 이보다 더한 것이 있겠습니까. 신은 해당 중군에게 속히 찬배의 벌을 시행하는 것을 결단코 그만두어서는 안 된다고 생각합니다. 재결하여 주시기 바랍니다.

답하기를,

"차자를 살펴보고 경의 간곡한 마음을 모두 알았다. 가운데가 비어 성(誠)이 되는 상(象)은 위가 손(巽)이 된 다음에야 아래가 화열하

**5** 상영(上營)이……때 : 1796년(정조20) 4월 28일 강화 유수 김이익(金履翼)이 선박을 북쪽 해안에 묶어 두었다는 이유로 의금부로 잡혀간 사이, 선전관 장현택(張鉉宅)이 부(府)에 머물러 유수의 직임을 담당하였고, 내수사(內需司) 소속의 관원들은 방수소로 나아가 배에 나누어 탔다. 《日省錄 正祖 20年 4月 29日》

고, 가운데가 충실하여 부(孚)가 되는 상은 장군을 가득 채운 다음에야 길하다.[6] 부덕한 내가 왕위에 있어서 진실로 서로 미쁘지 못해 고굉의 임무를 맡긴 대신(大臣)들로 하여금 주선하는 것이 법도에 맞지 않는 지경에 이르게 하였다. 아침 연석에서 임금 앞에서는 어떤 것도 숨김이 없어야 한다고 유시한 것이 엎친 데 덮친 격이 되어 대신들이 창황하게 성을 나가 버려 거듭 사람들을 놀라게 하였다. 곰곰이 생각해 보니 내가 몹시 부끄럽다. 이런 즈음에 경이 또 함께 물러나지 않았다고 곧바로 차자를 올려 스스로를 인책하니 지나치고 지나치다. 덧붙여 진달한 김선을 찬배하라는 것은, 저가 그 사이에 감히 구슨 의견을 내거나 조처를 할 수가 있었겠는가. 윤허하지 않는다. 안심하고 병이 조금 덜하거든 나랏일을 살피라."

하였다.

6 가운데가 비어……길하다 : 《주역》 〈중부괘(中孚卦)〉에 나오는 말이다. 가운데가 비었다는 것은 육삼과 육사가 모두 음효라는 말이다.

## 정섭 중이므로 황단의 망배례를 정지하기를 청하는 차자[7]
## 請靜攝中寢皇壇望拜禮箚

엎드려 아룁니다. 삼가 신이 밤에 소보(小報)를 받았는데, 내일 황단 망배례를 직접 행하겠다는 명이었습니다. 오호라, 성상께서 비풍하천(匪風下泉)의 감회[8]를 품고 잊지 못하는 전왕(前王)에 대하여 사모하는 까닭은 선왕의 뜻을 잇고 선왕의 일을 계승하는 데 정성을 다하기 때문입니다. 오직 이날을 만나서 이 예를 거행하니 무릇 모든 신료가 누군들 전하의 마음을 공감하고 흠모하며 칭송하지 않겠습니까.

그러나 삼가 생각해 보니, 공 부자(孔夫子)께서 조심하신 것 중 질병이 그 하나입니다. 성후의 격기(隔氣)가 비록 전교에서 말씀하신 바로 보더라도 이미 '약속한 듯이〔如期〕'[9]라는 두 글자가 있으며, 진어하는 다탕(茶湯)이 비록 평소에도 으레 올리는 것이기는 하지만 날마다 조제하여 들이고 있으니 전하의 뜻 또한 부자께서 조심한 것이 본받고 따를 만하다고 생각하신 것입니다. 하물며 근일의 무더위가 삼복과 다름이 없으니 만약 수고로이 거둥하신 것으로 말미암아 옥체가 손상

7 정섭(靜攝)……차자 : 1796년(정조20) 5월 9일에 올린 것이다.

8 비풍하천(匪風下泉)의 감회 : 비풍하천은 모두 현자가 나라의 어지러움을 슬퍼한 《시경》의 편명인데 여기서는 멸망한 명나라 왕실에 대한 감회를 말한다.

9 약속한 듯이 : 정조가 1796년 5월 4일 영의정 홍낙성(洪樂性) 등의 상소에 대하여 내린 비답에서 "이번 달 이후로 격기가 약속이나 한 듯 일어나, 내일 경모궁의 향사(享祀) 및 희생과 제기(祭器)를 살피는 것 또한 하지 못할 정도이다."라고 언급하였다. 《日省錄 正祖 20年 5月 4日》

된다면, 한나라 신하 원앙(袁盎)이 문제(文帝)가 위험하게 수레를 달리자 "폐하가 비록 자신을 가볍게 여기더라도 고조와 태후에게 불효하는 것입니다."라고 한 말이 어찌 마땅히 오늘날의 경계가 되지 않겠습니까.

영의정이 약원의 도제조로서 차자를 올려 중지하시기를 청했고, 우의정 또한 이 일로 대궐로 나아가 뵙기를 청했지만, 신은 병으로 혼미하여 사람 구실을 못 하니 그 뒤를 따를 수가 없었습니다. 그러나 '임금을 사랑해서 하는 말을 임금이 따르지 않을 이치가 없으니 또한 같은 말을 무엇 때문에 중첩하여 할 필요가 있겠는가.'라고 생각하였습니다. 그런데 이제 막 내린 비지를 보니 청한 바를 모두 윤허하지 않으셨습니다. 이에 신은 더욱 불안하고 초조한 마음을 이기지 못하여 전하께 응대하는 수고를 끼치는 것은 생각할 겨를이 없습니다. 이에 또 짧은 차자를 올려 청합니다. 삼가 엎드려 바라건대 성상께서는 특별히 내일 망배례를 중지하여 건강을 보호하는 방도를 진념(軫念)하시기를 천만 기원합니다. 재결하여 주시기 바랍니다.

답하기를,

"차자를 살펴보고 경의 간절한 뜻을 모두 알았다. 오시(午時) 이후로 비구름이 일어나니 비가 쏟아질 것 같다. 옷이 젖으면 그만둘 터이니, 경은 모름지기 근심하지 말라."

하였다.

## 병의 증상 때문에 이조 판서의 천망을 사양하는 차자[10]

因病狀辭吏判薦望箚

엎드려 아룁니다. 이조 판서가 궐석이 되면 묘당에서 천망(薦望)하여 올리는 것은 곧 응당 거행해야 하는 일입니다. 그런데 지금 영의정이 이미 차자를 올려 비답을 받들었고,[11] 좌의정이 대신해서 거행하는 것이 원용할 만한 전례가 없지 않습니다. 따라서 신이 비록 우매하지만 어찌 응당 거행해야 하는 일이 신에게 속해 있다는 것을 알지 못하겠습니까. 그런데도 오히려 태만히 거행하지 않아서 이조 참판이 신과 우의정의 집을 번갈아 왔다 갔다 하게 하였습니다. 그러나 끝내 어찌할 수 없다는 것을 알고서 마침내 깊은 밤 주무시는 성상께 번거롭게 아뢰게까지 하였으니 이것은 모두 신의 죄입니다. 신이 앓고 있는 적병(積病)이 여름철 비로 습하고 더운 가운데 재발하여 어제부터 오늘까지 미친 듯이 소리치고 있으며, 계속해서 치료하는 약제를 복용하고 있지만 끝내 효험을 보지 못하였습니다. 옆 사람의 얼굴도 알아보지 못하는데 하물며 천망에 올릴 사람을 의논하는 중대한 일이야 말해 무엇 하겠습니까.

엎드려 생각해 보니 전하께서는 신이 질병으로 죽을 때가 되었다는

**10** 병의……차자 : 1796년(정조20) 5월 28일에 올린 것이다.

**11** 영의정이……받들었고 : 이조 판서의 천망 단자를 올리라는 명에 대하여 영의정 홍낙성(洪樂性)이 휴가를 얻어 조섭 중에 있다는 이유로 사양하여 정조의 허락을 받았다. 정조는 이 비답에서 좌의정과 우의정이 대신 거행하라고 하였다. 《日省錄 正祖 20年 5月 27日》

것을 생각하여 항상 자식이 병에 걸릴까 걱정하는 부모의 마음으로 무릇 조회에 관계된 것은 모두 나오지 말고 편한 대로 조리하라고 명령하였으니 실낱같은 목숨이 지금까지 이어진 것은 바로 전하의 은덕입니다. 전날에는 신을 사랑하여 꼭 살리고 싶어 하셨는데, 어찌하여 오늘에는 그때의 마음으로 신의 처지를 깊이 헤아려 주지 않으십니까. 이에 감히 남의 손을 빌려 차자를 작성하여 다급한 목소리로 울며 호소합니다. 엎드려 바라건대 속히 신의 직책을 체차하여 천망의 중요한 일이 지연되지 않도록 하고 이어 신의 죄를 다스려 신의 처지를 편안하게 해 주신다면 천만다행이겠습니다. 재결하여 주시기 바랍니다.

답하기를,

"차자를 살펴보고 경의 간절한 마음을 모두 알았다. 가장 엄격한 것이 중서(中書 의정부)의 관례이다. 중서가 존귀한 다음에 조정이 존귀해진다. 하물며 총재(冢宰 이조 판서)는 중서에 버금하고, 탁지(度支 호조 판서)와 사마(司馬 병조 판서)가 또 그다음이다. 이 세 관직의 의망(擬望)은 정관(政官)이 정석(政席)에서 나와 상신의 집으로 나아가서 지필묵을 받들고 상신의 앞으로 가까이 나아가 부르는 대로 따라 쓴다. 물러나 다음 상신의 집으로 가서 두루 보여 '가(可)하다.'라고 말하면 그제야 망통(望筒)에 집어넣는다. 그 엄중함이 번곤(藩閫)의 장임(將任)을 비변사에서 직접 천거하는 것과는 비교할 정도가 아니다.

영의정이 병을 조리하느라 집에 있으면서 비록 서 충헌(徐忠憲 서명선(徐命善))이 정고(呈告)했을 때의 전례를 인용하였지만, 정관이 천망을 받으러 간 것까지 응하지 않았으니 다른 상신은 물론이고 영의정을 특별히 존중하는 의리에 흠결이 있게 되었다. 그래서 정관이 여섯 번[12]이나 집으로 찾아갔고 하루 종일 있다가 밤을 새우고 다음 날 오전에 이른 것이다. 영의정이 지방에 있어서 좌의정이 대신한 것은 겨우 이 문간(李文簡)의 전례가 있을 뿐이니, 이것이 또한 경으로 하여금 천망을 의논하게 한 까닭이다. 그런데 경이 또한 질병을 이유로 힘써 사양하니 현재의 상황을 보자면 충헌(忠憲)이 정고한 때와 다르고 그렇다고 문간(文簡)이 지방에 있던 때와도 다르니 설사 우의정에게 억지로 맡기려고 한들 우의정이 기꺼이 하려 하겠는가.

그리고 경이 앓고 있는 것은 적병이다. 적(積)이라는 것은 무엇이 모여서 뭉친 것이니 모두 기(氣)이다. 기가 내려가면 병이 그치는 까닭에 세간에서는 적병이 꾀병 같다는 말이 있다. 모르겠거니와 차자를 봉한 뒤에 뭉친 것이 오르내리는 증세가 시원하게 낫고 막힌 것이 뚫리는 좋은 일은 없었는가? 다시 정관을 보내고 겸하여 비답을 보내니[13] 억지로라도 할 만하면 천거하고 억지로라도 할 만하지 않거든 안심하고 조리하다가 병이 조금 낫거든 거행하라."

하였다.

**12** 여섯 번 : 대본에는 '亦'으로 되어 있다. 《승정원일기》와 《일성록》 정조 20년 5월 28일 기사에 근거하여 '六'으로 바로잡아 번역하였다.

**13** 겸하여 비답을 보내니 : 대본에는 '兼宣批例'로 되어 있다. 《승정원일기》와 《일성록》 정조 20년 5월 28일 기사에 근거하여 '例'를 '諭'로 바로잡아 번역하였다.

## 태묘의 가을 전알에 병으로 참석하지 못하므로 견책하는 벌을 청하는 차자[14]

太廟秋謁因疾未參請譴箚

엎드려 아룁니다. 신의 병이 심해져 죽을 지경이 된 지 오늘로 20여 일이 되었습니다. 몸은 약해져 뼈만 남았는데 마침 전에 없이 독한 더위를 견딜 수가 없어 병이 더쳐 더욱 위중해지고 증세는 다시 심해졌습니다. 약물을 입에 흘려 넣는 것이 날마다 두세 번이지만 끝내 효험을 보지 못하여 점점 더 나빠져 죽음이 지척 간에 있습니다. 신이야 진실로 순하게 받아들여 즐거움이 있을 뿐 유감은 없습니다만, 오직 우리 성상께서 특별히 더욱 불쌍하게 여겨 태의(太醫)에게 진찰하라 명하고 진귀한 탕제(湯劑)를 내려 붙드시니 신은 비록 죽어도 영광이고 감격의 눈물을 흘리는 것 말고는 더 이상 무슨 말을 하겠습니까.

내일 태묘의 가을 전알(展謁)에 이 뜨거운 더위가 조금 물러나는 때를 맞아 백관과 만민 들이 누군들 우리 임금께 병이 없는 것을 기뻐하지 않겠습니까. 하물며 아직 신의 숨이 꺼지지 않았으니 어찌 빨리 반열에 나아가 청광(淸光) 같은 전하를 곁에서 뵙고 싶지 않겠습니까. 하지만 돌아보니 누워서 누가 부축해 주지 않으면 일어나 앉지도 못하고, 앉았다 하더라도 누가 부축해 주지 않으면 일어서지도 못하여 숨을 헐떡이며 마치 하루도 견디지 못할 듯하니 이런 모양새로 어찌 감히 전알하는 반열에 참석할 생각이나 하겠습니까. 그러나 황송하게도 가

**14** 태묘(太廟)의……차자 : 1796년(정조20) 7월 17일에 올린 것이다.

슴에 맺힌 그리운 마음을 감히 스스로 풀지 못하여 손을 빌려 짧은 차자를 얽어서 감히 실상을 말씀드립니다. 엎드려 바라건대 성명께서는 신이 가진 의정의 직함을 삭탈하여 하늘의 일이 오랫동안 비지 않게 하고 예를 빠트린 신의 죄를 다스려 조정의 기강이 날로 무너지는 것을 면할 수 있게 하신다면 천만다행이겠습니다. 재결하여 주시기 바랍니다.

답하기를,

"차자를 살펴보고 경의 간절한 마음을 모두 알았다. 병이 아직도 회복되지 않았으니 너무도 근심스럽다. 적기(積氣)를 쳐서 몰아내는 방법만 가지고는 상노인의 기력으로 볼 때 치료되기 어렵다. 또 그 증세가 다른 병증과는 다르니 역시 가벼이 보약을 써서도 안 될 것이다. 더위에 설사를 하고 있으니 약제를 어떻게 선택하고 있는가? 모름지기 십분 신중히 구호하여 빨리 완쾌되는 기쁨이 있기를 바란다. 내일 거행하는 예에는 비록 참석하지 못하겠지만 어찌 스스로 인책할 것까지야 있겠는가. 안심하고 조리하여 쾌차하거든 나랏일을 살피라."

하였다.

## 면직의 허락을 환수한 후에 거듭 해직을 간청하는 상소[15]

勉副還收後申懇解職疏

엎드려 아룁니다. 신하가 군상으로부터 관직을 받고도 그 일을 제대로 하지 않는 것을 옛사람들이 시(尸)라고 불렀습니다. 무릇 시라는 것은 살아 있는 사람을 이르는 것이 아닙니다. 살아 있는데, 남들이 살아 있는 사람으로 치지 않으면 그것은 진실로 살아도 죽는 것만 못합니다.

생각해 보니 신이 거듭 상부(相府)에 들어가서 꼭 두 해가 되었습니다. 한 번도 빈대에 달려가지 않았고, 한 번도 비변사의 좌기에 나아가지 않았으니 자신이 이미 의정으로 자처하지 않은 것이며, 낭청과 아전들도 역시 상군(相君)으로 대우하지 않은 것입니다. 의정부에서 평소에 회람하는 문서도 반드시 여러 재신이 본 다음에 보여 주었는데 신은 곧바로 말아서 도로 주어 그 가운데 무슨 사무가 있는지를 살피지 않았습니다. 그러니 그 관직을 물어본다면 대신(大臣)이지만 하는 것을 살펴본다면 나무 인형입니다. 이것이 비록 처음에는 의정부의 옛 규례로 말미암아 대신의 일은 제대로 수행하지 못하였고, 마침내는 성상의 은혜가 지나치게 융숭하여 특별히 휴가를 많이 받아서 거의 일을 보지 않은 것에 연유하지만, 만약 식견 있는 사람으로 하여금 오늘날의 시위소찬(尸位素餐)하는 자를 논하게 한다면 신은 반드시 그 첫 번째가 될 것입니다.

신이 부끄러워 죽고 싶은 것은 우선 그만두더라도 성조(聖朝)에서

**15** 면직의……상소 : 1796년(정조20) 11월 21일에 올린 것이다.

산 사람으로 쳐 줄 수도 없는 자를 엄연한 묘당의 존귀한 자리에 놓아두었으니 정사(政事)가 과연 어떻겠습니까. 다행스럽게도 대각에서 논의가 준절하니 신을 논열하여 늘어놓은 것이 한 글자도 실상과 다름이 없어 조정의 공론이 모두 같다는 것은 저절로 알 만합니다. 일월(日月)처럼 밝은 성상께서는 세상 비추지 않는 곳이 없으니 신의 슬프고 고통스러운 사정을 살피고 신의 위태로운 형편을 불쌍히 여겨 신이 띠고 있는 가당치 않은 직임을 특명으로 면직해 주셨습니다.

이에 전하께서는 언제나 신의 한 몸에 대하여 깊은 구렁에서 꺼내 주는 은혜를 베푸시니 신은 너무도 두렵고 몹시 부끄럽습니다. 이제부터 얼마 남지 않은 여생을 조금 한가롭게 보내며 노래를 부르면 요임금의 덕치를 나타내는 격양가(擊壤歌)의 노인이 되는 듯하고 관복은 가을 매미 허물처럼 벗어 버려 인간 세상의 시시비비를 더 이상 알지 못하는 사람으로 거의 되는 듯하였습니다.

그런데 천만뜻밖에 이미 내리신 전교를 달이 바뀐 지금에 와서 도로 거두어들이고 유지(諭旨)와 명소패(命召牌)를 전하였는데 사관이 앞에 서고 승지가 뒤를 따랐습니다. 이런 은혜와 영광이 어찌 신처럼 쓸모없는 사람에게 가당하겠습니까. 곧이어 동료 상신을 통해 연석에서 있었던 이야기의 요점을 대략 들었으니[16] 신에게 직임을 맡기려 애쓰는 모습과 신을 책면하시는 간절한 마음이었습니다. 신이 비록 눈은

**16** 동료……들었으니 : 1796년 11월 19일 정조가 성정각에서 우의정 윤시동(尹蓍東) 등 대신과 비변사 당상을 소견하면서 번암의 면직 허락을 환수하는 것에 대해서 언급한 내용을 말한다. 이날 소견한 다음에 영의정 홍낙성(洪樂性)과 좌의정인 번암에 대해 체차해 주라는 전교를 시행하지 말라고 명하면서 승지를 보내 명소를 도로 전하게 하고 사관을 보내 돈유(敦諭)하게 하였다. 《日省錄 正祖 20年 11月 19日》

침침하고 귀도 어둡지만 한 푼의 지혜가 있으니 어찌 위로는 성상의 지극한 뜻을 모르겠으며 아래로는 신의 조그만 충심(衷心)을 일으키지 않겠습니까. 하물며 "나라가 있을 뿐이고 공사가 있을 뿐이며 나의 몸은 나의 것이 아니다.〔國耳公耳身不己有〕"라고 하신 여덟 자의 가르침[17]은 평생토록 외워서 지켜도 모자랄 것입니다. 그러니 오직 이를 지켜서 조금이나마 성상의 은혜에 보답하는 것이 어찌 신의 지극한 소망이 아니겠습니까.

다만 생각해 보니 신이 보답한 것이 아무것도 없다는 것은 이미 시험하여 조야가 모두 알고 있습니다. 하물며 이번 가을 중병을 앓은 이후로 정신은 더욱더 쇠락해져서 하는 일마다 잊어버리고 하는 말마다 착란하니 오직 자리에 누워 아는 듯 모르는 듯 그저 시간만 보내고 있을 뿐입니다. 천리마도 늙으면 오히려 노둔한 말이 앞서는데 하물며 본래 노둔한 말인데 거기다 또 늙고 쇠약하다면 말할 것이 있겠습니까. 따라서 반드시 들판 가운데 놓아서 제 살 곳을 찾게 해야 하니 지금 신의 형편이 실로 이와 같습니다. 그러니 성상께서 신을 처분하시는 것은 들판에 놓아주지 않는다면 처리할 만한 방도가 없습니다. 그런데 이제 억지로 먼지를 털고 빗으로 빗겨서 화려한 마구간에 두려고 하니 길러 주시는 은혜야 어찌 감격하지 않겠습니까만 마침내 앞으로 꼬꾸라져 수레를 엎어서 주인의 은혜를 저버릴 것입니다. 이렇게 된다면 모르겠습니다만 누구의 잘못입니까. 생각이 이에 미치니 다만 참으로 비통할 뿐입니다.

**17** 나라가……가르침 : 1796년 11월 19일 정조가 번암의 체직 명령을 환수하면서 내린 돈유문에 들어 있는 말이다. 《日省錄 正祖 20年 11月 19日》

더욱이 지금 조정의 모양이 날로 어그러져 십수 년 전에 비해 오히려 몇 단계나 아래로 떨어졌으며, 동쪽 서쪽 할 것 없이 무너지고 터져서 실로 수습할 수 없을 정도로 걱정스럽습니다. 비록 재주가 뛰어나고 덕이 훌륭한 옛날의 대신에게 맡기더라도 마땅히 주저하며 나오기 어려워할 것입니다. 그러니 혈혈단신으로 소경처럼 물정에 어두운 신이 만약 스스로 전하의 고굉이며 전하의 심복이라는 것을 믿고 그 사이에서 무엇인가를 해 보려고 한다면 제 몸이 먼저 가루가 될 것이니 오히려 나랏일에 무슨 보탬이 되겠습니까. 이리저리 생각하고 헤아려 보며 천번을 생각하고 백번을 돌이켜 봐도 실로 의정부로 나아갈 길이 없습니다.

하물며 대신(大臣)이 대간의 언론을 두려워하지 않으면 그 나라는 어찌해 볼 도리가 없습니다. 이 간서(簡書)를 두려워하는 것은《시경》에 실려 있습니다.[18] 신이 어찌 감히 이 몸이 신의 것이 아니라고 핑계하여 멋대로 하고 방자하게 굴어 주벌(誅罰)을 다시 불러들이겠습니까. 이에 감히 천지 부모와 같은 전하께 눈물을 훔치며 호소합니다. 엎드려 바라건대 자애로운 성상께서는 신이 가진 의정의 직임을 속히 명하여 개차하고 이어 신이 그동안 임금의 은혜를 저버린 죄를 다스려 국법을 엄정히 하고 대간의 언론을 무겁게 하시기를 천번 만번 혈성으로 기원합니다.-정승의 직임에서 면직되는 것을 허락할 때의 부주(附奏)와

**18** 간서(簡書)를……있습니다 :《시경》〈소아(小雅) 출거(出車)〉에 "어찌 돌아가고픈 생각이 없었으랴만, 이 간서가 두려웠느니라.〔豈不懷歸, 畏此簡書.〕" 하였는데, 임금이 장수를 전장에 보낼 때 내리는 명령서가 곧 간서이다. 여기서는 번암을 다시 의정에 임명하는 정조의 전교를 말한다.

허락해 준 것을 도로 거두어들인 후의 부주는 모두 권28 제39판과 제40판에 있다.-

답하기를,

"상소를 살펴보고 경의 간곡한 뜻을 모두 알았다. 그저께 내린 연석의 하교를 들었을 터인데 의례적인 글을 지었으니 이것이 과연 나라만을 생각하고 공사만을 아는 의리인가. 단지 지금 말하는 것은 바로 연석의 하교에서 다하지 못했다는 의미이니, 어찌 만백성이 우러러보는 의정의 자리에 있는 경들로 하여금 염치를 버리고 오직 임금의 뜻을 받드는 것을 공손함으로 삼게 하려고 이런 비답을 내렸겠는가. 경등이 만약 자신의 몸을 자기 것으로 여기지 않고 임금의 명에 수레 대령하기를 기다리지 말라는 경계를 지킨다면 어찌 재촉할 필요가 있겠는가. 경등은 이를 이해하여 즉시 나와서 나랏일을 보라."

하였다.

## 무지개의 변고로 말미암아 정승의 직임을 사직하는 차자[19]

因虹變辭相職箚

엎드려 아룁니다. 관상감의 보고가 또 어찌하여 이른 것입니까. 무릇 천상(天象)이 그 법도를 잃는 것은 모두 재이(災異)에 속합니다. 하물며 존엄한 태양이 음험한 무지개의 침범을 받은 것이야 말해 무엇 하겠습니까. 한 번도 경악스러운데 더구나 작년과 금년에 연거푸 일어나니 더 이상 무슨 말을 하겠습니까. 재이가 만약 부질없이 일어났다면 그만이거니와 그렇지 않다면 이보다 더 두렵고 놀라운 일이 없을 것입니다. 스스로 책망하시는 하교는 간곡하고 측달하여 천심을 감동하게 하고 신하들을 감읍시키기에 충분하며 높고도 높은 성상의 인자하고 사랑하는 마음은 하늘의 견책을 기쁨으로 돌리고 재이를 상서로 만드는 데 거의 가까우니 신은 이루 다할 수 없이 우러러 흠탄하고 정성껏 축원하였습니다.

비록 그렇지만 하늘과 사람은 본래 두 가지가 아닙니다. 효자가 그 아버지를 섬김에 혹 아버지가 즐거워하지 않고 이어서 꾸짖기까지 하시면 자식 된 이는 두렵고 다급하여 편안히 있지 못하고 스스로 죄과를 끌어들여 아버지의 마음을 돌리는 것이 진실로 아버지를 잘 섬기는 것이 되기는 합니다. 하지만 어찌 평소부터 조심조심하고 모든 일에 정성을 다하여 애초에 아버지의 마음이 상하지 않게 하는 것만 하겠습니까. 우리 성상께서 학문에 힘쓰고 정치에 노력하여 깊은 밤에도 잠자

**19** 무지개의……차자 : 1797년(정조21) 4월 3일에 올린 것이다.

리에 들지 않아 한순간이라도 마음을 풀어 놓지 않으셨으니 이는 모두 우리 상제(上帝)를 섬기는 것이었습니다. 따라서 상제께서 전하에게 불꽃같은 번창으로 보답해야 하는데 지금 갑자기 경악할 만한 재이가 거듭 나와 겹쳐 보여 주시니 그 이유가 어디에 있습니까.

아아, 이는 다름이 아닙니다. 전하께서 상신을 가려 뽑지 않은 잘못입니다. 나라의 흥망성쇠는 오로지 보상(輔相)에게 달려 있습니다. 그런데 전혀 사람 같지도 않은 데다 지금 여든을 바라보는 나이로, 힘도 없고 정신도 혼미한 사람을 상부에 두시고 한 해를 넘기고 또 한 해를 넘기며 오직 숫자나 채우고 변통하여 처리할 방도를 생각하지 않았습니다. 오직 이렇게 한 까닭에 명분과 의리가 날로 연기처럼 흩어지고 그믐처럼 어두워지는데도 천명할 수 없으며, 당색(黨色)을 표방하는 조정의 분위기는 미워해야 하는데도 감독하고 바로잡을 수가 없습니다. 사대부로서 염치는 모르고 오직 받들어 영합할 줄만 아는 자를 내쳐 버릴 수가 없으며, 벼슬아치로서 명예와 예법은 알지 못하고 오직 관직에 있으며 자신이나 살찌우는 자를 정화(淨化)할 수가 없습니다. 이 같은 문제들은 이루 다 열거할 수가 없습니다. 사람에게 비유하자면 배 속에 병이 있으면 사지는 물론 피부와 터럭까지도 이 때문에 아픈 것과 같습니다.

보상은 곧 나라의 배 속입니다. 애초에 보상에 적임자를 얻지 못하여 천만 가지 일이 모두 병이 들었으니, 그 이치가 진실로 이처럼 작용하는 것입니다. 옛날 당나라 남전(藍田) 고을의 승(丞)이 태만하여 일에 대해서 알지 못하였습니다. 한 작은 고을의 승이지만 오히려 세속에서 태만한 것을 꾸짖을 때면 반드시 남전 고을의 승이라고 칭하였습니다. 하물며 당당한 천승 국가의 상신으로 태만하여 일을 모르는 것이 세속에서 “남전 고을의 승이야, 남전 고을의 승이야.”라고 하는 것과 다름없으니 ‘지금의 상신이다.〔今之相〕’라는 세 글자가 세속에서 태만히 한 자를 꾸짖는 말이 되어 버린 지 오래되었습니다.

신이 부끄러워 죽고 싶은 것은 우선 차치하고라도 성명의 다스림에 누를 끼치는 것이 과연 어떠하겠습니까. 이것으로 말하자면 상천(上天)이 전하께 경고를 보이시는 것이 결단코 다른 데 있지 않은 줄을 알겠습니다. 이는 신이 겸손히 사양하는 데 급하여 일부러 이런 말씀을 드리는 것이 아니며, 또한 신이 공부한 것으로 여러 가지 이유를 가져다 붙여 스스로 신의 몸을 내치는 것도 아닙니다. 사리로 볼 때 이미 매우 밝게 드러나고 옛날 일을 상고해 보아도 또한 재이가 발생하면 삼공을 책서(策書)로 면직한 일이 있습니다. 전하께서 만약 시원하게 명령을 내려 신처럼 모든 것이 무능한 자를 물리치고 어질고 덕스러운 자로 다시 뽑으신다면 그 신실한 마음과 실용적인 정사가 위로 상제의 마음을 위로할 것이니 반찬의 가짓수를 줄이는 것보다 반드시 백배나 나을 것입니다. 전하께서 무엇이 애석하여 이렇게 하지 않으십니까. 병석에서 두려워 떨면서 감히 가슴속의 간절한 마음을 아룁니다. 엎드려 바라건대 속히 밝은 명령을 내려서 신의 직함을 삭탈하여 나랏일을 다행하게 하고 신의 분수를 편안히 해 주소서. 재결하여 주시기 바랍니다.

답하기를,

“차자를 살펴보고 경의 간절한 마음을 모두 알았다. 화목한 기운은 상서를 이루는데 이를 반대로 하면 요망한 기운이 된다. 마음이 화평하고 기운이 화평하여 사람마다 모두 그런 다음에야 천지가 비로소 화열(和悅)로 응답하니 화(和)가 때에 마땅한 것이 크기도 하다.

어제 갑자기 음한 기운이 햇무리를 만들더니 이에 감히 태양을 침범하였다. 놀랍고 두려워 밤새도록 감히 마음을 놓지 못하였다. 오직 지금 이 재이를 소멸시킬 방도는, 돌아보건대 오행(五行)을 순조롭게 다스려서 크게 화목하고 모두 바르게 되는 데 있지 않겠는가. 내가 이것으로 스스로를 면려하는 이유는 또한 경등이 나를 돕고 도와 치세를 이루기를 바라기 때문이다. 차자 가운데 인의한 것은 지나치다. 안심하고 사직하지 말며 나랏일을 살피라."

하였다.

## 비변사 여러 재신의 파직 현고에 따른 소회를 아뢰는 차자[20]

因備局諸宰罷職現告陳所懷箚

엎드려 아룁니다. 방금 간신(諫臣)의 상소로 말미암아 근일에 비변사 좌기에 참석한 여러 당상을 파직하라는 명이 있었고 그에 따라 현고(現告)가 막 들어왔습니다. 성조에 다행히 잘못된 일이 없어 삼사(三司)에서 올리는 상소와 전국에서 올라오는 장계가 여름에 들어서면서 더욱 드물어졌습니다. 좌기에 참석하는 여러 당상은 인시(寅時)에 들어와서 신시(申時)에 물러나는데 특별히 골몰해야 할 공문이 없는 경우에는 대신(大臣)에게 아뢴 다음에 한번 처리하고 나서는 때때로 한담이나 주고받으며 신시까지 기다리는 것은 형편상 본래 그렇습니다.

그러나 비변사는 예전의 의정부입니다. 뛰어난 군신들이 가득 모여서 오직 국사를 의논하는 곳이니 세속의 잡된 이야기나 농지거리를 여기에서 입 밖으로 내서야 되겠습니까. "술을 평하고 색을 논했다.〔評酒論色〕"라는 네 글자가 이미 대간의 상소에 올랐으니 한순간이라도 몸이 예악에서 벗어나지 않게 하려는 성상께서 얼마나 놀랐으면 모두 책임을 물어 처벌하여 파직하라는 명을 내리기까지 하셨겠습니까. 비록 그렇지만 신의 어리석은 견해로는 십수 명의 여러 재신(宰臣)이

**20** 비변사……차자 : 1797년(정조21) 6월 4일에 올린 것이다. 이에 앞서 6월 3일 정언 홍치영(洪致榮)이 상소하여 비변사의 당상들이 주색을 평론한다고 비판하였다. 이에 정조는 비변사 당상관 김지묵(金持默)·김문순(金文淳)·민종현(閔鍾顯)·권엄(權欕)·이병정(李秉鼎)·이서구(李書九)·남공철(南公轍)의 직임을 파면하였다. 《正祖實錄 21年 6月 3日》

똑같이 그렇게 했을 리는 없다고 생각합니다. 그렇게 하지도 않은 사람을 똑같은 죄과에 밀어 넣는다면 이는 옳지 않은 죄목입니다. 당한 사람이 억울해하며 한탄할 뿐만 아니라 철저하게 사실대로 하는 조정의 정사로 볼 때도 너무 대충 했다는 비난을 면하지 못할 것이니 어찌 특별히 조사하고 가려내어 애매한 죄과에서 벗어나게 할 방도가 없겠습니까. 어리석은 생각이 이와 같기에 짧은 차자로 아뢰니다. 엎드려 바라건대 성명께서는 속히 분명한 명령을 내려서 명백하게 사실을 조사하여 처분하소서. 재결하여 주시기 바랍니다.

답하기를,

"차자를 살펴보고 경의 간곡한 뜻을 모두 알았다. 여러 재신을 모두 섞어서 책임을 물어 파직한 것은 옥석이 함께 섞여 있는 줄을 몰라서가 아니다. 이제 경의 차자를 보니 깊이 대신의 체모를 얻었다. 아뢴 대로 시행하겠다."

하였다. 이어 전교하기를,

"이 비답을 사관을 보내어 전유하게 하라."

하였다.

## 홍치영이 피혐한 것 때문에 정승의 직임을 체차해 줄 것을 청하는 차자[21]

因洪致榮避嫌乞遞相職箚

엎드려 아룁니다. 신이 외람되이 한 통의 차자를 올려 감히 어리석은 생각을 바쳤습니다. 그런데 이제 비지를 받드니 이미 대신의 체모를 깊이 얻었다는 말씀으로 가르쳐 주고, 아뢴 말씀에 대해서는 그대로 시행하라고 하셨습니다. 신은 이루 다할 수 없이 황공하고 감격하였습니다. 비록 그렇지만 구구한 신은 충성하고픈 마음에 다만 소회가 있으면 반드시 말씀드려야 한다는 것만을 알 뿐 그 말이 도리어 대신(臺臣)들의 노기를 건드릴 줄은 몰랐습니다. 신의 어둡고 어리석음이 심하기도 합니다. 신은 노병으로 신음하느라 문밖의 일일랑은 일절 들리지 않고 보이지 않습니다. 조보(朝報)가 오면 손 가는 대로 펼쳐서 볼 뿐인데, 비로소 대신의 피혐 계사가 있다는 것을 알았습니다. 그런데 그 속의 말투가 더할 수 없이 신을 능멸하고 모욕하였으니 신은 놀랍고 수치스러워 어찌할 줄을 몰랐습니다.

**21** 홍치영(洪致榮)이……차자 : 1797년(정조21) 6월 6일에 올린 것이다. 비변사 당상들이 묘당에 나와서 농담이나 주고받는다고 대간 홍치영 등이 상소하자 정조는 모든 비변사 당상을 파직하였다. 이에 대해 번암이 일부 농담한 사람도 있고 아닌 사람도 있으니 조사한 후에 파직하는 것이 옳겠다고 하였다. 그러자 당연히 홍치영은 피혐을 하고, 그에 따라 번암도 사직하는 차자를 올린 것이다. 중요한 것은 이 차자에 대한 정조의 매우 긴 비답인데, 그 비답에서는 번암에 대한 정조의 신뢰가 어떤 성격인지를 아주 잘 보여 준다.

다만 그 말 중에 "이것이 무슨 큰일인가."[22]라고 하였습니다. 신이 보기에 비변사는 나라의 일을 규획(規劃)하는 곳인데, 십수 명의 경재가 한꺼번에 파직을 당하면 육조의 여러 관사가 거의 모두 비게 될 것이니 나라에 이보다 더 큰일이 어디에 있겠습니까. 이는 모두 대신(大臣)이라는 사람이 평소에 모범을 보이지 못한 소치이니 신이 비록 우매하지만 어찌 먼저 스스로 인책하는 것이 마땅한 줄을 모르겠습니까. 그러나 신이 다시 의정이 된 이후 무릇 성상께서 늙은 것을 불쌍하게 여겨 주시거나 병 때문에 억지로 하기 어려워 비변사의 좌기와 빈대에 태만히 하며 달려 나가지 못한 지 이미 지금 수년이 되었습니다. 이 때문에 스스로 대신으로 자처하지 않는 것은 온 세상이 다 알고 있습니다.

그런데 이제 갑자기 여러 재신이 죄를 입는 날에 편안하게 이것을 인책(引責)하는 단서로 삼는다면 어찌 크게 비웃음거리가 되지 않겠습니까. 이 때문에 스스로 헤아려서 신의 사직 문제는 언급하지 않은 채 다만 분명하게 조사하여 처리하시라고만 청한 것입니다. 대개 성조의 핵실하는 정사가 조금도 흠결이 없도록 하고, 묘당에서 아침 일찍 나와 밤늦도록 수고하는 신하들이 애매하게 처벌받지 않도록 해 주려

**22** 이것이 무슨 큰일인가 : 번암이 비국의 당상들에 대한 파직을 다시 조사해 달라고 요청하자, 1797년(정조21) 6월 4일에 정언 홍치영이 피혐하는 계사를 올려서, 번암이 차자를 올린 것에 대하여 유감을 표하는 한편, 대각(臺閣)의 규례에 따라 풍문(風聞)을 가지고 논핵한 것으로 곧 경계하는 뜻에 불과한데 이것이 무슨 큰일이라고 조사까지 하느냐고 말한 것을 가리킨다. 《日省錄 正祖 21年 6月 4日》 즉 번암이 매우 중요시하여 정조에게 사실을 조사해 달라고 요청하였는데 대간이 이렇게 하찮다는 듯이 말한 것은 번암에게 매우 모욕적이라는 뜻이다.

고 했을 뿐입니다. 대신(臺臣)을 조사하라는 말은 처음부터 한 글자 반 구절도 없었는데, 모르겠습니다만, 대신이 무슨 이유로 이다지도 신에게 노기를 부리는 것입니까.

대신(大臣)과 대각(臺閣)은 본래 가부(可否)가 서로 맞서는 관계입니다. 대각이 대신의 의견에 대해 옳지 않다고 하면 대신이 아니라 하고, 대신이 대각의 견해에 대해 옳지 않다고 하면 대각이 아니라고 하니, 이는 훌륭한 세상의 아름다운 일입니다. 비록 그렇지만 왈가왈부(曰可曰否)는 다만 마땅히 해당 사항이 당연한지 당연하지 않은지를 논할 뿐입니다. 하필이면 노기를 부리지 말아야 할 데 노기를 부려서 실컷 퍼부어 댄 다음에야 마음이 시원하겠습니까.

맹자가 "사람은 반드시 스스로 모욕한 뒤에야 남이 모욕한다."라고 하였는데, 생각해 보니 신이 마땅히 떠나야 하는데도 떠나지 않고 머리가 세도록 자리를 차지하고 있습니다. 감격스러운 것은 임금의 은혜이나 하나도 보답하지 못하고, 근심스러운 것은 세도이나 조금도 바로 세우지 못했습니다. 오직 몸을 받들고 물러나라는 말은 바로 신을 위해 준비해 둔 것입니다. 나이 일흔이 넘도록 여전히 벼슬자리를 차지하고 있어 여기저기 비웃는 소리가 끊이지 않으니 신이 스스로를 모욕한 것이 이와 같습니다. 따라서 지금 대신(臺臣)의 말은 대신이 신을 모욕한 것이 아니라 신이 실로 대신을 시켜서 신을 모욕하게 한 것입니다. 생각이 이에 이르니 남을 탓하고 싶은 마음이 없습니다.

다만 생각해 보니, 사람이 사람인 것은 모두 사단(四端)을 갖추고 있기 때문입니다. 사단은 인의예지(仁義禮智)입니다. 의(義)는 마땅하다는 것인데 신은 직무를 마땅하게 하지 못하였습니다. 예(禮)는 차례를 귀하게 여기는데 신은 조신들로 하여금 조정 체통의 차서를 닦게 하지 못하였습니다. 지(智)는 아는 것인데 신은 자신을 위해서 도모하지 못하였으니 죽을 나이가 되어서 남으로부터 곤욕을 당하고 있습니다. 자주 있을 때는 매달 곤욕을 당했고, 드물어도 해를 거르지는 않았습니다. 그런데도 오히려 아무것도 모르는 듯 편안하게 있었으니, 이러고도 오히려 사람 축에 끼어서 관디를 갖추고 백관의 우두머리로 있는 것이 가당하겠습니까.

이에 감히 애끓는 정성으로 애달프게 아뢰니다. 엎드려 바라건대 성명께서는 신을 불쌍하게 여겨 속히 신에게 매여 있는 대신의 직책을 삭직하며 신이 전리로 돌아가 죽는 것을 허락하여 천지 부모와 같이 낳고 이루어 주는 은혜로 시종일관 끝까지 살펴 주소서. 재결하여 주시기 바랍니다.

답하기를,

"차자를 살펴보고 경의 간절한 마음을 모두 알았다. 세상에서 경을 붙들고 경을 잡아서 모욕하고 멸시하는 것이 어찌 경이 세상을 거스르기 때문이겠는가. 또한 세상도 어찌 경을 정말로 미워해서 그런 것이겠는가. 붕당의 음풍이 아래에서 불고 그 남은 바람이 아직도 다 가시지 않아서 그 잔당들이 당동벌이(黨同伐異)하는 데 급급하여 형세상 사람들이 옳은 것을 옳다 하지 못하고 그른 것을 그르다 하지 못하게 되어 그런 것이다. 사사로운 뜻은 횡행하고 공변된 안목은 모두 막혀 버리니, 경이 비록 날마다 아름다운 꾀와 훌륭한 계책으로 조정에서 왕명을 대양해도 말이 입 밖을 나오면 흠으로 삼아서 온갖 비방들이 마땅히 뒤따를 것이니 이번 일에서 살피면 또한 충분히 본보기가 될 것이다.

조사하여 물어보라고 운운한 것은 대신(臺臣)에게 물어보라는 말로, 우상의 차자 내용에 이를 언급한 것이다.[23] 경의 차자 수백 마디에 어찌 저런 '문(問)' 자가 하나라도 있었는가. 조사하여 바로잡기 위하여 승지들로 하여금 대신(臺臣)에게 물어서 현고(現告)를 바치도록 한 것과 현고를 고쳐서 바치게 하라는 요청 또한 우상의 차자 가운데 있는 말이다.

대개 이 일은 명령한 사람은 나이고 요청한 사람은 우상이다. 그런데 그 사이에 끼인 경이 갑자기 남들 대신에 능멸을 당하였으니 조정의 체모가 한심한 것은 차치하고라도 놀란 눈으로 쳐다보는 내 마음이 어떠하겠는가. 지금 백 가지 법도가 비록 바르지 않고 만 가지 일이 비록 진작되지 않아도, 내 수중의 저울만큼은 남에 의해 흔들리고 싶지 않다.[24] 설사 사람들이 흔들려서 장차 그 말에 따라 부응하여 시행하려 하고, 또 혹 내 뜻을 몰래 엿보기도 하겠지만, 그렇다고 그들의 술책에 빠져서 만천하에 그 모습을 보여서야 되겠는가. 나는 경을 버릴 마음이 나에게 생긴 다음에야 경을 버릴 것이며, 경에게 나를 저버린 자취가 있은 다음에야 경을 물러나게 할 것이다. 비록 설사 이우규(李羽逵), 홍치영(洪致榮) 무리들이 전후좌우에서 글을 올려 대며 번갈아 가면서 다투어 나온다 한들 경에게 무슨 손상이 있을 것이며 경에게 무슨 해악을 끼치겠는가.

**23** 조사하여……것이다 : 우상은 당시 우의정 이병모(李秉模)를 말한다. 이병모는 이 문제에 대해 1797년 6월 4일 차자를 올려 영의정으로 하여금 그 사실을 조사하여 물어보게 하라고 하였다. 《承政院日記 正祖 21年 6月 4日》

**24** 내……않다 : 저울로 물건을 달듯 번암을 가지고 사람을 달겠다는 뜻이다. 따라서 모든 신하들을 평가하는 저울인 번암을 절대 놓아 주지 않겠다는 다짐을 표현한 말이다.

대신(大臣)이 임금을 섬기는 도리는 여느 신료들과는 다르다. 나랏일을 우선시하고 자신을 위한 계책은 뒤로하는 것이니, 사람들의 말은 들어주지 않아서는 안 되고 이미 지난 일이니 그렇게 처리하지 않을 수 없으며 본래 다 마땅히 때에 따라 해야 하는 것이 있다고 말하지 말라. 경이 만약 자신의 몸을 자신의 것으로 여기지 않는 의리를 안다면 이 유지를 체득하여 더 이상 인책이니 체직이니 하는 말로 나의 귓전을 번거롭게 하지 말라. 삼공은 임금에 버금하니 삼공이 높아지면 임금 또한 높아지는 것이다. 경등이 아무리 스스로 가볍게 하려고 한들 그게 되겠는가. 즉시 일어나 안심하고 나랏일을 보라."
하였다. 이어 전교하기를,
"이 비답을 사관을 보내어 전유하게 하라."
하였다.

## 뇌성의 이변으로 말미암아 시폐를 아뢰고 겸하여 해직해 주기를 청하는 차자[25] 정사년(1797, 정조21)

因雷異陳時弊兼乞解職箚 丁巳

엎드려 아룁니다. 어제 날씨가 몹시 패려하여 비가 오다가 눈으로 바뀌더니 눈이 오면서 바람이 부는 등 잠깐 사이에 수백 번도 더 변했습니다. 신이 비록 병은 깊어지고 병석은 늘어지지만 그래도 두려움과 걱정으로 가슴을 가득 채워 마치 끝이 없는 듯하였습니다. 그러다가 문득 관상감의 관원이 우렛소리가 있었다고 보고하였는데, 신은 그 소리를 듣지 못하였습니다. 아아, 또한 몹시도 놀랍지 않습니까.

우러러 생각해 보니 부드러운 담요 위에서 진귀한 음식도 달지 않고 근심과 걱정으로 초조해하셨을 것이니, 진실로 모르겠습니다만, 무슨 계책으로 조금이나마 우리 성상의 공구 수성(恐懼修省)하시는 정사에 도움을 드리겠습니까. 스스로를 책망하는 하교가 이런 즈음에 내려왔는데, 심지어 성상께서 마음을 잡지 못하여 무슨 딴생각에 빠져 있었는지 까마득히 우렛소리가 들리지 않았다고 하며 스스로를 돌아보는 두려운 마음은 우렛소리를 듣지 못한 지금이 우렛소리가 들리던 때보다 배나 더하다고 하셨습니다. 윤음에서 누누이 자책하며 이어 3일간 감선(減膳)하라고 명하셨습니다. 한결같습니다. 왕의 마음이여! 훌륭합니다. 왕의 말씀이여! 신이 비록 생각이 다 닳도록 걱정한다고 해도 어찌 이 밖에 다른 것으로 우러러 권면할 만한 것이 있겠습니까.

25 뇌성의……차자 : 1797년(정조21) 10월 12일에 올린 것이다.

비록 그렇지만 이 부분에서 신은 또한 남은 의혹이 없지 않습니다. 근래 겨울에 우레가 치는 재이(災異)가 없는 해가 없었으며 성상의 공구 수성하시는 하교 또한 그를 따라 없는 해가 없었습니다. 이 하교대로라면 성상의 학문과 치법(治法)은 마땅히 해마다 진보하고 또 진보하여 진보한 것이 또다시 진보하게 되어 너끈히 훌륭한 치세(治世)에 올랐을 것입니다. 다만 괴이한 점은 조정의 모든 일은 작년이 재작년만 못하고 금년이 작년만 못하여 마치 아래로 흐르는 물처럼 점점 나빠지는 것이 분명하니, 이와 같다면 공구 수성하신 효과는 어디에 있습니까. 어리석은 신이 죽을죄를 무릅쓰고 삼가 생각건대 그 허물을 잡는다면 '형식적〔文具〕'이라는 두 글자에 지나지 않습니다.

오호라, 우리 왕조가 문치(文治)로 나라를 세웠으니 선왕들의 융성했던 시대에는 빛나게 발전하고 크게 성공하여 문(文)과 질(質)이 잘 갖추어졌으니 거의 공자께서 원했던 아름다운 주(周)나라에 이를 듯하였습니다. 그러나 세도(世道)가 날로 쇠락하고 허위(虛僞)가 날로 늘어나서 질실(質實)[26]이 무슨 물건인지도 모르는 사람들이 세상에 가득하게 되었습니다. 비록 목하의 일로 말하더라도 우리 성상께서 학문은 경전을 섭렵하고 도(道)는 하늘과 사람을 꿰뚫었습니다. 몸소 실천하고 마음으로 터득한 나머지 반드시 군사(君師)[27]의 책임을 다하고자

**26** 질실(質實) : 번암이 현실을 진단한 핵심어로, 여기서는 문허(文虛)의 상대적 개념이다. 즉 현재가 문(文), 즉 꾸밈만 치중하여 속이 비었다는 말이다. 문과 질이 함께 어우러져야 하는데 그렇지 못하다는 말이다.

**27** 군사(君師) : 《대학장구》 서문에 나오는 개념이다. 임금과 스승이라는 두 개념이 아니라 정치적 실권자와 도덕적 완성자가 합치된 상태를 의미하는 임금이자 스승이라는 하나의 개념이다. 정조의 별호인 '홍제(弘濟)'와 '만천명월주인옹(萬川明月主人翁)'은

하셨습니다. 강경과 제술을 관료와 유생에게 간단없이 부과하셨지만, 정주(程朱)의 도학(道學)을 천명하는 것은 이미 바랄 수 없고, 비록 문장(文章)에서라도 훗날 나라를 빛낼 만한 국수(國手)라는 칭송도 들어 보지 못했습니다. 이는 성상께서 한 세상을 교도하시는 것이 조금이나마 문구(文具)에 가까워서 그런 것입니다.

기자가 〈홍범(洪範)〉에서 황극(皇極)을 세우는 것에 따라 우리 선왕(先王 영조)께서 50년 동안 고심하며 황극을 세우신 지극한 덕[28]과 성상께서 임어하신 20년 동안 선왕의 뜻과 사업을 잘 계승하여 황극으로 돌리는 데 조금도 소홀함이 없고자 하신 마음은 신명(神明)에게 물어도 틀림없을 것입니다. 그런데 어찌하여 수년 이래 다스림은 뜻대로 되지 않아 황극으로 모여 돌아가는 효험이 보이지 않고 당색(黨色) 가운데 기이하고 괴상하기 짝이 없는 색목(色目)의 호칭만 더 나왔습니다. 집 안에서 하는 사사로운 이야기를 공공연하게 떠들며 마음대로 지목하니 그런 색목의 호칭이 눈과 귀에 익어서 괴이하게 여기지 않습니다. 이것이 비록 저절로 생겼다가 없어지는 일과 비슷하지만 그 해악이 결국 국가로 돌아가리라는 것은 불문가지입니다. 삼가 생각해 보니 사방의 모든 소리에 통달한 성상께서 간혹 들은 것이 있겠으나 짐짓 그대로 놓아두어, 조정의 기상이 안정되지 않고 사사로운 뜻이 횡행하는 대로 한결같이 맡겨 두시니, 점점 흘러가서 끝내는 수습할 수 없는

모두 이런 의미를 내포한 것이다. 이런 정조의 생각은 창덕궁 존덕정(尊德亭)에 걸린 〈만천명월주인옹자서〉에서 잘 드러난다.

**28** 우리……덕 : 영조가 확립한 탕평의 원칙을 말한다. 황극이란 누구나 지켜야 할 원칙을 가리킨다.

지경에 이르렀습니다. 이는 성상께서 여러 신하를 신칙하시는 것이 혹 문구로 귀결되는 데서 벗어나지 못한 것입니다.

백성을 사랑하고 긍휼히 여기는 것은 우리 왕조의 가법(家法)입니다. 성상께서 백성들을 갓난아이처럼 보호하여 하루도 편안히 쉴 겨를이 없었으니 또한 지극하고 정성스럽다고 할 만합니다. 비록 그렇지만 억조창생은 한 사람이 직접 다스릴 수 없습니다. 이에 감사에게 부탁하고 수령에게 부탁하여 그 보살피는 책무를 다하게 합니다. 그런데 사대부의 지조(志操)가 날이 갈수록 점점 더러워지고 저하되어 탐오(貪汚)한 자가 계속 뒤를 이어 염근(廉謹)하다는 소리가 들리지 않으니 불쌍한 우리 백성들이 누구를 의지하며 어디 가서 하소연하겠습니까. 이 때문에 연석의 하교와 윤음의 뜻은, 매번 탐오를 혼내고 염치를 장려하는 것이 백성을 보호하는 요체라고 하시어 마치 아 대부(阿大夫)를 삶아 죽였던 솥이 금방이라도 다시 걸려서 탐오한 관리들을 엄벌할 듯하였습니다. 그러나 신이 보기에 세력이 강성한 자들은 아무것도 두려워하지 않고 오직 자기 마음대로 합니다. 그런데도 오래지 않아 높은 자리로 올라가고 또 그것도 부족해 여기저기를 돌아보며 다른 자리를 찾으면서 마치 공을 세워 상을 받는 것처럼 당당하게 합니다. 관찰사가 고과를 나쁘게 주고 암행 어사가 적발하여 계문하는 것은 기댈 언덕조차 없는 음직의 잔반(殘班)이나 홀대받는 무신(武臣)에 불과한데도 마치 국법을 엄정히 시행하고 어사의 위풍을 세운 듯이 합니다. 이러고도 인심이 두려워하고 탐관이 혼쭐나기를 바란다면 또한 세상 물정 모르는 엉성한 사람이 아니겠습니까. 이 때문에 부모 같은 성상이 위에 계시는데도 갓난아이 같은 백성들은 고통 속에 있으니, 이는 전하의 호령이 힘없는 자에게는 통하지만 호강(豪强)한 자들에게는 시행되지 못하기 때문입니다. 이로 말하자면 백성을 다친 사람 보듯이 가엾게 여기시는 전하의 성덕지선(盛德至善) 역시 문구로 지워져 버릴까 걱정되니, 그렇게 된다면 정말로 한탄스럽지 않겠습니까.

지금의 일 중에 이와 비슷한 것들이 이루 다 손꼽을 수 없으니 어찌 하나하나 거론하겠습니까. 그러나 문구의 가장 큰 폐해가 상신을 두는 일에까지 미쳤습니다. 무릇 나라의 흥망성쇠가 전적으로 그 직임에 달려 있는데 전하께서는 그다지 어렵고 조심스럽게 해야 하는 것이 아니라고 여기고, 이에 신처럼 지극히 흐리멍덩하고 어리석은 자를 발탁하여 그 직임을 맡기셨습니다. 애초에 이미 잘못 되었거니와, 세월이 흘러 이미 노쇠하고 혼미하여 일체의 세상일에 거의 흑백도 못 가리고 시비도 모르게 되었는데 오히려 달마다 후한 녹봉을 받으며 침상의 이불 속에 누워서, 차가운 전각에서 신료들을 인접하느라 힘들고 수고로운 전하를 모르는 체하고 있으니, 상국(相國)이라는 벼슬이 만들어지고 유명무실하기로는 나라가 생긴 이래 신 같은 자가 없었습니다. 그런데도 전하께서는 끝내 내쳐 물리치지 않고 오로지 덮어 주고 가려 주시니 이것이 문구가 아니고 무엇입니까.

옛사람이 "하늘을 섬기되 진실한 마음으로 하고 형식적으로 하지 않는다."라고 하였습니다. 이 말은 이치를 모르는 말이라고 한다면 그만이지만 그렇지 않다면 오늘 하늘의 마음을 감동시킬 것은 모두 진실한 마음으로 섬기는 데 달려 있으며, 진실한 마음으로 섬기는 요체는 또 신을 내쳐 버리는 것에 불과합니다. 어질고 덕스러운 상신을 다시 뽑아서 전하를 보필하여 요순 같은 임금으로 만들도록 하신다면 위에서 말씀드린 여러 가지의 문구는 제거하지 않으려 해도 저절로 제거될 것이니 이것은 전하가 한번 경장을 하느냐 마느냐에 달려 있습니다.

무엇 때문에 고통스레 머뭇거리며 결단하지 않는 것입니까.

정신은 안개 속에 있는 듯 흐릿하고 말은 두서가 없지만 위의 몇몇 사항은 어리석은 충정(忠情)에서 나왔고, 아래 한 조목은 가슴에 맺힌 지극한 소원입니다. 오직 성명께서는 굽어살피고 가엽게 여기소서. 재결하여 주시기 바랍니다.

답하기를,

"차자를 살펴보고 경의 간절한 마음을 모두 알았다. 어제 스스로를 인책하는 유지(諭旨)[29]에서 내 마음이 무너져 내리는 것에 대해 거듭거듭 말한 것은 마음이야말로 몸의 근본이기 때문이다. 그런데 경이 또 몸소 행하고 마음으로 터득하는 공부로 나를 권면하니 늙은 신하의 간곡한 충심을 내가 감히 재삼 되뇌며 가슴속에 간직하지 않겠는가. 차자에서 책서(策書)를 내려 면직한 고사를 끌어들인 것은 지나치다. 바라건대 모름지기 안심하고 나랏일을 보라."

하였다. 이어 전교하기를,

"이 비답을 사관을 보내어 전유하게 하라."

하였다.

**29** 어제……유지(諭旨) : 1797년(정조21) 10월 11일 우레가 치는 재이 때문에 3일 감선하라고 명하면서 내린 유지를 말한다. 정조는 우렛소리를 듣지 못한 자신을 책망하면서 "마음이 무너져 내린다.〔心地之頹闤〕"라고 하였다. 《日省錄 正祖 21年 10月 11日》

## 조수민의 상소 때문에 인책하고 면직을 청하는 차자[30]

### 因趙秀民疏引咎乞免箚

엎드려 아룁니다. 신이 어제 지평 조수민의 상소를 보니, 신이 일전에 올린, 재이를 만나 면직을 구하는 차자를 크게 비난하고 배척하면서 개탄스럽기 그지없다고 극구 말하였습니다.[31] 신은 참으로 마음 가득 부끄럽고 창피하여 몸 둘 바를 몰랐습니다.

생각해 보니, 신은 문을 닫고 병상에 엎어져 있었으니 조정의 일에 대해서는 들어 아는 것이 없습니다. 이치로 보아 의당 눈을 감고 입을 다물고서 저승사자가 오기를 기다려야 하는데 응지(應旨)라는 이름으로 차자를 올리면서 차마 애매모호하고 두루뭉술하게 써서 일시적으로 책임을 때우려 해서는 안 되겠기에 마음 내키는 대로 손이 가는 대로 몇 구절을 써 낸 것입니다. 올리고 나서 생각해 보니 모두 늙은이의 망녕된 소리였으니 신은 비록 스스로의 노망(老妄)에 대해서 웃었지만 남들도 노망에 대해서 너그럽게 이해해 주리라고 바라서는 안 됩니다.

**30** 조수민(趙秀民)의……차자 : 1797년(정조21) 10월 20일에 올린 것이다.

**31** 지평……말하였습니다 : 조수민의 상소는 1797년 10월 18일에 올린 것이다. 조수민은 이 상소에서 "신은 좌의정이 올린 응지의 차자에 대해 매우 놀라운 점이 있습니다. '당색(黨色)' 두 글자는 결코 장주에 쉽게 써서는 안 되는 말이며, 심지어 당색의 이름을 더 만들어 냈다고 운운한 것은 더욱 임금에게 아뢰는 형식에 흠결이 됩니다."라고 하면서 재작년 봄 이래로 조정이 청명해지고 성덕의 천명을 기대하게 되었는데 늙은 대신이 도리어 해악이 국가로 귀결될 것이라고 하고 그대로 내버려 둔다는 등의 말로 끝을 맺고 있으니 이것이 몹시 잘못 말한 것으로 실로 개탄스럽기 그지없다고 언급하였다. 《日省錄 正祖 21年 10月 18日》

대간의 말이 나온 것은 실로 신이 자초하였으니 어찌 혹여라도 남을 원망하겠습니까.

하물며 그 상소에서 최근 들어 유언비어가 그치지 않아서 그것으로 문제를 제기하는 화두(話頭)로 삼았으니 오죽하겠습니까. 신이 차자에서 아뢴 바가 정말로 유언비어라면 이는 세도를 위해 다행스러운 일일 뿐이니 신은 마땅히 들으며 기뻐하기에도 겨를이 없을 터인데 무엇을 위해서 다투겠습니까. 비록 그렇지만 신은 그것이 유언비어인 줄 몰랐고 망녕되게 사실이라고 여겨서 가볍게 글에 써서 위로 성총을 번거롭게 하는 데 미쳤으니 늙어 망녕되고 귀까지 어두워 졸렬한 것이 누가 신보다 심하겠습니까. 그런데도 전하께서는 대간에 대해서는 하나하나 따져 물어 더욱 책망하고, 천신에 대해서는 굽어살펴 위로해 주시니 어찌하여 이리하시는 것입니까. 이것이 비록 우리 성상의 시종일관 보호해 주시는 뜻에서 나왔지만 신은 이전보다 배나 더 황송하고 두렵습니다.

지난 며칠간 평소 앓던 적병(積病)이 갑자기 다시 발작하니 만 가지 생각이 모두 재처럼 식어 버렸습니다. 그러나 또한 감히 계속 입을 닫고 묵묵히 있을 수가 없기에 병을 무릅쓰고 받아쓰게 해서 우러러 깊은 속마음을 아뢰니다. 엎드려 바라건대 성상께서는 속히 분명한 명을 내려 먼저 신의 의정의 직함을 삭탈하고 이어 신이 망녕되이 말한 죄를 다스려 조정의 기강을 엄정히 하고 천한 신의 처지를 편안하게 해 주소서. 재결하여 주시기 바랍니다.-서계 두 편은 모두 권28 제41, 42, 43판에 보인다.-

답하기를,

"차자를 살펴보고 경의 간곡한 마음을 모두 알았다. 무릇 지금 온갖 병이 온몸에 있는데 어느 하나 경이 전의 차자에서 말한 문구(文具)와 지금 말한 색책(塞責)에서 싹트고 빌미가 되지 않은 것이 없다. 의학적으로 보자면 그 증상은 음(陰)하고 유(柔)한 것에 속하여 그 맥결(脈訣)은 허(虛)하고 부(浮)한 것에 속한다. 병이 악하기는 오훼(烏喙) 같고, 독하기는 사공(沙工) 같아서 그 화(禍)가 홍수나 맹수보다 심하다. 사람들은 오훼는 먹어서는 안 되고 사공은 가까이 해서는 안 된다는 것을 알고 있으며, 아무리 큰물이라도 산을 따라 흐르게 하면 되고 무서운 사룡(蛇龍)이라도 늪에 놓아 주면 된다는 것을 알고 있다. 그런데 유독 색책과 문구에 대해서는 그것이 병의 뿌리인데도 병을 숨기면서 의원을 기피하니 진흙으로 발라서 감추고 분칠을 하여 숨기는 일[32]이 계속 이어지고 낯으로 눈을 가리며 귀를 막고 방울을 훔치는 짓[33]을 모두 따라 하니 임금 섬기기를 저렇게 하면 나라에 흉(凶)이 되고 부모 섬기기를 저렇게 하면 집에 해(害)가 되는 것이다. 집인데 집으로 여기지 않고 나라인데 나라로 보지 않는다면 이것을 오히려 사람이라고 부르겠는가, 귀신이라고 부르겠는가. 문명의 중국이라고 부르겠는가, 야만의 오랑캐라고 부르겠는가.

아아, 성(誠) 자체는 하늘이지만 성(誠)으로 나아가는 것은 사람

**32** 진흙으로……일 : 두 경우 모두 임금을 속이는 것을 의미한다. 특히 당쟁을 가지고 말한 것으로 보인다.

**33** 낯으로……짓 : 아무도 속이지 못한다는 뜻이다. 작은 낯으로 내 눈을 가려 봐야 나만 안 보일 뿐 나의 모든 것은 남에게 모두 드러나며, 귀를 막고 방울을 훔치니 나만 방울 소리를 못 들을 뿐 내가 훔치는 것을 모든 사람이 알게 된다는 뜻이다.

이다. 성을 반대로 하는 것을 위(僞)라고 하니 위의 줄기와 가지, 근골과 경락이 바로 문구이고 색책이다. 이 두 가지를 교정하고 개혁하는 방법을 마땅히 어디에서 구해야 하는가. 바로 내 마음의 본원(本源)에서 구하는 방법밖에 없다. 나 또한 문구와 색책 속에 앉아 있으니 애초에 많은 당파(黨派)의 시끄러운 말소리에 둘러싸여 있는 데다가 또 그런 날이 많다 보니 이미 빠져 익숙해져 버렸다. 그러니 일에 나아갈 때마다 무실(懋實)에 공력을 들이지 않는 것은 아니나 아침에 한 가지 명령을 내고 저녁에 내 자신을 반성해 보면 처음에는 충실하고 또렷한 듯했던 것이 도리어 부족하고 두렵다는 것을 깨닫게 된다.

오늘날 세도와 조정의 기상이 날로 낮아지고 날로 나빠지니 누가 마땅히 그 잘못을 바로잡고 그 비난을 감당해야 하겠는가. 바람이 불면 풀은 눕는다는 비유가 성인이 반드시 나를 속이는 거짓말로 훈계하신 것은 아닐 것이다. 그런데도 정치가 날로 나의 뜻대로 되지 않고 교화도 날로 나의 바람대로 되지 않아서 어제는 그제만 못하고 오늘은 어제만 못하다. 나날이 발전하고 또 날로 발전하는 훌륭한 정치적 성과는 까마득하고 세월은 물처럼 흘러가니 지난 세월은 찾기 어렵다는 탄식만 있다. 이러한 때에 도움을 구하는 것은 마치 목마른 자가 물을 찾는 것과 같다. 지난번 경이 한번 차자를 올려 병의 근원에 대해 통절하게 설파하였으니 7년 된 쑥으로 3년 된 병을 낫게 하는 데 비할 바가 아니었다. 그러니 경은 나에게 설거주(薛居州)[34]라 하겠다. 어찌 말꼬투리나 물고 늘어지는 세상의 습속이 경을

34 설거주(薛居州) : 전국 시대 송(宋)나라의 현신이다.

불안하게 하리라 생각이나 했겠는가. 이 또한 정치가 내 뜻대로 되지 않고 내 바람대로 되지 않는 것 중의 한 가지이다. 경과 무슨 관계가 있겠는가, 경과 무슨 관계가 있겠는가. 그런데 경은 어찌하여 망발(妄發)이라고 하면서 자신을 인책하며 벼슬을 면하게 해 달라는 말까지 하는가. 이것은 내가 경에게 기대하는 바가 절대 아니니다.

내가 듣자니 대신(大臣)은 나와서 충성을 다할 것을 생각한다고 하였다. 다한다는 말은, 아는 것은 말하지 않는 것이 없고 말한 것은 끝까지 다하지 않는 것이 없다는 뜻이다. 경이 만약 패려한 습속에 데어서 우물쭈물 머뭇거리며 뒤로 물러난다면 이것이 나를 저버리는 것이 아니고 무엇이겠는가. 다소간에 거듭거듭 말한 것은 단지 경 한 사람만을 위해서가 아니요, 바로 사람마다 저 온몸의 온갖 병을 녹여 없애어 모두 함께 무병장수하는 즐거움을 누리게 하려는 것이 또한 아름답지 않은가, 또한 옳지 않은가. 사직한 바는 윤허하지 않는다. 안심하고 나랏일을 살피기를 다시 바란다."

하였다.

## 새로 인출한 《춘추》를 올린 뒤에 상전을 사양하는 차자[35]

進新印春秋後辭賞典箚

엎드려 아룁니다. 《춘추》를 인쇄하는 일이 완성되어 진헌하는 예가 끝났습니다. 신이 외람되이 총재(摠裁)의 이름을 훔쳐서 머리를 조아리며 절하는 반열에 참석할 수 있었습니다. 옛날 우리 부자(夫子)께서 이 책을 지으실 적에 하늘과 땅이 크게 맑아지고 해와 달이 일제히 밝아졌습니다. 제자들이 기뻐하며 서로 더불어 태평하였습니다. 지금은 곧 섣달이니 추위가 몹시 매섭고 날씨는 침침하고 음산하여 바람이 불지 않으면 눈이 내립니다. 그런데 갑자기 오늘 일기가 화창하고 따뜻하여 하늘에 온화한 양춘(陽春)의 뜻이 있습니다. 신이 옷자락을 잡고 전당(殿堂)에 오를 제 황홀하여 마치 부자가 《춘추》를 지었던 당일의 광경을 직접 보는 듯하였으니, 그 서로 태평함이 어떻게 갑자기 3000명의 제자 아래에 있게 된 것입니까.[36]

이어 생각해 보니 《춘추》는 왕도를 바로잡고 대법을 밝히는 것이니 천만년 동안 사람이 금수가 되지 않고 사람다울 수 있는 것은 오직 이 책 덕분입니다. 생각해 보니 우리 왕조의 열성께서 서로 계승하여 성인의 경전을 크게 드러내는 데 유감이 없었습니다. 선묘(宣廟)에 이르러 지극정성으로 사대(事大)하는 마음은 대일통(大一統)의 의리

**35** 새로……차자 : 1797년(정조21) 12월 23일에 올린 것이다.

**36** 그……것입니까 : 정조를 공자에 비기고 자신을 공자의 3000명의 제자에 비겨서 《춘추》를 인쇄한 정조를 칭송한 것이다.

로 볼 때 더욱 비통하였습니다. 그래서 범례를 새롭게 완성하고 편찬을 위해 부서를 열라고 명하여 문학을 담당한 신하 두셋으로 하여금 인쇄하는 일을 경영하도록 하였습니다. 그런데 일이 끝나기도 전에 나라에 변고가 생겨 마침내 그만두고 말았으며, 이후 200여 년이 지난 지금까지 겨를이 없었습니다.[37]

오직 우리 전하께서 공부하신 것은 부자의 도(道)이고, 전수받은 것은 선묘의 마음이니 존주(尊周)에 대한 명문(名文)을 모아서 책으로 만들라고 명하셨습니다.[38] 또 《춘추》 한 가지 책에서 광대한 사실(史實)과 정미한 의리(義理)에 대하여 모두 깊이 탐색하여 장차 별본(別本)으로 인쇄하여 완성하려 하셨습니다. 그때 말씀하시기를 "이 경전은 《좌씨전》에서 핵심이 정리되는데, 고금의 판본에서 여태까지 이를 바깥으로 드러낸 적이 없었다. 이는 태양 아래의 만물을 똑같이 여기는

**37** 선묘(宣廟)에……없었습니다 : 선조 때 《춘추》와 그 주석서를 하나로 찬집(纂集)하여 간행하려다 못한 것을 말한 것으로 보인다. 1601년(선조34) 홍문관 부제학 신흠(申欽) 등은 선조의 명령에 따라 《춘추》에 대한 여러 전(傳)을 하나로 모아 찬집하고 서사하였다. 《宣祖實錄 34年 3月 16日, 8月 7日》 《군서표기》에는 "지난날 우리 선묘조에 일찍이 경과 전을 강과 목으로 삼아 부제학 신흠 등이 그 일을 맡아 정서(淨書)하여 올렸으나 미처 간행하지는 못했다."라고 하였다. 《弘齋全書 卷184 群書標記6 春秋左氏傳28卷》

**38** 존주(尊周)에……명하셨습니다 : 〈존주휘편(尊周彙編)〉을 말한다. 〈존주휘편〉은 1796년(정조20) 대보단(大報壇)에 참배한 뒤에 존왕양이(尊王攘夷)에 대한 기록을 여러 문헌에서 발췌하여 만든 것이다. 병조 참의 이의준(李義駿)과 전 부사(府使) 성대중(成大中)은 일반 문헌에서 수집하고, 춘추관은 왕조실록에서 수집하였으며, 내각에서는 《일성록(日省錄)》과 《기거주(起居注)》 등에서 수집하도록 하였다. 그리고 전 참판 이서구(李書九)와 검서관 성해응(成海應)이 편집을 맡아서 완성하였다. 《弘齋全書 卷184 群書標記6 尊周彙編20卷》

것과 다름없으니 어찌 몹시 개탄스럽지 않겠는가."라고 하고, 이에 주자(朱子)의 《자치통감강목(資治通鑑綱目)》의 사례를 가져다 쓰라고 명하셨습니다. 경(經)은 큰 글씨로 특서하고 전(傳) 이하는 그 아래에 붙이니 하늘은 높고 땅은 낮은 것처럼 명위(名位)가 바르게 되었습니다.[39]

앞으로는 존왕(尊王)의 의리는 더욱 밝아지고 훌륭한 인재들의 강습은 더욱 정치해져서 깊은 경지에 다다르는 찬란한 업적이 있을 것이니 이렇게 된다면 어찌 세도의 큰 다행이 아니겠으며 우리 유학(儒學)에 커다란 잔치가 아니겠습니까.

생각해 보니 신은 이름이 대신(大臣)에 끼여 외람되이 고열(考閱)하라는 명을 받들었습니다. 이에 판단하는 규례는 하나같이 모두 성상의 뜻에 따랐으니 비록 설사 신이 숙연히 두려운 마음으로 달려 나갔다 하더라도 진실로 감히 그 사이에 한 글자도 보태지 못하였을 것입니다. 하물며 이미 늙고 또 병들어 제대로 움직일 수 없으니 인출(印出)을 감독하는 말단의 직무조차 오히려 정성을 바치지 못하였습니다. 따라서 신이 터럭만큼도 공로가 없다는 것은 인출소(印出所)의 장인이나 하례조차 모르는 사람이 없습니다. 그런데도 전하께서 그 일을 소중하게 여기는 뜻을 은사(恩賜)에 부쳐 향안의 옆에서 가까이 모시던 즈음에 갑자기 내리시니 신은 부끄러워 땀이 등줄기를 적시며 몸 둘 곳이

**39** 또……되었습니다 : 1796년에 편찬을 시작하여 1797년에 완성한 《춘추좌씨전》 28권을 말한다. 1796년 겨울 초계 문신 이서구(李書九) 등에게 명하여 주희의 〈통감강목범례(通鑑綱目凡例)〉에 근거하여 경(經)을 강(綱)으로 하고 전(傳)을 목(目)으로 나누어 경은 큰 글씨로, 전은 보통 크기의 글씨로, 그리고 그에 딸린 주소는 소주 쌍행으로 간행하도록 하였다. 《弘齋全書 卷184 群書標記6》

없었습니다. 대략 그 명을 도로 거두시라는 뜻으로 죽음을 무릅쓰고 아뢰었는데 성상께서 간곡하게 타이르며 허락하지 않으셨습니다.

스스로 생각해 보니 신의 졸렬하고 서툰 말은 귀 기울여 들을 것조차 없지만 전하께서 뜻하신 바는 애초에 《춘추》를 가지고 한 세상을 계도(啓導)하려는 것이었습니다. 《춘추》의 뜻은 대략 열 가지로 꼽습니다. 그 첫 번째는 곧 주(周)나라의 문(文)을 계승하여 질(質)로 돌리는 것입니다. 그런데 공도 없이 받는 상이 문(文)입니까, 아닙니까. 이미 공이 없다는 것을 알고서 즉시 그 명을 중지하는 것은 질(質)입니까, 아닙니까. 전하께서 만약 세 번 생각하여 이에 이르면 반드시 신의 말이 끝나기도 전에 처분을 내리실 것입니다. 이에 감히 짧은 차자를 올려 스스로 잘못을 아뢰니 엎드려 바라건대 속히 분수에 넘치는 상을 거두어 은전(恩典)을 중히 여기며 미천한 신을 편안히 해 주소서. 재결하여 주시기 바랍니다.

답하기를,

"차자를 살펴보고 경의 간곡한 마음을 모두 알았다. 경은 바로 모든 것을 총괄한 대신(大臣)으로 책이 완성되어 그 공로를 포상한 것이다. 상등마(上等馬) 대신에 호피(虎皮)를 내린 것은 특별히 저울질해서 그런 것인데 또 어찌 사양하는가. 경은 안심하고 받으라. 경이 상을 사양하는 차자에서 주나라 문(文)을 계승하여 질(質)로 돌리는 의미를 부연하였는데 임금을 잊지 못하고 충성하며 사랑하는 경에게 흠탄해 마지않는다. 지금 세상을 돌아보니 경박한 풍속에 사람들이 시달리고 지쳐서 장차 사람 구실을 할 수 없게 될 것이니 이는 단지 문(文)이 성하기 때문이다. 지금 만약 문이 변화하여 질에 돌아가려 한다면 이는 강하(江河)를 옮기려 하면서 산으로 가는 격이니 비록 지나치게 오활(迂闊)한 듯하지만 군자는 때에 알맞게 한다는 의리를 《춘추》 말고 어디에서 찾겠는가. 그런 까닭에 '《춘추》를 읽을 때 무엇을 기준으로 삼아야 하는지를 논한다면 《중용(中庸)》보다 나은 것이 없다.'[40]라고 한 것이다. 이제 경의 차자를 보니 내 마음을 더욱 격동시킨다. 경우에 따라서 경의 말을 체인할 것이니 요컨대 그것을 좌우명으로 삼고 아울러 실제 적용하는 즈음에 배의 노력을 기울이고자 한다.[41]"

하였다. 이어 전교하기를,

"이 비답을 사관을 보내어 전유하게 하라."

하였다.

**40** 춘추를……없다 : 《근사록(近思錄)》 권3 〈격물궁리〉에 나오는 말이다. 그 주에 《춘추》의 권형(權衡)이 바로 《중용》의 시중(時中)이라고 하였다.

**41** 경우에……한다 : 경우에 따라서 체인한다는 말은 앞에서 번암이 공도 없이 받는 상이 문인지 아닌지를 묻는 것같이 모든 사안에 대해서 적용한다는 뜻이고, 그것을 좌우명으로 삼는다는 것은 문을 계승하여 질로 돌리라는 번암의 말을 좌우명으로 삼는다는 뜻이며, 실제 적용하는 즈음에 배의 노력을 기울인다는 것은 그 좌우명을 모든 사안에 적용할 때 배전의 노력을 하겠다는 말이다.

## 무지개의 변괴로 말미암아 면직을 구하는 차자[42] 무오년 (1798, 정조22)

因虹變乞免箚 戊午

엎드려 아룁니다. 무지개가 해를 꿴 것은 재변 중에 큰 것이니 재변이 크면 일상적으로 나타나지 않는 것이 이치입니다. 그런데 지금은 해를 이어 이 재변이 있어서 마치 아래의 백성들이 늘 보는 것처럼 만드니 어찌 헤아릴 수 없는 이치가 아니겠으며 나라의 크게 두렵고 놀랄 일이 아니겠습니까. 신이 병으로 엎어져 신음하는 중에 창밖에서 들리는 사람들의 소리에 이불을 밀치고 황급히 나와서 우러러 하늘을 보고는 정신이 아득하고 마음이 떨려 어찌할 줄을 몰랐습니다. 이때에 스스로 책망하는 하교를 내리고 상선(常膳)을 줄이고 바른말을 구하여 지극한 마음을 다하셨습니다.

아아, 한결같고 아아, 훌륭하십니다. 화를 바꾸어 복으로 만드는 전기가 어찌 여기에 있지 않겠습니까. 옛사람이 말하기를 "재변이 없는 나라는 그 나라가 위태롭다."라고 하였는데 이 말대로라면 재변이 있는 것이 없는 것보다 좋다는 뜻이니 참으로 말이 되지 않습니다. 다만 생각해 보니 재변이 없다고 말한 것은 하늘이 그 나라를 잊었기 때문입니다. 이것이 진실로 위망을 부르는 길이지만, 만약 하늘이 잊지 않은 것과 경고하는 것을 다행으로 여겨서 공구 수성(恐懼修省)을 태만히

**42** 무지개의……차자 : 1798년 1월 14일에 올린 것이다. 이날 백홍관일(白虹貫日)의 변이가 있자 이 차자를 올렸다.

한다면 하늘의 사랑이 노여움으로 변하여 마침내는 하늘이 잊어버리는 지경에 도달할지 어떻게 알겠습니까. 이는 오직 우리 전하께서 일념으로 마음을 어떻게 하느냐에 달려 있을 뿐입니다.

원컨대 전하께서 항상 전전긍긍하여 이미 성인(聖人)이나 스스로 성인의 경지가 아직도 멀었다고 생각하고, 이미 치세이나 다스림의 효과가 나타나려면 오히려 막막하다고 생각하시기 바랍니다. 그 사람의 선을 알거든 등용하여 버리지 말고 그 사람의 악을 알거든 물리쳐 남겨 두지 말아서 조금이라도 모호하게 처리하지 않아 곧은 자와 굽은 자가 구별되지 않는 근심을 없애 버리시기 바랍니다. 조정에서 당파에 힘쓰는 자는 죄주어 두려워하게 하고 공무(公務)에 힘쓰는 자는 장려하여 권면하게 하소서. 향촌에서 백성을 품고 보호하는 책임은 모두 감사와 수령에게 달려 있을 뿐입니다. 감사와 수령을 가려 뽑지 않고 백성들이 보호되기를 바란다면 이는 거울을 거꾸로 들고 얼굴을 찾는 격입니다. 천하에 어찌 이런 이치가 있겠습니까.

무릇 이 몇 가지 실마리들을 논하여 열거하였습니다. 이들은 마치 늘 하는 말이나 변하지 않는 원칙과도 같지만 만약 공구 수성의 실제를 논한다면 아마도 이것을 제외하고는 특별한 방법이나 기이한 이치가 있지 않습니다. 오직 전하께서는 힘쓰고 힘쓰시기 바랍니다.

이어 생각해 보니 신은 다만 일개 병든 폐물일 뿐입니다. 관직은 명색이 상신이지만 묘당의 여러 일에서는 겉만 번지르르할 뿐 귀머거리와 같습니다. 동문서답을 하거나 앞의 일을 잊어버려 뒤의 일을 망치기도 하니 스스로 감히 상신으로 자처하지 못하며, 사람들이 신을 대하는 것 또한 신이 스스로를 대하는 것과 같습니다. 신 자신이 혼미한 정신으로 묵묵히 있으며 세월만 보낸 지 꼭 1년 하고도 2년이 되었습니다.[43]

《서경》에 "하늘의 일을 사람이 대신한다."라고 하였습니다. 이로 말하자면 무릇 백공(百工)의 직임은 하늘을 대신하지 않는 것이 없으니 하물며 도를 논하고 나라를 경영하는 상신이야말로 하늘이 시켜 대신하게 한 것인데 그 중대함이 도리어 어떠하겠습니까. 그런데 이제 편안히 지내면서 두려워할 줄 모르고 무슨 일이든 전하를 저버리지 않는 것이 없으니 어리석은 신의 생각에도 하늘이 경고를 보이는 이유는 필시 이것 외에 다른 데 있지 않습니다.

아아, 지금 사람들은 걸핏하면 삼대(三代)를 말하며 한(漢)나라 이후는 무시합니다. 그런 까닭에 재이가 발생하면 제왕이 책서(策書)로 삼공을 면직하던 책면(策免)의 고사 따위는 따를 것이 없다고 여기지만 신은 항상 서한(西漢)이 삼대에 가장 가까워서 모든 일에 실질을 힘썼다고 생각합니다. 만약 책면을 문구(文具)로 여겼다면 한나라의 어진 군주들이 어찌 그것을 따랐겠으며, 당시에 오경(五經)에 정통한 박사들이 어찌 책면하는 것을 지나치다고 하지 않았겠습니까. 오늘날 실질에 힘쓰는 방도는 신을 물리치고 어질고 덕 있는 사람을 다시 뽑아 상천(上天)의 마음을 기쁘게 하는 것보다 나은 것이 없습니다. 이에 감히 신의 마음을 모두 드러내어 우러러 숭엄한 전하께 아룁니다. 엎드

**43** 세월만……되었습니다 : 번암이 우의정이 된 것은 1795년 1월 26일이다. 번암은 1793년 5월 영의정이 된 후 바로 수원성에서 사직소를 올리며 이른바 금등서 사건(金縢書事件)을 촉발시켰다. 이로 인해 실직에서 물러나 영중추부사가 된 후 1794년 12월 경모궁추상존호도감 도제조(景慕宮追上尊號都監都提調)가 될 때까지 실직에 있지 않았다. 그러다 1795년 1월 우의정이 되어 12월 좌의정이 될 때까지 거의 1년간을 있었고, 이후 이 차자를 올리는 1798년 1월까지 좌의정으로 2년 남짓 있게 된다. 따라서 1년 하고도 2년이라고 말한 것은 우의정으로 1년, 좌의정으로 2년이라는 말로 이해된다.

려 바라건대 성명께서는 속히 신의 말을 써서 나라의 일을 다행스럽게 하고 신의 분수를 편안하게 해 주신다면 천만다행이겠습니다. 재결하여 주시기 바랍니다.

답하기를,

"차자를 살펴보고 경의 간곡한 마음을 모두 알았다. 음이 성하면 양을 범한다. 양 중에는 태양이 가장 큰데 요망한 기운이 삼양(三陽)의 계절인 1월에 태양을 꿰었으니 그 상황이 단지 태양을 범하는 정도일 뿐이 아니다. 돌아보건대 내가 덕이 부족하고 이치에 어두우니 두렵고 당혹스러워 숨죽이며 저녁부터 밤중까지 몸 둘 곳이 없는 듯 불안하였다. 경이 차자를 올려 진달한 간언을 감히 명심하지 않겠는가. 끝에 붙인 인책하여 면직을 구하는 말이 도리어 문구에서 벗어나지 않으니 경은 안심하고 나랏일을 살펴서 과덕한 내가 미치지 못한 부분을 바로잡으라."

하였다. 이어 전교하기를,

"이 비답을 사관을 보내어 전유하게 하라."

하였다.

## 무지개의 재변이 중첩해 나타나 앞서의 간곡한 마음을 거듭 아뢰는 차자[44]

因虹變疊見申控前懇箚

엎드려 아룁니다. 무지개가 해를 꿰는 재변이 열흘 남짓 되는 사이에 여러 번 나타나니 마음은 놀랍고 정신은 아득하여 스스로 안정할 수가 없었습니다. 신이 우러러 믿는 바는, 하늘이 돌보아 이처럼 거듭하여 경고를 하니 우리 임금께서 마음으로 공구 수성(恐懼修省)한 것이 반드시 하늘을 기쁘게 하셨으리라는 것입니다. 상신의 직책을 오랫동안 방치하여 마치 깊은 안갯속에 빠트려 버린 신 같은 사람이 도리어 어찌 감히 그 사이에 한마디라도 보태겠습니까.

이런 즈음에 삼가 전교가 내린 것을 보니 선왕의 능침에 거둥하시는 기일을 가을로 물리셨습니다. 아아, 만물이 소생하는 봄철에 우로(雨露)를 밟으면 돌아가신 조상의 생각으로 슬픈 마음이 일어나니 이때 선왕의 능침에 전알하는 것은 조상이 묻힌 선영이 있기 때문이며 예법에 그렇기 때문입니다. 그런데도 오히려 얼음을 깨고 다리를 놓는 백성의 노고를 애달프게 생각하여 거둥할 날짜가 며칠 남지도 않았는데 갑자기 중지하라는 명을 내리시니 모든 것을 이 마음을 따라 하면 백성을 보호하는 데 무슨 어려움이 있겠습니까. 매우 훌륭하고 또 훌륭합니다. 비록 그렇지만 이는 오히려 한 가지 정치와 한 가지 명령의 사이에 속한 일일 뿐입니다. 성인이 실심(實心)으로 실덕(實德)을 실행하는데

**44** 무지개의……차자 : 1798년(정조22) 1월 26일에 올린 것이다.

이렇게만 하고 말겠습니까.

삼가 신이 생각해 보니 선조(先朝 영조) 50여 년간에 하늘이 무지개가 해를 꿴 재변으로 경고한 것이 한두 번이 아니었으며, 또한 한 달 동안 여러 번 나타나기도 하였습니다. 그런데도 오히려 하늘이 살피는 아래에 태평성대의 즐거움을 내리고 거듭하여 선왕이 장수를 누리도록 하셨습니다. 오늘에 이르러 우리 억만년 무강한 왕업의 기틀을 잡은 것은, 모두 우리 선대왕께서 조심하고 공경하며 지성으로 하늘을 섬기어 인애한 하늘을 감동시켜 마침내 하늘과 인간이 심원(深遠)하게 호응하는 경지에 이른 결과이니 어찌 훌륭하지 않습니까, 어찌 아름답지 않습니까.

우리 전하께서 오늘날의 일에 공구 수성의 실질을 다하고자 하신다면 선대왕을 본받는 것보다 나은 것이 없으며, 선대왕을 본받고자 하신다면 기자(箕子)의 홍범의 황극(皇極)을 세우는 일에 독실하게 힘을 쓰시는 것보다 나은 것이 없습니다. 강(剛)에는 강함으로, 유(柔)에는 유함으로 각각 그 원칙을 다하여 외복시켜서 아래에서 사사로이 편당 짓는 것을 끊어 내게 하신다면 일찍이 하늘이 선대왕에게 누리게 하였던 태평성대의 즐거움과 만수무강의 복록을 어찌 마침내 전하의 몸으로 옮겨 주지 않겠습니까. 오직 전하께서는 힘쓰고 힘쓰소서.

오늘 빈대(賓對) 역시 공구 수성의 한 가지 일입니다. 밤낮으로 나랏일을 도모하는 신하라면 누군들 두려운 마음으로 달려 나가지 않겠습니까. 신은 최근 등허리가 시린 오래된 병증으로 문밖으로는 한 걸음도 감히 나가지 못합니다. 일어나려 하다가는 다시 엎어지니 끝내 대궐로 달려 나갈 수가 없습니다. 책서(策書)를 내려 면직하는 고사(故事)에 대해서는 전하께서 이미 전일의 차자에 대해 허락을 내리지 않으셨으니 신은 감히 더 이상 번거롭게 하지 못합니다. 다만 신이 현재 아무것도 모르는 듯 묵묵히 있어 마치 편의만을 도모하는 죄를 짓는 듯합니다. 비록 자애롭게 덮어 주시는 하늘이라도 마땅히 용서하지 않을 것입니다. 이에 감히 이와 같이 스스로 논열합니다. 엎드려 바라건대 속히 신이 맡고 있는 상신의 직함을 체차하고 이어 신의 죄를 다스려 하늘의 견책에 응답하고 국법을 엄정하게 하신다면 천만다행이겠습니다. 재결하여 주시기 바랍니다.

답하기를,

"차자를 살펴보고 경의 간절한 마음을 모두 알았다. 아침의 연석에서 우상과 만나 이야기를 나누었는데, 지금 비록 경에게 비답을 하더라도 그에 지나지 않을 것이다. 경은 모름지기 안심하고 나랏일을 살피라."

하였다.

## 헌신이 상소하여 배척한 것과 병조 판서를 천망한 일로 인책하며 면직을 구하는 차자[45]

因憲臣疏斥及兵判薦望事引咎乞免箚

엎드려 아룁니다. 행궁(行宮)에서 성상의 병이 곧바로 낫는 경사가 있은 뒤에 전알하는 의례가 끝이 나고 어가는 무사히 돌아왔으니[46] 이는 모두 하늘이 돌보고 신이 도운 것이니 억조창생의 경사입니다. 신이 마침 호종하는 반열에 끼어 있었으니 펄쩍펄쩍 뛰며 기뻐하는 것을 이루 다 형언할 수 있겠습니까.

이어 생각해 보니 신은 늙어 죽지 않아 정신은 어둡고 일마다 틀려서 한마디 말이라도 입에서 나가기만 하면 바로 맑은 조정에서 비웃고 모멸하는 행태의 빌미가 되었습니다. 한번 스스로 논열하면 그것이 곧 한번 성상을 번거롭게 해 드리니, 염치가 없는 것이야 비록 신 자신이 감당하면 되지만 성상께 무엄하게 군 것은 어찌 다만 국법의 용서를 받기 어려운 정도이겠습니까. 스스로 생각하니 신의 처지가 진실로 곤궁하고도 처량합니다.

어제 삼가 헌신의 상소를 보니 신이 전날 신대윤(申大尹)을 견책하는 벌을 청한 일[47]을 가지고 크게 신을 비난하고 배척하였습니다. 신이

45 헌신(憲臣)이……차자 : 1798년(정조22) 2월 10일에 올린 것이다.

46 행궁(行宮)에서……돌아왔으니 : 1798년 2월 1일 정조는 현륭원에 전알하고자 수원의 화성으로 갔는데, 수원에 도착하여 격담(膈痰)이 뭉치고 한기가 든다고 하여 즉시 전례를 올리지 못하고 유여택(維與宅)에서 이틀간 조섭한 후에 4일에 제사를 올렸으며, 5일에 서울로 돌아왔다. 이때 번암이 동행하였다.

이에 더욱 마음에 가득한 두려움을 이기지 못하겠습니다. 신이 그날 주달한 이유는, 첫째, 마음에 품은 생각이 있으면 반드시 아뢴다는 뜻을 부친 것이며, 둘째, 탐오한 관리를 혼내 주어 풍속을 가다듬기 위한 것이었으니, 혹 한 푼이라도 국가의 형정에 보탬이 되기를 바랐습니다. 사람의 견해가 이 정도로 들쭉날쭉 다르니 신은 이런저런 말을 하여 일의 체모를 손상할 필요가 없습니다. 다만 묘당에서 복계(覆啓)한 것에까지 논박이 미쳤으니[48] 이 문제에 대해서는 말씀드리지 않을 수 없습니다.

비록 신이 이미 상께 올리고 난 후에 계사의 초본을 볼 수 있었기 때문이기도 하지만 그 당시 신의 소견으로는 처분을 돌릴 방법이 없다고 생각했기 때문입니다. 그런데 이것이 무슨 큰 사건이라고 연석에서 아뢰는 가운데 제기하였으니, 신 또한 진실로 무슨 마음으로 그랬는지 모르겠습니다. 성상의 하교 중에 좌상도 반드시 후회했을 것이라고

**47** 신이……일 : 번암이 1798년 1월 17일 소대에서 전 북청 부사(北青府使) 신대윤이 부당한 조세를 징수하고 소의 도살을 단속하지 못하는 등의 문제를 들어 찬배하라고 요청하여, 정조의 재가를 받은 일이 있다. 그런데 이 사건은 애초에 함경 감사 이정운(李鼎運)이 조사하여, 신대윤의 죄목이 사실과 많이 다르고 남병사 조윤정(曺允精)이 해당 고을의 아전을 잡아다가 협박하였으며 감영(監營)을 통하지 않고 직접 장계를 올린 사실이 드러나, 조윤정은 파직하고 신대윤은 감방(勘放)하라고 명하였던 것인데 이때 번암에 의해서 다시 뒤집혀서 신대윤을 찬배하게 된 것이다. 《日省錄 正祖 21年 11月 18日 · 12月 14日, 22年 1月 10日 · 12日》

**48** 묘당에서……미쳤으니 : 1798년 2월 9일에 장령 정최성(鄭寂成)이 상소하여 "당초에 복계하였을 때에 몰랐다고 한다면 묘당의 초기를 시임 정승이 몰랐을 리가 없고, 알았다고 한다면 어찌 그때는 분명히 말하지 않다가 이미 헌의(獻議)가 올라가고 이미 처분이 내려진 뒤에 갑자기 헌의와 다른 견해를 세운다는 말입니까."라고 한 것을 말한다. 《日省錄 正祖 22年 2月 9日》

하셨는데,[49] 단지 신의 마음을 밝게 본 것일 뿐만 아니라 또한 훗날까지 경계하고 신칙하신 것이니 머리를 조아려 절하며 공경히 읽으매 감격의 눈물만 흘릴 뿐입니다.

병조 판서 천망에 외직에 보임된 중신(重臣)을 섞어 넣은 일[50]의 경우, 전조에서 천망을 받기 위해 오면 이전에 의망했던 사람은 "무고(無故)"라고 현록(懸錄)하여 들이는 것이 규례입니다. 그런데 당시에 전라 감사의 이름 아래에는 현록된 것이 없었고, 신 또한 정신이 흐려서 그가 전라 감사로 재직 중이라는 것을 살펴 깨닫지 못하고는 규례에 따라 호명하여 천망하였을 뿐입니다. 얼마 전 화성(華城)에서 어전에서 물러 나와 식사하던 중에 우의정이 어떤 사람에게 그 이야기를 듣고는 신에게 전해 주었는데 그제야 크게 잘못되었다는 것을 깨달았습니다. 도리상 의당 차자를 올려 논열해야 했는데 날이 이미 오래된 데다가 또 당시 정섭(靜攝) 중인 때여서 비록 연석에 나갔지만 이런 등의

**49** 성상의……하셨는데 : 정최성의 상소에 대한 비답에서 "묘당의 초기는 특교로 인하여 전유(傳諭)한 뒤에 내게 물어 처리한 것이니 좌상과 우상이 필시 상의하였을 것인데 그 뒤에 연석에서 우상에게 자세히 갖추어 아뢰도록 하였을 때에 미처 살펴서 검토하지 못한 소치인 듯하다. 일이 지난 뒤에 좌상이 필시 후회하였을 것이다."라고 한 것을 말한다.《日省錄 正祖 22年 2月 9日》

**50** 병조……일 : 병조 판서의 천망에 전라 감사로 재직 중인 이득신(李得臣)을 포함한 것을 말한다. 정최성의 상소에서 "지난번 병조 판서의 후임을 차출할 때에 외직에 보임된 한 중신을 후보에 뒤섞어 넣어 천망하였습니다. 제대로 살피지 못한 잘못이 묘당에 있지만 선부(選府)가 무턱대고 의례적으로 써넣은 것도 매우 온당치 못한 일입니다."라고 하였고, 당시 이조 참판 이경일(李敬一)은 2월 11일에 상소하여 "병조 판서의 천망을 받을 때에 이득신이 견책을 당하여 보임된 것을 몽매하게도 깨닫지 못하고 전망 단자의 이름 아래에 애초에 현록하지 않았으며 대신이 이름을 불러 주어 천망할 때에도 깨우쳐 주지 못하였습니다."라고 하였다.《日省錄 正祖 22年 2月 9日, 11日》

일로 번거롭게 아뢰어서는 안 되겠기에 일부러 묵묵히 있으며 뒷날을 기다리려고 한 것입니다. 그러던 차에 대간의 규계(規戒)가 먼저 나왔으니 더욱더 부끄럽습니다. 이유야 어찌 되었든 흐리멍덩하여 일을 제대로 처리하지 못한 것을 신이 스스로 분명하게 알고 있었으니 어찌 대신의 말이 필요하겠습니까. 이에 감히 짧은 차자를 올려 호소합니다. 엎드려 바라건대 속히 신이 띠고 있는 상신의 직임을 삭탈하라고 명하고 어질고 덕 있는 자로 다시 뽑아서 국사를 다행하게 하고 신의 분수를 편안하게 해 주신다면 천만다행이겠습니다. 재결하여 주시기 바랍니다.

답하기를,

"차자를 살펴보고 경의 간절한 뜻을 모두 알았다. 그동안의 사실에서 각각 곡절이 있는 것을 모두 알았다. 경은 안심하고 나랏일을 살피라."

하였다.

## 직임을 사직하여 호조 판서와 경상도 관찰사를 천거하는 논의에서 벗어나기를 구하는 차자[51]

辭免戶判嶺伯薦議箚

엎드려 아룁니다. 신은 다만 죽은 시체가 앉아 있는 듯할 뿐인데, 임금을 보필하는 상신의 무거운 임무가 부질없이 신의 몸에 매여 있으니 진실로 이웃 나라가 알게 해서는 안 됩니다. 어찌 정성을 쌓아서 간곡한 마음을 아뢰어 치사(致仕)하고 싶지 않겠습니까.

스스로 신을 생각해 보니 의리는 비록 군신간이지만 은혜는 부자간과 같습니다. 그래서 지금까지 항상 그리운 마음에 머뭇거리지 않을 수 없었던 것입니다. 또 곡진하게 보호해 주신 은택은 반드시 신의 말을 기다릴 필요가 없습니다. 한결같이 처분하여 시종일관 온전히 해 주신 까닭에, 비록 혼미하여 일을 살피지는 못하고 있지만 우러러 축원하는 바는 오직 이에 있었습니다.

방금 호조 판서와 경상도 관찰사가 동시에 자리가 비었습니다. 이조 판서가 묘당의 천거를 받기 위하여 한두 차례 와서 성상의 유지를 전하였습니다. 신이 나랏일에서 만약 편한 것만을 취하고 모면하기를 도모했다면 하늘이 반드시 미워할 것이니 신이 스스로 맹세한 것이 어찌 혹여라도 이와 같겠습니까. 다만 신이 천망하는 일을 잘 주선하지 못하여 삼가 문책하는 하교를 받아 의금부에서 대명하기까지 하였으니 흐리멍덩하여 일을 제대로 하지 못하고 그 직책을 병들게 한 것이 남김없이 모두 드러났습니다.

**51** 직임을……차자 : 1798년(정조22) 5월 24일에 올린 것이다.

그러나 성상께서 신을 자식같이 보아 마뜩지 않은 일이 있더라도 마음속에 쌓아 두려 하지 않고 반드시 그때마다 깨우쳐 주셨습니다. 신이 비록 지극히 용렬하지만 성상께서 덕스러운 마음으로 굽어살펴 신을 개과천선하도록 하시려는 것을 어찌 알지 못하겠습니까.

그러나 조정이란 염치와 예의를 중하게 여기는 곳입니다. 염치로 볼 때 감히 편안히 있을 수 없는 처지에 다만 은혜에 감읍하여 편안히 있으며 스스로 인책하지 않은 채 함부로 나아가 명을 받든다면 이는 전하께 보답하는 것이 아니라 전하를 저버리는 것입니다. 생각이 이에 이르니 실로 신은 앞서의 생각을 바꾸어 고칠 까닭이 없습니다. 신의 죄가 이에 이르렀으니 오직 큰 벌이 내리기를 기다릴 뿐입니다. 이에 감히 짧은 차자를 올려 스스로를 논열합니다. 엎드려 바라건대 성명께서는 굽어살피고 깊이 헤아려서 속히 신의 정승의 직임을 체차하여 묘당의 천거가 오랫동안 지체되지 않도록 하고 신의 의리와 분수가 조금 펴질 수 있도록 해 주신다면 천만다행이겠습니다. 재결하여 주시기 바랍니다.

답하기를,

"차자를 살펴보고 경의 간곡한 뜻을 모두 알았다. 천거할 즈음에 가부(可否)를 표명하는 것을 나는 아름다운 일이라고 여긴다. 경이 어찌하여 그렇게 깊이 인책하는가. 더구나 오래된 일을 이제 와서 제기하니 내가 아는 경과는 많이 다르다. 안심하고 즉시 거행하라."

하였다. 이어 전교하기를,

"이 비답을 사관을 보내어 전유하게 하라."

하였다.

## 전에 아뢴 것을 거듭 아뢰어 경상도 관찰사를 천거하는 논의에서 벗어나고 이어 해직을 청하는 차자[52]

申控前懇辭免嶺伯薦剡仍乞解職箚

엎드려 아뢰니다. 신이 어제 올린 차자의 내용은 아뢰지 않아도 되는데 아뢴 것이 아닙니다. 신의 혼미한 실상은 스스로 분명하게 알고 있지만 전하의 고굉 역할을 하는 책무를 감당하여 받들 방법이 없습니다. 글은 비록 짧고 난삽하지만 말은 진실하고 간절하니 우러러 믿는 구구한 신의 마음은 속히 처분을 내려 시종일관 보살펴 주시기를 바랐습니다. 그런데 간곡히 타이르는 비답을 내리며 도리어 가부(可否)를 표명하는 것은 아름다운 일이라고 가르치고 안심하고 거행하라고 책임 지우시니 신은 이에 감히 자신의 몸을 돌보지 못하고 다만 나라의 체모에 손상이 있을까 염려하였습니다. 그리하여 부끄러움을 안고 얼굴을 들고서 동료 정승과 의논하는 것을 억지로 응하여 마쳤는데, 나중에 하나하나 살펴보니 일을 그르치지 않은 것이 없었습니다. 그러므로 밤새도록 두렵고 떨려서 몸 둘 바를 몰랐습니다.

이제 경상도 관찰사가 또다시 공석이 되었으므로 천망하는 일이 마땅히 신에게 속하게 되었습니다. 신 역시 거칠게나마 염치를 갖추고 있는데 이미 한 번 잘못한 일을 거듭해서야 되겠습니까. 지금 와서 보니 신의 사사로운 의리로는 비록 먼 곳으로 귀양 보내더라도 오히려 달게 받을 것입니다. 결단코 거듭 나랏일을 그르쳐 자신의 죄를 키우고

**52** 전에……차자 : 1798년(정조22) 5월 25일에 올린 것이다.

한 세상의 비웃음과 손가락질을 불러들여서는 안 되니 죄를 면하는 길은 오직 치사하여 물러나는 것뿐입니다. 하물며 신이 근래 들어 날씨가 찌는 듯이 무덥고 습하여 가늘어진 뼈와 마른 살이 하루도 아프지 않은 날이 없으며 갑자기 어제저녁 이후부터 느닷없이 더위로 인한 설사가 나서 하룻밤 사이에 측간을 안방으로 삼을 정도가 되었으니, 기운을 차리지 못하는 것은 형세상 당연합니다. 또 평소에 앓던 적병(積病)이 기운을 차리지 못하는 틈을 타서 배 속에서 좌충우돌하니 한창 심할 때는 한순간도 버티지 못할 듯합니다. 옛사람이 단잠을 자듯이 이 세상을 하직하고 싶다고 하였는데 실로 신의 지금 마음이 그렇습니다.

다만 나라의 대정(大政)이 신 때문에 혹 어그러지게 된다면 신은 이때에 가슴에 한을 품은 채 죽을 수밖에 없을 것입니다. 돌아보건대 신의 이 오래된 병증은 설령 실낱같은 목숨이 끊어지지 않는다고 해도 다시 일어나 사람 구실을 할지는 기약할 수가 없습니다. 만약 성상께서 측은히 여겨 굽어살피고 속히 신이 맡고 있는 상신의 직임을 삭탈하여 편의대로 조섭하게 해 주신다면 하늘과 같은 성상께서 다시 살려 주시는 은혜일 것이니, 신은 의당 살아서는 죽음으로, 죽어서는 결초로 보은하겠습니다. 잠꼬대 같은 헛소리로 차자를 엮으니 말에 두서가 없습니다. 오직 성명께서는 특별히 불쌍하게 여기시기 바랍니다. 재결하여 주시기 바랍니다.

답하기를,

"차자를 살펴보고 경의 간절한 뜻을 모두 알았다. 차자를 어찌 이렇듯 지나치게 무겁고 걸맞지 않은 말로 황급하게 써 내놓는가. 극변으로 귀양 가더라도 달게 여기고 치사하여 죄를 면하겠다고 하니 또 어찌 이다지도 심한 말을 하는가. 이어 밤중에 병이 났다고 말하였는데, 무더운 날에 이런 증상은 조섭을 잘못하기 쉬우니, 바라건대 모름지기 안심하고 더욱더 잘 조리하라."

하였다.

## 늙고 병든 실상에 대해 아뢰고 정승의 직임에서 풀려나기를 구하는 상소[53]

陳老病實狀乞解相職疏

엎드려 아룁니다. 사람이 늙으면 쇠약해지고 쇠약해지면 병이 들며 병이 들면 죽습니다. 마땅히 죽어야 하는데 아직 죽지 않았다면 비록 세상에서 숨은 쉬고 있지만 정신이 흐릿하고 어리석어 앞뒤가 어그러질 것입니다. 그래서 산 사람이 하는 것처럼 하기를 바라서는 안 되는 경우를 노망(老妄)이 났다고 하는 것입니다. 이는 변하지 않는 이치로 누구도 피할 수 없습니다. 신이 비록 불초하지만 또한 변하지 않는 이치 가운데 하나의 물건입니다. 병들어 쇠약해졌는데도 죽지 않아서 노망이 나는 것은 신이 스스로 말하기를 기다리지 않아도 이치로 미루어 알 수 있습니다. 비록 지금 눈앞에 보이는 일로 말씀드려도 신의 노망은 이루 다 꼽을 수가 없습니다. 근래 신을 탄핵하는 글이 앞뒤로 이어져 신을 지적하고 배척하는 것이 아니라면 하루의 책임을 메우지 못합니다.

신이 매이지 않은 빈 배 같은 몸으로 공공연하게 벼슬길로 나가는 기화(奇貨)가 되었으니 사람이 살아가는 데 이보다 더 피곤한 일이 있겠습니까. 그러나 신은 한갓 전하의 곁을 차마 즉시 떠나지 못하는 마음만을 품고 명철하게 자신을 보전하는 것에 대해서는 알지 못하여 머뭇머뭇 떠나지 못하며 세월만 보내고 있으니 이것은 노망이 나서

**53** 늙고……상소 : 1798년(정조22) 6월 1일에 올린 것이다.

그런 것입니다. 처음으로 묘당에서 천거하는 일에 명을 어기며 죽을 때까지 버텨 보려 하였지만 마침내 은혜로운 비답이 정중하여 너무도 감격스러운 마음에 부끄러움을 안고 수치스러움을 참고서 억지로 거행하였으니 이것은 노망이 나서 그런 것입니다. 천거할 때에 한갓 자신의 마음만을 믿고 소경이 코끼리 만지듯 억측하여 사람들의 기롱이 많을 것이며 나라의 체모를 크게 손상할 것은 생각지도 않았으니 이것 역시 노망이 아니면 무엇이겠습니까.

삼가 생각해 보니 신이 전하께 큰 은혜를 입고 특별한 대우를 받았습니다. 그 은혜는 하늘같이 크고 그 대우는 바다보다 더 깊습니다. 비록 자손 대대로 그 은혜를 갚아도 오히려 만분의 일도 갚지 못할 것이니 하물며 신에게야 말할 것이 있겠습니까. 모든 힘을 다하여 은혜에 보답할 길을 생각하지 않고 마치 자신을 지켜 물러나는 것처럼 한다면 단지 사람의 도리상 감히 할 수 없을 뿐만이 아니니 어찌 신명(神明)의 죽임이 두렵지 않겠습니까.

그러나 일이 어찌할 수 없는 데 이르렀다면 아무리 예법의 엄한 가르침이라도 억지로 할 수 없는 일을 억지로 시키지는 못하는 것입니다. 이 때문에 질병으로 말씀드리자면 임금이 문병을 오자 누운 채 조복과 띠를 그 몸 위에 얹어 놓고 임금을 뵌 공 부자의 사례가 있으며, 늙음으로 말씀드리자면 80세가 되면 임금이 부르지 않는다는 조문이 있습니다. 이런 정도가 되면 일반적인 도리로 논해서는 안 되는 것입니다.

생각해 보니 신은 운명이 험난하고 기구하여 조정에 있던 56년 동안 몸이 세상의 그물에 얽매이지 않은 때가 없었습니다. 두려움은 겹쳐서 병이 되었고 근심은 쌓여서 마음을 상하게 했습니다. 겉만 보면 사람들이 그렇게 심하게 건강이 나쁘지는 않다고 하겠지만 정기(精氣)는 이미 죽은 지 오래입니다. 성상께서 이토록 애쓰고 노력하시는 때를 만나서 명색이 보상(輔相)이면서 빈청의 모임이나 비변사의 좌기에 해가 다 가도록 나가지 않고 아무것도 못 들은 듯 편안히 있으니 이는 대개 노망이 빌미가 되어 일이 곧 어찌할 수 없는 지경에 이른 것입니다.

지금 신이 늙어서 죽을 날만 기다리는 처지에서 죄벌을 면하는 것은 오직 벼슬에서 물러나는 한 가지 방법밖에 없습니다. 신이 며칠 전 연석에서 마음에 있는 말을 도저히 억누를 수가 없어 외람되이 말씀드리고 사직을 청하였습니다. 하늘 같은 전하께서 간곡하게 말씀하며 심지어 매우 낙담하며 허락할 수 없다고 하교하셨습니다. 비록 목석이라도 그 말씀을 들으면 또한 마땅히 눈물을 떨구었을 것입니다. 신이 비록 혼미하여 인사를 차리지 못하지만 그래도 목석보다는 나으니 가슴에 맺히도록 감격하고 두 손 모아 축원하며 눈자위에 그득한 눈물이 흘러내리니 그 마음이 마땅히 어떠하겠습니까.

아아, 신이 구하는 것은 장차 썩어 없어질, 그러나 아직 썩지는 않은 한 개의 몸뚱이입니다. 지난번 전하께서 죽은 목숨 살려 주는 은혜를 내리지 않으셨다면 돌아보건대 이 해골은 이미 오래전에 가루가 되었을 것이니 구하고 말고 할 것이 어디에 있겠습니까. 이제 신이 전하의 사람으로 살았으면서 또 전하께 신에게 돌려주시기를 청하니, 혹 지겹게도 만족할 줄 모르는 사람에 가까울 듯하고 어찌할 수 없는 지경에 이른 것과 비슷합니다. 그러니 전하께서도 반드시 측은히 여기고 굽어 살피셨을 것입니다.

이에 또 삼가 생각해 보니 고금 천하의 일은, 끝을 잘 마치려면 처음을 조심하는 것이 중요합니다. 그런 까닭에 《대학》에서 모든 일에는 끝과 처음이 있다고 하였고, 선유들이 처음과 끝이라고 말하지 않고 반드시 끝과 처음이라고 한 것은 천하의 일이, 시작하는 것은 쉽지만 끝내는 것이 어렵기 때문입니다. 성인의 훌륭한 말씀에는 깊은 뜻이 들어 있습니다. 이 말씀으로 보자면 일은 그 끝을 생각하지 않아서는 안 되는 것이 이와 같습니다.

전하께서 귀신 같은 신을 사람답게 만들고 함정에 빠진 신을 구해 내어 편안한 자리에 두셨습니다. 나아가 신을 발탁하여 상상(上相)의 자리에 두셨는데 대우하는 예법이 특별하여 일반 격식에서 벗어났으니 군부로서 신자(臣子)에게 이렇듯이 성대하게 처음부터 대우한 경우는 없었습니다. 신은 이제 아침저녁으로 죽을 날만 기다리니 사지육신은 기진맥진합니다. 식지만 않았지 시체 같은 몸을 억지로 일으켜 조그만 보은도 할 길은 애초에 없었으니 차라리 퇴직을 허락해 주시는 큰 은전을 입어서 예법의 죄인을 면하느니만 못할 것이니 그렇게 된다면 구천에서도 오히려 영광으로 여길 것입니다. 전하께서는 허락한다는 한마디 말씀을 하시는 것에 불과하지만 저절로 위로는 《대학》의 "모든 일에는 끝과 시작이 있다."라는 가르침에 부합하니 또한 임금과 신하에게 모두 영광이 되지 않겠습니까. 삼공의 중대한 일은 한번 치사(致仕)하기만 하면 바로 남은 상신들이 알아서 할 것이니 또 어찌 많은 말로 해면을 빌겠습니까.

이에 감히 죽을 날을 앞에 두고 상소를 올려 우러러 부모 같은 전하를 번거롭게 해 드립니다. 엎드려 바라건대 자애로운 성상께서는 특별히 애처롭고 불쌍하게 여기며 잠시 노망났다고 손을 저어 내치지 마시기 바랍니다. 그리고 속히 치사를 허락하여 낳아 주고 길러 주는 은혜를 이루어 주신다면 비록 이 세상에서 임금을 섬길 날이 많지 않겠지만 구천에서는 끝없이 결초보은할 것입니다. 눈물이 샘처럼 솟으니 어찌

할 줄을 모르겠습니다. 신은 이루 다 할 수 없이 두렵고 떨리는 마음으로 두 손 모아 하늘에 기원합니다.

답하기를,

"상소를 살펴보고 경의 간절한 마음을 모두 알았다. 경의 나이가 장차 여든에 가까우니 벼슬을 내놓고 치사한다는 등의 간절한 말은 이미 연초부터 있어 왔다. 그런데 내가 허락하지 않고 경이 힘써 억지로라도 머문 것은 우리 모두 마음속에 잣대를 가지고 있어 본래부터 그 잣대에 맞추어 왔던 것이다. 다만 경의 학문이 이미 난숙하여 내가 그것을 독실히 믿었을 뿐이다. 이제 올라온 상소를 보니 갑자기 '걸해(乞骸)'라는 두 글자를 내밀어 늙었다고 말하고 결단코 치사하려 하는 것이 마치 마차가 준비되기도 전에 아득히 가 버리는 것처럼 하니 서로 얼굴을 맞대고 상의하여 결정했던 뜻과 어찌 이다지도 상반되는가. 대신(大臣)의 출처는 무거워 한때 벼슬을 사양하고 일을 놓는 것으로도 오히려 혹 임금을 원망하고 임금에게 성내는 것으로 보일까 혐의스러운데 어찌하여 더구나 벼슬을 내놓고 기어코 그만두려 하는가. 연석에서 한 확언(確言)과 철석같이 한 승낙은 진(秦)나라 무왕(武王)이 식양(息壤)에서 했던 약속보다도 굳건했으니 경은 반드시 사직하겠다는 청을 속히 끊어 버리고 전유한 승지를 따라서 조정에 나와 이 비답에서 다 하지 못한 말을 들으라."

하였다.-서계 세 편은 권28 제43, 44, 45, 46판에 모두 보인다. 정승의 직임을 해면하는 전교는 권수 하 제36판에 보인다.-

## 훈련원에 거둥하겠다는 명을 중지하기를 청하는 차자[54]

請寢訓鍊院動駕之命箚

엎드려 아룁니다. 신이 병으로 먼 곳에 있고 혼미하여 일을 살피지 못하였습니다. 방금 삼가 기읍(畿邑)에서 영문(營門)에 비보(飛報)하였다는 소식을 듣고는 전하께서 절대 있어서는 안 될 비상한 거조를 두셨다는 것을 알았습니다. 신은 비록 정신이 오락가락하는 중에도 마음이 놀라고 담이 떨려서 살고 싶지가 않았으니 이는 인간의 본성이 비록 죽어도 변하지 않아서 그런 것입니다. 이런 즈음에 또 내일 훈련원에 거둥하겠다고 명하셨습니다. 증거가 될 만한 지난 사실이 있으니 비록 지극히 우매한 자에게 말해 보게 하여도 또한 분명하게 전하의 생각을 우러러 헤아릴 것입니다.

신이 가냘픈 목숨이나마 붙어 있으니 어찌 굴러서라도 대궐로 가서 전하가 계신 전각의 섬돌에 머리를 부수어 전하의 마음을 돌리고 종묘 사직의 근심을 제거하여 어두워진 의리를 밝히고 싶은 마음이 없겠습니까. 하지만 천한 몸의 병이 점점 심해져 위급한 지경에 이르렀으니 미음 한 술 넘기지 못한 지 또한 며칠이 되었습니다. 실낱같은 목숨으로 병석에 누워 비록 옆에서 부축해 주더라도 때로 일어나 앉을 수조차 없습니다. 그런 데다 완담(頑痰)이 갑자기 양 옆구리에 들리니 조금만 옆으로 누워도 너무 아픈 나머지 어서 죽어야 한다는 소리만 나올 뿐입니다.

**54** 훈련원(訓鍊院)에……차자 : 1798년(정조22) 9월 7일에 올린 것이다.

이에 감히 옛사람이 죽어서까지 임금에게 간하던 의리로써 눈물을 흘리며 몇 말씀을 아룁니다. 엎드려 바라건대 성명께서는 역수(逆竪 은언군(恩彦君) 이인(李裀))가 혹여라도 도망쳐 나오지 못하게 하고 거둥하겠다는 명은 즉시 중지하여 국세를 공고히 하고 윤기를 엄정히 하시기를 천만번 혈성으로 기원합니다. 재결하여 주시기 바랍니다.

답하기를,

"차자를 살펴보고 경의 간절한 마음을 모두 알았다. 경이 기읍에서 비보했다고 운운한 것은 터무니없는 말이 전해졌을 뿐이다. 반드시 부관(部官)을 시켜 있을 만한 곳을 찾아보도록 하겠다. 지금 만약 몰래 들어온 자가 있다면 이는 내가 경을 속이는 것이다. 비록 가슴에 맺힌 그리운 마음이 간절하지만 어찌 대신을 속이겠는가. 대개 억측으로 하는 말들을 번거롭게 문자로 기록하는 것은 나라의 체모에 관계되니 예우하는 늙은 대신이라도 너그러이 용서해서는 안 된다. 경은 특별히 파직하겠다."

하였다. 이어 전교하기를,

"이 비답을 비변사 낭청을 불러 즉시 가서 전하게 하라."

하였다.

## 두 군영의 도제조를 겸하여 제수하였으므로 규례를 인용하여 면직을 청하는 차자[55]

因兩營都提擧兼授引例乞免箚

엎드려 아룁니다. 성상의 효심이 마르지 않아 선왕(先王 영조)의 마음을 자신의 마음으로 삼아서 육상궁(毓祥宮)에 올리는 중동(仲冬)의 작헌례를 한결같이 전례를 따라 시기를 어기지도 잊지도 않으셨습니다. 근처의 묘궁(廟宮)에서 수고로움을 돌아보지 않고 법도에 맞춰 예를 올리고 저녁이 돼서야 어가를 돌리셨습니다. 눈이 그쳐 하늘이 청량하였으니 신은 우러러 흠탄한 나머지 기쁘고 다행스러운 마음을 금하지 못하였습니다.

이어 생각해 보니 신은 숨이 넘어가기 직전의 늙은이일 뿐입니다. 다행스럽게도 우리 성상께 처음부터 끝까지 굽어살펴 주시는 은혜를 입고 흔쾌히 분수가 아닌 의정의 직함에서 풀려나 문을 닫고 조리하며 상태에 따라서 음식을 섭취하여 거의 온전한 몸으로 돌아가기를 기대할 만하였습니다. 그런데 이 금위영(禁衛營)과 군기시(軍器寺) 두 제조의 인수(印綬)가 신의 몸에 얽혀 있어 마치 동교(東郊)에 있는 파리한 말이 담벼락처럼 말라 뼈가 앙상하게 드러났는데도 한 줄의 고삐에서 풀려나지 못한 것과 같습니다. 비록 말은 못 하지만 때로 사람을 향해 목을 빼고 길게 울어 뱃속 가득히 있는 울울함을 호소하는 듯합니다.

그런데 생각지도 않게 며칠 전에 이조에서 세 자리의 제조를 의망하

55 두……차자 : 1798년(정조22) 11월 7일에 올린 것이다.

였는데 하늘 같은 성상의 붓끝이 신의 이름에 아울러 낙점하였습니다. 집안사람들은 실성하여 놀라고 마을 이웃들은 서로 전하였습니다. 아아, 은혜를 하찮게 여기시는 것이 어찌 이렇게까지 되었습니까. 삼가 생각해 보니 성상께서는 반드시 이조에서 대관(大官)의 의망은 가려내지 못할 것이라고 여겼을 것입니다. 예로부터 규례가 곧 그러하였으니 성상의 낙점 또한 가려 뽑고 싶지 않아서 그런 것입니다.

그러나 나라에서 관직을 설치한 것을 생각해 보면 그 사람을 영예롭게 해 주기 위해서가 아니니 관직은 곧 공무를 완수하여 모든 일이 제대로 되게 하는 것입니다. 그러니 신처럼 흐리멍덩하고 착오가 많아 아침에 저녁 일도 꾀하지 못하는 자에게 도리어 직무를 맡기고 책임을 지워서 이른바 시위소찬(尸位素餐)의 지경에 이르지 않게 할 수가 있겠습니까. 하물며 두 군영의 도제조 자리를 감히 겸하지 못하는 것은 선배들의 전례가 이미 있으니, 곧 바꿀 수 없는 규례입니다. 그러니 이에 신이 어찌 몸 둘 바를 모르며 불안해하지 않을 수가 있겠습니까.

마침 재계하는 날을 만나 이제야 비로소 짧은 차자를 올려 초솔하게 속마음을 아뢰니다. 엎드려 바라건대 자애로운 성상께서는 속히 신이 띠고 있는 제조의 직임을 체차하여 미천한 신을 편안하게 해 주고 공적인 격례(格例)를 보존하신다면 천만다행이겠습니다. 재결하여 주시기 바랍니다.

답하기를,

"차자를 살펴보고 경의 간곡한 마음을 모두 알았다. 옛날 우리 선왕조에서 해마다 이날이면 반드시 친히 예를 올리셨으며 비록 정사가 바빠서 피로하더라도 한 번도 거르지 않았으니 이것은 내가 직접 목도하였다. 선왕을 이어 왕이 된 이후로 선왕의 뜻에 따르고 자취를 밟아서 매번 가서 직접 제사를 올렸으며 이것을 상례로 삼아서 우리 황조(皇祖 영조)의 밝으신 훈령을 기쁘게 하였다. 지금 경이 올린 차자의 말은 실로 나의 마음을 깊이 이해하였으니 진실로 감동하고 또 감동하였다. 뒤에 붙인 여러 관사의 겸직을 체직해 달라고 청한 것은 지나치다. 군문을 겸직할 수 없는 것은 다만 최근의 규례이지만 이미 법전에 실려 있으니 새로 제수한 훈국 도제조의 직임은 좌의정으로 하여금 총괄하여 살피도록 하겠으니 경은 모름지기 안심하라."

하였다. 이어 전교하기를,

"이 비답을 사관을 보내어 전유하게 하라."

하였다.

지은이 **채제공(蔡濟恭)**

1720년(숙종46)~1799년(정조23). 조선 후기의 문신으로, 본관은 평강(平康), 자는 백규(伯規), 호는 번암(樊巖)·번옹(樊翁)이며, 시호는 문숙(文肅)이다. 1743년 정시 문과에 병과로 급제하여 승문원 권지부정자에 임명되면서 관직 생활을 시작하였다. 1748년 11월 영조의 특명으로 시행한 한림 소시(翰林召試)에서 수석을 차지하여 예문관 검열과 대교가 되었고, 이후 대사간, 한성부 판윤, 병조 판서, 예조 판서, 호조 판서 등을 역임하였다. 1780년 역적 홍국영과의 친분, 사도세자에 대한 신원 주장으로 공격을 받자 사직하고, 명덕산(明德山)과 노량(鷺梁) 등지에서 은거하였다. 1788년 우의정이 되었으며 2년 후 좌의정으로 승진하면서 3년간 혼자 정승을 맡아 국정을 운영하였다. 영조가 사도세자의 죽음을 후회하여 기록한 〈금등(金縢)〉을 정조와 함께 보관할 유일한 신하로 채택될 만큼 두 국왕의 깊은 신임을 받았으며, 정조의 탕평책을 추진한 핵심적인 인물이었다. 사후인 1801년 황사영 백서 사건(黃嗣永帛書事件)으로 관작이 추탈되었다가 1823년 영남만인소로 신원되었다. 문장은 소차(疏箚)에 능했고, 시풍은 위로는 이민구(李敏求)·허목(許穆), 아래로는 정약용(丁若鏞)으로 이어진다고 한다.

옮긴이

**서정문(徐廷文)**

국민대학교 대학원에서 〈조선중기의 문집편간과 문파형성〉으로 박사 학위를 받았다. 현재 고전번역교육원 교수이다. 한국고전번역원 및 고전번역대학원 설립 방안에 대한 정책 연구에 참여하였고 국역조선왕조실록 현대화 계획수립 기초조사 연구를 수행하였으며, 《한국문집총간》 및 《해제》, 《색인》의 편찬을 기획하였다. 논문으로 〈《고전번역사업》의 종합적 목표 설정을 위한 시론〉 등이 있고, 《광해군일기》, 《인조실록》, 《명재유고》, 《성호전집》 등의 번역에 참여하였다.

**양기정(梁基正)**

고려대학교 한문학과를 졸업하고 성균관대학교에서 문헌정보학으로 석사 학위를 받았다. 민족문화추진회 국역연수원을 졸업하였고, 한국고전번역원에 재직 중이다. 《한국문집총간》 기획과 편찬, 《승정원일기》, 《명재유고》, 《성호전집》, 《번암집》, 《송자대전》 번역에 참여하였다. 교주서로 《남명집교주》가 있고, 저서로 《생각, 세 번》, 《景, 자연을 노래하다》(이상 공저) 등이 있다.

# 번암집 7

채제공 지음 | 서정문 양기정 옮김

2021년 12월 31일 초판 1쇄 발행

발행인 신승운 | 발행처 한국고전번역원
등록 2008. 3. 12. 제25100-2018-000049호
주소 (03310) 서울시 은평구 진관1로 85
전화 02-350-4800 | 팩스 02-350-4994 | 홈페이지 www.itkc.or.kr

번역 서정문(제22권, 제25권~제27권) 양기정(제23권~제24권)
연구총괄 양기정 | 연구기획 김지민 | 자문 정선용

책임편집 하현주 | 편집진행 김태훈 신진호 김지수
편집교정 박성희 박현진 송숙희 유정님 | 조판 김지현 이순미 | 제작 김형석
디자인 씨디자인 | 인쇄 ㈜대유기획인쇄



값 20,000원
ISBN 978-89-284-0861-0 94810
978-89-284-0427-8 (세트)